合乎区域协同发展愿景的整体性治理图式探析

——赵新峰学术论文集

赵新峰 著

人民出版社

责任编辑：郭星儿

封面设计：源　源

图书在版编目（CIP）数据

合乎区域协同发展愿景的整体性治理图式探析：赵新峰学术论文集/
赵新峰 著. —北京：人民出版社，2020.4

ISBN 978-7-01-021915-8

Ⅰ.①合…　Ⅱ.①赵…　Ⅲ.①区域经济发展–协调发展–中国–文集
Ⅳ.①F127-53

中国版本图书馆 CIP 数据核字（2020）第 035007 号

合乎区域协同发展愿景的整体性治理图式探析

HEHU QUYU XIETONG FAZHAN YUANJING DE ZHENGTIXING ZHILI TUSHI TANXI

——赵新峰学术论文集

赵新峰　著

人民出版社 出版发行

（100706　北京市东城区隆福寺街 99 号）

北京佳未印刷科技有限公司印刷　新华书店经销

2020 年 4 月第 1 版　2020 年 4 月北京第 1 次印刷

开本：710 毫米×1000 毫米 1/16　印张：31.5　字数：432 千字

ISBN 978-7-01-021915-8　定价：85.00 元

邮购地址 100706　北京市东城区隆福寺街 99 号

人民东方图书销售中心　电话（010）65250042　65289539

序

　　笔者出生在渤海之滨的河北省黄骅市，毗邻天津，本科就读的河北大学 1921 年建校天津，1970 年随河北省省会搬迁至保定。本人有幸在"京畿之地"河北省保定市学习、工作和生活了近 20 年，2010 年到北京工作至今。个人的生活工作经历与京津冀这块土地一直息息相关。京津冀在历史上你中有我我中有你，密不可分，在地域文化上貌合神亦合，地脉通文脉亦通。我有幸植根这片土地，用学术表达的方式与之共鸣同振。

　　京津冀区域是我国沿海地区改革力度最大、开放程度最高、创新能力最强、最具发展潜力的三大核心区域之一。然而长期以来，该区域发展相对较为缓慢，尚未释放出最大活力。相较于长江三角洲和珠江三角洲两大经济区，京津冀区域整体推进的力度、协同发展的程度、开放创新的深度和包容共享的广度均相对滞后。区域内属地化管理体制致使政府间合作动力不足，"虹吸效应"造成经济发展不平衡，地方保护主义导致"碎片化现象"和"孤岛效应"日益突出，这些问题一度成为制约京津冀协同发展的瓶颈和障碍。在整体性和协同性的语境下定位区域发展理念，对属地化、碎片化和孤岛化作出战略性回应，依托集体行动凝聚共识，进而谋求聚合性共同体使命的达成，这是近年来笔者基于使命和责任着力探讨的核心命题。

针对区域发展战略和顶层设计，笔者近年来基于合作的思维、协同的思路、整体的考量，在深刻洞察京津冀区域协同发展过程中问题、矛盾和瓶颈的基础上谋篇建言。关于京津冀协同发展方略的成果倡导价值理念、使命责任的有机统一，主张愿景规划、治理主体、制度安排、功能要素、网络信息等构成要件的相互嵌入，强调整体观念、合作精神、协同意识、共同体理念的整合集聚，最终达成共生共治、共享共赢的区域治理格局。这一富有协同意蕴的整体性治理图式驱使着我乐此不疲，不断追求着该领域研究的新视角、新方法和新境界。

富有协同意蕴的整体性治理图式体现了国家最高价值、区域现实价值和地方基础价值的高度融合。协同治理的价值在于国家利益的最高价值、区域公共利益的现实价值和地方利益的基础价值的融汇与聚合。基于国家利益的最高价值来说，区域协同发展上升为国家战略，具有协同意蕴价值理念的生成、传播和引领，有助于制度创新和政策优化，有利于利益的弥合与冲突的化解，有利于使命的凝聚和共识的达成，最终有利于区域一体化方略的实施与整体性愿景的实现；就区域现实价值而言，协同、整合、相互介入成为区域发展的主旋律。整体性治理图式强调区域的协调性、合作性、整体性，致力于打造目标一致、整体运作、协调推进、合作共赢、休戚与共的区域治理新格局。这一治理格局有利于改观长期"虹吸效应"导致的区域非均衡发展状况，有利于疏解超大城市长期集聚起来的资源，释放其对周边地区的辐射带动功能。尤其在打破"一亩三分地"思维、实现竞合发展、吸引多元主体合作治理等方面，整体性治理图式会通过集成创新来破解区域协同治理困境；从地方利益的基础价值出发，整体性治理图式是引领区域走出行政化、部门化和碎片化的关键，摒弃了区域内利益相关者之间不平等的治理模式，有利于改变重要利益相关者不能以平等方式合作参与的现状，是依托合作共同体之力实现产业转型升级的重大机遇。整体性治理图式下雄安新区顶层设计的出台有助于完善区域利益补偿机制，优化区域资源均衡配置，促进要素合理流动，减缓发展水平落差，进而彰显地方利益的基础价值。

富有协同意蕴的整体性治理图式彰显了区域发展的大格局、大思路和高境界。富有协同意蕴整体性治理方略催生出区域"立治有体，施治有序"的新格局。首先，这一治理图式倡导区域治理主体间的合作行动，主张关键环节的相互组合与核心要素的相互嵌入。其次，主张依托内生的动力机制强化互信互利、合作共赢等社会资本的供给。针对区域内政府间信任缺失、零和博弈、恶性竞争等非合作行为，倡导通过对话协商机制应对合作风险、配置合作剩余，主张通过共同使命凝心聚力，通过强化责任达成彼此信任，通过制度安排协同多元主体一致行动。再次，注重区域发展的协调性、协同性和协作性。其顶层设计中的大思路涵盖了去地方保护主义、逆碎片化、外部效应内部化等治理策略。这一治理策略摒弃"自我中心主义"的价值倾向，依据整体系统之间、核心要素之间、系统和要素的联结互动来优化治理架构，致力于从割裂、对立和冲突走向协同、整体和融合，旨在形成合作有序、统分结合、协同发力的整体性治理图式。这一治理图式彰显出来的整体性、系统性、立体性、协调性特征，把区域协同发展的理念提升到了一个新的高度。

富有协同意蕴的整体性治理图式把区域本真价值推上了更高的层次和境界。这一治理图式倡导价值融合和使命凝聚，注重战略规划、制度安排、政策体系、组织架构间的内在逻辑，注重协同发展的全局性、整体性和引领性。其战略思想把原本碎片化严重的区域治理主体定义为休戚相关的命运共同体，把原本分散割裂的部门机构定位为彼此协调、协同共生的聚合体，这一图式是引领区域共同体伙伴关系建构的先导，为区域未来发展勾勒出了合乎区域本真价值的愿景：

这一图式愿景下，创新理念引领区域协同创新行动。未来的区域发展将是创新要素的集聚区，创新活力的先行区，创新成果的示范区。思维创新、制度创新、科技创新、文化创新将在新区整合发力。创新理念引领下，创新要素合理流动、主体功能充分发挥、公共服务体系优质健全、生态环境可持续发展，知识、智慧、文化和文明将在新区共生互鉴、共存共荣，京津冀区域内治理主体将实现功能优化、层级整合、多元主体间的创新协调发展。

这一图式愿景下，绿色情怀的注入成为区域协同发展的应有之义。绿色是生态文明特有的颜色，绿色情怀引领下区域治理主体将聚合为绿色政治、绿色行政、绿色生产、绿色消费、绿色参与、绿色宣传和绿色智慧的承载者，政府、企业、社会组织、公众、媒体、专家学者等相关者将从分散行动转向共同责任，通过协同合作汇聚成绿色治理的复合型主体，进而形成绿色协同治理体系，成为建设绿色社会不可或缺的精神力量。在这一体系驱动下，绿色资源、绿色经济、绿色空间、绿色环境、绿色生活、绿色文化等内容会逐步发展成为整体性治理图式下区域协同发展的题中之意。

这一图式愿景下，开放共赢成为区域协同发展的主题。开放发展和共赢发展强调摆脱画地为牢、各自为政的思维束缚，积极参与区域治理，推进区域协同发展聚合体与共同体的构建。这一区域治理价值观基于系统性、协同性、整体性的考量，涵盖了相互合作的整体观、摒弃自我中心主义的开放观、共生共赢的利益观、环境友好的生态观、可持续的发展观和协同共生的治理观。这些价值观念集聚而成的协同力致力于在共生共赢的语境下，摒弃零和思维，解决区域互动合作的深层次问题。其中，开放的思想、共赢的精神成为聚合共同体建立的依托，集体行动的达成成为伙伴关系建构的策略，理念上求同存异，使命上同心同德、行动上步调一致则成为协同治理方略实现的关键。

这一图式愿景下，善治的精神成为区域协同发展的内在价值追求。合作与竞争、开放与封闭、整体与碎片、共享与独占之间的矛盾催生了善治发展理念的生成与植入。善治理念倡导均衡和谐发展，注重包容共享发展，既是社会合意和民生福祉的"晴雨表"，也是社会良性互动发展和民心向背的"风向标"，是冲破自我中心主义藩篱、突破公地悲剧与信息孤岛、化解非均衡发展矛盾、克服自身利益最大化窠臼所必须秉承的发展理念。依托善治价值理念的传播和助力，区域发展的使命将指向价值融合与理念协同，彰显了集体行动价值，善治的价值追求又把区域整体治理的意蕴推向了更高的境界。

　　总而言之，这一图式愿景彰显了系统发展、协同发展、整体发展的价值内涵，突出了互惠互利、共享共治、同心同德的文化品位，是态度、意识、观念、精神和情怀等价值理念的融合，是思维聚合体的凝聚，是合乎中国区域发展本真价值的集中表达。

　　是为序。

赵新峰于北京林栖园

目　录

上篇　协同治理篇

下篇　整体治理篇

上　篇

协同治理篇

区域大气污染治理中的政策工具：
我国的实践历程与优化选择*

作为一种"加和"型区域公共厌恶品，区域大气污染已成为我国践行协调发展、绿色发展的一大障碍，对区域大气污染的综合治理则成为现今我国亟须着力研究的重大课题。近年来，国内学者围绕我国区域大气污染治理集中进行了理论发展、制度建设、框架搭建、政策选择和经验介绍等方面的研究，并取得了丰硕的成果。然而，针对涉及区域大气污染治理的具体应用与实际操作层面的政策工具研究，却显不足、较为薄弱，有很大的空间亟待填补。

一、区域大气污染治理政策工具：
理论、概念与分析框架

政策工具也可称为"治理工具"，是"人们为解决某一社会问题或达成一定的政府目标而采取的具体手段和方式"[①]。在对政策工具进行更

---

* 本文作者赵新峰、袁宗威。

① 陈振明：《政策科学——公共政策分析导论》，中国人民大学出版社 2004 年版，第 170 页。

深一步研究之前，规整并梳理名目繁多、特性不一的政策工具十分必要。然而，由于社会问题和政府目标的复杂多样，加之工具本身特性的不同，使得国内外学者在研究界定工具类别时所依据的标准难以统一，其中，比较普遍采用标准的有"强制程度""政府支出""作用机理"等。

在环境政策研究领域，受制于环境本身公共物品或公共资源的"非排他性"，以及环境污染治理的正外部性，使得政府介入环境治理具有客观上的正当性和有效性。因此，政府介入程度或"强制程度"很自然地成为众多组织、个人划分环境领域政策工具的重要标准。经济合作与发展组织（OECD）将环境政策工具划分为"命令—控制型工具""经济激励工具"和"劝说式工具"等三类[①]；世界银行（World Bank）在其1997年的年度报告中，把名目繁多的环境政策工具界定到"利用市场""创建市场""环境管制"和"公众参与"等四种类别中[②]；思德纳在政策工具设计中将环境与自然资源管理的政策工具综合为"市场化工具（MBI）""命令—控制式工具（CAC）"和"信息发布及其他"三大类[③]；国内学者也多采用"强制程度"的标准划分政策工具，以研究我国环境政策工具的发展、选择和评价（秦颖，2007；张坤民，2007；杨洪刚，2009；陈瑞莲，2013）。可见，"强制程度"标准已成为环境政策领域中政策工具分类的重要依据，因而，为统一划分标准，便于具体操作，本文依据"强制程度"标准将环境政策工具划分为三大类："管制型政策工具""市场型政策工具"和"自愿型政策工具"，其中，"市场型政策工具"还可细化为"利用市场"和"创建市场"两个子类。

---

① 经济合作与发展组织：《环境管理中的经济手段》，张世秋、李彬译，中国环境科学出版社1996年版，第8—9页。

② [世界银行] K.哈密尔顿等：《里约后五年：环境政策的创新》，张庆丰译，中国环境科学出版社1998年版，第10—11、22—31页。

③ [瑞典] 托马斯·思德纳：《环境与自然资源管理的政策工具》，张蔚文、黄祖辉译，上海人民出版社2005年版，第329—338页。

在区域政策工具的基础性分类研究中，H.Armstrong 认为区域政策工具的类别除包括传统的微观和宏观政策工具两大类外，还包括政策协调工具一类，即辖区间政策协调工具和辖区内政策协调工具。[①] 尽管我国学者张可云更倾向于依据工具的功能性质理解并分类区域政策工具，将区域政策工具归纳为"奖励与区域政策目标相符的区域经济行为和控制与区域政策目标相悖的区域经济行为的方法与措施的总和"[②]，但其仍强调为有效化解各种区域政策工具间的矛盾，实现共同的区域政策目标，区域政策工具的协调十分重要。相较于经济学领域更为直接的研究，行政学领域则多是从府际治理的角度研究政策工具的分类，阿哥若勒夫等人提出了"结构式、方案性、研究与能力建立以及行为式"等四种府际关系的政策工具分类，并细分出 16 种操作工具，以有效解决多元利益纠葛的府际问题。[③] 针对我国府际关系的特点，何精华提出了互动式政策工具组合与结构式政策工具组合两种工具分类。[④]

综上所述，区域政策工具的分类方法同样很多，但均突出协调区域政策工具，强调区域政策协调工具的重要意义，这也是区域公共事务及其治理的"外溢性"使然。这里所注重的协调区域政策工具，主要是指区域政府间政策工具的互动与协调，即纵向上的中央政府与区域内地方政府间政策工具的互动，以及横向上的区域地方政府间政策工具的互动、协调。而为更好地判断这一互动与协调的程度，本文提出"区域政府间政策工具的协同程度"的概念。

现实问题往往引导甚至决定着理论研究的开展。伴随着工业化的

---

① [英] 哈维·阿姆斯特朗、吉姆·泰勒：《区域经济学与区域政策》（第三版），刘乃全等译，上海人民出版社 2007 年版，第 197—198 页。

② 张可云：《区域经济政策》，商务印书馆 2005 年版，第 257 页。

③ Agranoff R，McGuire M，*A Jurisdiction—Based Model of Intergovernmental Management in U.S*，Cities，Publius the Journal of Federalism，1998，p.28.

④ 何精华：《府际合作治理：生成逻辑、理论涵义与政策工具》，《江西社会科学》2011 年第 6 期。

进程，西方发达国家在得益于物质财富极大积累的同时，由于选择了"先污染、后治理"的发展模式，环境污染形势日益严峻，尤其是涉及面广、影响严重的大气污染问题，更受关注。西方国家为防治大气污染采用了行政、法律、经济和完善环境基础设施等手段，并取得了显著的成果。同时，西方学术界也应时跟进了大气污染治理政策工具的梳理总结及发展创新等研究工作（Porthey，1990；Ger Klassen，1994；Michael Toman，1994；Sterner，2002；RITA，2004）。近年来，以"复合型""区域性"为主要特征的大气污染问题严重影响着我国人民生活质量和健康水平的提高，为有效解决这一问题，中国政府制定并修订相关法律法规标准，出台了专项行动计划，尤其针对重点大气污染防治区域，制定了系统长远的政策规划，并取得了一定的成效。在理论研究方面，与西方相比，国内学者仍处于政策框架搭建的外围研究阶段，主要集中于政策变迁（冯贵霞，2014；李雪松，2014；张永安，2015）、政策经验（王倩，2009；高明，2014）、政策协调（赵新峰，2014；王延杰，2015）、政策评估（杜鹏生，2015）等方面，更具操作性的大气污染治理政策工具的研究仍较为薄弱。因此，为完善我国大气污染治理政策体系，提供可操作性的理论指导，开展大气污染治理政策工具的系统研究显得十分迫切，在此意义上，区域大气污染治理政策工具的优化也是一项具有开拓性的研究。

区域大气污染治理政策工具，是指人们为解决"区域性"大气污染问题，实现"区域性"大气污染高效治理目标而采取的一系列具体手段和方式，既包含政策工具基本的分类与选择属性，由于"区域性"特征，还兼有政策工具间的互动、协调与整合的内涵。具体而言，区域大气污染治理政策工具可从三个维度进行分析界定与设计选择：其一，区域大气治理政策工具的强制程度；其二，区域政府间大气治理政策工具的协同程度；其三，区域大气治理政策工具的整合程度。

（一）区域大气治理政策工具的强制程度

强制程度主要是判断政策工具在应对区域大气污染时，其控制个体和组织行为的程度。全面掌握各个政策工具的强制程度，有利于政策工具的识别、分类与选择。借鉴上文中环境政策工具的强制程度分类方法，按照强制程度的强弱顺序，区域大气治理政策工具可划分为"管制型政策工具""市场型政策工具"和"自愿型政策工具"三大类。具体而言，其一，区域大气污染治理的管制型政策工具是政府干预大气污染治理特征最为显著的政策工具，主要包括空气质量/排污标准、禁令/规定、排污许可证与配额、目标责任制、划分控制区域以及我国特有的"三同时制度"等。其二，区域大气污染治理的市场型政策工具可细分为"利用市场"和"创建市场"两个子类："利用市场"是基于"庇古税"的逻辑定义，主要包括排污收费、环境税、补贴、押金—退款制度和环境责任保险等工具；"创建市场"则是基于"科斯定理"的逻辑定义，主要包括可交易排污权和区域生态补偿等工具。其三，区域大气污染治理的自愿型政策工具则是非政府主体参与区域环境治理的可能性思潮下的产物，其在本文中包含的内容比较丰富，有信息公开、自愿协议、公众参与和环境教育等工具。

在区域大气污染治理中，政策工具的优化选择除需科学地归纳分类众多的工具外，进一步地评估分析每类工具也很关键，而这就需要一系列共同的评估标准及相应的分析条件。"效率""公平"和"有效性"被普遍应用于评估各类政策工具，萨拉蒙在此基础上又增加了"可管理性""合法性和政治可行性"两条评估标准[1]；思德纳在研究环境与自然资源管理时，总结了包括"静态效率""动态效率""分配和政治问题""总体均衡"和"全球污染"等14种不同标准与条件下的各种政策

---

[1] Lester M. Salamon, *The Tools of Government: A Guide to the New Governance*, New York: Oxford University Press, 2002, pp.22-24.

工具设计的模拟结果①；IPCC（2007）结合环境政策工具提出了"环境有效性""成本有效性""分配的考虑"和"制度可行性"等四条评估标准。基于我国区域大气污染治理，本文采用"静态效率""损害成本""动态效率""空气有效性""区域公平性""制度可行性""区域加和污染"和"发展中经济"等八条标准与条件评估分析各类政策工具。详见表1。

表1　区域大气污染治理政策工具的评估与分析

标准与条件	管制型政策工具	市场型政策工具		自愿型政策工具
		利用市场	创建市场	
静态效率	减污成本异质时，效率低。	减污成本异质时，效率高。		工具的科学充分使用，对区域大气治理效率的提高具有助推作用； 是一种不可缺少的辅助型工具，如信息的公开对称。
损害成本	损害成本异质时，效率高，如分区管制工具。	损害成本异质时，效率较低；缺乏公平性；技术的提高可以起到缓解作用。		
动态效率	灵活性不足，动态效率更低。	长远来看，更具效率；补贴不利于动态效率的提高。		
空气有效性	执行力强；效果明显、可控。	取决于工具影响排污主体行为的能力。		取决于自愿协议的设计及信息被利用的情况。
区域公平性	具有强再分配功能，公平性高。	税费起到一定的再分配作用；补贴有扭曲危险。	取决于最初的权利分配	最初的参与者和信息充分者有利，公平性难有保障。
制度可行性	应用于欠发达制度框架中	作为要求市场功能强的政策工具，难以应用于欠发达制度中。		较强的适应性，容易嵌入到现行的制度框架中。
区域加和污染	在区域协议框架内，该类工具较为适用。	在遵守顶层标准的基础上，须强化地方间的协调。	在区域协议框架内，生态补偿等工具较为适用。	区域（自愿）协议、地方间信息对称等利于区域大气污染的防治。

---

① ［瑞典］托马斯·思德纳：《环境与自然资源管理的政策工具》，张蔚文、黄祖辉译，上海人民出版社2005年版，第329—338页。

续表

标准与条件	管制型政策工具	市场型政策工具		自愿型政策工具
		利用市场	创建市场	
发展中经济	管制是自然起点	环境基金具有吸引力	产权分配及相应的法律制度是第一步	信息公开、对称是自然起点

由表 1 可知，不同的标准与条件，其所要求或倾向的政策工具类型并不一致，政策工具的"强制"程度也难有统一标准。就整个区域而言，影响政策工具选择的因素更多，复杂程度更高，这就进一步决定了在选择区域大气污染治理政策工具时，工具的"强制"程度并不是单调的，而是多重的，是以组合形式存在的。考虑到产业结构、管理能力、技术水平及空气承载力等影响区域发展与空气生态水平的因素处于不断发展变化中，因而，从时间角度看，区域大气污染治理政策工具体系的"强制"程度也应因时而变。

（二）区域政府间大气治理政策工具的协同程度

协同程度主要是判断政府组织在应对区域大气污染时，其使用的政策工具间的相互关系。由上文可知，这种相互关系包括中央政府与区域内地方政府间政策工具的纵向关系和区域地方政府间政策工具的横向关系。

环境的"分区"治理既是国家整体行政体制在环境领域的延伸和再现，也在一定阶段和程度上契合了各地在环境"损害成本"的异质性，其中，环境"损害成本"主要受人口密度、经济发展水平以及污染物排放数量和性质等因素的影响。然而，应注意到"分区"治理工具在应对污染范围局限于单个行政区的环境问题时具有合理性和有效性，当涉及具有流动性的大气污染问题时，这一治理工具却显得力不从心、难以应对，甚至鞭长莫及。因而亟须从区域整体出发，通过纵向上央地间政策工具的互动与横向上地方间政策工具的协调整合，实现区域大气污染治理成本的最小化。

一方面，纵向上的中央政府与区域内地方政府间大气治理政策工具的互动与互益，既包括依据相应的法律规范，中央政府对区域内地方政府在工具选择上的支持、指导和控制，也包括地方政府（尤其是工具实践发达的地方政府）对中央政府在工具选择上的显性或隐性影响；另一方面，横向上的区域地方政府间大气治理政策工具的互动、协调，即依据一定的区域行政协议，借助相关区域协调平台，在参与主体共同协商、一致同意的基础上实现政策工具的优化选择。现实中，区域政府间大气治理政策工具的协同程度则因时因地而包含冲突、互动、合作、协调等多层含义。

（三）区域大气治理政策工具的整合程度

整合程度主要是衡量或判断在区域大气污染治理中，政策工具系统聚合的广度与深度。区别于传统官僚制中的权威性整合和新公共管理中的竞争性整合，区域大气治理政策工具中的整合是基于区域整体理性的"协调性整合"，是对"强制程度"和"协同程度"的进一步的聚合提升。整合的主要内容包括组织架构、信息系统和资金管理三个方面。

区域大气治理政策工具的选择是一个复杂的筛选过程，这一过程包括环境认识、目标确定、工具分析以及最终的工具选择和改进等多个环节。而顺利推进这一复杂选择过程不仅要做好工具本身特性的分析评估，而且还需做好区域大气治理政策环境和政策目标等影响因素的分析界定。

结合以上理论基础和概念体系的研究，本文提出区域大气污染治理政策工具的分析框架。如图1。

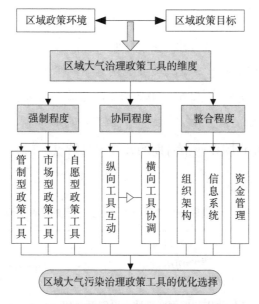

图1 区域大气污染治理政策工具的分析框架

二、我国区域大气污染治理政策工具的实践历程

1973年，第一次全国环境保护会议的召开，标志着我国大气污染治理工作的开始；同年11月，工业"废气"排放标准的《工业"三废"排放试行标准》正式出台。在至今的40多年中，我国大气污染治理经历了从点源治理到集中控制，从城市环境综合整治到区域污染防治的转变，其中治理工具也经历了从单一管制型向多元组合型发展的转变。

为有效解决日益突出的"区域性"空气污染问题，努力扭转地方政府间各自为战、无序竞争的局面，1995年开始，我国逐步通过颁布法规标准，制定规划意见，出台行动计划，实施政策措施等手段有针对性地进行应对，以实现区域内经济社会与大气环境的协调发展。针对我国区域大气污染防治的实践，为便于深入细致地研究其发展历程，需要划分阶段。然而，十分清晰准确的时间界限是不存在的，本文尝试以对我国发展具有重大影响的"五年规划"的时间节点为划分依据，将我国区域大气污染治理实践划分为两个阶段：一是划分主要大气污染物控制区阶段（1995—2005 年）；二是重点区域大气污染防治阶段（2006 年至今）。接下来，本文结合第一部分所提出的政策工具分析框架，分别研究我国在两个时期的政策工具特点、选择与效果。具体如表 2。

表 2　我国区域大气污染治理政策工具的实践历程

影响因素与分析维度		划分主要大气污染物控制区阶段（1995—2005 年）	重点区域大气污染防治阶段（2006 年至今）
区域政策环境		二氧化硫和酸雨污染成连片趋势	以细颗粒物、臭氧和酸雨为特征的区域性复合型大气污染日益突出
区域政策目标		对已经产生、可能产生酸雨或其他二氧化硫污染严重的地区进行控制	有序改善重点区域空气质量；保障区域性重大活动的空气质量。
区域政策工具强制程度	管制型政策工具	管制型政策工具处于主导地位；对主要污染物的排放浓度和总量进行双重控制。	基本形成了事前事中事后的管制型政策工具体系；尤其在区域重大空气质量保障活动中，选择使用率高。
	市场型政策工具	二氧化硫排污收费制度扩大应用至"两控区"	以排污收费为代表的"利用市场"型工具日渐成熟；"创建市场"型工具进入选择应用阶段。
	自愿型政策工具	污染和治理信息被有条件地监测、收集和公开；"清洁生产"概念被提出。	公众参与、信息公开与共享、环境标志、节能减排示范、清洁生产、环境宣传教育等自愿型政策工具的作用开始显现。
区域政策工具协同程度	纵向互动关系	依赖纵向上的中央权威进行区域政策工具协同整合的特征明显。	"自上而下"的工具选择使用格局依然坚固；工具实践发达的地方政府在工具选择上对中央政府起到了一定程度的良性互动作用。

影响因素与 分析维度		划分主要大气污染物 控制区阶段 （1995—2005 年）	重点区域大气污染防治阶段 （2006 年至今）
区域政策工具整合程度	横向协调关系	各自为战 无序竞争	在牵头地方政府的组织协调下，区域地方政府共同进行政策工具的设计选择；工具实践发达的地方政府在工具选择上，对区域内其他地方起着引领示范作用。
	组织架构	基本处于缺位状态	京津冀、长三角等重点区域构建了区域大气污染防治协作机制，并成立了领导小组。
	信息系统	二氧化硫和酸雨的信息整合能力有所提升	重点区域逐步建立起了统一的区域空气质量监测体系和重点污染源在线监测网络，并积极推进信息的联网与共享。
	资金管理	基本处于缺位状态	资金筹集的渠道向着多元化方向发展

（一）主要大气污染物控制区中的政策工具实践

据统计，1995 年我国二氧化硫排放量达 2370 万吨，居世界首位，年均降水 PH 值低于 5.6 的地区已占全国面积的 40% 左右，主要集中在西南、华中、华南和华东等地区。可见，我国二氧化硫和酸雨污染问题的严重性，以及空间上的聚集性，采取有针对性的措施进行治理已迫在眉睫。1995 年，修订的《大气污染防治法》要求："对已经产生、可能产生酸雨的地区或者其他二氧化硫污染严重的地区，经国务院批准后，划定为酸雨控制区或者二氧化硫污染控制区。"其标志着通过划定主要大气污染物控制区的方式，治理二氧化硫等污染物"区域性"污染的序幕正式拉开。随后，1998 年，《酸雨控制区和二氧化硫污染控制区划分方案》获得国务院批准；2000 年，修订后的《大气污染防治法》规定"核定企业事业单位的主要大气污染物排放总量，核发主要大气污染物排放许可证"；2002 年，《"两控区"酸雨和二氧化硫污染防治"十五"计划》通过实施综合防治和保障措施，以更加全面长远地治理酸雨和二氧化硫污染。其中，这一阶段的政策工具在日渐丰富的同时，依赖纵向上的中央权威进行区域政策工具协同整合的特征十分明显。

针对二氧化硫和酸雨等污染严重、危害较大的主要大气污染物的控制，高"强制性"的政策工具因其易于操作、效果明显而被更多地选择使用。具体表现为：其一，管制型政策工具居于主导地位，并不断细化完善。在 SO_2 的排放控制方面，《火电厂大气污染物排放标准》（GB13223—1996）在规定火电厂各烟囱 SO_2 最高允许排放质量浓度的同时，还规定了"两控区"内火电厂还应执行总量控制标准，至 2000 年，对"两控区"的 SO_2 的排放进行总量控制被赋予法律权威，形成了"两控区"内 SO_2 的排放总量控制的总体框架。在总量控制框架下，我国还逐步采用了一系列其他管制型政策工具，如"二氧化硫排放标准"，"新建、改造燃煤含硫量超过标准，必须建设脱硫设施"，"限产关停高硫煤矿"，"限制城市燃料含硫量"，"适时调整'两控区'范围"，以及"建立酸雨和二氧化硫污染控制目标责任制"等。其二，市场型政策工具被渐进引入。1996 年，体现"利用市场"逻辑的 SO_2 排污收费制度被要求扩大应用至"两控区"，而后更是要求在两控区内做好二氧化硫排污费的征收、管理和使用工作，实行鼓励控制二氧化硫的优惠政策等；这一时期"创建市场"方面的政策工具还处于试点探索阶段，如 2002 年国家环保总局选取两控区内的山西、天津、柳州等 7 省市试行了二氧化硫排放权交易制度。其三，自愿型政策工具初现端倪。由于受信息技术和公民社会发展程度的制约，在主要大气污染物排放控制区中，自愿型政策工具更多体现为污染和治理信息被有条件地监测、收集和公开，以及组织或个体针对大气污染的信访活动。而在控制生产过程中产生的二氧化硫污染时，"清洁生产"的概念被提出，并于 21 世纪初推进了济南、太原等 18 个城市的"清洁能源行动"示范工作。

这一时段，主要大气污染物排放控制的政策工具，基本是依靠纵向上的中央权威进行统一协调，横向上政策工具间的互动与协调则处于缺位状态。在控制区内，传统的管制型政策工具的选择使用，各地政府要依照国务院规定的条件和程序进行选择、执行，并在工具最终的执行效果方面，中央政府拥有评定权；对于新兴的排污权交易制度的选择应用，除山西太原等地尝试性地制定了地方性法规政策外，影响更为广泛深远的市场型政策工具的选择依然要得到中央政府的批准，由中央进行统一选取协调。受制于大气环境"属地管理"体制和政治锦标赛等因素的影响，在酸雨和二氧化硫污染的控制工具选择方面，地方政府间突出表现为"各自为战"，甚至有利用宽松的大气政策工具进行无序竞争的情况发生，工具间的互动协调难有突破。这一时期，两控区中的政策工具整合主要体现在二氧化硫和酸雨的信息监测和管理加强方面。

"控制区"的划定，多种防治政策工具的选择使用，对我国酸雨和二氧化硫污染恶化势头的控制起到了重大作用，仅"十五"期间，减少二氧化硫排放量约 40 万吨，形成二氧化硫年脱除能力约 210 万吨。但仅就主要大气污染物划定控制区的做法，在应对以细颗粒物（PM2.5）为主要特征的区域复合型大气污染时就显得非常单薄。

（二）重点区域大气污染防治中的政策工具实践

"十一五"以来，在酸雨和二氧化硫污染形势依然严峻的情况下，以细颗粒物为主要特征的区域性复合型大气污染日益突出，严重影响到我国经济社会的可持续发展。为此，2006 年起，我国先后设置了 6 个区域环境保护督查中心，负责区域性环境治理的协调工作，并以北京奥运会和 APEC 会议、上海世博会、广州亚运会等区域性重大空气质量保障活动为契机，探索积累治理区域复合型大气污染的经验，又通过构建区域大气污染防治协作机制，修订区域性大气防治法规标准，制定更具长远性的区域大气防治行动计划等系统整体地治理区域大气污染。其中，这一时期的政策工具也有了较大的发展，突出表现为层次分明、形式多样、内容丰富、应用广泛，尤其是横向上的区域政府间大气治理政策工具的互动协调取得了突破性的进展。

在应对当前区域复合型大气污染时，为取得可控效果，管制型政策工具仍处于主导地位，选择使用率高，市场型和自愿型政策工具则较好地起到了辅助作用。首先，管制型政策工具体系进一步完善，选择使用率高。在这一阶段的区域大气污染防治中，区域统一监测预警、区域环境影响评价、区域限批、区域主要污染物排放总量控制、区域污染物排放标准、区域限期治理、区域统一限号限行、区域目标责任制、区域挂牌督办等管制型政策工具见诸各种政策文件，基本形成了事前、事中、事后的政策工具体系。特别是一些需要区域联动的重大活动，保障空气质量被视作一项重大政治任务，为完成好这项政治任务，具有可操作性的，能短时间内形成实效的超常规管制型政策工具更是被优先选择使用，如区域内重污染企业限产停产，建筑工地停止土方作业，机动车限行等。

其次，市场型政策工具初成体系。作为我国"利用市场"的代表性工具，排污收费制度在征收理念、范围、标准和形式等方面都有了较大发展，如二氧化硫排污收费制度，为改变"排污赚钱，治污赔钱"的怪象，实现排污成本高于排污收益，提高收费标准已成常态，并且分步调整收费标准和差别化的排污收费政策已逐步被应用到重点区域大气污染的防治中。"利用市场"的另一代表性工具——补贴，则在以"脱硫优惠电价""以奖代补""区域重点节能减排项目补贴"和"绿色采购"等多种形式发挥积极作用；"创建市场"型工具方面，在继续深入探索建立区域主要大气污染物排放指标有偿使用和交易制度的基础上，区域横向生态补偿工具被尝试使用，如京津投入8.6亿帮助河北省唐山、廊坊、保定、沧州四市治理大气污染；最后，自愿型政策工具作用显现。在重点区域大气污染防治中，信息公开与共享、环境标志、节能减排示范、清洁生产、环境宣传教育等自愿型政策工具在得到进一步发展的同时，"公众参与"工具被提高到一个新的高度，要求从提高公众参与治污能力，发挥公众在规划实施中的监督作用，加强第三方评估等方面强化这一具有"公民权利"含义的工具作用。

区域政府间大气治理政策工具的协同程度得到进一步增强，横向上政策工具间的互动协调有了突破性的发展。区域政府间政策工具的纵向关系方面：在压力型体制下，"自上而下"的工具选择使用格局依然坚固，而在重点区域大气污染防治政策工具的选择方面，新的法律则要求中央政府应当与区域地方政府进行会商，听取地方意见。近几年，一些重点区域内发展水平较高，工具实践发达的地方政府在工具选择上与中央政府实现了良性互动。区域政府间政策工具的横向关系方面：2006年，广东省与香港交流了珠三角地区臭氧空气质量指数的有关信息，有力地推进了区域政府间信息等政策工具的横向互动。在这一时期的区域性重大空气质量保障活动以及区域大气污染综合防治中，区域地方政府在牵头地方政府组织协调下，进行政策工具的设计选择，中央政府更多扮演指导和督促的角色。并且，北京、上海等工具实践较发达的地方政府在工具选择使用上，对区域内其他地区也起着积极的引领示范作用。

这一阶段，区域大气污染治理政策工具的整合创新也有了坚实的基础。组织架构方面，京津冀、长三角等重点区域通过构建区域大气污染防治协作机制，成立领导小组，召开联席会议，为统筹协调选择区域大气治理政策工具提供了坚实的组织基础。信息系统方面，近些年来，重点区域逐步建立起了统一的区域空气质量监测体系和重点污染源在线监测网络，并积极推进信息的联网与共享。同时，区域大气污染防治政策工具发挥作用的物质基础——资金工具，在筹集渠道上向着多元化方向发展。

就目前来看，通过近些年区域大气污染防治工具的广泛应用，重点区域大气污染防治工作取得了一些阶段性成绩，如有力地保障了区域性重大活动的空气质量，兑现了绿色奥运、绿色世博、绿色亚运和绿色 APEC 的庄严承诺。并且，在我国工业化和城镇化快速发展的同时，重点区域（"三区十群"）大气环境恶化的势头得到有效控制，区域内一些主要大气污染物排放量得到较大去除，实现了 2013 年全年工业二氧化硫 2039.3 万吨的去除量，二氧化硫去除率达 71%。但我国区域性复合型大气污染形势依然非常严峻。2013 年，大气污染防治重点区域工业废气排放量达 361125 亿立方米（标态），占全国工业废气排放量的 54%。长远来看，这一时期政策工具的实施效果有待进一步的观察研究。

三、我国区域大气污染治理政策工具的优化选择

从我国区域大气污染治理政策工具的实践中可以看出：工具的优化选择是一个逐步适应环境，不断改进的建构过程，这就决定了工具优化选择的第一步即是分析并掌握区域政策工具选择的环境，在此基础上，完善组合区域大气污染治理政策工具体系，并加以协调、整合，形成全新的区域政策工具，以有效应对日益突出的区域大气污染问题，实现区域经济与环境的协调发展。

我国区域大气污染治理政策工具选择的环境因素包括区域大气污染的基本情况，政策工具选择的制度与技术背景，以及工具选择实践中的突出问题。

首先，我国区域大气污染的基本情况。现阶段，从区域大气污染类型来看，我国区域污染呈现复合状态，除存在二氧化硫、氮氧化物、颗粒物等一次污染外，以细颗粒物为主要特征的二次污染日益突出。2014 年，三大重点区域内 47 个地级及以上城市中，PM2.5 年均浓度达标的城市仅有 5 个；从区域地方间污染相互影响来看，区域大气污染的同步性、整体性明显；从已完成大气颗粒物源解析的城市报告中，可知

区域影响明显，在北京、上海、天津等城市的 PM2.5 综合来源中，区域传输最大贡献率均超过 30%。由此可见，在工业化和城镇化快速发展，经济增长方式未发生根本改变的情况下，我国现在及未来一段时间内，所应对的大气污染主要是重点区域复合型大气污染，这一判断在现行或正在编制的法律法规和中长期规划中均有印证。

其次，区域大气治理政策工具选择的制度与技术背景。制度提供了个体根据各自的角色和状态进行恰当互动的框架①，大气污染治理工具的选择就是在这个互动框架内进行的。具体到区域大气污染治理的制度层面：纵向上，具有政策目标设定和政策结果考核的中央政府，在大气治理政策工具的设计、选择和创新上相对主动，而区域内的地方政府往往只是遵照执行或有条件地贯彻实施；横向上，"地方各级人民政府应当对本行政区域的大气环境质量负责"的法律规定，决定了在设计或选择区域大气污染治理工具时，横向政策权威是分散的，缺乏聚敛性，难以实现政策工具自发协调、整合、创新的目标。技术发展的水平与程度，直接影响着政策工具的选择及其实施效果。近年来，在区域大气污染治理中，我国通过编制长期战略规划，实施多项重大工程，已基本完成了重点区域环境空气质量监测体系建设，重点污染源全部实现在线监控，大气污染及治理的监管技术得到较大发展。然而，挥发性有机物、扬尘与移动源排放等的监测统计体系还不甚完善，大气监测、统计能力仍显薄弱。

最后，工具选择实践中的突出问题。一是过度依赖管制型政策工具。作为环境政策工具选择的自然起点，管制型政策工具在市场成熟度不高，公民社会发育不足的我国被选择有其必然性和正当性。但过度依赖使用此类工具，不仅容易形成工具选择上的"路径依赖"，直接影响

---

① ［美］道格拉斯·诺斯：《经济史中的结构与变迁》，陈郁、罗华平译，上海人民出版社 1994 年版。

着新工具的选择使用，而且其实施的成本也相当高，在需要短期见实效的区域重大空气质量保障活动中最为明显，如为实现"APEC 蓝"，区域内实际停产企业 9298 家，限产企业 3900 家，停工工地 4 万余处。①二是区域政府间横向政策工具协调不足。近年来，虽然我国在区域地方政府间横向政策工具协调方面取得了一定进展，但主要限于一些"运动型"空气质量保障活动期间，以及个别地区在如信息共享等一些工具上的协调，缺乏系统长效的区域政府间横向工具协调。

通过分析区域政策工具选择的环境及其存在的问题，基于"效率""公平"和"有效性"的普遍性政策工具选择标准，为实现我国重点区域复合型大气污染治理的目标，有效解决工具选择实践中存在的问题，政策工具选择还需完成以下两个步骤的工作。

（一）完善区域大气污染治理政策工具体系

区域大气污染治理政策工具体系即是简单意义上的"工具箱"，更是具有多重强制程度的工具组合体系。现阶段，我国区域大气污染治理政策工具体系的完善，需从强制程度下的三个工具类别进行有协调的努力：

第一，进一步完善管制型政策工具，提高执行效率。近年来，经过以管制型政策工具为主的工具体系的应用发力，二氧化硫和氮氧化物等主要污染物排放总量呈下降态势，重点区域的空气质量也有所改善。但应意识到，当前污染物排放总量仍远高于空气自净能力，尤其现在及未来一段时间是我国推进工业化和城镇化的重要时期，对煤炭和石油等能源的需求非常大，且容易节能减排的空间日渐缩小，这就需要进一步完善管制型政策工具，选择运用更加严格的控制标准与规定，并逐步提

---

① 《APEC 蓝背后：6 省区万余企业停限产　4 万处工地停工》，新华网，2014 年 11 月 27 日，见 https://3g.china.com/act/news/11163081/20141127/19012998.html。

高工具在应对新情况的执行效率，如提高工具在应对挥发性有机物和扬尘等无组织排放特点的污染物时的执行效率。

第二，发挥市场型政策工具的积极作用。在面对"减污成本"差异性更大的区域性复合型大气污染时，市场型政策工具相较于管制型政策工具具有"效率"上的优势，即在市场机制的作用下，能够促使多个污染者的边际控制成本相等，满足"等边际原则"[①]。为有效发挥其"效率"优势，可从以下两个方面进行着力：一方面，具体分析与完善"利用市场"型工具。"利用市场"型工具包含的内容相对较多，为丰富和完善这一类工具，需要对具体工具进行具体分析。如扩大排污收费工具的应用范围，实行差别化排污收费制度；推进税收工具与我国税制的整体改革相衔接，将部分"高污染、高耗能"行业产品纳入消费税征收范围，以不增加企业的负担；丰富补贴的应用形式，并注意预防补贴过量使用带来的污染产业过量生产，以及对区域公平性扭曲的危险。另一方面，推进"创建市场"型工具的适时应用。当前，我国处于发展中经济阶段，法律制度和市场机制不甚完善，不具备排污权交易工具全面铺开的条件。而基于"节能减排得收益、获补偿"原则的区域生态补偿工具的应用，可通过纵向和横向上的财政转移支付来实现。

第三，细化自愿型政策工具。作为区域大气污染治理政策工具体系的重要组成部分，自愿型政策工具更多起到辅助和补充作用，而发挥好这一作用，需针对其中的每个工具进行细化完善：完善信息的收集、识别、公开与共享；有序推进节能减排自愿协议在区域政府间和区域内企业和社会组织等主体两个层面的达成；从自我管制、监督管理、智力支持等多个方面实现公众参与；全方位开展环境宣传教育，促进绿色发展理念的树立和大气环境保护知识的普及。

---

① [美] 查尔斯·D. 科尔斯塔德：《环境经济学》，傅晋华、彭超译，中国人民大学出版社2011年版，第119页。

（二）推进区域大气治理政策工具的整合创新

为避免单一工具或单一类型工具的片面性，以及单个行政区政策工具的封闭性，避免碎片化和"孤岛效应"，基于区域整体理性的"协调性整合"是根本之策，其中的关键抓手包括组织架构、信息系统和资金管理三个方面。

第一，组建区域大气治理政策工具的协调机构。

"行政管理组织及制度（比如政府部门和环境保护局），本身就可以被看作一种'工具'。"① 并且这一特殊"工具"也是环境政策工具的主要来源，存在因自身利益而有条件地选择政策工具的情况，如对那些容易导致政府组织裁减、权力丧失的新工具，其并不欢迎甚至阻挠，而企业、社会组织与公众则普遍持欢迎态度。在区域大气污染治理实践中，由于政策权威存在纵向上"自上而下"的压力性和横向上的分散性，区域性政策工具和新政策工具难以在区域或地方层面被优化选择。因而，为有效整合这些碎片化的政策工具选择权威，组建区域大气污染治理政策工具的协调机构是可行之举。在这一区域协调机构中，政府组织处于主导地位，中央政府扮演指导和监督角色，各地方政府主动参与工具的优化选择，同时积极引入社会和公众力量。这一协调机构不仅提供了区域性大气治理工具共同选择的平台，利于工具的高效执行，而且也是当前"政府组织工具"的一次整体重构。同时，也要注意这一区域协调机构的路径依赖问题，引入"学习型组织"的概念，推动区域协调机构不断地自我完善和革新。

第二，构建区域大气治理信息系统。

如前文所述，当前我国已有序推进了诸多领域和性质的区域大气治理信息的监测和收集工作，为区域大气污染治理政策工具的协调选择

---

① ［瑞典］托马斯·思德纳：《环境与自然资源管理的政策工具》，张蔚文、黄祖辉译，上海人民出版社 2005 年版，第 199 页。

提供了大量有价值的信息。但受制于行政区划和信息技术，信息在收集和统计方面仍有很多不足，并且有关区域层面的信息整合更是缺乏，亟须构建具有"整体性协调"含义的区域大气治理信息系统。这一信息系统不仅能为区域工具协调选择提供统一的治污数据信息，节省每个主体自己收集整合信息的成本，而且也可为大气环境监管提供信息技术上的帮助。进一步讲，在区域大气污染治理工具的协调选择中，各主体可依托区域大气治理信息系统，平等、真诚地进行沟通、协调，整合创新工具，减少机会主义，降低政策工具协调选择的成本，从而提高区域大气治理工具协调选择的效率。

第三，设立区域大气污染防治专项基金。

国务院印发的《大气污染防治行动计划》（2013）要求，"中央财政统筹整合主要污染物减排等专项，设立大气污染防治专项资金。"这一要求有力地解决了当前中央环保专项资金碎片化和应急性的问题，为大气污染防治提供了物质保障。2013年至2015年，中央财政分别安排了50亿、98亿、106亿元专项大气防治专项资金。"十一五"以来，各省通过设立省级环境保护专项资金，有效整合了省区内分散的环境保护资金，但尚缺乏统筹整合性的大气防治专项资金，并且省际专项资金也是各自为政，难以形成合力，不利于区域大气污染的整体防治。借鉴中央设立大气污染防治专项资金的经验，可尝试针对具体区域设立"区域大气污染防治专项基金"，该基金在聚合中央和区域内地方的环保专项资金的基础上，发挥"杠杆"作用，撬动民间资本和社会资本，从而为区域大气污染防治提供多元化的资金来源渠道。并且，区域大气污染防治专项基金也能够从根本上解决区域内大气治理工具分散、失调的问题，引导并实现区域各项政策工具的高效整合。

区域大气污染防治专项基金的具体运作，可由上文中提到的区域大气治理政策工具的协调机构来负责，并且根据不同的目的设置子基金，如区域能源污染防治基金、工业污染防治基金、机动车船等污染防治基金、扬尘污染防治基金、农业和其他污染防治基金等。同时，基金根据不同时期区域大气防治的需要，作适时改进。

　　作为一个动态演进的建构过程，区域大气污染治理政策工具的优化选择还需要依据环境和目标作不间断的评估和改进。本文尝试探索了当前我国区域大气治理政策工具优化选择的普适性着力方向，由于我国存在众多的区域，且每个区域在地理特征、协同发展水平、大气污染控制类型、减污和损害成本等方面差异性较大，因而，因地制宜的工具优化选择，需要具体区域具体分析研究。

（原文载于《中国行政管理》2016 年第 7 期，

《新华文摘》2016 年第 19 期转载）

我国区域政府间大气污染协同
治理的制度基础与安排

    "贫困是阶级的,烟雾是民主的。"① 在预设的"风险社会"中,乌尔里希·贝克(Ulrich Beck)强调风险就如烟雾一样,无处不在,人人均无法置身事外。在现今的中国,以细颗粒物(PM2.5)为主要特征的区域复合型大气污染日益突出,严重影响着区域内每个公民的生产和生活,所谓"雾霾面前,人人平等"。那么,如何驱散笼罩在区域内每个公民身边的雾霾,实现区域内大气环境与经济社会和谐发展?显然,仅仅依靠启动多级别区域重污染天气预警、实施多种类预案是不够的。溯本求源,从源头上找出问题、分析问题、解决问题,探寻问题产生、变化、发展的制度根源才是问题的关键。就区域政府间协同治理层面而言,其中的制度逻辑是什么?目前我国已有怎样的制度基础?什么样的制度安排既契合当前我国整体治理的制度逻辑,同时又切实可行?整体性治理内在逻辑的演进,需要通过内生化制度引领下政策工具的变革加以实现。本文将因循这一思路加以探索分析。

---

① *Ulrich Beck*,*Risk Society*:*Towards a New Modernity*,London:Sage,p.36.

一、区域政府间大气污染协同治理的制度分析

制度问题是集体行动的核心问题，制度质量和制度环境直接影响着政府的行动效果。在区域大气污染治理的过程中，空气因气象条件而具有流动性，一地的污染空气很容易跨越边界，传输到区域其他地区，产生负外部效应；而一地对空气的治理则具有正外部性，区域其他地区在没有付出相应治污成本的情况下，潜在受益。基于此，为将外部成本和收益内在化，避免"公用地悲剧"的发生，亟须掌握着区域内主要权力和资源的政府组织变革信念、统一步调、协同治理区域大气污染，而一体化的方略和整体性的理念则是制度变迁的基础。

协同治理区域大气污染的政府组织，本文主要是指区域内最高层级的地方政府组织以及其共同的上级政府组织，如京津冀区域，其中的政府组织有北京市政府、天津市政府、河北省政府及中央政府；珠三角区域，区域政府包括广州、深圳、珠海等9个区域内地级市以上政府组织，以及广东省政府和中央政府。本文中，共同的上级政府组织一般是指中央政府，地方政府则多指省级政府。

在区域政府间大气污染协同治理的过程中，区域政府组织间的协同关系规范有序与否至关重要。而保证这种协同关系规范有序的根本在于制度，制度是指法则，包括社会各方联系的行为准则与执行法则和行为准则以达到所希望结果的机构。[①]"制度的本质就是协调"[②]，其能够有效规制区域政府组织间的相互关系，明晰产权与责任，减少交易成本和不确定性，将阻碍协同治理的因素优化到最低程度。进而，系统的制度

---

① 世界银行：《2002年世界发展报告：建立市场机制》，中国财政经济出版社2002年版。
② [美] 阿兰·斯密德：《制度与行为经济学》，中国人民大学出版社2004年版，第79页。

分析有助于政府组织在治理区域大气污染的过程中，优化相互关系、发掘治理潜力、纠正无序行为、采取集体行动。

本文将以产权和交易成本两个基本维度为切入点，系统深入地分析制度安排的结构与质量，探讨如何使制度在区域政府间大气污染协同治理中发挥应有作用，以期达到整体性的治理绩效。

（一）产权分析

产权是指"由物的存在及关于它们的使用所引起的人们之间相互认可的行为关系"，具体可分解为所有权、使用权、收益权和转让权等。分解后的权利即可统一在一个主体上，如私人土地，自有自耕自足；也存在分属于不同权利主体的情况，如公共土地，虽然所有权属于共同体的所有成员，但由于无法限制私人耕种使用，使得使用权和收益权归属于个人。进一步来讲，产权清晰，责任明确，能够降低人们相互行为中的不确定性，减少交易成本，加强合作，从而提高资源配置的效率；反之，产权模糊，责任不明确，增加人们对未来预期的不确定性，难以合作，甚至发生冲突，资源配置则处于低效状态。

科斯指出：只要产权界定不明确，外部性带来的损害就会存在，只有设定了明确的产权界限，才能降低或消减外部性带来的损害。在明确产权界定的前提下，引入完善的市场竞争机制，才能够明确地衡量相互影响的程度和双方享有的权益和职责。① 科斯关于产权方面观点的价值在于：一是充分发挥市场机制的作用，确立严格的、清晰的、可以转让的产权制度；二是通过产权明晰来明确责任归属，解决公地悲剧问题；三是激活政府官员的社会成本和环境责任意识，纠正市场失灵。

一定区域内，清洁空气的所有权具有公共性，由整个区域共有。然而，由于空气具有流动性、迁移性，使用消费清洁空气后的责任难以

---

① 转引自程恩富、胡乐明《新制度经济学》，经济日报出版社 2005 年版，第 49—55 页。

界定，导致其使用权被区域内各地区非法占有。为最大化地利用区域公共空气资源，各地毫无约束地使用消费，甚至改变其形态，大肆污染破坏空气，力求自身收益权的最大化，而后期产生的成本则推给整个区域，各地使用空气的成本与收益严重不对称。为消除因产权不清晰导致的区域空气恶化的问题，理论上存在两条应对途径：其一，按照一定标准，分解区域清洁空气所有权，并配置给区域内每个地方。受制于空气的流动性和跨界性，不具有现实可行性。其二，明确使用区域空气责任，制定相关制度规范，转让并集中区域各地的空气使用权，使之与所有权统一到同一个权利主体。在明晰统一区域空气产权与治理责任的基础上，实现区域空气的高效科学使用和治理，促进外部效应的内在化。

（二）交易成本分析

内在的自利性及"相互需要帮助"的社会性，使得人与人之间需要通过交换、交易或合作，获取"合作剩余"，实现自身及社会的持续发展。通往人与人之间、政府之间交易或合作的道路并不平坦，因为资产专用性以及人的有限理性和机会主义倾向伴有大量成本和费用，具体包括信息成本、决策成本、执行成本和监督成本。为降低这些交易成本，增加"合作剩余"，提高交易、合作的效率，则需发挥制度内在化的引导和规范功能。

具体到区域政府间大气污染协同治理中，降低交易成本方面，制度起着根本性作用：第一，制度能够扩展区域内单个政府组织的有限理性。制度由区域政府组织共同参与设计，共同谋划达成，吸纳并发展了所有区域政府组织的主张和意见，提供了一种协同治理方向和内容的预见性，有利于缓解和弥补单个政府组织协同治理方面的缺陷与不足。从长远来看，制度具有延续性和传递性，它降低了下一届政府重新学习、重复设计的成本，潜在地扩展了下一届政府的有限理性。第二，制度增加了违反协同治理契约、逃避共治责任的成本，降低了单个政府组织，尤其区域内地方政府的本能性机会主义倾向。第三，制度提升了专用性治污投资事后保护的力度，从而降低了政府组织后期沉没成本发生的概率。

基于此，合乎区域政府间大气污染协同治理逻辑、能够被参与治理各方接受并遵守的制度有助于进一步规范区域政府间的相互关系，有效降低协同治理过程中的交易成本，保障协同治理的高效进行。其最终目的是形成一套具有内在驱动力的、良性循环的协同治理系统。

"当交易费用大于零时，产权的清晰界定将有助于降低人们在交易过程中的成本，改进效率。"① 换言之，在存在摩擦和协作成本的区域内，清晰统一的区域空气产权制度，有助于明确区域地方政府使用清洁空气的权利及其相应的治理责任，节约区域政府间大气污染治理过程中纠正空气使用权的成本，提高协同治理区域大气污染的效率。进一步而言，在清晰统一区域空气产权制度的基础上，设计安排协同治理区域大气的信息、决策、执行和监督等配套制度，增强区域政府间协作的可预见性，降低不确定性，约束机会主义行为，加强执行评估考核，从区域政府间协同治理大气污染的全过程来减少交易成本，提升政府组织协同治理区域大气污染的信心和意愿，进而从根本上改进、提高区域政府间大气污染协同治理的效率。由此可见，集中统一区域内清洁空气产权，建立健全区域政府间大气污染协同治理的相关配套制度，具备理论上的可行性。

二、我国区域政府间大气污染协同治理的制度基础

自然地理条件为区域的形成提供了一定的空间基础，而人类生活

---

① 卢现祥、朱巧云：《新制度经济学》（第二版），北京大学出版社2014年版，第142页。

生产等活动则能够进一步延伸、改变或萎缩区域发展空间。在影响区域发展空间的人为因素中，制度安排的选择起着决定性作用。产权清晰、责任明确的制度安排会成为区域发展空间持续拓展和延伸的强大动力；而高成本、低收益的制度安排则是区域发展空间日趋萎缩、甚至走向毁灭的罪魁祸首。就我国区域发展空间中的自然因素——清洁空气而言，在其治理过程中，究竟选择了怎样的制度安排？为明确产权、减少交易成本，推动区域政府组织协同治理大气污染，我们做了哪些建构性的制度安排？形成了什么样的制度基础？本部分将结合我国区域内整体治理的现状，分两个层面进行深入探讨。

（一）我国区域政府间协同治理的制度基础

我国是单一制国家，从纵向上看，我国政府组织可简单划分为中央政府与地方政府。《宪法》第三条规定："中央和地方的国家机构职权的划分，遵循在中央的统一领导下，充分发挥地方的主动性、积极性的原则。"在国家治理整体制度安排方面，形成了周雪光（2011）所概括的自上而下统辖地方权力的"权威体制"。多位学者也持有类似观点，提出了具有相同内涵的概念，如注重数据工具作用的"数目字管理"（黄仁宇，1997）；指标层层分解、压力层层传导的"压力型体制"（荣敬本，1998）；行政逐级发包的"包干制"（周黎安，2008）以及目标管理责任制（王汉生、王一鸽，2009）。

实际运作中，这些制度安排在强化中央权威、保证统一稳定的同时，却与地方的有效治理产生了深刻的矛盾，抑制了地方政府的主动性和创新性。为化解自上而下的权威体制与地方自主的有效治理之间的矛盾，在权威体制之上衍生、发展了两个层面的应对型制度安排：中央层面，通过向地方政府有选择地分权或授权，扩大地方权力，从而实现地方治理和发展的活力；地方层面，则采取非正式的方式，灵活应对中央政策、指令，有所为有所不为。

除此之外，我国现行"条块分明"的权威体制与区域的有效治理也存在诸多矛盾。由于人类的生产生活以及自然环境要素是自由流动的，并不会完全受限于"权威体制"设计好的行政区划内，存在外部性、成本与收益不对称等问题，不利于区域的协同治理与发展。为此，依据权威体制运作的逻辑，我国分别产生了中央与地方两个层面的应对型制度安排。中央层面，"十一五"规划纲要首次打破行政区划的局限，提出健全区域协调互动机制，并着重强调健全市场机制、合作机制、互助机制和扶持机制等四大机制。在此基础上，"十三五"规划纲要明确要求健全区域协调发展机制，并丰富发展了建立健全生态保护补偿、资源开发补偿等区际利益平衡机制以及鼓励创新国家级新区、国家级综合配套改革试验区、重点开发开放试验区等平台体制机制。目前，西部地区、京津冀、长江经济带等我国重点规划区域，其治理与发展，均由中央权威参与保障，区别在于其参与保障的程度与方式多种多样。

地方层面，主要就一些具有共同利益且合作成本较低的具体领域、现实问题进行合作共治，以求抱团竞争或纠纷化解。其中，制度安排多以省际协议为主，如 2000 年，浙江与黑龙江签订了第一份由不同地方政府参与的《关于促进两省粮食购销及经营合作的协议》；2006 年，北京与河北签署了《关于加强经济和社会发展合作备忘录》；2014 年，四川与甘肃就加强两省省际道路客运合作与发展，建立合作机制，签署了《川、甘两省省际道路客运管理协议》。

总体而言，这种由地方政府因利益需要而自发形成的区域协同治理制度，在共同利益占主导的情况下，对推动区域治理与发展有很大的作用。但是，当共同利益渐微或存有不同利益诉求时，地方政府本能的机会主义倾向明显，不确定性增加，制度保障缺乏，其"合作剩余"难以令人满意。

（二）我国区域政府间大气污染协同治理的制度基础

20 世纪 90 年代中期以来，面对酸雨和 SO_2 污染不断蔓延的严峻形势，我国以法律法规、五年规划、政策标准等为支撑，构筑设计了"划分主要大气污染物控制区"的制度框架，对控制区内的二氧化硫等主要大气污染物进行排放总量控制，有效遏制了酸雨和二氧化硫继续恶化的势头。然而，面对现阶段以细颗粒物为主要特征的区域大气污染问题，单纯以控制二氧化硫等主要大气污染物排放总量，"划分主要大气污染物控制区"的制度安排，已难以适应具有区域性、压缩型、复合型的重点区域大气污染环境。为此，进一步转换思路，通过修订法律法规、编制规划计划、实施细则意见等，探索新的制度安排，从法律法规和协作机制两个层面，形成具有区域协同治理功能的制度基础意义非凡。

为应对日益严重的以细颗粒物、臭氧和酸雨为特征的区域性复合型大气污染，2010 年起，我国逐步制定出台了《关于推进大气污染联防联控工作改善区域空气质量的指导意见》（2010）《重点区域大气污染防治"十二五"规划》（2012）和《大气污染防治行动计划》（2013）等多部国家级区域性政策文件，提出"属地管理"与"区域协作"相结合的原则，在重点区域建立健全区域大气污染联防联控机制的方向目标。前期的政策准备，为接下来的法律法规建设提供了有力的实践支撑。2014 年和 2015 年，《环境保护法》和《大气污染防治法》相继颁布施行，规定"国家建立跨行政区域的重点区域、流域环境污染和生态破坏联合防治协调机制"，"国家建立重点区域大气污染联防联控机制，统筹协调重点区域内大气污染防治工作"。这些法律法规的出台为构建重点区域大气污染联防联控制度，提供了国家层面的法律依据和根本保障。

重点区域地方法规层面，珠三角区域起步最早。2009 年，广东省就已制定了《广东省珠江三角洲大气污染防治办法》，规定省人民政府在制定区域大气污染防治规划、实施统一监督管理、统一发布大气环境质量信息、建立区域大气污染防治联防联控监督协作机制、构建大气环境质量监测评价体系等多个方面负有重要责任。同时，积极推进《广东省大气污染防治条例》的制定工作。京津冀和长三角两个重点区域内，各地结合当前区域大气污染防治实际，2014 年起，均重新修订了相关条例，并就区域大气污染协作专门设立了章节，提出建立区域大气协作机制，设定了一些具体环节和领域的协作要求，如信息共享、沟通协调、联合执法、科研合作、区域重污染天气应急联动等，从而实现了重点区域内各地在大气污染协同治理上的法律呼应，为我国重点区域大气污染协同治理的制度安排提供了地方层面的法律依据和直接支持。

区域政府间大气污染协同治理的制度建设，除需要法律法规作根本保障外，具体直接的区域协作机制则能够提供更具操作性的行动指南。由共同的上级政府主导，地方政府参与，我国划定的三个国家大气污染防治重点区域，现都已探索建立了具体直接的区域协作机制——区域大气污染联防联控机制。这一内含"权威体制"特性的区域协作机制，具体运作为：共同的上级政府（中央政府）在综合区域经济社会承受能力和大气质量环境的基础上，制定设计区域大气污染防治目标；区域内各地方政府与上级政府签订责任书，并制定实施细则，分解执行相应指标任务；上级政府则保有最终的督察考核权。

在区域大气污染联防联控机制的设计与运行上，京津冀与长三角具有类似性。为贯彻国务院《大气污染防治行动计划》（2013）的要求，"建立京津冀、长三角区域大气污染防治协作机制，由区域内省级人民政府和国务院有关部门参加"。在中央政府的主导下，区域内地方政府参与，建立区域大气污染防治协作机制，成立防治协作小组，设置日常管理工作办公室，以召开工作会议的方式协商、推动区域大气污染防治的相应工作。总体而言，这种针对具体区域的制度安排，在近几年的运作中取得了一定的效果。例如，全国大气污染最严重的京津冀地区，自2013年建立区域大气污染防治协作机制以来，空气质量改善较为明显。具体如图1和图2。

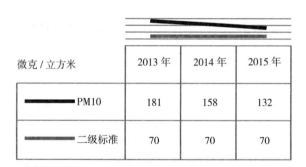

微克 / 立方米	2013 年	2014 年	2015 年
PM2.5	106	93	77
二级标准	35	35	35

图 1 京津冀区域历年 PM2.5 平均浓度

资料来源：中国环境状况公报（2013—2015 年）。

微克 / 立方米	2013 年	2014 年	2015 年
PM10	181	158	132
二级标准	70	70	70

图 2 京津冀区域历年 PM10 平均浓度

资料来源：中国环境状况公报（2013—2015 年）。

　　珠三角区域是我国区域大气污染联防联治起步最早、成效最为显著的重点区域。2015 年，区域细颗粒物平均浓度为 34 微克 / 立方米，首次达到《环境空气质量标准》（GB3095—2012）要求的二级标准，并且整个广东省地级以上城市及顺德区 SO_2 和 PM10 年平均浓度也达到国家一级和二级标准，（具体见图 3）。得益于珠三角区域的 9 个地级市及顺德区均隶属于广东省，省政府起到了很好的统筹协调作用。2008 年，在广东省政府的组织协调下，珠三角区域在全国率先建立了大气污染联

防联控领导机制——珠三角区域大气污染防治联席会议，其第一召集人
为副省长，地方成员由各地级市主管环保工作的副市长组成。2014年，
为进一步统筹协同治理区域大气污染，广东省提高了联席会议的规格和
级别，总召集人为省长，地方成员由9个地级市市长组成，进一步提升
和强化了联席会议的权威性。

在区域大气污染联防联控领导机制下，珠三角区域还设计安排了
一系列具体可行的配套制度。形成了一个闭合的治污资金筹措、使用、
管理、考核制度循环系统；强化了大气污染防治督办考核制度；完善了
区域大气重污染应急制度。并针对机动车排气污染防治、挥发性有机物
排放控制、火电厂降氮脱硝、工业锅炉污染整治、水泥行业降氮脱硝等
具体细微领域进行制度建设。并且，为进一步提高科学治污能力，整合
吸收国际国内针对大气复合污染的科学研究成果，构建起了科技支撑平
台。2010年，广东省政府成立了国内第一个区域大气环境质量科学研
究中心，服务于珠江三角洲区域大气污染协同治理工作。

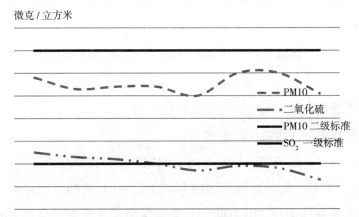

图3　广东省城市历年 PM10 和 SO₂ 平均浓度

资料来源：广东省环境状况公报（2008—2015年）。

三、我国区域政府间大气污染协同治理的制度安排

改革开放以来，中央政府为解决权威体制与地方有效治理之间的矛盾，激发地方治理与发展的活力，通过向地方政府下放一定的事权和财权的方式，鼓励地方之间展开竞争，以提高我国整体治理能力和竞争力。不可否认，这种带有市场竞争理念的制度安排极大地促进了我国经济社会的发展。但是，因空气具有强流动性和跨界性，这种制度安排所衍生出的以各自为政、恶性竞争为特征的区域政府间大气污染治理方略，不仅缺乏产权制度理论支持，而且在区域大气污染形势极为严峻的当下中国，更是走到了穷途末路。

为解决我国区域地方政府间大气污染使用与治理协同性差、空气产权不够集中统一等问题，中央政府采取直接行政干预，集中统一区域空气的所有权、使用权、收益权和转让权于中央。中央政府直接制定方案、计划及综合措施，明确治理标准，实施事后监督考核；而区域内的地方政府，在"属地管理"体制的基础上，按照方案要求，负责具体实施执行，依据考核结果而受到相应奖惩。其具体应用包括1995年开始实行的"划分主要大气污染物排放总量控制区"活动，以及近些年来的区域重大活动空气质量保障运动。

总体而言，这一中央权威直接干预的制度安排取得了一定的成效。据统计，"十五"期间，两控区内共减少近40万吨的二氧化硫，新增二氧化硫脱除能力达210万吨，并全面保障了北京奥运会和APEC会议、广州亚运会、上海世博会、G20杭州峰会等区域重大活动的空气质量。但不容忽视的是，中央政府直接干预的制度安排虽然解决了区域空气产权集中统一的问题，并内化了交易成本中的协调、决策成本，但由于这种做法是在否定地方利益与理性的基础上推行的，因而信息成本、

执行成本和监督成本居高不下。例如，为实现"APEC 蓝"，区域内停产、限产，相应衍生出一系列民生和社会问题。加之，这种"运动式"的治理模式缺乏法律法规以及相应的利益平衡等激励约束制度的配套支持，显得独木难支，深受污染物性质、时限等因素的制约，不具有可持续性。

随着区域大气污染协同治理的深入推进，留下的都是复杂棘手的深层次问题：诸如区域产业结构和规划布局优化问题、区域能源供给与替代问题、京津冀等重点区域内城市空气质量普遍超标问题、臭氧等其他大气污染进一步显现问题，中央政府和地方政府以及地方政府之间利益博弈等问题。这些问题的涌现昭示着区域大气协同治理及其制度建设进入关键的攻坚期和深水区。因此，亟须在充分考虑区域空气整体性、流动性的基础上，综合现有制度供给，依据区域空气产权明确统一和协同治理交易成本最优化原则，将分散于各地的清洁空气使用权进行集中统一，完善法律法规和激励约束等配套制度，构筑一套契合我国区域政府治理逻辑的、具有内在驱动力的整体性制度安排，以实现我国区域空气资源的优化配置、科学利用及协同治理。

（一）加强区域政府间大气污染协同治理的体制建设

具有流动性的区域空气，其所有权无法分割，由整个区域所共有。因而，为实现区域空气产权的明确清晰，可行的途径便是区域各地方政府将空气使用权转让出来，集中统一于区域整体，形成一个具有区域整体性权威的组织机构——区域政府间大气污染协同治理委员会。为进一步促进并保障这一区域整体性权威的形成，具有强权威性的第三方——中央政府权威的指导性加入，则成为必然选项。

区域政府间大气污染协同治理委员会（下文简称"区域委员会"）属于区域性大气污染治理的决策机构，在参与各方平等对话、民主协商的基础上，对区域大气污染治理进行集中规划决策。各地政府将最终形成的规划决策融入地方经济和社会发展规划，列入省级政府议事日程，并分解细化落实。区域委员会的权力来源由两部分组成，第一部分由中央政府综合具体区域大气污染防治实际授予的权力；第二部分来自于区域内地方政府转让的空气使用权，包括涉及区域大气污染协同治理层面的区域产业结构和规划布局、跨域污染纠纷处理、区域考核、财权及监测监察执法等，其转让权力采取在中央政府指导、督促下，地方政府自愿转让权力，遵照循序渐进、由浅入深、由易到难的原则推进。

区域委员会的具体高效运行，下设多职能的常设机构非常关键。具体包括：设置办公室，负责委员会日常运转工作；成立信息中心，整合统一共享区域污染源、大气质量、气象等信息，以降低区域政府间信息成本，为整体长远决策提供完备的信息基础；组建区域大气污染协同治理科学研究中心，其成员由区域内各政府、高校、科研院所及咨询公司的专家学者等组成，为区域委员会提供全面的、深入的、长远的信息、技术、规划、政策支持，进一步延伸扩展地方政府大气污染治理的有限理性，减少协同治理中的交易成本；建立区域大气污染防治专项资金中心，统一管理中央、地方的大气污染防治专项资金，从财政上支持区域委员会的决策部署，实现财权与事权的匹配统一；探索设置区域大气环境监管和执法机构，与区域内正在试点推进的省以下环保机构监测监察执法垂直管理制度改革有机衔接，形成区域与省级两个层面的垂直管理，协调各地政府联合、交叉监管和执法；成立多层次、多领域的跨区域、跨职能区域大气治理协作小组，具体协调、分解、细化、落实区域委员会的决策部署。

（二）完善区域政府间大气污染协同治理的法律法规体系

集中统一区域空气资源产权，规范、明确地方政府使用与治理区域空气过程中的关系，除需要具有权威性的中央政府加入保障外，更具长效性的保障则需内含确定性和公权力强制性的法律介入。法律可以消除区域政府组织间协同治理大气污染过程中的"利己"障碍，降低协同治理中的交易成本。实践中，京津冀、长三角等国家重点区域，在区域重大活动结束后，区域联防联控制度被消解甚至废弃，空气质量回归、反弹，除有中央权威撤离的原因外，缺乏具备强制性、长效性的区域联防联控法律制度支撑也很关键。相较于以上两个国家重点区域，空气治理改善效果最大的珠三角，自 2008 年建立区域大气协同治理制度后，即于 2009 年制定了《广东省珠江三角洲大气污染防治办法》，不仅为共同的上级权威渗入、协调区域大气污染治理，赋予了明确的法律权威，而且为规范区域政府间大气污染协同治理关系提供了重要依据。

由此可见，近年来，我国从中央到重点区域内的地方，根据当下大气污染区域性、复合型、压缩型的特点，均重新修订了相关法律法规，在区域协同治理上形成了一定的相互呼应态势。但是，中央层面，作为区域大气污染协同治理根本保障的《大气污染防治法》，在关于协同治理的具体规定上，仍存在"基本原则缺失、可实施性不强、地方利益失衡、法律责任模糊等问题"[1]。地方层面，各地的大气污染防治法规条例，不仅存在以上问题，而且受制于各自地方利益的驱动与约束，存在主动性、积极性不高的问题。在修订施行时间、产业结构调整、区域利益平衡补偿、法律责任等方面笼统模糊，遮遮掩掩，甚至不予考虑。

为全面理顺、规范、保障区域大气污染协同治理中的政府组织间关系，亟须加快形成并完善中央、区域、地方三个层面相互呼应与支持的法律法规体系：一是中央层面。完善《大气污染防治法》中的"重点区域大气污染联合防治"章节，在区域政府间法律责任、利益平衡补偿等方面，制定可执行、可操作的法律法规体系。二是区域层面。共同

---

[1] 高桂林、陈云俊：《评析新〈大气污染防治法〉中的联防联控制度》，《环境保护》2015年第 18 期。

制定规范区域政府间关系的法律法规，形成一部具有实操性强、威慑力高的法律，为区域大气污染协同治理中地方政府转让使用权、信息整合共享、科研合作、监管执法、财政与晋升激励、责任追求等提供区域性法律支持。三是地方层面。在细化中央和区域层面相应法律法规的基础上，打破地方利益藩篱，在产业规划、利益补偿、责任追究等领域实现系统的法律法规呼应与支持，并全面融进其他相关法律法规中。

（三）构建区域政府间大气污染协同治理的激励与约束机制

个体理性导致集体非理性，这一困境在具有强外部性的区域空气治理中更为突出。单个地区受制于治理成本的内在性和收益的溢出性，都企图搭乘区域其他地区治理的便车，协同共治的阻碍和成本极大。而减少区域地方政府间协同治理中的交易成本，实现区域政府间大气污染协同治理、集体理性的关键，不是去否定个体理性，而应是合理有序地进行激励、引导和规范个体理性，使之沿着协同共治的路径前行。现实中，正是没有进行科学合理的激励引导规范地方政府理性，过度关注经济发展、社会稳定等其他激励，以致目前区域大气污染形势极为严峻，协同治理困难重重。甚至在空气重污染红色预警期间，为更多的经济、财政指标，政企合谋，无视停产限产等应急措施。近年来，为破解集体非理性的困境，从根源上激励、约束地方政府理性，我国从中央与地方两个层面进行了制度建构。中央层面，制定了《环境保护督察方案（试行）》《党政领导干部生态环境损害责任追究办法（试行）》《大气污染防治行动计划实施情况考核办法（试行）》等，从督查、考核和追责三个制度维度激励约束地方政府大气治理理性。地方层面，在贯彻落实中央制度精神的基础上，针对大气污染治理，一些地区也制定了具有激励与约束功能的制度规范，如广东省出台了《广东省大气污染防治目标责任考核办法》及其实施细则。然而，以上制度规范总体上是权威体制下单向度的考评制度安排，就我国大气污染的区域协同治理层面而言，系统全面的激励与约束制度仍不在其设计安排范围之内。因此，从大气污染的区域协同治理层面，构建完善地方政府的激励与约束机制，不仅重要而且极为紧迫。

具体而言，应该在区域政府间大气污染协同治理委员会的协调指导下，本着协同共治、绩效最优化的原则，构建一个良性循环的区域政府间大气污染协同治理激励与约束机制：

一是要细化完善绩效考核制度规范。在区域委员会协调、指导下，制定区域大气治理中的激励与约束制度规范，如进一步细化完善"地区和部门之间在生态环境和资源保护协作方面推诿扯皮，主要领导成员不担当、不作为，造成严重后果的，应当追究相关地方党委和政府主要领导成员的责任"等相关规定。提升考核制度的细化操作空间，强化其激励导向和威慑力。

二是要强化指标和权重设定。充分考虑大气治理的区域性、长远性和复杂性。如设定一些支援区域内其他地区治理大气污染的投资、执行区域性重点任务和工程项目的指标和权重。让区域内指标和权重的设定更具操作性、科学性和公平性。

三是扩展绩效评价考核主体。在传统的上级政府主体之外，引入区域内其他各地方政府主体、社会组织、科研机构、新闻媒体以及公民个体。在区域委员会的统筹协调下，丰富评估主体，探索推行区域大气治理的统一评估、交叉评估、第三方评估、服务对象评估等形式。

四是注重绩效考核结果的反馈与应用。加强平时考核，将考核结果进行及时反馈，纠正、调整不利于协同治理的政策与行动，避免"调度令"等超常规手段的使用。将地方政府执行区域性大气治理政策的考核结果，应用至地方政府和领导干部的综合考核评价中，并作为区域大气污染防治专项资金支持方向与力度的重要依据之一。

本文主要从正式制度层面探讨了区域政府间大气污染协同治理的

制度设计与安排，理论上与现实中，"可持续发展""保护环境""同呼吸共命运"等共同意识（common consciousness）所代表的非正式制度对区域协同治理同样起着重要作用，其"制约个人利益与集体利益的冲突，协调人们间的合作，诱发人们社会性行为。"① 非正式制度作为一种嵌入制度构成了社会和文化的基础，它可以有效抑制本能性机会主义，促成合作意识和协同理念的价值构成。非正式制度与正式制度在摒弃相互冲突的基础上，相互协调、影响和促进，共同支撑着人们之间的交易互动、协同合作行为，进而面向全社会形成制度合力。

（原文载于《阅江学刊》2017 年第 3 期，

《新华文摘》2017 年第 13 期转载）

① 周雪光：《制度是如何思维的?》，《读书》2001 年第 4 期。

京津冀区域大气污染治理政策工具变迁研究

——基于 2004—2017 年政策文本数据 *

一、引　言

近几年，大气污染问题随着雾霾的肆虐严重影响居民身体健康、降低生活幸福感，成为京津冀地区政府、居民共同关注的焦点问题。大气污染治理效果关系到政府治理能力、政府公信力。党的十八大以来，习近平总书记反复强调环境保护的重要性，强调环境保护工作是地方政府的重要职能，提出"绿水青山就是金山银山"。十九大报告对区域协调发展进行了系统部署：突出各区域全方位发展，依托聚合性共同体谋求集体行动目标的达成，以疏解北京非首都功能为"牛鼻子"推动京津冀协同发展，通过政策协调引领促进共同使命和整体性治理方略的实现。北京市、天津市和河北省各地政府逐渐关注共同面临的大气污染治理问题，各自出台了一系列政策加以应对。然而，大气污染的影响已不再局限于单一的属地范围之内，而是呈现出明显的跨区域特征。因而，针对大气污染问题采取区域共同行动是必要的、迫切的。

---

* 本文作者吴芸、赵新峰。

政府治理依赖政策工具的恰当使用。政策工具的选择与有效协同是新型治理中区域政府间需要着重解决的问题，在区域大气污染治理过程中更是如此。观测政策工具的变迁是理解、评估和改善区域政府在大气污染治理方面行为的切入点。已有研究存在两类对环境政策工具进行分类的方式。第一，区分市场型政策工具与行政型政策工具。最早对环境政策工具分类基于市场和行政的二分法，区分市场化工具和命令—控制式工具，OECD 采用三分法把环境政策概括分为三类：基于强制机制的命令与控制型政策工具（command—control instrument），基于市场机制的经济激励型政策工具（economic incentive instrument），基于自愿机制的自愿型政策工具（voluntary instrument）①。杨志军等对 43 个环境治理政策文本进行分析，揭示出中国政府在环境治理中存在偏好使用强制型政策工具、而经济型和自愿型政策工具使用不足的特点。② 罗敏等对于低碳政策的研究以及许阳对于海洋环境保护政策的分析都得到与此一致的结论。③④ 肖璐指出环境政策工具的发展可分为三个阶段：一是CAC（Command and Control）工具占主导地位阶段，二是更多采用基于市场的经济激励工具阶段，三是深入推进绿色税收体制改革阶段。⑤ 尼可拉斯（Niklas）的研究指出了命令—控制型政策工具偏多的现状。⑥ 豪利特（Howlett）和洛里（Lori）指出混合型政策工具对于复杂的环

---

① 经济合作发展组织：《环境管理中的经济手段》，中国环境科学出版社 1996 年版。

② 杨志军、耿旭、王若雪：《环境治理政策的工具偏好与路径优化——基于 43 个政策文本的内容分析》，《东北大学学报》（社会科学版）2017 年第 3 期。

③ 罗敏、朱雪忠：《基于政策工具的中国低碳政策文本量化研究》，《情报杂志》2014 年第 4 期。

④ 许阳、王琪、孔德意：《我国海洋环境保护政策的历史演进与结构特征——基于政策文本的量化分析》，《上海行政学院学报》2016 年第 4 期。

⑤ 肖璐：《环境政策工具的发展演变》，《价格月刊》2017 年第 17 期。

⑥ Niklas Harring, "Reward or Punish? Understanding Preferences toward Economic or Regulatory Instruments in a Cross—National Perspective", *Political Studies*, 2016（3）.

境具有较高的适用性。①② 李伟伟指出自愿型环境政策和经济型环境政策将会是中国环境政策发展的未来趋势。③ 第二，随着环境政策工具的不断发展，学术界在"强制型、市场型、自愿型"分类基础上对政策工具进行了进一步的划分。罗特韦尔（Rothwell）和泽福德（Zegveld）将政策工具划分为"供给型政策工具、环境型政策工具、需求型政策工具"。④ 李健等对低碳政策、谢青等对新能源汽车产业、赵海滨对清洁能源以及李晓玉等通过对环境治理政策统计分析发现：中国在环境政策工具的使用中，整体上以环境型政策为主，供给型政策的使用频率低于环境型，需求型政策应用最少。⑤⑥⑦⑧ 黄萃等对于风能政策研究中，却体现出供给型政策过溢、环境型与需求型政策均有缺失、不足的现象。⑨

① Michael Howlett，"Beyond Good and Evil in Policy Implementation：Instrument Mixes，Implementation Styles，and Second Generation Theories of Policy Instrument Choice". *Policy and Society*，2004（2）.

② Lori Snyder Bennear，Robert N. Stavins，"Second—best theory and the use of multiple policy instruments". *Environmental and Resource Economics*，2007（1）.

③ 李伟伟：《中国环境政策的演变与政策工具分析》，《中国人口资源与环境》2014 年第 5 期。

④ Rothwell R，ZegveldW，*Reindusdilization and Technology*，London：Logman Group Limited，1985.

⑤ 李健、高杨、李祥飞：《政策工具视域下中国低碳政策分析框架研究》，《科技进步与对策》2013 年第 21 期。

⑥ 谢青、田志龙：《创新政策如何推动我国新能源汽车产业的发展——基于政策工具与创新价值链的政策文本分析》，《科学学与科学技术管理》2015 年第 6 期。

⑦ 赵海滨：《政策工具视角下我国清洁能源发展政策分析》，《浙江社会科学》2016 年第 2 期。

⑧ 李晓玉、蔡宇庭：《政策工具视角下中国环境保护政策文本量化分析》，《湖北农业科学》2017 年第 12 期。

⑨ 黄萃、苏竣、施丽萍、程啸天：《政策工具视角的中国风能政策文本量化研究》，《科学学研究》2011 年第 6 期。

二、京津冀区域大气污染治理政策
工具变迁的分析框架

(一) 政策工具核心变量界定

强制程度指的是政策工具的行政强制性强弱，或者说，用于判断政府干预的强弱。依据强制程度从强到弱将环境政策工具界定为"管制型政策工具""市场型政策工具"和"自愿型政策工具"三种。具体而言，其一，管制型政策工具是政府干预大气污染治理特征最为显著的政策工具，例如：排污标准、禁令、排污许可、督查问责、整改、划分控制区域以及中国特有的"三同时制度"。其二，市场型政策工具可细分为"利用市场"和"创建市场"两个子类："利用市场"是基于"庇古税"的逻辑定义的，主要包括排污收费、环境税、补贴、押金—退款制度和环境责任保险等工具；"创建市场"则是基于"科斯定理"的逻辑加以定义的，主要包括可交易排污权和区域生态补偿等工具。其三，自愿型政策工具则是社会参与区域环境治理的工具，包含信息公开、自愿协议、公众参与和环境教育等政策工具。

协同程度指的是政策制定主体之间的互动、合作关系。具体而言，其一，参与制定公共政策的主体分布情况，从类型上讲，可能包括省级人大（含常委会）、省级政府（北京市政府、天津市政府或河北省政府）和其他机构（市级人大，省、市、县各级政府及各部门）。其二，参与制定公共政策的主体的协作情况，尤其是联合发文情况。其三，法规类别的覆盖情况。

整合程度指的是政策工具的系统化程度。具体而言，整合的主要内容包括组织架构（体系）、信息系统和资金管理三个方面。

（二）政策工具核心变量测量方式

借助"北京大学法宝数据库"，以"大气"与"空气"为关键词搜索河北、天津、河北与京津冀地区 2004 年至 2017 年期间的大气污染治理政策文件，共计获得京津冀大气治理政策 377 项。其中，北京 214 项，天津 39 项，河北 124 项。

关于政策工具的"强制程度"和"整合程度"这两个指标，采用基于政策文本的内容分析的方法。借助 Nvivo 质性分析软件进行内容分析。使用"查询—文本搜索"方法进行 Nvivo 编码，搜索选定的项为某一个年份某一个地区的政策文件，搜索关键词与编码范例如下所示：

表 1   政策工具内容分析编码范例表

指标	关键词	参考点
管制型政策工具	排污标准	自 2015 年 6 月 1 日起，新增公交、环卫和邮政用途的重型柴油车实施《车用压燃式、气体燃料点燃式发动机与汽车排气污染物排放限值及测量方法（中国Ⅲ、Ⅳ、Ⅴ阶段）》（GB17691—2005）国家标准中第五阶段排放控制标准。
	禁令	自 4 月 27 日 0 时起至 4 月 29 日 24 时，路北区、路南区、开平区、古冶区、丰润区、丰南区、高新技术开发区行政辖区内所有道路（高速公路除外），全天 24 小时禁止 5 轴（含）以上大货车（含持有通行证）行驶。
	许可	严格建筑垃圾消纳、建筑垃圾运输车辆准运、设置建筑垃圾消纳场所行政许可审批。
	督查/问责	区政府督查室、区监察局、区新农办要将农村地区"减煤换煤"工作纳入重点监察和绩效考核范围，对工作开展情况进行督查问效，确保各项措施落到实处、发挥作用。
	整改	对散乱污企业集群，要明确统一的整改标准和要求，升级改造完成后，要经过相关部门会审签字确认，方可投入运行。
	划分控制区域	根据省委、省政府《关于强力推进大气污染综合治理的意见》（1+18文件）精神，在全市各乡镇（街道）、各施工工地及途径我市的国省干道设置空气质量监测点位，加大重点区域监测密度，重点针对可吸入颗粒物（PM10）……强化科学治霾和精准治霾。

指标	关键词	参考点
	三同时制度	监督矿山企业严格执行环境影响评价和"三同时"制度（环境保护设施与生产设施同时设计、同时施工、同时投入运行），全面落实粉尘、废渣等治理措施。
市场型政策工具	排污收费	实施排污权有偿使用……执行主要污染物排放权交易基准价格：二氧化硫 5000 元/吨、氮氧化物 6000 元/吨、化学需氧量 4000 元/吨、氨氮 8000 元/吨。
	环境税	应税大气污染物具体适用税额为每污染当量 10 元。
	补贴补助	安装储能类电取暖设备，由市、区两级财政按照每户购置取暖设备总价 6600 元的 90% 进行一次性补贴，每户补贴金额最高不超过 5940 元，剩余部分由住户承担。
	环境责任保险	建立以乡镇政府为单位的"煤改清洁能源"设备保险制度，引入社会化保险公司，对电力和燃气供应安全、火灾、人员伤亡及财产损失等事项进行保险，保险费用由乡镇、村及住户三方承担。
	可交易排污权	本市在严格控制重点大气污染物排放总量、实行排放总量削减计划的前提下，按照有利于总量减少的原则，可以进行大气污染物排污权交易。具体办法由市人民政府制定。
	区域生态补偿	完成 205 个河道排污口治理工程，加快潮白河苏庄桥等 7 个涉及生态补偿断面的相关河道环境治理工作，提高水体自净能力。
自愿型政策工具	信息公开	"2+26"城市（含省直管县）要设专人负责信息公开工作，制定计划、明确责任。已发布的信息，不得随意删除、更改。
	自愿协议	具体的收益分配、退出与损失承担，按照政府出资和社会资本共同设立的子基金章程、合伙协议等相关规定执行。
	公众参与	要及时发布空气质量状况、公布应急分预案、公开应急措施等，保障公众的知情权、参与权。要引导公众依法监督各项应急措施落实，鼓励对各类环境问题和隐患进行举报。
	宣传教育	各成员单位要加强对此项工作的宣传教育……加强对舆情的引导，及时做好网络舆情的应对工作。

指标	关键词	参考点
整合程度	组织体系	区流管办牵头，会同通州公安分局、各乡镇政府、街道办事处健全人口信息采集和管理平台，完善流动人口的管理机制……推进人口管理体系建设，减少生活刚性需求增加带来的污染。
	信息系统	市环保局牵头，各县（市）、区负责，建立大气污染防治综合数字平台和覆盖全市的智能化环境执法监控平台，完善远程执法和移动执法信息系统。
	资金管理	资金的管理遵循计划先行、统筹安排、绩效导向、科学监管的原则，充分发挥资金的引导带动作用。

关于政策工具的"协同程度"指标，本研究采用基于政策文本内容分析的方法。对政策文本中的政策制定主体进行统计分析，如果该政策由不同政策制定主体联合发文，则认为该政策存在政策协同。

（三）政策工具核心变量赋值说明

1. 政策工具强制程度赋值方式为：按照强制程度的强弱顺序，区域大气污染治理政策工具可划分为"管制型政策工具""市场型政策工具"和"自愿型政策工具"三大类；考虑政策有效期，如果出现该类型政策工具关键词 n 次，则材料来源赋值加 n，为政策有效期内的历年累加值。

2. 政策工具协同程度赋值方式为：考虑政策有效期，如果当年协同发文情况出现，则该年政策工具协同程度赋值加 1，为政策有效期内的历年累加值。

3. 政策工具整合程度赋值方式为：考虑政策有效期，如果出现"体系""信息系统"或"资金管理"政策工具关键词 n 次，则材料来源赋值加 n，为政策有效期内的历年累加值。

（四）京津冀大气污染治理政策工具变迁的研究框架

综上所述，本研究的分析框架为：基于对政策工具的内容分析，基于管制型、市场型、自愿型政策工具类型检验政策工具的强制程度的变迁；运用政策主体联合发文情况检验政策工具的协同程度的变迁；运用组织体系、信息系统、资金管理三个指标验证政策工具的整合程度的变迁。如下图 1 所示。

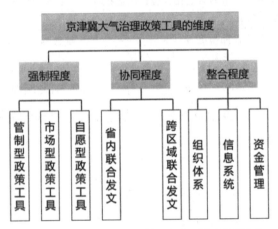

图 1 京津冀大气治理政策工具变迁分析框架图

来源：改编自赵新峰、袁宗威《区域大气污染治理中的政策工具：我国的实践历程与优化选择》，《中国行政管理》2016 年第 7 期。

三、京津冀区域大气治污染理政策工具变迁的政策文本分析（2004—2017 年）

（一）京津冀大气治理政策的整体变迁情况

从数量上看，京津冀大气污染治理政策随时间变化呈现出一些特征，如表 2 所示：第一，京津冀的大气治理污染政策大致经历了萌生、增强、高峰和平稳四个阶段。从 2004 年至 2006 年，北京市、天津市和河北省开始重视大气污染问题，但出台的大气污染治理政策数量还相对较少。从 2007 年起，京津冀地区出台的大气污染治理政策逐渐增多，先是在 2008 年达到一个小高峰，继而在 2013 年实现了有史以来的最强高峰，京津冀各地出台的政策比前一年至少翻了一番。从 2013 年之后，京津冀地区出台的大气污染治理政策平稳保持在较高的数量水平。第二，北京市、天津市和河北省在大气污染治理政策总数方面差异明显。其中，北京市出台的大气污染治理政策最多，大致相当于河北省的两倍，甚至相当于天津市的五倍多。除了 2014 年和 2017 年两个年份河北省的政策数量超越了北京市以外，北京市政策每年都远远多于河北省、天津市的政策数量。天津市在大气污染治理政策的数量上并不突出，甚至在 2005 年、2006 年、2011 年和 2016 年并没有出台大气治理相关的政策，但是，天津市在 2004 年就制定了《天津市大气污染防治条例》，虽然该版条例在 2007 年、2015 年和 2017 年分别进行了修订，但是，作为省级地方性法规，较之地方政府规章、地方规范性文件或一般的地方工作文件、行政许可批复的法律效力更高。可见，对京津冀大气污染治理政策的分析，单纯对数量进行分析可能会忽略一些可能十分重要的信息，所以，下文对其内容展开具体分析，尤其是依据政策内容对政策工具的使用情况进行分析。

表 2 时间与政策数量图

年份 \ 政策数量	北京市	天津市	河北省	合计
2004 年	3	2	1	6
2005 年	2	0	3	5
2006 年	3	0	2	5
2007 年	9	1	4	14
2008 年	13	3	5	21
2009 年	5	2	5	12
2010 年	12	3	2	17

年份 \ 政策数量	北京市	天津市	河北省	合计
2011 年	13	0	2	15
2012 年	15	1	2	18
2013 年	35	9	27	71
2014 年	13	2	23	38
2015 年	38	9	11	58
2016 年	38	0	19	57
2017 年	15	7	18	40
总计	214	39	124	377

(二) 京津冀大气污染治理政策工具的强制程度

强制程度方面，由北京市（图2）、天津市（图3）和河北省（图4）政策工具使用情况材料来源图可知，其一，北京市、天津市和河北省大气污染治理都重视管制型政策工具的使用，其使用频率明显高于市场型和自愿型两种政策工具。2004 年至 2017 年所有年份，使用管制型政策工具的政策数量都大于使用了市场型政策工具或自愿型政策工具的政策

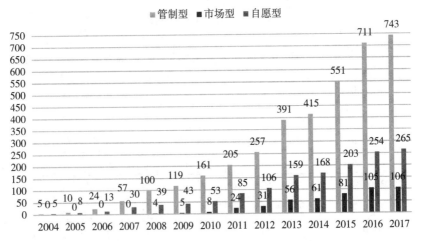

图 2　北京政策工具使用情况材料来源图

图 3　天津政策工具使用情况材料来源图

图 4　河北政策工具使用情况材料来源图

数量之和。其二，北京市、天津市和河北省最初在大气污染治理方面使用的主要是管制型政策工具，偶尔有自愿型政策工具，然而，市场型政策工具的使用时间较晚，最早是河北省在 2005 年以排污收费的形式产生，继而北京市在 2008 年以补贴或补助的形式出现，然而天津市直至 2012 年才以补贴或补助的形式出现。其三，北京市、天津市和河北省虽然市场型政策工具使用较晚，但增长速度快于自愿型政策工具。尤其在天津市，使用了市场型政策工具的政策数量逐年递增，甚至在 2017 年逼近自愿型政策工具的使用程度。

　　由京津冀地区管制型政策工具使用情况材料来源图（图 5）可知，

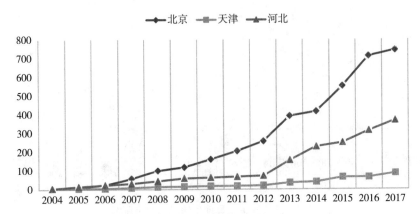

图5　京津冀地区管制型政策工具使用情况材料来源图

其一，京津冀地区大气污染治理自2004年至2017年对管制型政策工具的使用逐年增强。其中，北京市自2004年开始使用空气质量标准或排污标准、整改、督查等管制型政策工具，2005年增加了划分控制区域的管制型政策工具，2006年增加了禁令、排污许可证与配额等管制型政策工具，2011年增加了"三同时制度"的管制型政策工具，2012年增加了问责的管制型政策工具。天津市自2004年开始使用空气质量标准或排污标准、划分控制区域、禁令、排污许可证与配额等管制型政策工具，2009年增加了整改的管制型政策工具，2013年增加了督查、问责等管制型政策工具。河北省自2004年开始使用空气质量标准或排污标准、整改、督查、划分控制区域、禁令等管制型政策工具，2005年增加了排污许可证与配额的管制型政策工具，2013年增加了"三同时制度"、问责等管制型政策工具。其二，2004年至2017年，北京市的管制型政策工具使用频率最高，河北省次之，天津市最低。从2004年到2007年，北京市、天津市和河北省对于管制型政策工具的使用频率相当，从2008年起北京市对于管制型政策工具的使用频率增幅显著，而且在2013年、2015年和2016年北京市、天津市和河北省均出现了对管制型政策工具使用的显著增加。

由京津冀地区市场型政策工具使用情况材料来源图（图6）可知，

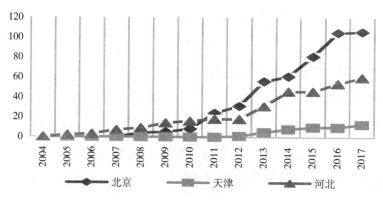

图6 京津冀地区市场型政策工具使用情况材料来源图

其一，京津冀地区大气污染治理自2004年至2017年对市场型政策工具的使用逐年增强。其中，北京市自2008年开始使用补贴或补助的市场型政策工具，2010年增加了排污收费的市场型政策工具，2011年增加了区域生态补偿的市场型政策工具，2012年增加了可交易排污权的市场型政策工具，2015年增加了环境税的市场型政策工具，2016年增加了环境责任保险的市场型政策工具。天津市自2012年开始使用补贴或补助的市场型政策工具，2013年增加了排污收费、环境税等市场型政策工具，2014年增加了区域生态补偿的市场型政策工具，2015年增加了可交易排污权的市场型政策工具。河北省自2005年开始使用排污收费等市场型政策工具，2007年增加了补贴或补助、环境责任保险等市场型政策工具，2013年增加了可交易排污权的市场型政策工具。其二，2004年至2010年，河北省的市场型政策工具使用频率最高，北京市次之，天津市最低；从2011年起，北京市对市场型政策工具的使用强度超越了河北省，并一直保持在领先水平。而且，在2013年北京市、天津市和河北省均出现了对市场型政策工具使用的显著增加，在2015年和2016年北京市对市场型政策工具的使用显著增加，2014年、2016年和2017年河北省对市场型政策工具的使用显著增加。

由京津冀地区自愿型政策工具使用情况材料来源图（图7）可知，

其一，京津冀地区大气污染治理自 2004 年至 2017 年对自愿型政策工具的使用逐年增强。其中，北京市自 2004 年开始使用信息公开、公众参与和宣传教育等自愿型政策工具，2007 年增加了自愿协议的自愿型政策工具。天津市自 2010 年开始使用宣传教育的自愿型政策工具，2012年增加了公众参与的自愿型政策工具，2013 年增加了信息公开的自愿型政策工具。河北省自 2004 年开始使用宣传教育的自愿型政策工具，2008 年增加了公众参与的自愿型政策工具，2009 年增加了自愿协议的自愿型政策工具，2013 年增加了信息公开的自愿型政策工具。其二，2004 年至 2017 年，北京市的自愿型政策工具使用频率最高，河北省次之，天津市最低。从 2004 年到 2010 年，北京市、天津市和河北省对于自愿型政策工具的使用频率相当，从 2011 年起北京市对于自愿型政策工具的使用频率增幅显著，而且在 2013 年北京市、天津市和河北省均出现了对自愿型政策工具使用的显著增加，在 2015 年和 2016 年北京市也出现了对自愿型政策工具使用的显著增加。

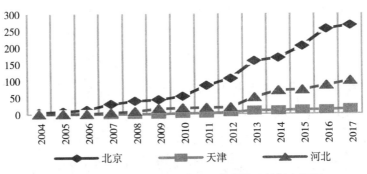

图 7 京津冀地区自愿型政策工具使用情况材料来源图

（三）京津冀大气治理政策工具的协同程度

1. 省级行政区划内联合发文。在大气污染治理领域，不同政策制定主体联合发文的情况较普遍地发生在省级行政区划以内。其中，北京市行政区划内联合发文情况如图 8 所示。北京市环境保护局是北京市在大气污染治理方面联合发文最多的政府部门，在 2014 年和 2015 年，联合北京市城市管理综合行政执法局发布了《关于建立清洁空气行动计划协作与联动执法工作机制的通知》，于 2014 年联合北京市财政局、北京市经济和信息化委员会、北京市发展和改革委员会发布了关于印发《河北省大气污染防治行动计划实施方案》的通知。此外，北京市教育领域不同部门的协同在大气污染治理方面表现较为突出，中共北京市委教育工作委员会、北京市教育委员会、北京市政府教育督导室于 2015 年联合发布了《关于进一步做好空气重污染应对有关工作的通知》。

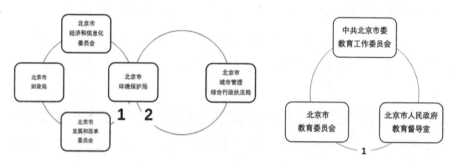

图 8   北京市行政区划内联合发文情况图

河北省行政区划内联合发文情况如图 9 所示。中共河北省委和河北省人民政府是最早展开协同行动的部门，于 2013 年联合发布关于印

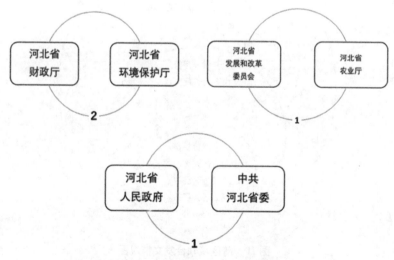

图 9   河北省行政区划内联合发文情况图

发《河北省大气污染防治行动计划实施方案》的通知。河北省财政厅和河北省环境保护厅是最多开展协同行动的两个政府机构,分别于2014年联合发布了《关于加快大气污染防治专项资金预算执行进度的通知》、于2015年联合发布《关于报送2014年大气污染防治资金投入和管理有关情况的通知》。河北省发展和改革委员会和河北省农业厅也于2014年联合发布了《关于转发〈国家发展改革委、农业部关于深入推进大气污染防治重点地区及粮棉主产区秸秆综合利用的通知〉的通知》。

2. 跨区域联合发文情况,如图10所示。2008年,环境保护部、北京市人民政府、天津市人民政府、河北省人民政府联合发布《关于发布北京奥运会、残奥会期间极端不利气象条件下空气污染控制应急措施的公告》,针对特定事件制定跨区域大气污染治理协同行动方案。2017年是京津冀地区广泛与其他区域省级政府、其他国家部委协同治理大气污染问题的一年,环境保护部、北京市人民政府、天津市人民政府、河北省人民政府分别与山西省人民政府、山东省人民政府、河南省人民政府

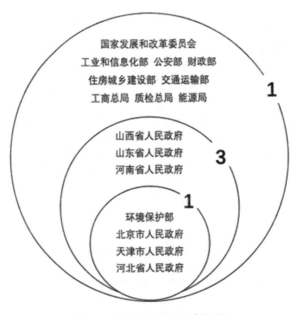

图10　跨区域联合发文情况图

联合发布了有关"京津冀及周边地区 2017—2018 年秋冬季大气污染综合治理攻坚行动"的三个大气治理政策文件,后又将协同范围扩展到国家发展和改革委员会、工业和信息化部、公安部、财政部、住房城乡建设部、交通运输部、工商总局、质检总局、能源局等国家部委。

（四）京津冀大气污染治理政策工具的整合程度

由京津冀地区政策工具整合程度材料来源图（图 11）可知:其一,自 2004 年至 2017 年,北京市、天津市和河北省大气污染治理政策工具的整合程度逐年增强。其中,北京市自 2004 年开始重视组织体系、资金管理等方面的政策整合,2014 年增加了信息系统方面的政策整合。天津市自 2007 年开始重视资金管理方面的政策整合,2010 年增加了组织体系、信息系统等方面的政策整合。河北省自 2004 年开始重视组织体系方面的政策整合,2007 年增加了资金管理方面的政策整合,2009 年增加了信息系统等方面的政策整合。其二,2004 年至 2017 年,北京市大气污染治理政策工具的整合程度最高,河北省次之,天津市最低。2004 年到 2010 年,北京市、天津市和河北省在大气治理方面的整合程度相当,从 2011 年起,北京市大气污染治理政策工具的整合程度增幅

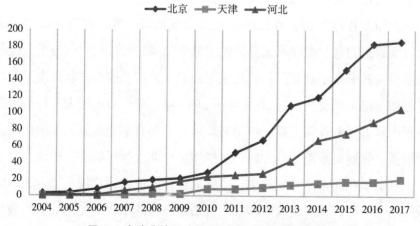

图 11 京津冀地区政策工具整合程度材料来源图

显著，而且从 2013 至 2016 年，北京市、天津市和河北省均呈现出大气污染治理政策工具整合程度的显著增加。

四、研究结论与政策建议

（一）研究结论

北京市、天津市和河北省均关注大气污染治理问题，于 2004 年至 2017 年共计出台了 377 项大气污染治理政策。通过对这些政策文本进行内容分析，得出了该区域政策工具使用和变迁情况的四个方面的结论。

1.京津冀大气污染治理政策的数量随时间推移而变化，且每个阶段呈现出不同的强度和特征。该区域治理政策大致经历了萌生（2004—2006）、增强（2007—2012）、高峰（2013）和平稳（2014—2017）四个发展阶段，且空气质量的优劣显著影响了政策文本颁布的数量，即空气质量越差，政策发布越多，反之就越少。由于京津冀不同的产业结构，不同的发展定位，出台的政策数量也存在较大差异。其中，北京市出台的大气污染治理政策总数最多，河北省次之，天津市最少。

2.强制程度方面。在北京市、天津市和河北省，大气污染治理强制程度最高的管制型政策工具的使用频率最高，且使用时间最早，强制程度稍弱的市场型政策工具虽然使用较晚，但增长速度强制程度最弱的自愿型政策工具要快；自 2004 年至 2017 年，京津冀地区大气污染治理过程中对管制型政策工具、市场型政策工具和自愿型政策工具的使用逐年增强；管制型政策工具方面，空气质量标准或排污标准、整改、督查等工具最早在北京市得到使用，空气质量标准或排污标准、划分控制区域、禁令、排污许可证与配额等工具最早在天津市得到使用，空气质量标准或排污标准、划分控制区域、禁令、排污许可证与配额等工具最早在河北省得到使用；市场型政策工具方面，补贴或补助是最早在北京市、天津市得到使用的市场型政策工具，排污收费是最早在河北省得到使用的市场型政策工具；自愿型政策工具方面，信息公开、公众参与和宣传教育等工具最早在北京市得到使用，宣传教育工具同时在天津市和河北省得到使用。

3. 协同程度方面。一是省内联合发文。在大气污染治理领域，不同政策制定主体联合发文的情况较普遍地发生在省级行政区划以内。北京市环境保护局是北京市在大气污染治理方面联合发文最多的政府部门，北京市教育领域不同部门的协同在大气污染治理领域表现较为突出。中共河北省委和河北省人民政府是最早展开协同行动的部门，河北省财政厅和河北省环境保护厅是最多开展协同行动的两个政府机构，河北省发展和改革委员会和河北省农业厅也曾经于 2014 年联合发文。二是跨区域展开联合发文。2008 年，环境保护部与京津冀政府针对特定事件制定了跨区域大气污染治理协同行动方案，2017 年是京津冀地区广泛与其他区域省级政府、其他国家部委协同治理大气污染问题最为活跃的一年。

4. 整合程度方面。自 2004 年至 2017 年，北京市、天津市和河北省大气污染治理政策工具的整合程度逐年增强，且北京市大气污染治理政策工具的整合程度最高、河北省次之、天津市最低；从 2004 年到 2010 年，北京市、天津市和河北省在大气污染治理方面的整合程度相当，从 2011 年起，北京市大气污染治理政策工具的整合程度增幅显著，而且从 2013 年至 2016 年，北京市、天津市和河北省均呈现出大气污染治理政策工具整合程度的显著强化。

（二）政策建议

1. 创制并积极使用大气污染治理的市场型政策工具和自愿型政策工具。我国的大气污染治理政策的强制性程度较高，集中体现为管制型政策工具的使用和加强。这种管制型政策工具取得了一定的成果，例如在举行奥运会等活动期间，通过对禁令、整改、督查等管制型政策工具的使用，取得了快速改善大气质量的政策效果。然而，这种运动式治理模式不具有可持续性，要想长期、稳定地改善大气质量，还需强化对市场型和自愿型等政策工具的探索和使用。关于市场型政策工具，一方面应该加强补贴或补助等市场型政策工具的使用，正面引导企业与公民践行有利于环境保护的行为；另一方面应该加强排污收费等市场型政策工具的使用，负面警告、惩罚企业或公民的不利于环境保护的行为。关于自愿型政策工具，应该在各级政府、政府各部门、企业、社区、社会组织和公众之间签署大气环境保护自愿协议的自愿型政策工具，积极探索大气污染治理方面的信息公开、公众参与和宣传教育的新形式、新方法，例如借助官方微信公众号、官方微博、舆情分析等改善信息公开的时效性和趣味性。

2. 引入市场、社会等多元主体力量提升大气污染治理领域的政策工具协同程度。中国的大气污染治理虽然通过联合发文等形式大大提升了政策工具协同的程度，但是，到目前为止，在政策制定、执行过程中对于企业、社区、社会组织、公众的协同参与机制设计方面仍十分欠缺。京津冀区域应该积极探索构建多元主体协同治理大气污染问题的法律法规体系，设计具体可操作的协同治理策略。一方面，企业主体作用的激发。企业尤其工业企业、建筑企业等生产经营活动与大气污染的形成有密切关系。集体行动中的企业也有承担社会责任、降低大气污染的动机。因此，应该将企业纳入到大气污染治理政策制定的过程中来，使得大气污染治理政策在考虑并反馈企业生产需求的同时，鼓励激发其积极承担社会责任，约束其以技术革新、产业升级等方式将生产过程中对大气环境可能造成的损害最小化。同时，积极协商企业对社区大气污染的补偿与回馈方式，督促其参与社区环境保护计划；另一方面，强化公民意识和拓宽公众参与渠道。公众对大气污染问题的关注普遍而强烈，然而，公众行为尤其是移动交通行为、能源使用行为等也与大气污染问题的形成有密切关系。因此，应该将公众纳入大气污染治理政策制定体系中来，引导其在日常生活中改善行为方式和消费习惯，督促其以低碳化、绿色出行、公共交通、节约能源等方式参与大气治理，借助具有专业性和灵活性的社会组织，拓宽公民参与大气污染治理的渠道。

3. 以整体化治理的思维为导向破解碎片化的治理困境。致力于打破区域大气污染治理中行政区划间的组织、信息和资金壁垒。按照行政区域封闭治理的属地管理模式，无法适应大气污染治理对跨区域合作的需求。"京津冀一体化"的跨区域合作模式试图打破京津冀三个省级行政区划之间的政策壁垒，然而，即使行政区划界限通过一体化策略得到扩大，但由于大气污染物的流动性特征，根本无法完全解决大气污染发生的区域界限与行政区划界限不一致的问题。因此，应该以整体性治理的理念为先导，探索构建跨行政区划的合作机制。例如，在组织体系方面，建立专门的大气污染区域治理委员会，加强对大气污染治理相关部门和层级的职能整合；在信息系统方面，将多个区域通过信息技术治理平台连接起来，构建各地区在空气质量监测、信息发布、重点污染项目、机动车管制、大气污染危机应对方面的沟通，构建信息分享平台与一体化管理体系，指导和协调区域内部大气污染联合执法行动；在资金管理方面，健全空气跨界治理的利益协调和补偿机制，以区域资源产权为核心，根据相关受益大小来弥合收益差异，并促进资金跨区域共同使用与流动。

（原文载于《中国行政管理》2018 年第 10 期）

京津冀区域大气污染协同治理的困境及路径选择*

一、问题的提出

中国大气污染治理是以行政区划为边界的属地治理模式，在此种治理模式之下，各地方政府对本行政区划内的大气污染进行控制和治理，各自对本行政区划内大气质量负责。以国界、省界、市界等为主的多层行政区划界限是政治权力的空间投影和分割标志，代表着政权机构或政府权力所能覆盖到的最大地理范围，具有较强的法律、政治和军事意义。① 在京津冀区域，"竞争"大于"合作"的"零和博弈"思维长期以来阻碍着三地的协同发展。跨区域性特征使得大气污染治理演化为利益相关者需要共同面对的"联合性问题（joined-up problems）"，这些问题突破了组织界限，超越了行政疆界，成为关乎区域整体治理建构的系统性问题，由于本质上的外部性、跨界性，单纯依靠传统的"行政区行政"属地管理模式，弊端日趋凸显。此外，京津冀三地政府面对区域

---

* 本文作者赵新峰、袁宗威。
① 陶希东：《美国空气污染跨界治理的特区制度及经验》，《环境保护》2012 年第 7 期。

大气污染这一公共问题时，治理策略是应对型、运动式的，过度依赖中央政府权威直接干预。区域政府治理方面制度安排的协同性不够，政策工具过于单一化、简单化和形式化，行政命令手段和管制型工具成为区域复杂问题处理的主要方式。

京津冀区域大气污染治理体制、机制和政策工具层面所暴露的问题，亟须掌握着区域内主要资源和权力的政府组织转变观念、调整策略，突破体制机制障碍的束缚，协同治理区域公共问题。

二、文献述评

针对跨域大气污染治理，Michelle S. Bergin（2005）认为要克服政治、经济和文化的差异，并加强多个司法管辖区之间的合作；Bergin M S 指出不同地区由于在经济发展水平、污染相互传输以及污染控制成本等方面存在差异，可能导致某地区在区域合作中的效用比非合作情形下小[1]；Neil Gunningham（2009）认为大气污染跨域协同治理的模式主要集中在两个维度：一是协同组织模式；二是府际协议模式。协同组织模式强调跨区域协同组织的构建，主张通过中央政府的政治授权、地方政府的权力让渡，联合建立统一的跨区域性组织。府际协议模式分为两种，一是签订地区间双向或者多项合作协定；二是征收共同税。王金南等探讨了区域大气污染联防联控的理论基础[2]；崔晶等、蔚超等研究了区域

---

[1] Bergin M S，West J J，"Regional Atmospheric Pollution and Transboundary Air Quality Management"，*Journal of Annual Review of Environment and Resources*，2005，30，pp.1-37.

[2] 王金南、宁淼、孙亚梅：《区域大气污染联防联控的理论与方法分析》，《环境与可持续发展》2012 年第 5 期。

大气污染协同治理视角下的困境和问题①②；曹锦秋、赵新峰等集中探讨了区域协同治理中的法律制度建设问题③④；汪伟全总结了区域空气污染中的协同治理模式⑤。赵新峰、魏娜、郭施宏、毛春梅等结合实例，研究了京津冀、长三角等中国重点区域大气污染协同治理的问题⑥⑦⑧⑨；王伟、姜楠从治理主体、合作途径以及制度保障方面对比了美国加州和京津冀地区在空气污染治理中的政府合作机制⑩；蔡岚则从政府间关系的视角入手，探讨了加利福尼亚州共同治理空气污染中的横向和纵向政府间关系问题⑪。

总体而言，现有关于区域大气污染协同治理的研究还有待进一步拓展深化：一是协同主体方面学术界侧重不同主体之间协同，对于政府

① 崔晶、孙伟：《区域大气污染协同治理视角下的府际事权划分问题研究》，《中国行政管理》2014年第9期。
② 蔚超、聂灵灵：《区域大气污染协同治理困境形成因素研究》，《山东行政学院学报》2016年第2期。
③ 曹锦秋、吕程：《联防联控：跨行政区域大气污染防治的法律机制》，《辽宁大学学报》(哲学社会科学版)2014年第6期。
④ 赵新峰、袁宗威：《我国区域政府间大气污染协同治理的制度基础与安排》，《阅江学刊》2017年第2期。
⑤ 汪伟全：《空气污染的跨域合作治理研究——以北京地区为例》，《公共管理学报》2014年第1期。
⑥ 赵新峰、袁宗威：《京津冀区域政府间大气污染治理政策协调问题研究》，《中国行政管理》2014年第11期。
⑦ 魏娜、赵成根：《跨区域大气污染协同治理研究——以京津冀地区为例》，《河北学刊》2016年第1期。
⑧ 郭施宏、齐晔：《京津冀区域大气污染协同治理模式构建——基于府际关系理论视角》，《中国特色社会主义研究》2016年第3期。
⑨ 毛春梅、曹新富：《大气污染的跨域协同治理研究——以长三角区域为例》，《河海大学学报》(哲学社会科学版)2016年第5期。
⑩ 王伟、姜楠：《京津冀空气污染治理中政府合作机制研究》，《城乡治理与规划改革——2014中国城市规划年会论文集》，2014年10月。
⑪ 蔡岚：《空气污染治理中的政府间关系——以美国加利福尼亚州为例》，《中国行政管理》2013年第10期。

间协同的重视程度还不够；二是在体制、机制和政策工具层面协同创新的取向有待进一步细化和充实；三是协同治理的效度和边界问题缺乏深入的探讨；四是协同治理理论的本土化、适用性及可操作性需要进一步厘清。为避免研究的宏观宽泛和片面零碎，需要运用整体性的视角系统研究区域的协同治理创新取向与路径问题。

三、研究框架

本文从政府层面破题，以问题较为突出的京津冀区域为例，基于协同治理理论，探讨分析区域政府间大气污染现实困境和治理实践的基础上，京津冀区域大气污染协同治理的创新取向及实现路径。

安斯尔（Ansell）和加什（Gash）基于情境理论建构了如下协同治理模型，该模型设定了四个变量：初始条件、制度设计、领导力和协作过程。关于协同治理的情境理论，该研究得出如下结论：如果利益攸关方之间的权力与资源严重不均衡，使得重要的利益攸关方不能以有意义的方式进行参与，那么有效的协同治理就需要采用积极的策略，以代表弱势的利益攸关方和对其授权。[①] 本研究借鉴该模型架构的基础上，结合中国国情和京津冀区域特有的情境，建构起了本研究的框架如下。

四、京津冀区域大气污染协同治理的困境

京津冀区域大气污染治理面临的主要困境主要集中在体制、机制和工具三个层面。

① Chris Ansell and Alison Gash，"Collaborative Governance in Theory and Practice "，*Journal of Public Administration Research and Theory*，2008.4，pp.543-571.

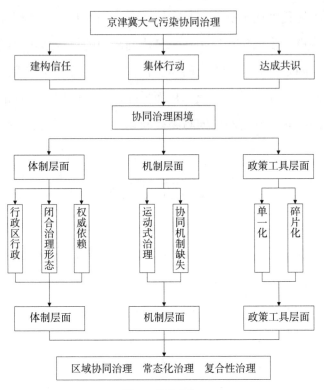

图1 研究框架

（一）体制层面的弊端

京津冀大气污染属地治理模式主要特征表现为：

一是浓郁的"行政区行政"色彩。京津冀三地政府基于行政边界，在各自辖区范围内对区域性大气污染各自加以治理。行政疆界是权力管辖的最大化边界，京津冀三地政府横向之间都没有能力跨界干涉相邻单元的决策。政府在其辖区范围内负责推进，区域内的大气污染防治策略、政策工具、防治措施等具体内容主要由地方政府加以决策，刚性壁垒横亘于政府之间。二是闭合的治理形态，"内向型"特征明显。地方政府在大气污染治理中各自为政，各行其道，相互博弈，囿于自身"一亩三分地"，同级政府间缺乏彼此信任和横向沟通。三是推进策略上的权威依赖。在传统科层制的压力型框架体制下，基于自上而下的权威对区域性大气污染加以等级制设计，以行政命令方式对京津冀区域大气污染问题分地区、分层次加以治理。这种"命令——控制式"的推进策略引发了区域内大量"公地悲剧"和"搭便车"行为。

闭合性、内向性特征明显的属地治理模式在应对大气污染的跨域传输方面的局限性日趋凸显。这一体制性治理困境投射和反映在京津冀区域大气污染治理的现实中。京津冀在各自辖区范围内对具有"流动性"和"传输性"特征的大气污染加以治理，三地政府对区域内"整体性""全局性""协同性"的问题分而治之，单打独斗。这一单一封闭、画地为牢的治理模式导致的结果是：

首先，属地化治理格局导致的资源分散与京津冀跨区域大气污染要求的资源整合诉求相背离。在大气污染治理过程中，出于自身最大化利益的考量，京津冀三地在制度安排、政策工具、信息系统、治理技术、治理指标等方面存在诸多博弈。博弈产生的后果就是区域大气污染治理资源的碎片化和分散化。其次，政治上的压力型体制和经济上的分税制形塑了地方政府的发展偏好。地方政府作为"理性经济人"把工作重心放在了对职务晋升和 GDP 增长的追求上，京津冀三地政府围绕着政治晋升和 GDP 增长展开竞争，竞相选择高污染、高耗能、高排放但产值高、利税大的产业大力发展，导致京津冀跨区域大气污染形势的加剧。2010 年以来，河北省以承接京津产业转移、疏解北京非首都功能为由，新增开发区达 90 多个。再次，属地管理模式下，非合作治理导致的"搭便车"现象难以实现区域大气污染治理中外部效应内部化的问题。就治理结构而言，京津冀区域在大型活动或重度污染期间的治理体现了一定的协同性，但是从具体的执行过程看，京津冀三地还是分别把任务和内容具体分解到了本行政区划的各个行政单元，属地治理的性质并未改变。在这种模式下，京津冀三地地方性的大气污染治理战略规划、制度安排、政策法规、行动策略等均局限于地方属地管理权限，没有交叉治理或相互干预的权限，难以激发协同动机、达成协同行动。

（二）机制层面障碍

1. 京津冀大气污染治理呈现明显的"运动式"特征。"运动式治理是一种以运动式的非常规手段来开展各种治理行动的常态化国家治理模式。"[①] 运动式治理主要表现在两个方面：一是应对区域空气重度污染和大气污染突发事件的应急性协同治理；二是组织和承办某些大型活动期间的临时性协同治理。例如北京奥运会期间，为保障北京空气质量，北京、天津、河北、内蒙古、山西、山东等6省区市及有关部门共同制定了《第29届奥运会北京空气质量保障措施》，从多方面多层次协同行动，联合防治空气污染，取得积极成效，奥运会期间大气污染物排放量与2007年同比下降70%左右，创造了北京市进入21世纪以来空气质量最好的纪录。但值得注意的是，这种运动式的治理仅仅是昙花一现，2009年相较于2008年奥运会同时段，NO、NO_2、NOX 和 $PM10$ 等的平均浓度均大幅度升高，NO 的平均浓度更是升高了109%。"后奥运时期京津冀区域大气污染显著反弹，除受到一次排放前体物 NOx 和 SO_2 的影响外，区域整体大气氧化性的提高也是一个重要原因。"[②]

表1　2008年奥运会期间与2009年同时段北京及周边地区空气质量的比较

	NO 的平均浓度	NO₂ 的平均浓度	NOX 的平均浓度	O₃ 的平均浓度	SO₂ 的平均浓度	PM10 的平均浓度
2008 年 8 月 8 日—9 月 17 日	$(3\pm3)\times10^{-9}v/v$	$(11\pm4)\times10^{-9}v/v$	$(13\pm5)\times10^{-9}v/v$	$(71\pm4)\times10^{-9}v/v$	$(4\pm1)\times10^{-9}v/v$	(88 ± 11) µg.m⁻³
2009 年 8 月 8 日—9 月 17 日	$(5\pm4)\times10^{-9}v/v$	$(25\pm4)\times10^{-9}v/v$	$(24\pm10)\times10^{-9}v/v$	$(68\pm3)\times10^{-9}v/v$	$(4\pm2)\times10^{-9}v/v$	(111 ± 28) µg.m⁻³

---

① 杨志军：《三观政治与合法性基础：一项关于运动式治理的思维框架解释》，《浙江社会科学》2016年第11期。

② 徐小娟、刘子锐、高文康等：《后奥运时期京津冀区域大气本底夏季污染变化》，《环境科学研究》2012年第9期。

续表

	NO 的平均浓度	NO₂ 的平均浓度	NOX 的平均浓度	O₃ 的平均浓度	SO₂ 的平均浓度	PM10 的平均浓度
2009 年相较于 2008 年同时段的变化	升高了 109%	升高了 73%	升高了 86%	变化不明显	升高了 7%	升高了 26%

资料来源：根据孙志强的《奥运前后北京及近周边区域空气污染观测与比对分析》硕士学位论文内数据整理而成。

在 2015 年纪念抗日战争胜利 70 周年阅兵期间，北京市 SO_2、NO_2、PM10、PM2.5 等各项污染物平均浓度分别为 3.2 微克 / 立方米、22.7 微克 / 立方米、25.3 微克 / 立方米和 17.8 微克 / 立方米，同比分别下降 46.7%、52.1、69.2% 和 73.2%，达到了监测历史以来的最低水平。阅兵期间，天安门地区 PM2.5 平均浓度仅为 8 微克 / 立方米。但是，短暂蓝天的背后是区域内大量企业的关停、机动车单双号限行等严厉措施的保障，这些管控措施衍生出一系列社会矛盾和冲突，且活动结束后蓝天迅速消失，雾霾重新粉墨登场。2015 年 12 月，北京市两次启动空气重污染的红色预警。

詹姆斯·汤森认为："中国面临着一种制度化运动的悖论。改革意味着中国生活的常规化，但它却是以运动的方式进行。"[1] 从大气污染治理的视角出发，运动式治理业已形塑了京津冀区域公共问题的治理方略。事实表明，这种临时的、应急的运动式治理模式并不具有可持续性，并没有解决根本性问题。究其原因在于，运动式治理的直接目的是解决某一迫在眉睫的社会经济问题并恢复政府权威，因而只要某一社会经济问题得以改良其目的便已达成。[2] 目的达成以后，临时性的协同治理行动也往往伴随着重大活动的结束而"寿终正寝"。由此可见，京津

---

[1] [美] 詹姆斯·R. 汤森、布兰特利·沃马克：《中国政治》，江苏人民出版社 1995 年版，第 283 页。

[2] 蒋敏娟：《中国政府跨部门协同机制研究》，北京大学出版社 2013 年版。

冀大气污染运动式治理最大的缺陷就是不可持续、治理手段游走在合法和正义边缘，容易造成治理结果反弹，存在治理成本高昂、转嫁责任等问题。

2. 京津冀三地的地方性法规的协同性缺失，区域立法缺乏合法性。具体到京津冀立法内容协同而言，北京、天津和河北三地在遵循中央要求的基础上，均有条款明确规定加强与周边相关省区市的大气污染联防联控工作，重点要求在预警联动、监测信息共享、重大污染事故通报、科研合作、联合执法等领域实现突破。见表2。

表2　京津冀三省市的大气污染防治条例对比表

名称	颁布时间	区域协同治理相关条款
《北京市大气污染防治条例》	2014年	第二十四条　市人民政府应当在国家区域联防联控机构领导下，加强与相关省区市的大气污染联防联控工作，建立重大污染事项通报制度，逐步实现重大监测信息和污染防治技术共享，推进区域联防联控与应急联动。
《天津市大气污染防治条例》	2015年	第九章　区域大气污染防治协作 第七十条本市与北京市、河北省及周边地区建立大气污染防治协调合作机制，定期协商区域内大气污染防治重大事项。
《河北省大气污染防治条例》	2016年	第五章　重点区域联合防治 第六十一条　省人民政府应当与北京市、天津市以及其他相邻省、自治区人民政府建立大气污染防治协调机制，定期协商大气污染防治重大事项，按照统一规划、统一标准、统一监测、统一防治措施的要求，开展大气污染联合防治，落实大气污染防治目标责任。

资料来源：根据中央和北京市、天津市、河北省等相关法律法规整理。

相关法律法规的修订方面，京津冀三地都出台了各自的《大气污染防治条例》，为区域大气污染协同防治提供了法律支撑，为具体政策、行动开展提供了基本遵循。然而，三地法规的具体内容，受制于修订主体、利益和时间的不同，在若干规定上缺乏一致性和相互对应，在具体执法和司法过程环节，三地的相互协作仍面临层层障碍。如《北京市大气污染防治条例》（2014）第二十四条规定："市人民政府应当在国家区域联防联控机构领导下，加强与相关省区市的大气污染联防联控工作，建立重大污染事项通报制度，逐步实现重大监测信息和污染防治技术共享，推进区域联防联控与应急联动。"河北和天津在修订《大气污染防治条例》时，在具体条款上应该和北京相呼应，但事实是三地在出台各自的条例时依旧是各行其道。2015 年 3 月，京津冀人大常委会出台了《关于加强京津冀人大协同立法的若干意见》，强调京津冀三地在制定立法计划和立法项目时相互沟通协商，协同推进该区域的立法和制度安排。但是在具体操作层面，各地缺乏必要的沟通环节，依旧是从自身利益出发加以立法，理想的协同立法只是停留在口头和表面文章上。

中国当前的立法形态分为两种，分别是中央立法形态和地方立法形态。京津冀在大气污染治理上的协同立法涉及京、津、冀三地的联合立法问题，是一种崭新的区域立法形态，不属于上述两种立法形态。根据公法领域"法无授权即违法"的设定，区域立法形态应属违法。由于缺乏事实上的合法性，因此，京津冀三地在大气污染防治上的协同立法更多的是在一种相对松散、彼此约束力不强的条件下进行的。[1]

3."碎片化"体制下的"信息孤岛"现象成为信息化治理协同的瓶颈。2017 年 11 月底在环境保护部网站"大气污染防治"—"区域联防联控"栏目中进行搜索，发现最后一次信息更新仍然停留在 2016 年的 5 月。就京津冀区域而言，信息整合能力偏弱，区域层面的信息公开、信息整合与信息共享匮乏，信息更新速度缓慢。京津冀区域大气污染信息共享平台作用发挥十分有限，区域在平台上的信息共享仅局限于三地政府的工作动态及内部邮件的统一发送。污染信息无障碍获取、污染源曝光、执法情况信息披露等关键信息共享并没有实现。政府和部门网站

---

[1] 魏娜：《京津冀大气污染跨域协同治理研究》，博士学位论文，北京大学政府管理学院，2016 年，第 86 页。

独立运行，网站上除了其他政府网站的链接没有实质性的共享内容，统一整合的数据库、网上跨部门信息共享成为空谈。有关协同工作信息的传递和共享尚未形成各政府之间网状多点对接的信息共享机制。在大气污染治理信息的监测和收集方面，多个行政单元、不同利益主体的信息沟通与共享很难在同一个层面达成共识，由于缺乏信息披露和信息共享机制导致出现"信息孤岛"现象。此外，区域大气污染治理的组织机制和利益平衡机制也亟待协同。

（三）工具层面乏力

本文依据"强制程度"标准将区域大气污染治理政策工具划分为三大类："管制型政策工具""市场型政策工具"和"自愿型政策工具"。在京津冀区域政府大气污染治理中，治理工具过于单一化，聚合性和协同性较差，管制型政策工具类型成为区域公共问题应对的主要策略。

1. 大气污染协同治理中对管制型政策工具的"路径依赖"。对近40年京津冀大气污染治理的政策文本统计结果显示：管制型政策工具比例占到75%，市场型和自愿型政策工具在政策工具箱中的比例不足25%，其中市场型政策工具只占到6%左右，三种工具类型使用频率严重失衡。在市场机制不健全、公民社会发育缓慢的状况下，京津冀区域大气污染治理过度依赖单一的管制型政策工具，有其必然性，但一味依赖此类工具治理区域大气污染，不仅容易造成工具选择上的"路径依赖"，影响政策工具的创新和协同，而且造成巨大的管制成本。实践表明，管制型政策工具并没有在京津冀大气污染协同治理过程中达成良好的治理绩效。

2. 治理工具的简单化和治理标准的属地化导致政策失灵。从京津冀区域发展的实践历程来看，大气污染协同治理的效果不佳。究其原因主要在于决策者政策工具选择偏好的片面性和单一性，粗放、简单的政策工具长期运用在大气污染治理的实践中。因而，京津冀区域大气污染防治责任缺乏精细化、具体化的设计，大多为粗线条的轮廓，区域政府可操作的细节和内容欠缺。此外，管制型政策工具试图用统一的标准约束京津冀区域内不同治理主体，但地方政府自行设定标准差异巨大，最终导致政策失灵。京津冀区域2012年开始执行《环境空气质量标准》，从效果来看，京津冀地区空气质量并无改观。表现为：具体标准缺乏，侧重于点源控制，缺少挥发性有机物排放标准体系；现有标准不完善，如城市扬尘综合管理制度不健全，对施工工地和搅拌站的检查都是临时性、突击性的，治标不治本；协同性较差，如车用燃油标准滞后于机动车排放标准。尤其是各地在标准上的执行上不一致，标准在制定和执行时不协调的情况比比皆是。北京基本形成了全国最严厉的地方环境标准体系，而天津和河北标准则相对较低。例如在二氧化硫排污收费标准上，河北与北京排污收费标准相差近8倍，与天津也有5倍的差距。标准的差异直接导致重污染企业的地域转移。

3. 京津冀区域大气污染治理的制度安排造成了政策工具设计的被动和政策权威的分散。纵向上，具有政策目标设定和政策结果考核的中央政府，在大气污染治理政策工具的设计、选择和创新上相对主动，而区域内的地方政府往往只是遵照执行或有条件地实施。中央政府通过政策设计的方式直接介入，带来的成效是直接的。但是，也存在着忽视地方利益、未能充分反映地方诉求的问题，地方政府被拒在区域政策设计制定的大门之外，执行政策的积极性不高，缺少内生性和主动性。横向上，"地方各级人民政府应当对本行政区域的大气环境质量负责"的法律规定，决定了在设计或选择区域大气污染治理工具时，横向政策权威是分散的，缺乏聚敛性，难以实现政策工具自发协调、整合、创新的目标。[1] 就政策工具作用发挥来看，管制程度明显偏高，协同程度和整合

---

① 赵新峰、袁宗威：《区域大气污染治理中的政策工具：我国的实践历程与优化选择》，《中国行政管理》2016年第7期。

程度明显偏低，政府间横向政策工具协同乏力。就激励型政策渠道而言，途径单一、灵活性差，企业、社会组织、公民个体等多元主体的作用受到忽视。

（五）京津冀区域大气污染协同治理的路径选择

1. 体制层面：由"属地管理"到"区域协同治理"

（1）基于理论视角，由"属地管理"到"区域协同治理"具有客观必然性。首先，实现管理体制的转变符合公共管理理论的发展趋势。属地管理模式是科层制下的一种典型管理方式，在体制架构设计上未将政府间协同治理纳入其中。而大气污染具有明显的"无界化"和"跨域性"特征，迫切需要区域间的共同治理，属地管理显然不符合大气污染协同治理的需要，治理模式的变革显得尤为重要。近年来兴起的协同治理理论得到学术界的广泛推崇，这一理论强调治理主体的多元性、治理权威的多样性、子系统的协作性、系统的动态性、自组织的协调性和社会秩序的稳定性。① 可以说协同治理强调的多元主体身份的平等性，参与的秩序性和规则性，将会使主体间的集体行动更加协调和理性。区域协同治理作为协同治理的一种具体表现形式，与属地管理模式相比，其理论诉求与京津冀大气污染治理的实践相契合，与公共管理理论的发展方向相一致。

（2）基于实践层面，实现治理体制的转变是京津冀大气污染治理实践的客观要求。一方面，属地管理体制在大气污染治理过程中暴露出诸多不足之处。属地管理体制使得区域政府间缺乏信息沟通，进而使得区域政府间的政策运行过程不协调，造成了不同省市间的大气污染治理标准与具体措施缺乏协同性和一致性。如不同省市执行各自不同的污染物排放标准，在相同的大气污染状态下区域政府间启动不同的预警级

---

① 刘伟忠：《我国协同治理理论研究的现状与趋向》，《城市问题》2012 年第 5 期。

别，环保部门和气象部门发布的污染物浓度值差异较大等，这些现象的存在严重制约了大气污染协同治理的步伐。另一方面，近年来区域政府间采取一系列协同治理措施取得积极进展，凸显了协同治理体制的优越性。如京津冀通过统一重污染天气预警标准、建立区域大气重污染过程应急管理决策平台等措施，使区域政府间的大气污染治理行动更加有序；通过建立跨域联合执法机制，使得区域大气污染治理政策得到了更好的落实。因此，"区域协同治理"是京津冀大气污染治理体制变革的方向。

（3）正确处理属地管理与区域协同治理关系，完善区域整体性协同体制。首先，属地管理与区域协同治理不是相互排斥的关系。强调区域协同治理并不是放弃属地管理，而是在坚持属地管理的基础上实现区域协同治理，如区域政府间协商一致的环保标准还是要靠各地方政府按照属地管理的原则进行具体落实；同样，坚持属地管理必须高度重视区域协同治理，属地管理有其固有的缺陷，只有加强各相对独立行政区之间的协同，才能更好地发挥属地管理体制的作用。其次，属地管理和协同治理可以实现有机的结合。属地管理具有权责明确的体制优势，区域协同治理能够降低政府间因行动不协同而带来的内耗，因此，在取长补短的逻辑下，明确属地管理和区域协同治理的具体衔接办法，理顺相应的工作程序，可让二者真正实现相得益彰。

京津冀区域大气污染治理涉及的地方和部门较多，为此北京市、天津市、河北省、环保部、国家发展改革委、国家能源局、中国气象局等七省区和八部委成立了京津冀及周边地区大气污染防治协作小组，除了此协作小组，中央政府层面成立的其他议事机构也对京津冀区域大气污染治理起到重要的作用，如国家应对气候变化及节能减排工作领导小组、国家能源委员会等。显然在应对大气污染治理的指挥上存在着"碎片化"问题，为此要整合相关议事协调机构，在梳理各相关议事协调机构职能的基础上，将它们进行有效的整合，从而组建整体性的指挥协调机构，防止多头指挥、政出多门，提高集体行动的效率。此外，区域政府间自主进行的协调事项也要经过整体性的指挥协调机构，便于指挥协调机构统一掌握区域政府间的政策与行动。

2.机制层面：由"运动式"协同到"常态化"协同

运动式协同通常是指区域政府间在一定时期内为执行重大决策或保障重要活动的顺利举办，所采取的区域性大气污染防治措施。运动式协同在"压力型体制"①下具有独特的价值，在中央级行政机关的压力下，区域政府间通过采取综合性的协同治理措施，往往能够在短期内取得较好的大气污染治理效果，近年来出现的奥运蓝、APEC 蓝、阅兵蓝就是运动式协同结果的最好体现。但是，运动式协同最大的问题在于临时性、应急性和不可持续性，措施不具有长期可操作性。因此，实现常态化的协同是区域政府间应对大气污染的必然选择。在实现常态化协同方面，京津冀区域政府间已采取了系列措施，包括建立京津冀及周边地区大气污染防治协作机制、统一大气污染治理规划、实施联合执法与交叉执法机制、建立大气污染防治信息共享机制、推进资金帮扶机制等。通过京津冀区域政府间的持续努力，京津冀地区 13 个地级以上城市达标天数比例持续提升（如图 2），说明常态化的协同治理模式对于大气

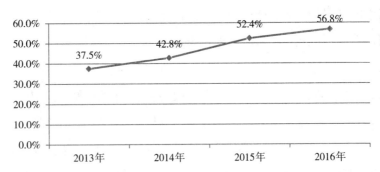

图 2 2013—2016 年京津冀地区 13 个地级以上城市空气质量达标天数比例情况

资料来源：根据 2013—2016 年中国环境状况公报整理。

---

① 荣敬本等：《从压力型体制向民主合作体制的转变》，中央编译出版社 1998 年版。

污染治理是有效的，是值得继续坚持深入推进的，特别是在京津冀协同发展战略深入推进的大背景下，区域政府间常态化协同治理模式必将获得长足的发展。

区域协同治理的常态化机制主要包括：

（1）组织协同机制。京津冀三地依托的区域大气污染防治平台是京津冀及周边地区大气污染防治协作小组。现由"七个省区市和八个部委"组成，由中共中央政治局常委、国务院副总理领导协作小组，其方式主要通过直接参加小组会议或作出重要指示。具体协作小组组织构架见图3。

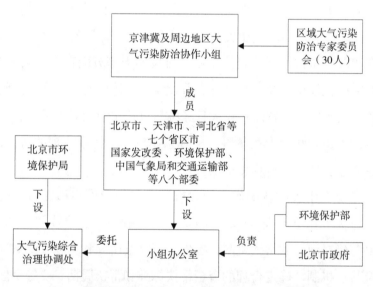

图3 京津冀及周边地区大气污染防治协作小组架构图

协作小组创立以来，在京津冀区域大气污染协同治理过程中发挥了重要作用。长远来看，协作小组在协同长效、权威法定、分层分工等方面有待继续探索深化。在常态化协同治理模式下，京津冀及周边地区大气污染防治协作组织的职责需要进一步强化：协助组织负责京津冀地区大气污染跨域协同治理的相关工作，通过召开定期小组会议制定京津冀地区大气污染协同防治的政策、阶段性工作要求，确定工作重点与主要任务。协作小组执行办公室负责京津冀大气污染跨域协同治理的具体管理工作，履行战略开发与实施，促进整个区域人气质量达标。制定具体的行动目标、计划和规则。规划与标准协同办公室、联络协调办公室、协同执法办公室、信息协同办公室、区域大气污染防治专家委员会、财务办公室、培训宣传办公室分别负责京津冀大气污染跨域协同治理的规划与标准制定、联络协调、联合执法、信息协同、决策与科技支持、利益补偿或治理资金分配、协同培训等工作。

（2）利益均衡机制。京津冀大气污染协同治理的过程，实质上是京津冀三地政府在利益格局上的相互博弈。利益博弈问题成为京津冀大气污染治理中不可回避的重要问题。因而，"协同型"利益格局的打造，基于共同责任和使命利益相关者之间"命运共同体"的创设至关重要。

京津冀在资源禀赋、经济基础、科技实力等方面存在着巨大差异，京津辖区面积较小且经济与科技实力较强，在治理大气污染方面面临的压力相对较小。河北省面积较大且经济与科技实力相对落后，长期以来为京津的发展付出了巨大牺牲。实现京津冀大气污染治理的协同推进，需要建立起长效的利益均衡机制。

一是要在中央财政层面，加大对河北省的专项转移支付力度，弥补河北省大气污染治理资金的不足。二是遵循"受益者支付"的原则，京津要明确对河北的帮扶机制。首先，要继续研究和实施京津对河北省的资金帮扶机制，确定合理的资金帮扶标准和帮扶周期。要健全区域内政府间财政转移支付机制，由北京支付河北法定治理任务之外额外治理任务所付出的相应成本。其次，京津要加大对河北的技术支持，尤其是北京要发挥自身科技实力雄厚的优势，帮助河北尽快改善产业结构、能源结构和交通运输结构，突破大气污染治理的科技瓶颈。再次，要加大京津冀环保系统干部人才与科技人才的交流力度，以人才交流促进河北大气污染治理能力的提升。最后，以雄安新区的设立为契机，中央和北京市要确立明确的非首都功能疏解计划，以优质中央企业和事业单位的搬迁带动河北产业转型的升级，降低河北在大气污染治理上面临的压力。三是京津冀大气污染治理共同基金的设立。将基金中的资金筹集和使用分配作为调节京津冀地区发展不平衡的杠杆，协调三地在大气治理利益和经济发展利益上的平衡。在资金筹集和使用过程中，要充分考虑污染影响和减排贡献，体现区域间的差异，充分发挥共同基金的经济激励作用。

（3）信息沟通机制。信息犹如组织的神经，连接着组织的各个方面，关系到组织间的协调配合程度，因此建立完善的政府间信息沟通机制对于大气污染治理是十分必要的。此外，京津冀信息沟通与共享机制上的完善，不单纯是推进信息技术方面的改进，更要通过信息的协同打破属地的屏障、利益的藩篱。针对京津冀大气污染的信息共享平台流于形式的现状，首先，要建立统一的信息沟通平台。目前，京津冀区域存在多个相关的信息共享平台，如京津冀及周边地区大气污染防治信息共享平台、京冀及周边七省区市重污染预警会商平台。为了避免信息平台的重复建设，使信息更加集中有序运转，要尽快将相关信息共享平台进行整合，消除信息鸿沟，形成整体性的信息沟通平台。其次，要扩大信息沟通的内容，除了常规的监测信息和预警信息，还要逐步将重点污染企业信息、污染源实时通报、污染信息无障碍获取、污染执法信息、政策制定和修订信息等进行区域共享。再次，建立完善的信息沟通程序，理顺工作机制，做好信息沟通过程中的衔接工作，使信息在各环节均能顺畅流动。

（4）立法和执法协同机制。立法协同是京津冀大气污染协同治理的制度保障。该区域应该在区域共同价值导向与行为准则的指导下，兼顾各自利益，通过协同立法化解法规规章冲突与法律依据不一致等问题。一是签订京津冀地方立法工作协议，完善工作机制，推进京津冀区域地方立法工作协同；二是加强地方大气污染治理的立法规划、年度立法计划和具体立法项目协作，确立区域大气污染立法协作的重点领域和项目，形成协作清单。通过京津冀立法协同工作的推进，整合区域立法资源，优化制度供给，共同提升区域整体立法环境，最大限度地挖掘京津冀区域在立法资源和制度规范方面的协同推进优势。

执法协同是京津冀大气污染协同治理的关键环节。首先要避免联合执法的片面性、碎片化和单一性，强化区域执法的一致性、协同性和融合性；其次要强调跨区域执法中执法主体及其职责权限的协同，行政执法权相对集中；再次在执法标准维度方面，充分考虑京津冀三地产业结构、发展阶段以及发展定位的基础上，对于违法行为设立区域内的科学的执法标准。随着京津冀一体化的进程，逐步减少区域执法协同的标准差。

3.政策工具层面：由"单一型"政策工具到"复合型"政策工具

政策工具是政府治理社会过程中最常用的手段，是政府行政行为的基本遵循，区域政府间政策的协同状况关系到整个大气污染治理政策体系是否科学，关系到政府间的治理行动是否有序，因此，京津冀区域政府间的政策工具协同至关重要。

（1）深化对政策工具的认识。若要使用好政策工具必须要对各类政策工具的优缺点以及使用情境有清晰的认识。规制型政策工具具有强制程度高、政府介入程度深的特点，公众对于规制的内容必须无条件地遵循和执行。其优点是工具的具体措施和标准等相对明确，能够在短期内就能收到较为明显的效果；其缺点是，如果过多使用规制型政策工具，容易发生政府部门的寻租现象，损害市场主体的利益以及市场的公平竞争。经济激励型政策工具一般是通过税收、收费、补贴等经济手段来达到环境治理的目的，其长处在于能够充分利用市场主体逐利的天生特点，引导市场主体的行为向环境友好型的方向发展；其不足之处在于，若不能合理使用，则可能会加重企业和政府财政的负担，不利于经济激励型环境政策的长远发展。自愿参与型政策工具能够调动社会各方面的力量，在公众中产生较为深远的影响，其优势是政府投入力度相对较小，而影响的公众范围却是较大的；其弊端在于，由于缺乏相应的强制力，收到的效果可能不尽人意。因此，在工具的选择使用上还必须慎重选择，以更好地扬长避短，发挥工具间的协同作用。

（2）创新和探索与协同性制度环境相匹配的复合型政策工具类型。政策工具的混合使用能够带来更佳的环境治理效果，这将会是环境治理政策工具发展的一个显著趋势。[①] 政策工具的协同主要在两个方面加以推进：一是区域政府间政策工具的协同，避免政府间政策工具的缺位或不一致；二是单个行政区内所用工具的协同，减少工具搭配不当的现象发生。京津冀大气污染政策工具的协同需要坚持以下原则：一是坚持问题导向原则，将是否有利于解决大气污染问题作为政策工具使用的基本出发点。二是坚持丰富政策工具类型的原则，加大理论研究和实践探索的力度，推出更多适应区域协同发展的政策工具类型，为实现政策工具真正意义上的协同提供支撑。三是遵循以经济激励型政策工具和自愿参与型政策工具为主、以管制型政策工具为辅的原则。京津冀协同发展背景下，过多地使用管制型政策工具不仅不利于大气污染治理机制的长效化，更不利于治理体系和治理能力的现代化。四是坚持政策工具的互补性原则。通过整体性的协同实现政策工具的相得益彰，互为补充，进而实现一加一大于二的治理效果。

本研究基于协同治理理论，按照协同设计、协同执行、协同方式的治理流程对京津冀区域内政策工具加以系统设计，协调整合，以及流程再造：

一是遵照面向区域的整体性、协同性的治理标准加以协同设计。确保不同类型政策工具对区域内的全覆盖，促进不同类型政策工具的优化组合，集成创新，驱动区域内治理主体、利益相关者协同合作的复合

[①] 毛万磊：《环境治理的政策工具研究：分类、特性与选择》，《山东行政学院学报》2014年第 4 期。

型政策工具创新行动。

二是丰富协同内容，优化协同执行过程。通过改进立法机制、加强与区域间政府的沟通、采用联合制定政策或以统一政策标准分别制定政策等手段，确保京津冀区域政府间政策内容的协同。京津冀区域政府间要统一政策执行的步调，防止污染企业在区域间的转移。要进一步完善跨区域的联合执法和交叉执法机制，杜绝"宽松软"的政策执行，实现"严紧硬"的区域协同执法。

三是协同治理方式的创新优化。有关区域大气污染防治往往只限于管制型、市场型、自愿型这三种工具类型。京津冀协同发展的破题势必需要基于政策工具之间的整体功能和协同效应，探索使用和发展新型政策工具。这一迫切需要催生了复合型政策工具类型的呼之欲出。京津冀区域亟待通过这一工具类型的运用，建构起与协同性制度环境相匹配的区域大气污染政策工具治理体系。

六、结　论

本研究基于协同治理理论以及京津冀区域大气污染治理现状，确立了区域政府间大气污染协同治理的三个取向：在体制层面，实现由"属地管理"到"区域协同治理"的转变；在机制层面，实现由"运动式"协同治理到"常态化"协同治理的转变；在政策工具层面，实现由"单一型"工具到"复合型"政策工具类型的转变。三个转变是相辅相成、辩证统一的。体制转变是根本方向，机制转变是有力抓手，工具转变是必要手段。协同创新是未来的发展取向，但并不意味着要舍弃"属地管理""运动式协同"和"单一型工具"，体制、机制和政策工具的转型必然是一个长期渐进的过程。在京津冀协同发展战略深入实施的大背景下，未来京津冀区域政府间大气污染治理协同创新将更多地与雄安新区的发展、非首都功能疏解等紧密结合起来。区域大气污染协同治理的路径选择是一个整合创新、不断改进的建构过程，必须对现有体制机制和工具加以优化，基于系统性、协同性、整体性的考量，建构起一种复合型的治理类型，通过这一治理类型的运用催生出中国大气污染的协同治理模式：治理理念从零和到善治，治理基础从竞争到合作，治理主体从单一到多元，治理绩效从过程到结果，治理的范围从碎片到整体。

（原文载于《城市发展研究》2019 年第 5 期）

京津冀大气污染治理政策工具对大气
质量的影响：基于政策文本数据
（2004—2015）的统计分析 *

一、导　言

　　公共问题是公共管理行动的现实基础。现阶段的中国，大气污染的影响已不再局限于单一的属地范围之内，而是呈现出明显的跨区域特征。大气污染问题跨越组织界限或行政边界，直接威胁到区域公共利益，成为亟待解决的区域公共问题。针对大气污染问题采取区域共同行动是必要的。区域共同行动的工具是公共政策的制定和执行。可见，观测政策工具的强制、整合与协同是理解、评估和改善区域政府在大气污染治理方面行为的切入点。萨拉蒙（2002）[1] 指出：要想适应新的治理需求，公共管理是必要的，即间接工具取代直接的命令—控制路径；公共部门和私人部门参与复杂网络行动工具的广泛使用，导致对不同类型公共管理和公共部门的需求都强调协作与实施而非层级与控制。因而，政

＊　本文作者赵新峰、吴芸。

[1]　Lester，S. M.（2002）. *The tools of government. A guide to the New Governance*，New York：Oxford University Press，pp.19-36.

策工具的适当使用与有效协同是新型治理中区域政府间需要着重解决的任务，在区域大气污染治理过程中更是如此。

从整体层面审视，中国大气污染治理是以行政区划为边界的属地型治理模式。属地治理模式强调独立的"政策空间和裁判权"，强调属地之内"各自为营"的碎片化治理（魏娜，2016）①；从政府回应的视角看，近年来无论是中央层面还是地方层面，对于大气污染治理开始形成一种共识：即采取一种跨区域的协同治理方式来试图改善基于属地单一式治理造成的大气污染治理绩效不佳的局面；从实践层面审视，大气污染的属地治理模式是国家治理模式的投射反映，而大气污染的跨域性问题使得大气污染治理面对的是"联合性的问题（joined-up problems）"，治理模式与治理需求之间的矛盾，成为导致中国大气污染形势日趋严峻并难以根治的重要诱因。由以上几个层面分析引发的追问是：既然跨区域性大气污染的治理在一定程度上已经触及到了中国现行制度架构和治理体制的边界，那么现行治理体制应当作出何种转型，以应对日趋严峻的跨域污染情势？针对这一追问，化解属地治理模式与大气治理需求的矛盾，构建大气污染的跨区域良性协同机制成为中国大气污染治理领域的重要课题。

京津冀区域是中国大气污染最为严重的地区，也是最先开展大气污染跨域协同治理的地区。历经 30 余年的快速经济增长与城市化进程，中国已形成包括京津冀、珠江三角洲、长江三角洲的十大城市群。高速膨胀的城市群发展和工业化进程使得大气污染的连片排放以及区域污染的叠加传输日益明显，进一步加剧了大气污染的严峻程度。在十大城市群中，尤以京津冀地区的大气污染状况最为严重。

如何有效率地控制区域大气污染，改善被公众和国际社会广为诟

---

① 魏娜、赵成根：《跨区域大气污染协同治理研究——以京津冀地区为例》，《河北学刊》2016 年第 1 期。

病的空气质量，是中国当前及未来一段时间需着力解决的区域公共问题。其中，对于这一问题解决尚显薄弱的区域政策工具的研究，具有重要的现实意义。本文在深入研究区域大气污染治理政策工具的理论基础、具体分类、影响因素、存在问题和实施效果的基础上，把京津冀区域作为研究对象，确立了京津冀大气污染治理政策工具对大气质量影响的分析框架。并结合京津冀区域大气污染协同治理实践，以政策工具为解释变量，以空气质量作为被解释变量，基于管制型、市场型、自愿型政策工具类型，从强制性、协同性、整合型三个维度，对京津冀区域大气污染治理政策工具效果进行了实证分析，最后结合回归分析结果，提出了完善区域大气污染治理政策工具体系、推进区域大气污染治理政策工具整合创新的对策建议。

二、文献综述、分析框架和研究假设

（一）文献综述

1. 环境政策工具的分类

最早对环境政策工具分类源于市场和行政的二分法，政策工具通常被划分为市场化工具和命令—控制式工具；OECD（1996）① 采用三分法，把政策工具分为直接管制、市场机制和劝说式手段；世界银行采用利用市场、创建市场、环境管制和公众参与的四分法加以划分；五分法把环境政策工具划分为法律手段、行政手段、经济手段、技术手段和宣传手段。学术界比较主流的划分方式采用三分法把环境政策概括分为三类：基于强制机制的命令与控制型政策工具（command-

---

① 经济合作发展组织：《环境管理中的经济手段》，张世秋等译，中国环境科学出版社1996年版。

control instrument），基于市场机制的经济激励型政策工具（economic incentive），基于自愿机制的自愿型政策工具（voluntary instrument）。

随着环境政策工具的不断发展，学术界在"强制型、市场型、自愿型"分类基础上，Rothwell 和 Zegveld（1985）[1]又将政策工具划分为"供给型政策工具、环境型政策工具、需求型政策工具"。在环境政策工具的选择方面，两种分类方式呈现出以下特征：

基于第一种分类方式，杨志军等（2017）[2]对 43 个环境治理政策进行分析，揭示出中国政府在环境治理中存在偏好使用强制型政策工具、而经济型和自愿型政策工具使用不足的特点。罗敏等（2014）[3]对于低碳政策的研究以及许阳（2016）[4]对于海洋环境保护政策分析都得到与此一致的结论。肖璐（2007）指出环境政策工具发展可分为三个阶段：一是 CAC（Command and Control）工具占主导地位阶段，二是更多采用基于市场的经济激励工具阶段，三是深入推进绿色税收体制改革阶段。Niklas（2016）[5]的研究指出命令—控制型政策工具偏多的现状。Michael Howlett（2004）[6]和 Lori

[1] Rothwell R，Zegveld W，*Reindusdilization and Technology*，Logman Group Limited，1985，pp.83-104.

[2] 杨志军、耿旭、王若雪：《环境治理政策的工具偏好与路径优化——基于 43 个政策文本的内容分析》，《东北大学学报》（社会科学版）2017 年第 3 期。

[3] 罗敏、朱雪忠：《基于政策工具的中国低碳政策文本量化研究》，《情报杂志》2014 年第 4 期。

[4] 许阳、王琪、孔德意：《我国海洋环境保护政策的历史演进与结构特征——基于政策文本的量化分析》，《上海行政学院学报》2016 年第 4 期。

[5] Niklas Harring，"Reward or Punish? Understanding Preferences toward Economic or Regulatory Instruments in a Cross—National Perspective". *Political Studies*，2016，Vol.64（3），pp.573-592.

[6] Michael Howlett，"Beyond Good and Evil in Policy Implementation：Instrument Mixes，Implementation Styles，and Second Generation Theories of Policy Instrument Choice". *Policy and Society*，2004，23（2），pp.1-7.

(2007)① 指出混合型政策工具对于复杂的环境具有较高的适用性。李伟伟（2014）② 指出自愿型环境政策和经济型环境政策将会是中国环境政策发展的未来趋势。

基于第二种分类方式，李健等（2013）③ 对低碳政策、赵海滨（2016）④ 对清洁能源以及李晓玉等（2017）对环境治理政策统计分析发现：中国在环境政策工具的使用过程中，整体上以环境型政策为主，供给型政策的使用频率低于环境型政策，需求型政策应用量最少。黄萃等（2011）⑤ 对于风能政策研究中，却体现出供给型政策过溢、环境型与需求型政策均有缺失、不足的现象。

2. 环境政策工具的影响因素研究

环境政策工具的选择会受到多种因素的影响。美国学者保罗·R. 波特尼和罗伯特·N. 史蒂文斯（2004）⑥ 认为政策工具的选择主要受到环境政策目标、环境政策目标群体、政策执行机构、政策执行成本、环境问题等因素的影响。瑞典学者托马斯·思德纳（2004）⑦ 认为影响环境政策工具的因素主要包括：政策工具的效率、不确定性和信息不对称、均衡条件和市场条件、成本分配、政策工具选择的政治学和心理学

① Lori Snyder Bennear，Robert N. Stavins，"Second-best theory and the use of multiple policy instruments". *Environmental and Resource Economics*，2007，Vol.37（1），pp.111-129.

② 李伟伟：《中国环境政策的演变与政策工具分析》，《中国人口、资源与环境》2014 年第 24 卷第 2 期。

③ 李健、高杨、李祥飞：《政策工具视域下中国低碳政策分析框架研究》，《科技进步与对策》2013 年第 30 卷第 21 期。

④ 赵海滨：《政策工具视角下我国清洁能源发展政策分析》，《浙江社会科学》2016 年第 2 期。

⑤ 黄萃、苏竣、施丽萍、程啸天：《政策工具视角的中国风能政策文本量化研究》，《科学学研究》2011 年第 6 期。

⑥ [美] 保罗·R. 波特尼、罗伯特·N. 史蒂文斯：《环境保护的公共政策》，穆贤清、方志伟译，上海三联书店 2004 年版。

⑦ [瑞典] 托马斯·思德纳：《环境与自然资源管理的政策工具》，张蔚文、黄祖辉译，上海三联书店 2004 年版。

因素以及国际环境问题。中国学者在此基础上补充了不确定性（杨海生，2006）①、污染控制成本（张岩，2009）②、技术与制度相适应（宋英杰，2006）③、政治逻辑（邓集文，2012）④ 等影响因素。研究表明：不确定性对环境政策的时机选择有着重要的影响，进而影响到选择何种工具；污染控制的社会成本包含遵守成本、行政成本及污染损害成本三个部分，更加科学合理的决策标准应该考虑遵守成本、行政成本及污染损害成本总和最小化；政策工具的选择要与技术、制度因素的现状及其变化趋势相适应，根据实际情况，采取经济管制和社会管制相结合的政策；环境问题、环境治理、政策工具选择与政治之间存在关联。政策工具的选择意味着一些深层的政治选择。政治因素是影响政策工具选择的政策情境之一。（Louise，1998）⑤

3. 环境政策工具在应用中的失灵

每一种政策工具都有其利弊得失，既能发挥独特作用，也会产生失灵。如交易的不确定性、外部负效应、公地悲剧、公共产品供给不足、区域经济发展不平衡、对资源配置效率的抑制等。具体到环境政策工具的失灵主要表现为：其一，由于环境保护与经济发展间存在着"两难"悖论（李晓玉，2017）⑥，环境政策工具在应用过程中存在一些矛

---

① 杨海生等：《不确定条件下环境政策的时机选择》，《数量经济技术经济研究》2006 年第 1 期。

② 张岩：《关于环境政策工具选择的理论研究综述》，《中国商界》（下半月）2009 年第 4 期。

③ 宋英杰：《基于成本收益分析的环境规制工具选择》，《广东工业大学学报》（社会科学版）2006 年第 1 期。

④ 邓集文：《中国城市环境治理信息型政策工具选择的政治逻辑——政府环境治理能力向度的考察》，《中国行政管理》2012 年第 7 期。

⑤ M.Louise，B.Videc.："Introduction：Policy Instruments Choice and Evaluation，in Carrots，Sticks & Sermons"，*Policy Instruments & Their Evaluation*，New Brunswick，NJ：Transaction，1998，p.13.

⑥ 李晓玉、蔡宇庭：《政策工具视角下中国环境保护政策文本量化分析》，《湖北农业科学》2017 年第 12 期。

盾，具体表现为：较为明显的结构失衡（曾婧婧，2014）[①]、连续性不强甚至工具间存在冲突（黄萃，2011）[②]；其二，从政策主体的作用来看，政府、企业、公民间的关系并不平衡，公民对于环境政策的参与比重较小（杨志军，2017）[③]，政府的引导和协调作用尚未充分发挥（罗敏，2014）[④]，这也是导致社会型政策工具执行不力的原因之一；其三，环境政策体系的建设并不健全，基于经济型、自愿型的环境政策工具的运用平台和评价机制尚未完全建立，相关配套政策制定尚不完善，不能保障已有环境政策的有效执行。

4. 环境政策工具的效果研究

对于环境政策工具的评价原则和标准，学术界也有不同的表述。OECD（1996）[⑤] 主要遵循以下原则：有效性、可接受性、监督管理的可行性以及相应的管理费用、经济效率。R.Perman Roger（2002）[⑥] 认为环境政策工具评价的标准包括：成本有效性、可靠性、信息要求、可实施性、适应性、公平性等。谭彪（2002）[⑦] 认为：除了经济效率评价标准之外，还应考虑一下政策工具评价标准：资源环境保护的有效性、效率收益、能否产生持续的刺激作用、企业负担的可接受性、公平性、立法与行政体制的相容以及公众和环境保护团体的态度等。

对于环境政策工具效果的评价，学术界主要选用面板数据或个案

[①] 曾婧婧、胡锦绣：《政策工具视角下中国太阳能产业政策文本量化研究》，《科技管理研究》2014 年第 15 期。

[②] 黄萃、苏竣、施丽萍、程嘨天：《政策工具视角的中国风能政策文本量化研究》，《科学学研究》2011 年第 6 期。

[③] 杨志军、耿旭、王若雪：《环境治理政策的工具偏好与路径优化——基于 43 个政策文本的内容分析》，《东北大学学报》（社会科学版）2017 年第 3 期。

[④] 罗敏、朱雪忠：《基于政策工具的中国低碳政策文本量化研究》，《情报杂志》2014 年第 4 期。

[⑤] OECD：《环境管理中的经济手段》，中国环境科学出版社 1996 年版。

[⑥] ［英］R.Perman Roger：《自然资源与环境经济学》，中国经济出版社 2002 年版。

[⑦] 谭彪：《环境经济手段的局限：从各国实践的角度考察》，《世界环境》2002 年第 2 期。

分析的方法。郑石明与罗凯方（2017）[1] 对2005—2014年间29个省市的大气污染治理效率进行面板数据分析得出结论：中国管制型政策工具和市场型政策工具对大气污染治理均有成效，与治理效率呈正相关，自愿型政策工具则对大气污染治理效率暂无正向影响。曾冰等（2016）[2] 利用2001—2012年的省际面板数据加以研究发现：市场型环境政策工具对各类别污染都有显著的抑制作用，直接管制型环境政策工具对工业固体废弃物污染有抑制作用，非正式型环境政策工具只对工业废气污染有抑制作用。王红梅、王振杰（2016）[3] 针对北京地区 PM2.5 治理进行了个案研究，运用层次分析法对不同政策工具进行评价与检验，发现经济激励性环境政策工具效果最佳。邓集文（2015）[4] 发现中国城市环境治理信息型政策工具的总体效果欠佳、年度效果呈上升趋势。王红梅（2016）[5] 将贝叶斯模型平均方法引入环境规制政策工具的比较与选择中，发现命令—控制型工具和市场激励型工具仍然是当前中国治理环境污染最有效的政策工具，公众参与型工具和自愿行动型工具的有效性相对较差。

综上所述，就环境政策工具的分类而言，本研究沿用学术界比较主流的划分方式，采用三分法把环境政策概括为管制型、市场型、自愿型三类；基于环境政策工具的影响因素和政策工具选择而言，政策工具的选择并不是将定义好的问题和既定的工具相匹配，进而机械地执行政

---

① 郑石明、罗凯方：《大气污染治理效率与环境政策工具选择——基于 29 个省市的经验证据》，《中国软科学》2017 年第 9 期。

② 曾冰、郑建锋、邱志萍：《环境政策工具对改善环境质量的作用研究——基于 2001—2012 年中国省际面板数据的分析》，《上海经济研究》2016 年第 5 期。

③ 王红梅、王振杰：《环境治理政策工具比较和选择——以北京 PM2.5 治理为例》，《中国行政管理》2016 年第 8 期。

④ 邓集文：《中国城市环境治理信息型政策工具效果评估的实证研究》，《行政论坛》2015 年第 1 期。

⑤ 王红梅：《中国环境规制政策工具的比较与选择——基于贝叶斯模型平均（BMA）方法的实证研究》，《中国人口、资源与环境》2016 年第 9 期。

策的过程，而是遵循一定逻辑线路的行动过程。国内外在这方面的研究，大多集中在环境政策工具选择所应遵循的基本原则、环境政策工具效果评价的标准以及环境政策工具的优化组合方面，聚焦于区域大气污染治理实践，植根于协同发展理论，从强制性、协同性、整合型维度，对大气污染治理政策工具效果进行实证分析的研究还不多见；政策工具成本过高、利益相关者之间的非合作与冲突、意识形态束缚等均会造成政策工具的失灵，基于失灵的原因，应该积极探索矫正政策失灵的相关对策：寻求有利于降低交易成本的政策工具，强化政策工具的契约型，提升政策工具选择和运用的理性水平，改善政策工具实施的过程治理，推进合作共治。这方面的对策研究有待进一步深入；就环境政策工具效果的评价而言，已有研究更侧重于分别考察不同政策工具的作用，从区域协同与整合的视角研究政策工具效果的文献还较为匮乏。

随着京津冀区域在中国战略地位的日益凸显，协同治理的需求日益迫切。京津冀区域作为中国的政治文化中心，是中国实施大气污染跨域协同治理的重点区域和难点区域，其治理效果对全国具有重要的示范效应，大气质量也广泛影响着京津冀区域的公众利益及国际形象。基于此，本研究把京津冀区域作为研究对象，着力探讨京津冀区域大气污染治理中政策工具对大气质量的影响问题，力求为该区域大气污染治理中的政策工具选择优化提供参考。

（二）京津冀大气污染治理政策工具对大气质量影响的分析框架

依据赵新峰等（2016）[①]的研究，选择强制程度、协同程度和整合程度作为测量政策工具的核心变量。

强制程度：主要是判断政策工具在应对到区域大气污染时，其控制

---

① 赵新峰、袁宗威：《区域大气污染治理中的政策工具：我国的实践历程与优化选择》，《中国行政管理》2016 年第 8 期。

个体和组织行为的程度。依据强制程度标准将环境政策工具划分为三大类："管制型政策工具""市场型政策工具"和"自愿型政策工具"。具体而言，其一，区域大气污染治理的管制型政策工具是政府干预大气污染治理特征最为显著的政策工具，主要包括空气质量/排污标准、禁令/规定、排污许可证与配额、目标责任制、划分控制区域以及中国特有的"三同时制度"（即建设项目中环境保护设施必须与主体工程同步设计、同时施工、同时投产使用）；其二，区域大气污染治理的市场型政策工具可细分为"利用市场"和"创建市场"两个子类："利用市场"是基于"庇古税"的逻辑定义，主要包括排污收费、环境税、补贴、押金—退款制度和环境责任保险等工具；"创建市场"则是基于"科斯定理"的逻辑加以定义的，主要包括可交易排污权和区域生态补偿等工具；其三，区域大气污染治理的自愿型政策工具则是非政府主体参与区域环境治理思潮下的产物，包含信息公开、自愿协议、公众参与和环境教育等政策工具。

协同程度：主要是判断政府组织在应对区域大气污染时，其使用的政策工具间的相互关系。这种相互关系包括：中央政府与区域内地方政府间政策工具的纵向关系；区域地方政府间政策工具的横向关系。从区域整体出发，通过纵向上中央和地方政府间政策工具的互动与横向上地方间政策工具的协调整合，实现区域大气污染治理成本的最小化。一方面，纵向上的中央政府与区域内地方政府间大气治理政策工具的互动，既包括依据相应的法律规范，中央政府对区域内地方政府在工具选择上的支持、指导和控制，也包括地方政府对中央政府在工具选择上的显性或隐性影响；另一方面，横向上的区域地方政府间大气污染治理政策工具的互动、协调，即依据一定的区域行政协议，借助相关区域协调平台，在参与主体共同协商、一致同意的基础上实现政策工具的优化选择。现实中，区域政府间大气污染治理政策工具的协同程度因时因地不同而包含冲突、互动、合作、协调等多层含义。

整合程度：主要是衡量或判断在区域大气污染治理中，政策工具系统聚合的广度与深度。区别于传统官僚制中的权威性整合和新公共管理中的竞争性整合，区域大气污染治理政策工具中的整合是基于区域整体理性的"协调性整合"，是对"强制程度"和"协同程度"进一步的聚合提升。整合的主要内容包括组织架构、信息系统和资金管理三个方面。整体性治理理念下的行动在中国一些区域开始逐步向纵深发展。如京津冀、长三角等重点区域构建了区域大气污染防治协作机制，并成立了领导小组。重点区域逐步建立起了统一的区域空气质量监测体系和重点污染源在线监测网络，并积极推进信息的联网与共享。资金筹集的渠道也逐步向着多元化方向发展。

大气质量：代表大气受污染的程度，即自然界空气中所含污染物质的多少。大气的组成成分，在未受人为影响的情况下，在水平方向上的空间中几乎没有差异，大气质量的优劣主要取决于受人类污染的程度。

本研究的分析框架为：基于管制型、市场型、自愿型政策工具类型检验政策工具的强制程度对大气治理的影响；运用纵向工具互动和横向工具协调检验政策工具的协同程度对大气治理的影响；运用组织架构、信息系统、资金管理三个指标验证政策工具的整合程度对大气质量的影响。如图 1 所示。

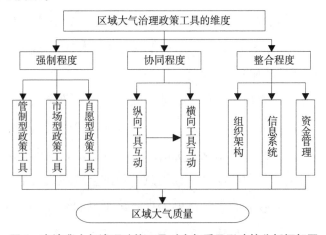

图1　京津冀大气治理政策工具对大气质量影响的分析框架图

（三）政策工具对大气质量影响的研究假设

研究假设 1：政策工具的使用会显著提高大气质量。

大气质量的改善是大气治理政策工具的政策目标，是评价大气治理政策工具效果的最终检验标准。

研究假设 2：强制程度越高，政策工具越能显著提高大气质量。

在中国，针对二氧化硫和酸雨等污染严重、危害较大的主要大气污染物的控制，高强制性的政策工具因易于操作、效果明显而被更多地选择使用。具体表现为：在国家出台的《火电厂大气污染物排放标准》（GB13223—1996）总量控制框架下，京津冀地区的大气污染治理政策出现了大量的管制型政策工具，如"严格落实优质燃煤供应标准"，"提高机动车和非道路移动机械排放标准"，"健全排污许可制度"，"开展劣质燃煤治理专项行动"等。然而，市场型政策工具和自愿型政策工具只是初现端倪。基于对京津冀地区政府对不同强制性程度政策工具选择的实践，本研究假设被更多选择的强制性程度高的管制型政策工具比市场型政策工具和自愿型政策工具对大气质量的改善效果更为明显。

研究假设 3：协同程度越高，政策工具越能显著提高大气质量。

区域政府间政策工具的纵向关系方面：在纵向的威权管理体制下，形成了"自上而下"的政策工具选择使用格局，而在京津冀大气污染治理政策工具的选择方面，新的法律则要求中央政府应当与区域地方政府进行会商，听取地方意见，中央政府与省级地方政府在政策工具使用方面的良性互动会改善政策工具的使用效果。此外，不同层级地方政府之间的良性互动，可以保证政策执行链条的完整与有效。所以，政策工具的纵向协同程度可以促进大气质量的切实改善；区域政府间政策工具的横向关系方面：京津冀联合发文，体现了重大空气质量保障活动以及区域大气污染综合治理中，京津冀区域地方政府间通过组织协调，进行政策工具的设计选择，在大气污染治理中起着积极的引领示范作用，京津冀联合发文的横向协同程度的提高有助于大气质量改善。此外，地方政府各部门联合发文与同级地方政府联合发文是政策执行联动配合的机制保障。所以，本研究假设政策工具的横向协同程度可以促进大气质量的切实改善。

研究假设4：整合程度越高，政策工具越能显著提高大气质量。

政策工具的整合程度强调的是政策工具的集中和统一。为避免单一工具或单一类型工具的片面性，以及单个行政区政策工具的封闭性，避免碎片化和"孤岛效应"，基于区域整体理性的"协调性整合"是改善治理效果的根本之策。在组织架构方面，京津冀区域通过构建区域大气污染防治协作机制，成立领导小组，召开联席会议，为统筹协调选择区域大气治理政策工具提供了坚实的组织基础。信息系统方面，京津冀区域逐步建立起了统一的区域空气质量监测体系和重点污染源在线监测网络，并积极推进信息的联网与共享。同时，区域大气污染防治政策工具发挥作用的物质基础——资金工具，在筹集渠道上向着多元化方向发展。所以，本研究假设政策工具的整合程度可以促进大气质量的切实改善。

三、方法和数据

（一）研究方法

基于政策文本数据对京津冀大气污染治理政策工具的强制程度、协同程度和整合程度进行内容分析，并运用多元线性回归分析的方法考察京津冀大气污染治理政策工具对大气质量的影响。

（二）数据来源

借助《北京大学法宝数据库》，以"大气"与"空气"为关键词搜索河北、天津、河北与京津冀地区2004年至2015年时间范围的大气污染治理政策文件，共计获得京津冀大气治理政策文本274件。其中，北京 155 件，天津 33 件，河北 86 件，京津冀区域 1 件。

依据数据的可获得性和连续性，本研究选择空气质量达到二级以上的天数（天）、可吸入颗粒物（PM10）平均浓度（微克／立方米）和二氧化硫（SO_2）平均浓度（微克／立方米）这三个指标来测量大气质量。数据来源于《中国环境统计年鉴》中 2004 年至 2015 年的统计数据。

（三）变量测量

关于政策工具的"强制程度"和"整合程度"这两个指标，采用基于政策文本内容分析的方法。借助 Nvivo 质性分析软件进行内容分析，使用"查询—文本搜索"方法进行 Nvivo 编码，搜索选定的项为某一个年份某一个地区的政策文件。搜索关键词与编码范例如表 1 所示：

表 1　政策工具内容分析编码范例表

指标	关键词	参考点
管制型政策工具	空气质量／排污标准	空气质量标准：依据国家《环境空气质量标准》，环保局、气象局等部门建立健全联合会商预报机制，开展空气质量监测和评价。 排污标准：2015 年煤炭供应采用符合北京市强制性地方标准《低硫煤及制品》（DB11/097—2014）的煤炭及制品。供应企业要严格落实优质燃煤供应标准，在供应到镇（街道）之前进行检测把关，确保质量合格。提高机动车和非道路移动机械排放标准。
	禁令／规定	建筑垃圾和渣土运输车、混凝土罐车、砂石运输车等重型车辆禁止上路行驶。禁止燃放烟花爆竹和露天烧烤。
	排污许可证与配额	建立排污许可证管理制度，在重点行业、重点企业先行开展试点，逐步扩大实施范围。
	督查问责	环保局、政府督查室、监察局等部门严格督查、严格考核、严格问责。
	划分控制区域	按照"区域联防、部门联动、重拳出击、统一行动"的要求开展劣质燃煤治理专项行动，遏制和打击非法生产、运输、销售和使用劣质燃煤行为。
	三同时制度	积极推进集中供热中心建设，加强建设过程中"三同时"制度落实的监督。

指标	关键词	参考点
市场型政策工具	排污收费	建立污染物排污收费标准动态调整机制，保证排污成本不低于治污成本，引导排污单位主动加大污染治理力度。开征施工工地扬尘排污费，研究征收挥发性有机物排污费。
	环境税	完善环境经济政策，充分发挥市场机制调节作用，完善资源环境税收价格体系，拓宽投融资渠道。
	补贴或补助	各镇（街道）自定 3—5 个燃煤存储点，以租为主，租赁费用由区财政按照每销售 1 吨燃煤补贴 2 元予以补助；有条件的镇（街道）可建立燃煤存储库，对于已建成的存储库，建筑面积不超过 700 平方米、投资不超过 90 万元且设施设备正常运行的，按照审计结果予以全额补助。
	环境责任保险	各级气象台站主动为保险机构办理受灾人员和财产的保险理赔事项提供准确的灾情信息证明。
	可交易排污权	探索推进开展排污权交易试点。
	区域生态补偿	完成 205 个河道排污口治理工程，加快潮白河、苏庄桥等 7 个涉及生态补偿的相关河道环境治理工作，提高水体自净能力。
自愿型政策工具	信息公开	强化政府信息公开，大气污染治理办公室及时公布空气重污染预警级别及相应的应急措施。
	自愿协议	各级气象部门与广播电视台、报纸、通信运营企业、门户网站管理单位、政府各有关部门建立快捷畅通的预警信息发布机制，并签订重大气象灾害预警信息发布合作协议。
	公众参与	通过拓宽信息公开平台，畅通投诉渠道，鼓励公众积极举报环境违法行为，邀请公众参与执法检查，保障公众的环境知情权、表达权、监督权和参与权。
	宣传教育	各有关部门、各镇（街道）充分利用电视、广播、报刊、显示屏等宣传媒介，做好农村地区"减煤换煤"宣传发动工作，引导广大农村群众理解支持"减煤换煤"工作，自觉抵制劣质燃煤，自觉监督举报生产、销售、使用劣质燃煤的行为。
整合程度	保障体系	政府将大气污染综合整治重点项目完成情况纳入各县（市、区）经济社会发展综合评价体系，作为领导干部综合考核评价和企业负责人业绩考核的重要内容，严格考核，落实奖惩。加大行政处罚力度，利用公布违法行为、纳入企业信用信息系统等手段，在项目建设、银行贷款、上市融资、项目招投标等多方面对违法企业加以限制。

续表

指标	关键词	参考点
	信息系统	信息系统的运行不仅能为区域工具协调选择提供统一的治污数据信息，节省每个主体自己收集整合信息的成本，而且也可为大气环境监管提供信息技术上的帮助。各治理主体可依托区域大气污染治理信息系统，平等、真诚地进行沟通、协调，减少机会主义，降低政策工具协调选择的成本，提高区域大气污染治理工具协调选择的效率。
	资金管理	区域大气污染防治专项基金在聚合中央和区域内地方的环保专项资金方面"杠杆"作用的发挥；在撬动民间资本和社会资本，为区域大气污染防治提供多元化资金来源渠道方面的作用；在解决区域内大气污染治理工具分散失调，实现区域政策工具高效整合方面的作用。

关于政策工具的"协同程度"指标，本研究采用基于政策文本内容分析的方法。对政策文本中的政策制定主体进行统计分析，如果该政策由不同层级政府联合发文，则认为该政策存在纵向协同；如果该政策由同级多个部门联合发文，则认为该政策存在横向协同。

政策工具强制程度赋值方式为：按照强制程度的强弱顺序，区域大气污染治理政策工具可划分为"管制型政策工具""市场型政策工具"和"自愿型政策工具"三大类；考虑政策有效期，如果出现该类型政策工具关键词 n 次，则参考点赋值加 n，为政策有效期内的历年累加值。

政策工具协同程度赋值方式为：考虑政策有效期，如果当年纵向协同发文情况出现，则该年政策工具纵向协调程度赋值加 1，为政策有效期内的历年累加值；考虑政策有效期，如果当年纵向协同发文情况出现，则该年政策工具横向协调程度赋值加 1，为政策有效期内的历年累加值。

政策工具整合程度赋值方式为：考虑政策有效期，如果出现"体系""信息系统"或"资金管理"等政策工具关键词 n 次，则参考点赋值加 n，为政策有效期内的历年累加值。

四、京津冀大气污染治理政策工具效果的实证分析

（一）京津冀大气质量统计结果描述

2004 年至 2015 年，北京市、天津市和河北省的大气质量观测值共计 36 个。空气质量达到二级以上的天数、可吸入颗粒物（PM10）平均浓度和二氧化硫（SO_2）平均浓度如表 2 所示：

表 2　京津冀空气质量达到二级以上的天数表

年份	北京			天津			河北		
	二级以上	PM10	SO_2	二级以上	PM10	SO_2	二级以上	PM10	SO_2
2004	229	149	55	299	111	73	279	123	87
2005	234	141	50	298	106	76	283	132	54
2006	241	162	52	305	114	67	287	142	44
2007	246	148	47	320	94	62	289	128	43
2008	274	123	36	322	88	61	301	116	46
2009	285	121	34	307	101	56	318	104	45
2010	286	121	32	308	96	54	319	98	54
2011	286	113	28	320	93	42	320	99	52
2012	281	110	30	305	100	50	322	100	60
2013	167	108	26	145	150	59	49	305	105
2014	168	116	22	175	133	49	97	206	62
2015	186	102	14	216	117	29	180	147	47

由表 2 可知，从 2004 年到 2015 年间，京津冀空气质量达到二级以上天数平均为 256.86 天，最小值为 49 天，最大值为 322 天，标准差为

69.26；可吸入颗粒物平均浓度的平均值为 125.47 微克 / 立方米，最小值为 88 微克 / 立方米，最大值为 305 微克 / 立方米，标准差为 38.98；二氧化硫平均浓度为 50.08 微克 / 立方米，最小值为 14 微克 / 立方米，最大值为 105 微克 / 立方米，标准差为 18.17。

从 2004 年到 2012 年，京津冀区域整体上空气质量达到二级以上天数变化趋势基本一致，呈上升和改善趋势，空气质量在逐步好转，这期间天津、河北空气质量达到二级以上天数明显高于北京，其中河北省年平均二级以上天数比北京多 39.6 天，最多的年份高出北京 50 天。2012 年，河北省空气质量达到二级以上天数最多，总共 322 天，天津为 305 天，北京只有 281 天。2013 年开始，京津冀区域大气质量明显恶化，河北省恶化情况最为严重。2013 年北京市空气质量达到二级以上天数为 167 天，比 2011 年 286 天少了 119 天，2013 年天津市空气质量达到二级以上天数为 145 天，比 2008 年的 322 天少了 177 天，2013 年河北省空气质量达到二级以上天数为 49 天，比 2012 年的 322 天少了 273 天。2014 年京津冀区域空气质量较 2013 年有所好转。2015 年，北京市空气质量达到二级以上的天数为 186 天，天津市空气质量达到二级以上天数为 216 天，河北省空气质量达到二级以上天数为 180 天。从数据来看京津冀空气质量有所改善，但远未恢复到 2012 年前的空气质量水平。

2004 年到 2012 年期间，北京的可吸入颗粒物（PM10）平均浓度最高，天津平均浓度最低，河北居中，天津和河北的可吸入颗粒物（PM10）平均浓度变化趋势基本一致。2009 年到 2012 年期间，河北省和天津市的平均浓度基本上持平。这期间，京津冀三地可吸入颗粒物（PM10）平均浓度呈下降趋势，其中北京的浓度由 2004 年的 149 下降到 110，天津由 111 下降到 100，河北从 123 下降到 100。京津冀区域整体可吸入颗粒物（PM10）平均浓度保持平稳，略有改善。从 2013 年起，河北 PM10 的浓度陡增到 305，天津为 150，北京稳定在 108。河北省的空气质量明显恶化。天津除 2013 年平均浓度略高外，基本延续了 2012 年前的空气质量水平。北京这期间 PM10 的平均浓度不但没有上升，反而有所下降，由 2006 年的 162 下降到 2015 年的 102；2014 年起，京津冀可吸入颗粒物（PM10）浓度呈现下降趋势，空气质量较 2013 年均有一定程度的改善。到 2015 年，北京市 PM10 的平均浓度达到了历史上最低的 102，但河北和天津均未恢复到 2004—2012 年间的空气质量水平。

2004 年到 2015 年期间，北京市二氧化硫平均浓度除了 2006、2007 年高于河北之外，其余年份二氧化硫平均浓度在京津冀区域保持最低。从 2005 年到 2010 年，天津的二氧化硫平均浓度最高，河北居中，北京最低。从 2011 年到 2015 年，河北省二氧化硫平均浓度最高，天津次之，北京保持最低。通过 2004 年到 2011 年数据比较分析来看，京津冀三地的二氧化硫平均浓度变化趋势基本一致，保持平稳，略有下降，稍有改善。从 2012 年开始，京津冀三地平均浓度有不同程度的上升，河北省平均浓度上升幅度最大，在 2013 年达到历年最高值 105，相比较这一时间节点河北省空气质量的严重恶化，北京市则呈现较明显的改善，至 2015 年达到历史空气质量的最优值，二氧化硫平均浓度下降到 14。从 2004 年至 2015 年整体数据来看，北京市的二氧化硫平均浓度变化趋势一直保持持续下降的态势。

（二）京津冀大气污染治理政策工具的强制程度、协同程度和整合程度描述

2004 年至 2015 年，北京、天津和河北政策工具观测值共计 36 个，政策工具的强制程度、协同程度和整合程度参考点基本统计值如下表 3 所示。值得一提的是，强制程度方面，北京和河北大气污染治理政策工具使用数量在 2013 年达到最大值，分别为 672 个和 447 个，天津大气污染治理政策工具使用数量在 2015 年达到最大值 99 个；由管制型政策

工具、市场型政策工具和自愿型政策工具分别对应的平均值、观测值可知，北京、天津和河北都重视管制型政策工具使用，其比重明显高于另外两种政策工具，所占比例超过半数。协同程度方面，北京、天津、河北纵向整合程度一致，即2008年环境保护部、北京市人民政府、天津市人民政府、河北省人民政府联合发布《关于发布北京奥运会残奥会期间极端不利气象条件下空气污染控制应急措施的公告》；北京和河北大气污染治理政策工具的横向整合程度最大值均达到4个，明显高于天津最大值1个。整合程度方面，天津大气污染治理政策工具整合程度最大值达到426个，高于河北（政策工具的整合程度最大值190个）和天津（政策工具的整合程度最大值32个）。

表3 京津冀大气污染治理政策工具强制程度、协同程度和整合程度基本统计值

指标	观测值	平均值	标准差	最小值	最大值
管制型政策工具	36	393.5	484.8	13	1949
市场型政策工具	36	29.4	41.5	0	153
自愿型政策工具	36	73.8	115.9	0	511
政策工具纵向协调程度	36	0.7	0.8	0	1
政策工具横向协调程度	36	0.6	1.2	0	4
政策工具整合程度	36	66.2	107.4	0	426

（三）京津冀大气污染治理政策工具对大气质量影响的回归分析

回归模型旨在研究政策工具的强制程度、协同程度和整合程度对大气质量的影响。运用多元线性回归模型进行回归分析，回归分析结果如表4所示。其中，三个模型分别表示对空气质量达到二级以上天数（模型1）、可吸入颗粒物（PM10）平均浓度（模型2）和二氧化硫（SO_2）平均浓度（模型3）的影响。

表4　京津冀大气污染治理政策工具对大气质量影响的回归分析结果（N=36）

	模型（1）	模型（2）	模型（3）
	空气质量达到二级以上天数模型	PM10 模型	SO_2 模型
管制型政策工具	−0.008 （−0.050）	0.108 （0.940）	−0.093* （−2.060）
市场型政策工具	−0.520 （−0.520）	0.972 （1.490）	0.822** （3.220）
自愿型政策工具	0.092 （0.130）	0.102 （0.220）	0.148 （0.820）
政策工具纵向协同程度	11.540 （0.45）	−28.140 （−1.69）	−5.290 （−0.81）
政策工具横向协同程度	−35.430* （−2.270）	12.200 （1.210）	−1.506 （−0.380）
政策工具整合程度	0.0794 （0.120）	−0.980* （−2.250）	−0.109 （−0.640）
截距项	276.400*** （15.900）	123.300*** （10.980）	63.100*** （14.360）
调节后 R^2	0.373	0.174	0.418

注：*p＜0.05，**p＜0.01，***p＜0.001。

政策工具的强制程度方面，其一，管制型政策工具对二氧化硫（SO_2）平均浓度有显著负向影响，即随着管制型政策工具的强化，二氧化硫（SO_2）平均浓度会显著降低。这个结果验证了强制程度高的管制型政策工具对大气质量的改善效果显著的研究假设。其二，市场型政策工具对二氧化硫（SO_2）平均浓度有显著正向影响，即随着市场型政策工具的增加，二氧化硫（SO_2）平均浓度会显著增加。这个结果与政策工具的使用会促进大气质量改善的研究假设不相符。这可能是因为2004年至2015年京津冀政府在市场型政策工具的使用方面并不完善，虽然排污收费、补贴或补助、可交易排污权等体现市场逻辑的政策工具开始出现在京津冀地方政府的政策文件中，但这些市场型政策工具的指导原则性较强，可操作性较差。所颁发的文件初衷很好，但多数流于形式，执行过程更是各行其是，地方利益至上，碎片化治理特征明显，区域内公地悲剧现象严重。大气质量的改善主要是基于重大活动期间的运动式治理。其三，自愿型政策工具对空气质量达到二级以上的天数、可吸入颗粒物（PM10）平均浓度和二氧化硫（SO$_2$）平均浓度都没有显著影响。这个结果与政策工具的使用会促进大气质量改善的研究假设不相符。究其原因，主要是因为 2004 年至 2015 年京津冀政府在自愿型政策工具的使用方面并不完善，由于受信息技术和公民社会发展程度的制约，京津冀地区的自愿型政策工具更多体现为污染和治理信息被有条件地监测、收集和公开，以及组织或个体针对大气污染的信访活动，在这种情况下，自愿型政策工具的效用难以得到有效的发挥。

政策工具的协同程度方面。其一，政策工具纵向协同程度对大气质量的三个测量指标均没有显著影响。这个结果与协同程度越高的政策工具越显著提高大气质量的研究假设不相符。原因主要在于 2004 年至 2015 年，京津冀政府在纵向联合发文方面并不完善，从政策数量上来看，12 年来京津冀区域纵向联合发文只有一次，政策效果不明显。其二，政策工具横向协同程度对空气质量达到二级以上天数有显著负向影响，即随着政策工具横向协同程度的增加，空气质量达到二级以上的天数会显著减少。这个结果与协同程度越高的政策工具越显著提高大气质量的研究假设不相符。究其原因，在于 2004 年至 2015 年京津冀政府在横向联合发文方面的机制并不完善。从政策数量来看，12 年来京津冀横向联合发文只有四次，且发文动机和内容主要是基于国家层面重大活动期间的联合行动。从联合发文的部门来看，参与联合发文政府部门或特定层级政府的责任划分模糊，条块分割严重，部门利益至上，一体化行动方略难以得到落实。

政策工具的整合程度方面。政策工具整合程度对可吸入颗粒物（PM10）平均浓度有显著负向影响，即随着政策工具横向协调性的增加，可吸入颗粒物（PM10）平均浓度会显著减少。这个结论验证了整合程度高的管制型政策工具对大气质量的改善效果显著的研究假设。

五、研究结论与政策建议

（一）研究结论

京津冀区域在中国发展中的战略地位愈加重要，针对日趋严重的大气污染问题采取政府联合行动是必要的。政策工具的适当使用与有效协同是新型大气污染治理中区域政府需要着重解决的问题。本研究选取政策工具的强制程度、协同程度与整合程度为测量指标，分析京津冀区域大气污染治理政策工具对大气质量的影响，统计分析发现，其一，2004年至2015年，从空气质量达到二级以上的天数来看，历年北京的大气质量最差，天津次之，河北最好；从可吸入颗粒物（PM10）平均浓度和二氧化硫（SO_2）平均浓度来看，历年北京的大气质量好于天津、河北最差；与可吸入颗粒物（PM10）平均浓度和二氧化硫（SO_2）平均浓度指标反应的京津冀大气质量相一致的是，北京大气治理政策工具的参考点数明显高于其他两地区，而河北大气治理政策工具的参考点数多于天津。其二，大气质量的三个测量指标共同反映了2013年大气质量的显著恶化及其后的恢复改善趋势。与2013年大气质量恶化继而改善趋势相一致的是，北京、天津和河北大气污染治理的政策工具使用数量在2013年均出现剧增，而后出现下降趋势。其三，北京、天津和河北都重视管制型政策工具的使用，其参考点数量明显高于市场型和自愿型政策工具类型。

回归分析发现：政策工具的强制程度方面，管制型政策工具显著降低二氧化硫（SO_2）平均浓度，验证了强制程度高的管制型政策工具对大气质量的改善效果显著的研究假设；然而，自愿型政策工具对大气质量没有显著影响，甚至市场型政策工具显著增加二氧化硫（SO_2）平均浓度，这个结果与政策工具的使用会显著改善大气质量的研究假设不符。分析原因，主要是因为管制型政策工具在市场发展不够成熟、公民社会发育不够充分的中国被过度依赖，不仅容易形成工具选择上的"路径依赖"，而且直接影响新的政策工具的选择运用。此外，当前中国企业、社会和公众参与治理的程度不高，多种政策工具的协同作用没能充分发挥，自愿型政策工具和市场型政策工具的使用机制还非常不完善。表现在企业自主改善行为动力不足，信息压力和舆论压力的效果还未显现，区域内价格形成机制不健全，长效资金投入机制尚未建立，监督机制也不到位。

政策工具的协同程度方面。政策工具纵向协同程度对空气质量达到二级以上天数没有显著影响，甚至政策工具横向协同程度对空气质量达到二级以上天数有显著负向影响，这个结果与协同程度越高的政策工具越显著提高大气质量的研究假设不相符。究其原因主要在于从政策数量上来看，12 年来京津冀纵向和横向联合发文数量非常有限，从联合发文部门来看，参与联合发文的政府部门或特定层级政府责任划分不清晰，横向和纵向的协同程度偏低，效果不佳。

政策工具的整合程度方面。政策工具整合程度对可吸入颗粒物（PM10）平均浓度有显著负向影响，验证了整合程度高的管制型政策工具对大气质量的改善效果显著的研究假设。

（二）政策建议

政策工具的选择是一个复杂的过程，中国现有的区域发展政策在指导区域整体发展、核定各地功能定位、协调区域政府间关系等方面发挥了重要作用，但在解决和协调区域中诸多微观具体的经济、社会、生态问题时较为乏力，凸显了区域政策工具的简单化和低效化。为改观这一状况，应该在充分借鉴发达国家区域政策工具架构经验的基础上，结合中国区域发展现状，促进政策工具向精细化迈进。

第一，要重视协同设计。发挥管制型、市场型、自愿型以及混合型政策工具的整体功能和协同效应。政策工具的设计过程中，要努力追求区域治理要素系统中治理理念、治理主体、治理结构、治理内容、治理绩效的耦合匹配与协同增效。首先，要优化管制型的政策工具，继续发挥其强制功能和规制优势，选择运用更加严格的控制标准与规定，并逐步提高政策工具在应对新情况、新挑战时的执行效率，重点关注无组织排放特点的污染物。其次，发挥市场型政策工具的积极作用。一方面，进一步完善"利用市场"型工具。扩大排污收费工具的应用范围，实行差别化排污收费制度；推进税收工具与我国税制的整体改革相衔接，将部分"高污染、高耗能"行业产品纳入消费税征收范围，以不增加企业的负担；丰富补贴的应用形式，并注意预防补贴过量使用带来的污染产业过量生产，以及对区域公平性扭曲的危险；另一方面，推进"创建市场"型工具的适当应用。当前，中国的法律制度和市场机制不甚完善，不具备排污权交易工具全面铺开的条件。而基于"节能减排得收益、获补偿"原则的区域生态补偿工具的应用，可通过纵向和横向上的财政转移支付来实现。再次，创新和细化自愿型政策工具。这一功能的有效发挥，需要考虑如何与其他工具协同生效，需要针对自愿型政策工具作用范围有限、主体作用发挥不到位、运转体系不健全等问题，有针对性地对工具加以细化完善。应该着力推进节能减排自愿协议在区域政府间和区域内企业及社会组织等主体两个层面的达成，推进政府节能减排信息的公开，培育和扶持第三方认证评估机构，让企业和社会组织主动为政府分担更多的社会责任，从自我约束、监督评估、智库支持等多个方面提升企业、公民和社会组织的参与度。

第二，组建区域大气污染治理政策工具的协调机构。在区域大气污染治理实践中，由于政策权威存在纵向上"自上而下"的压力性和横向上的分散性，区域性政策工具和新政策工具难以在区域或地方层面被优化选择。因而，为有效整合这些碎片化的政策工具选择权威，提高大气污染治理政策工具纵向协同和横向协同有效性，组建区域大气污染治理政策工具的协调机构是可行之举。在这一区域协调机构中，政府组织处于主导地位，中央政府扮演指导和监督角色，各地方政府主动参与工具的优化选择，同时积极引入社会和公众力量。协调机构不仅可以创设搭建区域性大气污染治理工具共同选择的平台，促进工具的高效执行，而且也是当前"政府组织工具"的一次整体重构。

第三，正确处理新政策工具应用与传统治理模式的关系。长期以来，中国区域大气污染治理大多沿用管制型的政策工具，近年来，采用新政策工具的呼声不绝于耳。诚然，新政策工具在欧美发达国家得到了广泛应用，但就具体应用情况而言，管制型政策工具依然占据主导地位。保罗·R. 伯特尼（2004）[1] 认为："尽管美国的政治家近年来对经济激励政策工具兴趣日增，同时也取得了一些进展，但市场导向的政策工具仍未成为美国政策的主体，大部分还处于管制政策的边缘。"可见，尽管美国市场体系健全完善，但市场激励型政策工具和自愿型政策工具应用情况并不理想，每种政策工具独立发挥作用的空间较小，从治理实践来看，效果也并不明显。因而，在中国区域大气污染治理过程中，不能简单采取非理性的手段，用新政策工具替代管制型政策工具。区域内政策工具的选择并不是管控型政策工具与新政策工具之间非此即彼的关系，良好治理绩效的达成需要政策工具的综合运用，需要政策工具发挥协同效应。因此，区域治理政策工具的路径选择应秉承"渐进调适"的原则，坚持走政策组合、协同发展的道路，积极探索使用和发展新型政策工具，注重政策工具之间的协同效应，逐步建构起与新制度环境相匹配的新型政策工具治理体系。

（原文载于《复旦大学公共行政评论》2019 年第 2 期）

---

[1] ［美］保罗·R. 波特尼、罗伯特·N. 史蒂文斯：《环境保护的公共政策》，穆贤清、方志伟译，上海三联书店 2004 年版。

京津冀区域大气污染治理中的
信息沟通机制研究

——开放系统理论的视角*

一、问题的提出

京津冀区域是我国大气污染最为严重的地区，根据环境保护部发布的统计数据，全国主要城市空气质量最差排名前 10 位中，2014 年京津冀区域占 8 个，2015 年京津冀区域占 7 个；2015 年京津冀区域 13 个主要城市空气质量平均达标天数比例仅为 52.4%。面对京津冀区域大气污染的严峻形势，多元主体的协同共治是解决问题的根本出路，而多元主体协同共治局面的形成需要通过主体间有效的信息沟通来实现。有效的信息沟通有助于区域政府间大气治理行动的协调推进，形成全方位、多层次、宽领域的联动机制，有助于提高公众参与大气治理的积极性，形成社会共治的良好局面。然而，当前在区域大气治理领域中仍普遍存在着信息沟通低效的现象，如何完善区域大气污染治理中的信息沟通机制，是我们必须面对和解决的重要问题。

＊ 本文作者赵新峰、王小超。

二、研究框架设计

开放系统理论是在一般系统理论的基础上提出的一种管理理论。开放系统理论认为，组织和其他有机体一样，不是绝对封闭的，而是具有相对开放性，既独立于外部环境，又与外部环境进行着物质、能量与信息的交换。因此，组织管理一方面要重视组织系统内部各部分的关系，另一方面也要重视组织系统与外部环境的关系。在京津冀大气污染治理的实践层面，加强区域政府间的合作，推进政府与公民个人、企业、非营利组织等主体的协同合作是区域大气治理的必然选择。在京津冀区域大气污染治理的开放系统中，应首先做好区域间政府内部的信息沟通，其次要处理好政府与公众的外部信息沟通。本研究从两个方向提出完善京津冀大气治理中的信息沟通机制的路径（见图1）。在京津冀区域政府间，依据制度—体制—机制的分析框架，从制度规范、沟通体制、保障机制等三个层面分析政府间信息沟通中存在的障碍因素，并提出相应的对策建议；在政府与公众的沟通方面，依据信息沟通的主体、

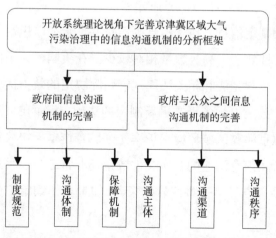

图1　开放系统理论视角下完善京津冀区域大气污染治理中的信息沟通机制的分析框架

渠道和秩序等要素，从提高信息沟通主体的沟通能力、畅通信息沟通的渠道，营造良好的信息沟通秩序等三个方面分析其中存在的障碍因素，并提出了相应的应对措施。

三、京津冀区域大气污染治理信息沟通的阻碍因素分析

（一）区域政府间信息沟通的障碍因素

1. 信息沟通制度规范上的障碍

首先，法律层面规定的政府间信息共享的范围有限。在《大气污染防治法》（2015）和《环境保护法》（2015）这两部与大气污染治理联系最为紧密的法律中，对政府间信息沟通的内容涉及较少。《大气污染防治法》提出："国务院环境保护主管部门应当组织建立国家大气污染源监测等相关信息共享机制。"《环境保护法》提出："国务院环境保护主管部门制定监测规范，会同有关部门组织监测网络，统一规划国家环境质量监测站（点）的设置，建立监测数据共享机制，加强对环境监测的管理。"两部法律只提到要加强区域政府间大气监测信息的共享，而对政府间政策制定信息、执法信息等信息共享未加以规定。其次，政府间相关合作文件效力不高且数量相对较少。在美国，为了保证州级契约的法律效力，美国宪法和相关法律规定州际协定的效力优先于成员之前颁布的法规，甚至也优先于之后新制定的法规。[①] 而在京津冀合作过程中，类似于《京津冀区域环境保护率先突破合作框架协议》（2015），涉及京津冀政府间信息沟通的合作文件数量还非常之少，且效力不高，对合作文件的签订方只是一种"软约束"，如果合作约定不被遵守，也很

---

① 何渊：《州际协定——美国的区域法治协调机制》，《东方法眼》2006 年第 5 期。

难追究其责任。再次，京津冀尚未制定大气治理信息沟通的专门性合作文件。专项合作文件的缺失不利于从整体上推进政府间信息沟通，容易产生信息沟通的"碎片化"效应，造成沟通盲区和重复沟通。

2. 信息沟通体制上的障碍

首先，京津冀以纵向信息沟通为主的组织体制不利于横向信息沟通。政府组织的信息沟通体制可分为纵向信息沟通体制、横向信息沟通体制和网络型信息沟通体制。依托于已有行政体制，京津冀大气污染治理信息在区域政府组织内部以纵向沟通为主，大量信息被局限于各级政府内部各部门中。在需要加强横向协作的治理目标中，区域政府间信息沟通成本相对较高，且信息沟通效果较差。以京津冀及周边地区大气污染防治协作小组为例，该协作小组虽然在原有信息沟通体制的基础上搭建了横向信息沟通的平台，但其不是京津冀内部信息沟通流程的必经环节，而且协作小组是非常设机构，每年只召开数次会议，信息沟通的范围和时效有限。其次，已有的电子政务信息系统建构体制不利于区域政府间横向的信息沟通，尚缺乏京津冀环境信息共享的电子政务平台。京津冀三地政府原有的电子政务信息系统是与纵向信息沟通体制相契合的，独立建设，自成一体，各自的网络架构与内容也不相同。所以，通过政府间电子政务信息系统的融合来加强横向的大气治理信息沟通存在很大的难度。

3. 信息沟通保障机制上的障碍

信息沟通保障机制解决的是政府间信息沟通的动力问题。在各保障机制中，责任机制和激励机制至关重要。责任机制是通过外部的责任追究来催生政府间信息沟通的动力，而激励机制则是通过激发政府间的内在积极性来提升其信息沟通的动力。在京津冀政府间大气治理信息沟通的实践中，这两种机制都存在着不同程度的问题。一是责任机制不健全。对政府间在大气治理信息沟通中所应负的具体责任，相关政策法规和政府间合作文件规定的较为模糊。《京津冀区域环境保护率先突破合作框架协议》（2015）提到："建立三省（市）环境信息共享平台，共享环境质量、污染排放以及污染治理技术、政策等信息。"协议对信息共享内容的规定过于宽泛，在实际执行中很难判定每个信息沟通主体是否尽到责任。二是激励机制建设不到位。埃莉诺·奥斯特罗姆在《公共事物的治理之道》一书中指出，奖惩机制是公共池塘可持续使用的一项重要制度保障。奖惩机制本质上就是一种激励机制，区域政府间在加强信息沟通的合作中如果能获得合作的直接收益，那么政府间的积极性将会得到快速的提升。欧盟就非常重视国家间合作中的利益激励，通过设立欧洲区域发展基金、欧洲社会基金、欧洲农业和指导保证基金、凝聚基金对内部资源配置进行调整，尽量保证利益的公平分配，缩小成员之间的发展差距以稳固合作的基础。[1] 而在京津冀大气污染治理信息沟通的合作过程中，尚未出台专门的利益激励政策。

（二）政府与公众之间在信息沟通中的障碍因素

1. 信息沟通主体能力上的障碍

（1）政府信息沟通能力的障碍。政府是信息沟通的重要主体，担负着大气污染治理信息传播与反馈的重任，但实践中政府相关部门对信息沟通规律认识不够，缺乏沟通的主动性，也缺乏对公众需求的分析和判断。具体表现为：在信息发布内容上，信息内容不全面。相关部门发布的信息，专业性信息多，常识性信息少；政策性信息多，解读性信息少。天津市环境保护局网站体现得最为明显，所发布的信息只重视规范性和科学性，忽视了公众的信息接受能力。二是内容更新方面，及时性差。如河北省环保厅网站"汽车尾气"版块是与公众参与大气污染治理的实践联系紧密的栏目，但是在 2014 年一共只更新了 2 条信息，之

---

① 王喆、唐婍婧：《首都经济圈大气污染治理：府际协作与多元参与》，《改革》2014 年第 4 期。

后再无信息更新。河北省环境监测中心站的网站"环保知识"版块仅在2014年发布了 2 条消息。北京市环境保护监测中心网站的"环保科普"栏目在近三年未更新信息。三是信息发布的形式上缺乏新意。以政务微博为例，天津市环保局和河北省环保厅的官方微博只是将政策法规、执法信息、大气质量状况预测等信息简单转发到微博平台，缺乏图表、漫画、视频等较受公众欢迎的形式，所以网络的关注量并不高，信息传播的效能自然也受到限制。

（2）公众信息沟通能力的障碍。《环境保护公众参与办法》（2015）提出："环境保护主管部门应当在其职责范围内加强宣传教育工作，普及环境科学知识，增强公众的环保意识、节约意识；鼓励公众自觉践行绿色生活、绿色消费，形成低碳节约、保护环境的社会风尚。"但是囿于宣传教育的不足，公众信息沟通的能力还是处于相对较低的水平。首先，公众对信息的鉴别能力低。2015 年网络上流传着一些影响较大的虚假信息，如雾霾不散是因为"核雾染"、吃猪血鸭血能除霾等，由于公众对信息的鉴别能力较低，这些信息仍然在公众中得到了广泛的传播。其次，公众在信息沟通中被动参与多，主动参与少。2015 年 7 月至 11 月，环境保护部"12369"环保举报热线受理有关天津的举报案件数量变化较大，这一数量的大幅变化是公众被动参与的典型反映。2015年 7 月受理的有关天津的举报案件数量为 3 件，但是 2015 年 8 月天津港发生特大危险品爆炸事故，人们对大气质量的关注度骤然提升，受理案件的数量陡升至 11 件。而随着爆炸事件的远去，公众对大气污染的关注度也在降低，向政府部门举报的案件数量也在逐渐减少，2015 年 9月至 11 月受理的相关案件则分别降至 4 件、5 件和 3 件（见图 2）。再次，公众进行信息反馈的层次较低，缺乏对大气污染治理政策的前瞻性关注与建议。京津冀三地的环保局（厅）的网站都设立了政民在线互动的版块，但公众与政府沟通的内容集中在大气治理政策咨询和大气污染违法事件，而对政府政策制定与执行的建议相对较少。

受理数量（件）

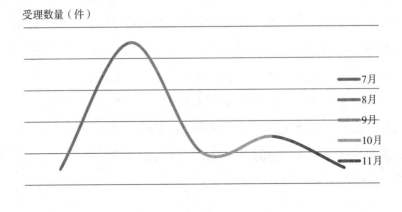

图2　2015年7月至11月环保部"12369"热线受理的天津市举报案件数量变化情况

资料来源：根据环境保护部网站相关统计数据整理。

2. 信息沟通渠道上的障碍

首先，政府与公众之间的信息沟通渠道种类偏少。已有的信息沟通渠道主要以广播电视、政府网站和微博微信等平台为主，而定期的新闻发布会、专题听证会、政府与公众代表的座谈会等信息沟通形式在京津冀大气污染治理过程中还很少采用。其次，对现有的信息沟通渠道开发利用不足。一是传统媒体的信息传播作用未得到重视。以京津冀省级电视台的栏目设置为例，电视台传播的大气污染治理信息散布在诸如新闻报道、天气预报等栏目中，缺乏专门的电视宣传栏目。二是对专业宣传网站的重视不够。如河北省环境保护宣传教育中心是环境保护的专门宣传机构，在网络上却没有开设专门独立的宣传教育网站。三是新兴媒体的利用率不高。如天津市环保局尚未开通官方微信平台，天津市环境保护宣传教育中心和河北省环境保护宣传教育中心未开通官方微博平台。

3. 信息沟通秩序上的障碍

信息都是在特定的环境背景下传递的，良好的秩序是信息及时准确传递的必要条件。当前政府在与公众进行信息沟通时的信息传播环境并不十分有序。如在天津港爆炸事故后的几天时间里，网络上传播着多条有关大气有剧毒的谣言，在事发地周边居民中造成了不良影响。面对

"谣言爆炸"的舆论环境，国家网信办依法查处了传播涉天津港火灾爆炸事故谣言的 360 多个网络账号和 50 家网站。这一典型案例凸显出信息沟通秩序中存在的诸多问题。首先，信息传播主体缺乏规则意识。谣言编造者无视互联网使用的法律法规，随意编造虚假新闻；相关涉事网站更是为了追求网络关注度而置社会责任于不顾，任意转载虚假新闻。其次，对信息传播的监管力度不够。一是互联网平台服务商对信息传播内容审核力度不够，行业自律意识差，给谣言的迅猛蔓延提供了可乘之机。二是对造谣传谣者的惩戒力度不够。对于部分影响恶劣的造谣传谣者只是单纯地关闭网络账号或网站，而未对其采取行政强制措施或法律制裁措施，威慑作用有限。

四、完善京津冀区域大气治理信息沟通机制的路径选择

（一）完善区域政府间的内部信息沟通

1. 健全信息沟通的制度规范体系

信息沟通机制的建立应当以制度规范为依据，发挥制度的引领作用。诺思认为，制度通过为人们提供日常生活的规则来减少不确定性。[①] 制度能够使信息沟通有章可循。国外经验表明，制度对于大气治理信息的传递发挥着至关重要的作用。日本在战后为了治理严重的大气污染，制定了严格的法律制度。《关于确保都民健康和安全的环境条例》（2000 年）明确了一系列政府信息传递措施，为全社会有效应对重污染天气等危机事件发挥了积极的作用。京津冀政府间大气污染治理信

---

① ［美］道格拉斯·C.诺思：《制度、制度变迁与经济绩效》，杭行译，格致出版社 2008 年版。

息沟通可以从以下几个方面进行制度的完善：一是完善相关法律规范。拓展《大气污染防治法》（2015）和《环境保护法》（2015）等法律的内容，将区域大气治理中的污染源情况、大气污染执法、排污费征收以及环境应急监管措施等信息都纳入共享的范围。二是提高政府间合作文件的法律效力。京津冀政府间签订的涉及信息沟通的合作文件应当成为一种"硬约束"，签订合作文件的各方如不能完成约定内容，将被追究相应的责任。三是京津冀政府间尽快签订大气治理信息沟通的专项合作文件，从整体上对信息沟通的流程与内容加以规划，明确政府间的责任与分工，促进政府间信息沟通制度的有机衔接和配合。

2. 建立网络型沟通体制

网络型信息沟通体制是指政府内部的纵向信息沟通和政府间的横向信息沟通都能够顺畅进行的一种信息沟通体制，它是纵向信息沟通体制和横向信息沟通体制的一种有机结合。在政府内部的纵向信息沟通已经相对完善的基础之上，网络型沟通体制的建立主要是做好政府间的横向信息沟通，可从以下几个方面加以推进：首先，将政府间的横向沟通纳入正式行政流程必经的一部分。京津冀三地政府对有关大气治理的重大政策决定、应急措施、大气治理执法等，应事先相互沟通，强化区域联动。其次，以信息技术的发展推动信息沟通体制的变革。现代信息技术网络在促进信息沟通方面具有方便快捷、成本低和效率高等多种优势，成为政府间大气治理信息沟通的重要渠道。要通过技术创新推动政府间电子政务信息系统的联通，通过部分领域先行试点的办法，逐步摸索政府间电子政务信息系统融合的经验，不断扩大推广范围，渐进打破政府间电子政务的"信息孤岛"。而随着政府间电子政务信息系统的融合，政府间的沟通体制自然也就发生了相应的改变。

3. 完善责任机制和激励机制

首先，完善责任机制。出台配套文件，细化有关政府间信息沟通的政策法规和合作文件对信息沟通责任的规定，明确京津冀三地政府在信息沟通的合作中各自应承担的具体职责，增强责任追究机制的可操作性，确保责任能够如实落地。其次，完善激励机制。整体性治理理论认为，如果激励、奖赏和地位与整体性运作相协调，失败是不太可能的。① 激励机制的好坏是决定政府间信息沟通效率的关键要素。当前京津冀政府间大气治理信息沟通主动性的发挥，从根本上要靠内在动力的激发，而不是靠压力型体制下中央政府的强力推动。完善激励机制的策略，一是要发挥物质激励的作用。中央政府层面对于在大气治理信息沟通中表现突出的政府，给予其一定的大气治理专项资金，在直接利益的刺激下，政府间会有一定的积极回应，所以物质激励能起到一定的激励作用。二是要发挥干部人事制度的作用。对于在大气治理信息沟通中表现突出的党政领导人员，在干部提拔时优先予以考虑。党政主要领导干部对于政府的行动起着重要的导向作用，如果其积极性得到提高，那么其所在的地方政府的积极性也将会得到很大的带动。

（二）完善政府与公众之间的外部信息沟通

1. 提高信息沟通主体的沟通能力

（1）政府要依据信息沟通规律和公众需求来采取信息沟通策略。政府与公众的信息沟通有其内在的规律性，把握规律有助于恰到好处地使用沟通策略。公众是政府的沟通对象，公众在信息沟通中的偏好是政府首先要明确的问题。一般来说，公众在对接受的信息进行选择时遵循着三个原则：第一，信息能够满足自身的需求；第二，信息符合主体追求的价值观念；第三，能够实现获取信息的最经济、最省力原则。② 基于以上这些认识，政府就大气污染治理在与公众进行沟通时，要采用以

---

① Perri 6, *Towards Holistic Governance*: *The New Reform Agenda*, New York: Palgrave, 2002.

② 祝小宁、白秀银：《政府公信力的信息互动选择机理探究》，《中国行政管理》2008 年第 8 期。

下策略：首先，在信息传播的内容上，突出实用性和生活性。政府与社会的信息沟通旨在调动公众参与大气治理的集体行动，公众的参与最终还是体现为公众在生活中的一言一行，所以，政府传播的信息贴近公众的日常生活，契合大气治理的目标追求。其次，在信息传播的形式上，要适应网络时代信息传播的新特点，迎合公众的信息需求，对信息进行适度"包装"，实现信息的新颖性和实效性的统一。最后，在信息沟通的方式上，要深入实施互联网＋政务战略，依托移动信息传播技术，降低信息沟通的时间成本和经济成本，实现政府与公众在掌上间的便捷沟通，最大限度地缓解公众的"信息饥渴"。

（2）提升公众的信息消化与信息反馈能力。提升公众的信息沟通能力需要政府的有效引导。在德国，为了治理大气污染，政府倡导节能减排人人有责，长期的宣传教育使民众的环保意识与能力得到了巨大的提升。"他山之石，可以攻玉"。政府应重视对公众的宣传教育，通过社会普遍性宣传教育，将大气污染治理的理念内化到公众内心，提高公众的信息沟通能力，实现社会的协同参与。首先，要提升公众的信息消化能力与信息鉴别能力。要通过宣传教育，使公众掌握大气治理方面的基本常识，增强领悟大气治理信息内容的能力；提高公众对信息的识别能力，使公众掌握鉴别信息的基本技巧，不轻信来源不明的信息，不轻信无科学依据的信息，重污染天气的应急措施以政府发布的为准等。其次，要提高公众的信息反馈能力。公众的反馈是信息沟通的必要环节，有助于提升公众参与大气治理的意识，有助于帮助政府改进大气治理的政策与措施。因此，要通过教育和引导使公众善于信息反馈。一是提高公众的命运共同体意识，增强信息反馈的自觉性；二是引导公众通过正当途径合理进行信息反馈，自觉抵制虚假歪曲的信息。

2.打造畅通的多中心信息传播渠道

畅通沟通渠道必须要完善多通道的信息沟通体制，形成大气污染治理信息沟通的多中心传播渠道。一是要拓展新的信息沟通渠道。逐步建立环保新闻发言人制度、专题听证制度、政府与公众间的专题座谈会等，定期开展相应活动，及时回应社会关切。二是要进一步巩固传统媒体。传统媒体如广播、电视和报刊具有权威性强和影响力大的特点，在公众心中具有较强的可信度，这类媒体可以整合宣传报道政府大气治理的政策措施信息，提高政策措施的社会认同感，进而也为政府与社会之间的信息沟通营造了宽松的社会环境。三是要完善政府网站的作用。政府主要环保部门及主要环保宣传机构要开设专门网站，拓展网站信息内容，丰富网站信息形式，增强网站的互动性与反馈性。四是要进一步发展微博、微信等新兴媒体。发挥新兴媒体信息传递快捷和互动性强的优势，打造政府与公众沟通的便捷途径；此外，还要顺应移动信息传播的新趋势，及时推出政务客户端等移动应用软件。

3. 完善规则体系和监管体系

首先，完善信息沟通的规则体系。"无规矩不成方圆"，规则能够对多元主体的行为进行有效的引导，避免信息传递中出现矛盾与冲突，减少信息失真现象。因此，规则体系是信息传递的必要条件，必须尽快加以完善。一是强化信息传播主体的规则意识。在大气治理信息的传递过程中，无论是媒体还是公众，都必须牢记法律和道德的基本要求。二是完善传媒行业的发展规则。大力营造行业发展的规则文化，建立行业信用档案，消除不良媒体生存的土壤。其次，完善信息沟通的监管体系。从传媒的角度来说，要切实担当起应负的社会责任，对信息传播的内容要严加审核，杜绝转载虚假信息。从政府职能的角度来说，加强对市场经济和社会环境的监管是政府的职责所在。政府要切实担起监管职责，及时取缔非法传播媒介，排除谣言的传播源，对传谣造谣者采取一定的惩戒措施，维护良好的信息传播秩序。总之，有效的监管能够最大限度地减少信息传递中出现的失范现象，为区域大气治理信息沟通营造良好的秩序环境。

（原文载于《行政论坛》2016 年第 5 期）

京津冀区域重污染天气应急管理问题研究

——基于"一案三制"的视角*

一、问题的提出

近年来，以发生频次高、影响范围广、持续时间长、污染程度重为主要特征的区域重污染天气日益突出，尤其是受制于特殊地理区位和气象条件影响的京津冀地区，深受其困扰，仅在 2015 年 11 月至 12 月中，就经历了五轮重污染天气过程。京津冀地区重污染天气的频繁发生，不仅严重影响了公众的身体健康和社会的正常秩序，而且如果处置不当，将会对政府组织的声誉和形象产生重大损伤。同时，在区域重污染天气的应急管理过程中，由于重污染天气的跨界性，区域内任一政府组织的失职、低效，都将不可避免地影响整个区域政府组织的危机应对形象，以及潜在的支持行为和强度。因而，在有序推进京津冀地区整体大气污染治理的情势下，做好区域重污染天气的应急管理工作，提供清洁的区域空气，实现区域经济与环境的协调发展，具有重大的现实意义。

---

* 本文作者者赵新峰、王小超、袁宗威。

二、研究框架

在长期的应急管理实践探索中，我国逐步形成了"一案三制"的应急管理体系，即通过制定完善应急管理预案，建立健全应急管理体制、机制和法制，以提高我国应急处置突发公共事件的能力，稳定社会秩序，保障人民利益。"一案三制"是基于四个维度的一个综合体系：体制是基础，机制是关键，法制是保障，预案是前提，它们具有各自不同的内涵特征和功能定位，是应急管理体系不可分割的核心要素。[①]"一案三制"应急管理体系的创建与应用，改变了我国在应对突发公共事件时的传统单一民防模式，逐步走向了更具系统性的现代化应急管理模式。同时，"一案三制"应急管理体系也对我国传统的应急管理的组织、决策和制度进行了集成创新，强化了现有"条条"和"块块"间各类应急资源的协调与整合，构筑了"横向到边、纵向到底"的全覆盖应急管理体系。

区域重污染天气作为一种跨域性的突发公共事件，其应急管理具有特殊性和复杂性，需注意区域内各行动主体的应急协作关系，避免规避心理和搭便车行为的发生，降低区域重污染天气应急管理的成本，以提高应急管理效率，实现应急管理政策的高效执行和区域清洁空气的常态供给。现阶段，我国区域重污染天气频发的势头仍没有得到根本改善，应急管理任务依然非常繁重，如何有效率地启动应急协同预案、运行应急联动机制，是当前亟须着力研究的内容。本文以京津冀地区重污染天气的应急管理为切入点，通过"一案三制"的视角进行研究，分析

---

① 钟开斌：《"一案三制"：中国应急管理体系建设的基本框架》，《南京社会科学》2009 年第 4 期。

问题，提出建议，创新制度体系。

三、京津冀区域重污染天气应急管理中存在的问题

（一）应急管理预案

预案是进行应急管理的前提，科学的预案是确保应急管理活动取得实效的重要保证。然而，由于在重污染天气应急管理预案的制定与修订过程中缺乏沟通，京津冀三地间的应急预案的协调性突显不足。在预案的制定上，京津冀三地均是依据《中华人民共和国大气污染防治法》《中华人民共和国突发事件应对法》《京津冀及周边地区落实大气污染防治行动计划实施细则》和《城市大气重污染应急预案编制指南》等法律以及规范性文件，结合本行政区的重污染天气形成、发展等特点自行编制的，相互之间缺乏沟通与协调。在预案的修订上，京津冀三地更是缺乏沟通，北京市修订的次数最多，2015年初修订了一次，2016年的预案修订已进行了意见征集，待北京市政府审议通过后即可向社会正式发布；天津市于2015年底对预案进行了一次修订，河北省则还未对省级预案进行过修订。

地区间重污染天气应急管理预案的制定与修订缺乏沟通，直接造成了预案间框架和内容上的不协调。在预案的框架上，应急预案均是自成体系。《北京市重污染天气应急预案》一共包括空气质量监测与预报、空气重污染预警与分级、空气重污染应急措施、预警发布与解除和组织保障等五部分内容，并用附件的形式重点介绍了重污染天气应急指挥部成员名单与政府各部门职责分工情况；《天津市重污染天气应急预案》则包括总则、组织机构与职责、预警、应急响应、总结评估、应急保障、监督管理和附则等八个部分的内容；《河北省重污染天气应急预案》共包括总则、组织机构与职责、监测与会商、预警、应急响应、监督检

查、总结评估、应急保障、预案管理和附则等十个部分的内容。由此可见，各自的应急预案都是自成体系，内容框架上不相对应。由于预案是各自行动的依据，如果推进地区间应急行动的衔接与配合，可预知，协调难度会非常之大。在具体内容上，应急响应措施不统一。尽管环境保护部已针对京津冀区域应急管理实践中暴露出的预警不协调问题，发文要求京津冀区域逐步实现重污染天气预警分级标准的统一，但每种预警所对应的应急措施仍按原有的预案标准执行，具体措施不统一问题十分严重。以 II 级响应措施为例，北京市制定的应急措施一共 7 条，天津市制定的应急措施分为强制性措施和建议性健康防护措施，一共 13 条，河北省制定的应急措施一共 8 条。应急响应措施的不统一必然会带来实际行动的不协调，严重削弱了区域重污染天气应急管理的整体效果。

（二）应急管理体制

应急管理体制决定了应急管理体系的静态结构，规定了应急管理体系的潜在功能。[1] 当前，京津冀地区针对重污染天气的应急管理体制既受制于国家整体属地管理体制的影响，又缺乏区域层面上有力的组织支持。第一，属地管理为主的应急管理体制限制了区域政府间的沟通与协调。《中华人民共和国突发事件应对法》第四条规定："国家建立统一领导、综合协调、分类管理、分级负责、属地管理为主的应急管理体制。"2013 年，环境保护部印发的《关于加强重污染天气应急管理工作的指导意见》提出："将重污染天气应急响应纳入地方人民政府突发事件应急管理体系，实行政府主要负责人负责制。"这一个规定更是强化了重污染天气属地管理为主的应急管理体制。属地管理为主的应急管理体制在应对一般性突发事件时能起到很好的指挥和调度作用，但针对具

---

[1] 钟开斌：《"一案三制"：中国应急管理体系建设的基本框架》，《南京社会科学》2009 年第 4 期。

有外部性和跨界性的重污染天气，这种应急管理体制就表现出诸多的不适应。其一，平行沟通并不是政府间应对重污染天气的必经正式程序，所以平级政府间进行横向沟通与合作的推力和动力不足。其二，京津冀政府间无隶属指挥关系，彼此间只能就重污染天气的应急管理进行平等协商，在协商过程中难免会产生不合作的现象，容易陷入集体行动逻辑下的"囚徒困境"。

第二，政府间合作组织所发挥的作用有限。近年来，为了加强区域政府间的合作，促进重污染天气应对行动的协调，京津冀地区成立了中国气象局京津冀环境气象预报预警中心和京津冀及周边地区大气污染防治协作小组。中国气象局京津冀环境气象预报预警中心是北京市气象局直属事业单位，其职能之一就是负责京津冀区域重污染天气的预报与预警工作，该中心对京津冀区域重污染天气的预报以及发布的预警只是给京津冀政府提供一种参考信息，至于何时启动应急措施仍由各政府的相关主管部门决定。京津冀及周边地区大气污染防治协作小组是包括京津冀和环保部、国家发展改革委、财政部等在内的7省8部委组成的合作小组，该小组是非常设机构，每年召开一定次数的会议商讨区域大气治理的重大问题，该小组的办公机构设在北京市环保局，在重污染天气发生时，该小组及其办公机构会组织成员单位对重污染天气的应急措施进行协商，囿于对区域内的各政府无应急指挥权限，最终的应对措施还是由各政府根据各自的应急需要自行决定。

（三）应急管理法制

从现有法律落实方面来讲。新修订的《中华人民共和国大气污染防治法》在第五章"重点区域大气污染联合防治"中提出："重点区域内有关省、自治区、直辖市人民政府应当确定牵头的地方人民政府，定期召开联席会议，按照统一规划、统一标准、统一监测、统一的防治措施的要求，开展大气污染联合防治，落实大气污染防治目标责任。"但是在重污染天气应急管理过程中，这些法律的要求还未能真正实现，在统一规划方面，京津冀大气污染治理专项规划还未出台，仍是以单打独斗为主的状态；在统一标准方面，京津冀区域的预警启动标准目前还未实现完全统一，根据环境保护部的消息，最快于 2016 年年内才能实现京津冀区域预警启动标准的统一；在统一监测方面，京津冀虽然加强了相关信息沟通，但是监测网络还未实现统一；在统一防治措施方面，京津冀区域的部分响应措施不一致，如在重污染天气时的机动车限行方面，京津冀各自的限号方案不统一，可能造成机动车出了河北却进不了天津和北京的尴尬局面。

从法制建设方面而言。其一，我国尚未针对重污染天气应急管理进行专门立法。关于重污染天气应急管理的法律法规散见于各种法律法规之中，未形成覆盖重污染天气应急管理的全方位的系统法律法规体系。其二，现有的相关立法不适应区域重污染天气应急管理的实践。《中华人民共和国突发事件应对法》《中华人民共和国大气污染防治法》是进行重污染天气应急管理所依据的两部最重要的法律，《中华人民共和国突发事件应对法》于 2007 年开始施行，由于该法制定时跨域污染治理的问题尚未引起人们的高度重视，所以该法对区域内政府间协同应对突发事件的问题缺乏具体规定。新修订的《中华人民共和国大气污染防治法》第六章"重污染天气应对"中，只提到建立重点区域重污染天气监测预警机制，统一预警分级标准，而对于区域内政府间协同应对重污染天气的决策指挥办法和联动应急措施等还缺乏相应的规定。法制建设滞后于实践的需要不仅使得法律不能发挥应有的作用，还会对重污染天气问题的应急管理形成一定的阻碍。

（四）应急管理机制

应急机制是指在突发事件事前、事发、事中、事后全过程中，采取的各种制度化、程序化的应急管理方法与措施，应急机制具有固化性、规范性、累积性、综合性和发展性的特点。① 重污染天气应急管理机制从过程上来说可包括：监测预警机制、应急响应机制和评估改进机制。

1. 监测预警机制

其一，京津冀的大气监测网络缺乏统一规划。由于京津冀各自的监测网络都是独立建设，相互间缺乏信息联通，造成监测数据不能实现实时共享。其二，京津冀各自的预警发布程序不相同。以红色预警的发布程序为例，北京市重污染天气的发布程序是：市应急委主任批准，由市应急办提前 24 小时发布；天津市红色预警的发布程序是：经市人民政府主要领导批准，预警信息以市人民政府名义发布；河北省由于辖区面积较大，其预警级别分为城市预警、区域预警、全省预警，在达到全省红色预警条件时，由省重污染天气应急指挥部指挥长或副指挥长批准后发布全省预警信息。各自的预警发布程序不同必然会给区域统一预警带来一定的障碍。

2. 应急响应机制

应急响应是指重污染天气预警发出后所采取的一系列行动。京津冀在重污染天气应急响应中存在以下问题。首先，决策处置上缺乏沟通。虽然在信息共享方面，京津冀区域大气污染防治信息共享平台上线试运行，搭建了区域空气重污染预警会商平台，② 但是应急响应中的决策处置上仍缺乏沟通，北京市和河北省的重污染天气应急预案未对决策处置中的区域政府间横向沟通作出规定。《天津市重污染天气应急预案》规定："在国家或京津冀及周边地区大气污染防治协作小组要求的情况下，按照市人民政府统一部署，启动实施Ⅲ级及以上响应措施或其他临时应急减排措施。"对于政府间主动的通报与沟通还是未纳入预案的内

① 钟开斌：《应急管理"机制"辨析》，《中国减灾》2008 年第 4 期。
② 《大气协同治理已启动区域联动执法》，《北京日报》2016 年 3 月 15 日。

容，决策处置上的缺乏沟通必然造成应急响应活动的不协调。

其次，重污染天气时的联动应急执法机制落实不到位。2015年11月，京津冀三省市环保部门通过召开"京津冀环境执法与环境应急联动工作机制联席会议"，启动了"京津冀环境执法联动工作机制"。该机制的运行要求京津冀在重污染天气发生时及时启动本辖区的应急执法机制，然而，这一机制在运行中仍存在着诸多问题：一是应急执法的重视力度不够。就河北省而言，2016年5月初，中央环保督察组向河北省委、省政府反馈督察情况时就曾指出，河北省各级党委和政府对环境保护工作重视力度不够，河北省发展改革委等有关责任部门在压钢减煤、散煤治理、油品质控等方面监督检查流于形式；一些地方重发展、轻保护现象较为普遍，一些基层党委政府及有关部门环保懒政、惰政情况较为突出。[①] 二是应急执法的力量投入不足。2015年12月上旬，在京津冀区域的重污染天气过程中，环保部督察组在督查中发现不少企业未执行减停产措施，由于执法力量投入不足，部分违规企业并未受到有关部门的任何处理。三是执法不严。如对于路边烧烤的摊贩，环境保护部门和综合执法部门大都以劝说的形式督促商贩离开，很少采取行政处罚等有力措施。

再次，社会动员和公众参与不足。所谓社会动员，是指有目的地引导社会成员积极参与重大社会活动的过程。[②] 采取重污染天气的应急措施主要目的是降低重污染天气对公众生产生活的影响，保障公众的身体健康，因此，公众的参与对重污染天气的应对十分重要，但是从目前的情况来看，公众参与的现状并不太理想。一方面是由于京津冀三地在引导公众参与重污染天气应急管理方面，宣传动员力度不足；另一方

---

① 《环保督察组提到的"原省委主要领导"是谁?》，2016年5月3日、4日。见 http：//news.sina.com.cn/c/nd/2016-05-03/doc-ifxrtztc3198523.shtml。

② 向立文：《电子政务环境下政府应急管理机制研究》，中国出版集团、世界图书出版公司2012年版。

面,是由于公众自身存在的搭便车思维、责任意识不强、认知水平和参与能力不足。如在Ⅰ级应急响应措施启动时,大气中的污染物浓度值是非常高的,但是相当一部分公众由于对重污染天气的危害缺乏深入的了解,在出行时仍会选择不采取任何防护措施。《京津冀蓝皮书:京津冀发展报告(2016)》指出,居民是生态文明建设的重要主体,居民的生态文明感知、态度、行为意向对居民参与生态文明建设具有重要意义。京津冀居民的生态文明认知总体水平不高,参与环保的行动频率和意愿都不高。不同群体之间差别不大,高收入、高学历群体对生态文明的关注和认知水平甚至低于一般群体,值得深思。[①] 认知是行动的先导,认知水平不高必然导致公众参与的不足。

3. 评估改进机制

重污染天气应急管理的每一次实践都是对应急管理预案的一次检验,在每次的实践检验中都会呈现出一些新特点新问题,对这些新特点新问题的总结分析有助于预案的改进完善。然而,当前京津冀对重污染天气应急管理的评估改进机制并不健全。只有《河北省重污染天气应急预案》对重污染天气过程之后的"总结评估"和"预案修订"做了详细的规定;《北京市重污染天气应急预案》未制定相应的评估完善办法;《天津市重污染天气应急预案》提出"响应终止后,应急指挥部办公室组织对响应过程和响应措施效果进行总结、评估"。但在总结和评估之后是否对预案作出修订与完善,未作出具体规定。这些问题的存在不利于预案改进机制的常态化,不利于政府间应急管理活动的协调化。

---

① 文魁、祝尔娟:《京津冀蓝皮书:京津冀发展报告(2016)》,社会科学文献出版社 2016 年版。

四、京津冀区域重污染天气应急管理的政策建议

（一）促进预案间的协调

预案是进行应急管理活动的依据，实现区域应急管理活动的协调必须首先实现预案的协调。首先，完善预案的制定与修订程序。在预案的制定与修订程序上，将区域内政府间的沟通与协调纳入预案制定与修订的必经环节。并且，定期对重污染天气应急管理预案进行修订和完善，以确保预案的科学性和有效性。其次，促进预案内容的协调。京津冀各自的应急预案在主体架构上应保持一致，在主体架构一致的基础上，京津冀可结合各自的实际情况制定具体内容，这样才助于预案间的衔接。在具体内容上，一是要尽快统一预警启动标准，实现区域预警发布的协调；二是要促进应急响应措施的协调，不同行政区域的应急响应主体措施应保持一致，如在重污染天气时机动车临时限行方面，京津冀应保持限号的一致，最大限度降低应急响应措施对公众生活的影响。再次，加强预案的协同应急演练，增强预案的可操作性。由于预案与实践是存在一定距离的，修订完善后的预案即使经过了严密的理论论证，也会存在一定的不足之处，因此，常规的区域政府间协同应急演练对于预案的完善是必不可少的。通过定期的预案演练，一方面可以提高政府间协同应对重污染天气的能力；另一方面可以使预案中存在的问题得以凸显，以便对其进行完善。

（二）构建区域联动的应急管理体制

体制是指组织中行为主体间的相互关系以及权力与地位的分布情况，健全的体制是科学进行应急管理活动的“静态”基础。在纵向应急管理体制上，一方面，组建权威的区域重污染天气应急管理中心，实现

属地管理与统一指挥的有机结合。京津冀是地处同一区域的三个无隶属关系的行政区域，对京津冀的应急管理活动进行有效的协调，必然要有一个权威的指挥中心，该中心要具有一定的行政级别，并被赋予区域重污染天气应急指挥调度的权力。另一方面，理顺纵向的指挥与调度权限。京津冀的应急管理活动必须在区域应急管理中心有关要求下进行，杜绝上下指挥出现冲突的现象。在横向联动管理体制上，京津冀要将政府间的沟通与协调纳入应急管理互动的全过程。通过政府间应急管理组织机构的协调与对应，促进政府间应急管理活动的无缝衔接。

（三）健全应急管理法制

健全的法律法规体系是建设社会主义法治国家的必然要求，法律是进行重污染天气应急管理最根本的依据，是确保重污染天气应急管理活动顺利推进的重要保障，因此，健全的法律法规体系对于重污染天气的应急管理至关重要。发达国家的实践证明，健全和完善的法律体系是实现有效应急管理的必要条件。澳大利亚先后制定了《紧急救援法》《民间国防法》《澳大利亚危机管理法》等危机管理法律，各州（市）也相应制定了独立的法规、条例等。[①] 这些法律法规对于澳大利亚成功进行应急管理提供了重要保障。"他山之石，可以攻玉"。要尽快完善重污染天气应急管理的法律体系。首先，加大立法力度，制定《重污染天气应急应对法》，对重污染天气应急管理的体系加以明确规定。其次，修订完善现有相关法律法规。修订《中华人民共和国突发事件应对法》，增加区域协同应对突发事件的内容，为区域重污染天气的协同管理提供依据。再次，强化法律的落实。坚持用法律的手段进行重污染天气的应急管理，将法律的相关规定真正落到实处。

---

① 陈成文、蒋勇、黄娟：《应急管理：国外模式及其启示》，《甘肃社会科学》2010年第5期。

（四）完善应急管理机制

1. 完善统一监测与预警机制

其一，实现重污染天气的统一监测。一是实现监测网络的统一，对京津冀区域的大气监测网络进行统一规划，强化对现有监测网络的改造力度，逐步实现京津冀监测网络的联通，实现监测信息的实时共享；二是实现监测技术与监测标准的统一，为重污染天气监测信息的共享创造条件。其二，实现预警发布的统一。加强政府间预警发布过程中的沟通，做到政府间预警发布的充分协商。同时，统一预警发布程序，简化预警发布环节，为区域重污染天气的统一预警减少程序障碍。

2. 完善应急响应机制

首先，加强决策处置阶段的信息沟通。"管理就是决策"，决策在管理中具有极其重要的地位，而政府间沟通的作用更是不能忽视，沟通是协调的前提，协调是沟通的结果。因此，加强决策处置中的信息沟通十分必要。建立政府间应急决策处置的沟通协商机制，在出现区域性重污染天气时要联合会商应对措施；在小范围重污染天气出现时，要及时向周边行政区通报决策处置信息。完善政府间的电子政务信息系统，为相互沟通提供良好的基础设置条件。

其次，完善区域应急联动执法机制。一是要明确应急执法内容与措施，为应急执法提供明确的依据。执法的内容既要考虑到区域普遍的情况，又要照顾到不同地区的特殊因素，实现整体性与特殊性的统一。二是要加强应急执法中的协调与沟通，确保应急执法的步调一致。三是要综合采用多种执法方式。既要有同一行政区内部多部门的联合执法，又要有跨行政区的交叉执法，交叉执法能加强不同行政区的相互监督，显著提高应急执法的效能。

最后，加强社会动员，调动公众的有序参与。做好重污染天气的应急管理绝非是政府一己之力所能完成的，调动公众的有序参与十分必要。一是要提升公众参与的动力与热情。采取宣传和激励等多种方式，提升公众对重污染天气的认知，调动公众参与重污染天气应急管理的积极性。二是要加强宣传的协同性。不仅宣传本行政区的重污染天气应急措施，还要对周边行政区域所采取的应急措施进行宣传，便于公众作出综合性的安排。

3.完善评估改进机制

其一，建立重污染天气应急管理评估机制。在重污染天气结束之后，采用科学的评估方法，对应急管理的过程进行全面的评估，梳理应急管理预案以及政府间的合作中存在的问题，并总结其中的成功经验，形成科学的评估报告，为改善重污染天气应急管理提供参考。其二，构建联动改进机制。评估只是手段，改进预案及政府间的协同机制才是目的。因此，评估之后，京津冀要针对应急管理过程中存在的问题，共同研究对策，促进预案和区域政府间协作机制的不断完善。

（原文载于《贵州省委党校学报》2016年第5期）

京津冀协同发展中的政府合作治理研究 *

引 言

　　2014年2月26日，习近平总书记在参加京津冀协同发展专题汇报会议时指出，实现京津冀协同发展意义重大，对这个问题的认识要上升到国家战略层面，并提出了京津冀发展的"七点要求"，强调实现京津冀协同发展，是面向未来打造新的首都经济圈、推进区域发展体制机制创新的需要，是探索完善城市群布局和形态、为优化开发区域发展提供示范和样板的需要，是探索生态文明建设有效路径、促进人口经济资源环境相协调的需要，是实现京津冀优势互补、促进环渤海经济区发展、带动北方腹地发展的需要，是一个重大国家战略，要坚持优势互补、互利共赢、扎实推进，加快走出一条科学持续的协同发展路子来。这次会议明确了京津冀协同发展的国家战略地位，开启了国家战略层面推动京津冀协同发展的新阶段。2015年4月30日，中共中央政治局召开会议，审议通过了《京津冀协同发展规划纲要》，确定了"功能互补、区域联动、轴向集聚、节点支撑"的布局思路，明确了以"一核、双城、三轴、四

＊　本文作者赵新峰、袁宗威、蔡天健。

区、多节点"为骨架,设定了区域功能整体定位和三地功能定位。这一阶段发展理念的变化表明,京津冀协同发展的瓶颈得到突破,合作意识、统筹观念、协同理念和发展动力问题基本得到解决,从中央到地方形成了推动京津冀发展的一股合力,京津冀协同发展的国家战略地位已经明确,顶层设计取得重大突破,京津冀协同发展进入全面深化阶段。

实际上,京津冀协同发展并不是一个全新的概念。[①] 自古以来,京津冀区域内部之间在地理空间上相互连接,长期的社会交往和经济活动使得该区域客观上形成了一个统一的经济体。在明清时期,京津冀区域在行政上基本是一体化管理。如明清时期的顺天府,除了管辖北京市部分地区外,也包括今天津市和河北省的部分地区。[②] 现在的京津冀区域,包括北京、天津两个直辖市和一个河北省,面积为 2167.6 万公顷,是中国沿海地区经济最具活力、开放程度最高、创新能力最强、吸纳外来人口最多的三大核心经济区之一。据北京市统计局发布的京津冀研究报告显示,2014 年京津冀地区常住人口 1.11 亿人,占全国的 8.1%;GDP 总量达到 66474.5 亿元,占全国的 10.4%。[③]

然而,相较于长三角和珠三角这两大经济区,京津冀经济区发展较为缓慢,存在较多问题。一方面,京津冀经济区发展尚未释放出最大活力。2013 年,京津冀经济总量仅相当于长三角的 52.7%,人均 GDP 是长三角的 77.5%,珠三角的 63.6%。另一方面,区域内经济发展不平衡,政府间合作不足,常常在一些领域和项目上存在竞争和冲突,造成大量公共资源和设施的浪费与重置。[④] 作为京津冀核心的北京,强势的资源禀赋使得其发展对天津和河北产生"虹吸效应",进一步加剧了地

---

① 张可云、蔡之兵:《京津冀协同发展历程、制约因素及未来方向》,《河北学刊》2014 年第 11 期。

② 肖立军:《明清京津冀协同发展探略》,《人民论坛》2015 年第 1 期。

③ 薄文广、陈飞:《京津冀协同发展:挑战与困境》,《南开学报》2015 年第 1 期。

④ 张可云、蔡之兵:《京津冀协同发展历程、制约因素及未来方向》,《河北学刊》2014 年第 11 期。

区间的不平衡。即天津、河北两地的优质资源源源不断涌入北京，而北京对两地的辐射带动作用有限。近年来，京津冀的发展遇到了难以克服的瓶颈，如北京市无法疏解的"大城市病"、河北的"环首都贫困带"、京津冀共同面临的"雾霾"等生态环境问题，这些问题严重制约了三地的发展。长期的发展实践表明，仅依靠京津冀区域地方政府自身的力量，很难打破合作发展的僵局，迫切需要从国家战略的高度，进一步深化京津冀区域的协同发展。

一、京津协同发展的历史进程

事实上，京津冀地区是中国比较早地开展区域合作试点的地区之一。自 20 世纪 70 年代末以来，京津冀经济区大致经历了四个阶段的合作尝试。

第一阶段为合作开端阶段（1976—1993 年）。1976 年，（原）国家计划委员会组织了京津唐国土规划课题研究，开启了京津冀协同发展的最早篇章。1981 年，华北经济技术协作区成立，是全国最早的区域经济合作组织。1986 年，时任天津市长李瑞环提出环渤海区域合作问题，京津冀区域经济概念随之提出。在其推动下，环渤海地区经济联合市长联席会设立。1988 年，北京与保定、廊坊等六地、市组建环京经济技术协作区，建立市长专员联席会制度，设立了日常工作机构。总体来说，合作开启之后并未取得实质进展。华北经济技术协作区难以承担区域规划和政策协调的职责，解决不了深层次问题，因此其功能逐步削弱。自成立初至 1990 年共集中举办了七次会议，1994 年之后工作干干停停，步入低潮，最后被撤销。①

---

① 张可云、蔡之兵：《京津冀协同发展历程、制约因素及未来方向》，《河北学刊》2014 年第 11 期。

第二阶段为盲目竞争、各自为政阶段。（1994—2003 年）。华北经济技术协作区撤销后，由于缺少统一规划和统筹协调，地方政府专注自身经济建设，在招商引资、基础设施建设、产业发展等方面展开激烈的竞争。京津冀区域协调发展逐步削弱，区域内地区政府直接竞争、企业之间盲目竞争，重复建设也愈演愈烈。

第三阶段为合作积极推进阶段（2004—2012 年）。2004 年，由国家发改委主持的京津冀地区经济发展战略研讨会在河北廊坊召开，达成廊坊共识，决定就京津冀都市圈的基础设施、资源、环境等方面展开合作，并引导区域内行业和企业间的经贸、技术合作，建立京津冀发改部门的定期协商制度，同时启动京津冀区域发展总体规划和重点专项规划的编制工作。2005 年，北京和天津宣布了 8 条战略合作措施。2006 年，北京市与河北省正式签署《北京市人民政府、河北省人民政府关于加强经济与社会发展合作备忘录》。2006 年，国家"十一五"规划纲要指出：已形成城市群发展格局的京津冀、长江三角洲和珠江三角洲等区域，要继续发挥带动和辐射作用，加强城市群内各城市的分工协作和优势互补，增强城市群的整体竞争力。2006 年，国家发改委提出"京津冀都市圈（2＋7）"，即以京津为核心，包括河北省的唐山、秦皇岛、承德、张家口、保定、廊坊和沧州 7 个市，后来又加上石家庄，形成 2＋8。然而，缺乏中央统筹协调下的三地合作，很难放弃各自的利益而形成妥协。如在区域合作各自的定位上，北京认为自己是三地规模最大的城市，理所应该成为核心，一切合作以推进"首都经济圈"建设为定位，而天津则定位为"北方经济中心"，河北提出打造"环首都绿色经济圈"。因此，即使三方高层彼此签订多份合作协议，却没有推动务实的基于利益的共赢协调机制，区域合作缺乏成效。[1]2011 年，"首都经济圈"写入国家"十二五"规划。2012 年，建设"首都经济圈"、河北

---

① 薄文广、陈飞：《京津冀协同发展：挑战与困境》，《南开学报》2015 年第 1 期。

省"沿海发展战略""太行山、燕山集中连片贫困区开发战略"纳入国家"十二五"规划。

第四阶段为合作深化阶段（2013年至今）。党的十八大以来，以习近平总书记为核心的新一届中央领导班子高度重视和强力推进京津冀协同发展。2013年5月，习近平在天津调研时提出，要谱写新时期社会主义现代化的京津"双城记"。8月，习近平在北戴河主持研究河北发展问题时，提出要推动京津冀协同发展。此后，习近平多次就京津冀协同发展作出重要指示，强调解决好北京发展问题，必须纳入京津冀和环渤海经济区的战略空间加以考量。在此背景下，2013年成为京津冀三地关系大突破的重要一年。3月24日，京津合作协议签订；5月20日和5月22日，河北省分别与天津和北京签署了合作框架协议。2014年2月26日，习近平在参加京津冀协同发展专题汇报会议时，提出京津冀协同发展的"七点要求"，明确了京津冀协同发展的国家战略地位。2014年3月5日，李克强总理在政府工作报告中指出，加强环渤海及京津冀地区经济协作。随后，国务院成立了京津冀协同发展领导小组及办公室，由国务院副总理张高丽任组长，同时成立京津冀协同发展专家咨询委员会。京津冀协同发展领导小组的一项重要任务就是编制《京津冀协同发展规划纲要》。2015年4月30日，中共中央政治局召开会议，审议通过了《京津冀协同发展规划纲要》。这一切表明，从中央到地方已经形成了推动京津冀发展的一股合力，京津冀协同发展的国家战略地位已经明确，顶层设计取得重大突破，京津冀协同发展进入全面深化阶段。

二、京津冀协同发展中政府合作
治理现状与存在的问题

在30余年的区域合作发展历程中，中央、京津冀三地四方逐渐建构了纵向统筹协调（见图1）、横向沟通协商的区域合作治理体系。但显然，这一体系还存在诸多不足。

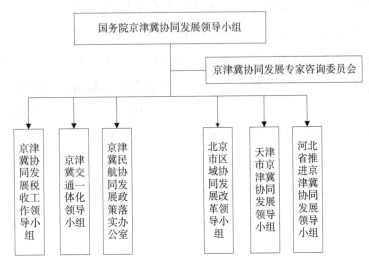

图1　京津冀协同发展纵向统筹协调体系

（一）政府合作治理现状

1.纵向统筹协调机制

（1）中央层面

国务院成立了京津冀协同发展领导小组与专家咨询委员会，相关部委牵头成立了领域内京津冀协同发展工作小组。

国务院牵头成立京津冀协同发展领导小组与专家咨询委员会。2014年2月26日习近平同志讲话之后，国务院着手成立了京津冀协同发展领导小组及办公室。领导小组主要负责京津冀协同发展的战略制定、规划编制工作和统筹协调等工作。组长由国务院副总理担任，成员包括相关部委及两市一省的主要领导。办公人员由北京市、天津市和河北省的发改委副主任，以及交通部、环保部、民航总局等相关部门人员组成。目前，其编制的《京津冀协同发展规划纲要》已被中共中央政治局会议审议通过。同年，京津冀协同发展专家咨询委员会成立，负责京津冀协同发展的战略研究与政策咨询任务。委员会由中国工程院院士、全国政协副主席徐匡迪任组长，共有16名相关领域的专家入选。委员会分为规划和交通小组、能源环境小组、首都功能定位与适当疏解小组和产业小组四个小组。

相关部委牵头成立领域内京津冀协同发展工作小组。2014年7月，京津冀协同发展税收工作领导小组成立，税务总局副局长任组长，相关司局和京津冀三省市国税局、地税局为成员单位，成员单位负责人任小组成员。2014年，交通部"京津冀交通一体化领导小组"成立，统筹推进京津冀交通一体化，组长由交通运输部部长担任。目前，在该小组领导推动下，三省市政府成立了京津冀交通一体化协作领导小组，并建立了由三省市的交通运输部门组成的京津冀交通一体化联席会议机制。2015年，该小组牵头制定的《京津冀交通协同方案》已获国务院通过，预计年内可以出台。2014年，国家民航局成立"京津冀民航协同发展政策落实办公室"，并于12月发布《民航局关于推进京津冀协同发展的意见》。

（2）地方层面

京津冀三地成立了区域协同发展领导小组，负责各地区域协同发展的组织领导和统筹协调工作。2014年，北京市区域协同发展改革领导小组成立，组长由北京市常务副市长担任，办公室设在北京市发改委。2014年，天津市京津冀协同发展领导小组成立，组长由天津市委书记担任。2014年，河北省设立"推进京津冀协同发展工作领导小组"。

2. 横向沟通协商机制

（1）环渤海区域合作市长联席会。前身为环渤海地区经济联合市长联席会，成立于1986年，由时任天津市市长李瑞环牵头倡议，环渤海14个沿海城市和地区共同发起成立，是新中国最早成立的地方政府间区域性合作组织。目前，该组织成员市已发展至41个，是现有的唯一囊括京津冀地区城市的协调机制，每两年举办一次，成员城市轮流举办，常设机构设在天津市经济协作办公室。但是，长期以来，该联席会被诟病为形式大于内容。

(2) 京津冀发改委区域工作联席会。2008 年 2 月,"第一次京津冀发改委区域工作联席会"召开。京津冀发改委共同签署了《北京市、天津市、河北省发改委建立"促进京津冀都市圈发展协调沟通机制"的意见》,建立联席会和联络员制度,建立发改委区域工作信息发布制度等。

(3) 部门协同工作联席会。如在交通运输部领导推动下建立的由京津冀交通运输部门组成的京津冀交通一体化联席会。另外,2013 年启动的由六省区(北京、天津、河北、山西、内蒙古、山东)国务院办公厅及七部委(国家发展改革委、工业和信息化部、财政部、环境保护部、住房城乡建设部、中国气象局、国家能源局)协作联动的京津冀及周边地区大气污染防治协作机制,通过主要领导参与的正式会议制度,协商区域内大气污染防治问题。其下在北京设有办公室,由北京市政府和环境保护部负责。办公室委托隶属于北京市环境保护局的"大气污染综合治理协调处",负责京津冀及周边地区大气污染防治协作小组办公室文电、会务、信息等日常运转工作。

3. 法制建设

京津冀协同发展的法制建设也迈出步伐。2014 年,河北省人大常委会向京津两市人大常委会书面递交了《关于加强京津冀人大协同立法的若干意见》的征求意见稿,得到两地人大积极响应。2014 年 5 月至 8 月,京津冀三地人大常委会和法制工作机构分别进行了交流和磋商。9 月,京津冀三地人大常委会商定,先由天津市人大常委会法工委负责起草一个文件讨论稿,研究修改后召开三地人大常委会负责同志会议具体商定。2014 年底,京津冀人大常委会法制工作机构在天津市对意见讨论稿进行共同讨论和修改。2015 年 3 月 31 日,在天津市召开的京津冀人大协同立法工作座谈会上,三地达成一致认识,形成意见草案。5 月,由北京市人大常委会、天津市人大常委会、河北省人大常委会联合出台《关于加强京津冀人大协同立法的若干意见》,明确表示,构建与协同发展相互适应、相互支撑、相互促进的协同立法机制，加强重大立法项目联合攻关，建立三地轮流负责的京津冀协同立法组织保障机制。①

（二）存在的问题

1."一亩三分地"的思维定式和"碎片化"的治理理念长期占主导地位

目前，京津冀区域的合作多数以北京为中心，合作主体没有形成平等关系。②此次京津冀协同发展上升到国家战略高度，与中央政府的强力推动密不可分。《京津冀协同发展规划纲要》的审议通过，更是从顶层设计层面，明确了京津冀协同发展的目标和各地的发展功能定位，有利于打破三方政府的"一亩三分地"思维。然而，中央的推动，实际上使得京津冀协同发展变为三地四方关系，中央虽然不作为独立的一方参与到京津冀的协同发展中，但三地都要服从中央政府的要求和命令。在某些方面，由于中央利益和作为首都的北京利益之间未有严格界限的划分，因此，一些从中央视角出发的制度设计和政策规定有可能维护北京的利益，而牺牲津冀的利益。③河北省在京津冀协同发展的进程中主要是扮演好服务的角色。这种只服务、不索取无论在河北省领导人还是中央看来都是顺其自然的。但不平等的合作、牺牲一方利益而成就另一方并不是协同发展的本质内涵。此外，长期行政区划体制下的政府惯性思维，各地方政府在跨区域合作治理时考虑地方自身利益、各自为政现象，很难在短时间内有根本的改善，需要一个较长的自我革新和适应过程。

---

① 王涵：《区域协同立法的"京津冀"尝试》，《民主与法制时报》2015 年 5 月 20 日。

② 丛屹、王焱：《协同发展、合作治理、困境摆脱与京津冀体制机制创新》，《区域经济》2014 年第 6 期。

③ 顾梦琳：《去年京津冀 GDP 达 66474.5 亿元占全国 10.4%》，2015 年 7 月 9 日，新浪网（http://news.sina.com.cn/c/2015-07-09/083532089304.shtml? from=wap）。

2. 横向的政府间沟通协商机制不完善

目前，已有的横向沟通协商机制还很不完善，尤其缺乏省级层面的沟通协商机制。并且，已有的协商机制在权威性和协调性方面均显不足。如京津冀发改委区域工作联席会，很难进行省级层面的决策协调。环渤海区域合作市长联席会，多是务虚的合作会议，实际合作效果大打折扣。专项领域的协商合作机制也存在诸多问题。如京津冀及周边地区大气污染防治协作机制，具体协调联络则有北京市环保局下的一个处室来负责，鉴于组成成员的级别和权威性的缺失，其具体运行必然存在困难。

3. 区域合作法规体系建设不足

虽然京津冀协同发展的法制建设取得一定进展，但从协同发展历程可以看出，京津冀间政府合作多靠政府政策文件而非法律来协调各个方面。政策文件的权威性不足和约束力不强，不利于区域合作向深层拓展和建立长效机制。目前，全国性的区域合作法规体系建设还比较薄弱，全国性的区域合作法律法规较为匮乏。中国宪法和地方组织法中关于政府合作的具体规定和条例几乎是空白，法律只明确了各级政府对其辖区内事务的管理及上级机关在跨辖区事务中的角色，没有涉及地方政府间合作的问题。[①] 此外，京津冀的地方协同立法工作也面临挑战。一方面，京津冀在立法上没有形成一些固定的交流机制，缺乏实践经验；另一方面，中国新的《立法法》赋予设区的市地方立法权。京津冀区域内享受立法权的城市多达十几个，如果每个地方都制定各自的法律，必然会加剧多头立法和重复立法。

4. 区域内地方合作的市场功能弱化和社会力量参与不足

相对于市场化程度和发展水平较高的珠三角以及长三角地区，京津冀地区的市场化发展程度较低，市场力量发展较为滞后，国有经济仍

---

① 刘亚平、刘琳琳：《中国区域政府合作的困境与展望》，《学术研究》2010 年第 12 期。

然占据主导力量，经济行为带有明显的政府行为特征，政府对企业的控制力较强，对产业发展首先考虑的是本行政区的利益最大化。相对于国企的强势，京津冀特别是天津和河北省的民营经济发展较为迟缓，知名的大型民营企业较少，其市场力量还不足以打破区域之间利益分割的限制，资金、技术、信息等生产要素难以形成自由流动的区域市场，使得自下而上的京津冀协同发展进展迟缓。另外，在社会组织力量发展方面，京津冀区域由于地处首都及周边，具有特殊的区位，政府力量比较强大且对政治敏锐性较强，对于非政府组织的发育和公民社会的参与，政府的态度比较谨慎，因而缺乏扶持其发育的积极性和动力，导致区域内各种社会组织的发育和发展也相对滞后，难以和政府及企业形成三方互动，进而承担推进区域协同发展的职能。[①]

三、国内外区域间政府合作治理的实践与启示

（一）国外区域间政府合作治理的实践

1.松散性的政府间协议模式

这是一种结构化程度较低的自愿合作模式。区域内城市政府地位平等，并没有一个统一的政府机构来统筹区域内公共事务，主要通过区域间政府相互协商、签订政府间协议来完成都市区内公共事务的治理。政府间协议规定双方或多方协作的主要领域、相互的权利义务等，但其执行主要依靠区域间政府的自觉力，不会单独设立机构来监督协议执行，协议并没有实质的问责效力。如美国纽约大都市区，整个大都市区域内没有一个主导的政府机构来统辖区域所有公共事务，无论是中心城

---

① 丛屹、王焱：《协同发展、合作治理、困境摆脱与京津冀体制机制创新》，《区域经济》2014年第6期。

市、县、还是特区，彼此间地位平等，各自独立，相互之间通过协商来完成大都市区域内公共事务的治理。城市间协议在实现和提供某些服务上是有效率的，但并不适合实现区域范围的协调。①

2. 整体性的区域委员会模式

委员会一般由都市区内不同层级的政府（县、自治市以及特区）通过自愿协商组成，主要目的是加强地方政府之间的交流、合作与协调，统筹管理大都市区范围内的大小公共事务，包括制定区域发展规划、提供公共服务等。区域委员会名称多样，有区域规划委员会、区域联合会、发展特区等。

德国鲁尔地区联合会成立于1970年，是由鲁尔大都市群的53个自治城市联合建立的。虽然这个组织并不是联邦政府、州政府的派出机构或者下属机构，但是对于促进鲁尔区区域化发展发挥了巨大作用。首先，联合会对于本地区统筹规划工作发挥了重要作用。如政府机构的设置、公共服务设施的建设、教育培训问题的解决，都通过联合会在城市群范围内统筹，进一步优化了资源配置。其次，通过联合会解决了区域内一些跨城市、跨地区的大型建设项目。如2010年鲁尔区成功申报欧洲文化城项目的尝试就是典型案例。②

在美国，共有大大小小的区域委员会450多个，并成立了全国性的区域委员会协会。如华盛顿大都市区的华盛顿大都市委员会，明尼阿波利斯—圣保罗大都市区的政府联席会等。委员会设日常管理机构，其人员主要由组成政府的重要民选官员组成，机构运行资金部分依赖于成员政府。美国区域委员会的发展，一定程度上与联邦政府的诱导和刺激相关。联邦政府的法令授予区域委员会制定大都市区发展规划、审查地方政府拨款申请的权利。对那些与大都市区整体规划不符的发展规划，区

---

① 尹来盛、冯邦彦：《中美大都市区治理的比较研究》，《城市发展研究》2014年第1期。
② 《区域协同发展的内部协调机制不可或缺》，《北京日报》2014年7月4日。

域委员会可以予以拒绝，这在一定程度上促进了大都市区的有序发展，消除了地方政府相互竞争所产生的负面影响。

不过，美国的区域委员会在协调大都市区发展方面，也存在权威性不足和效用不足的问题。首先，成员政府可以自主决定加入或退出的自愿性组织性质，加之财政资金不独立，缺乏执行权，导致区域委员会对成员政府有较大的依赖性，甚至受制于成员政府；其次，成员间的平等协商决策达成机制，使得区域委员会一般只关注自然开发和土地使用规划等问题，对诸如低收入住房分配和少数民族歧视等社会问题则尽可能回避。原因在于：区域委员会成员间尽管规模、层级大小不一，但在决策达成方面，大部分委员会采取成员代表制，赋予成员政府一律平等的投票权利和地位。这就要求，区域委员会的工作推进，必须取得各成员政府的支持。而一些成员政府往往基于自身利益，在一些敏感性问题上投反对票或申请退出，致使区域协调工作无法推进。[1]

3. 网络性的协商治理模式

协商治理强调政府与社会的广泛合作，寻求建立区域内互惠、合作和共同发展的网络体系。参与区域治理的主体力量来源于大都市区不同层次政府间、地方公民团体间或各地方政府与私营组织间形成的社会网络。它们组建成区域治理的协作性或合作性组织，采取多种形式来解决区域性公共问题。[2] 其中，最为典型的是美国匹兹堡大都市区的治理模式。匹兹堡是美国的钢都，在美国城市发展中曾经辉煌一时，但高度的资源依赖和严重的环境污染很快让匹兹堡城市发展陷入困境，中心城市逐渐衰败，环境污染问题愈发严重。1943 年，在匹兹堡 150 余位企业精英的努力推动下，旨在集中城市内企业领袖的力量、获得广泛社会支持、推进城市长远规划与发展的社会组织——阿勒根尼社区发展

---

① 刘彩虹：《区域委员会：美国大都市区治理体制研究》，《中国行政管理》2005 年第 5 期。

② 张紧跟：《新区域主义：美国大都市区治理的新思路》，《中山大学学报》2010 年第 1 期。

联盟——诞生。该组织很快与匹兹堡政府达成协议，建立了公私合作关系，通过项目形式，促进区域内环境治理、基础服务设施建设等问题的改善。同年，来自匹兹堡市及阿勒根尼县的 80 个社会团体组成烟雾控制理事会，旨在加强对公众进行治理烟雾的教育。该理事会成立了一个委员会，专门研究新的除烟设备以及无烟燃料的供应情况，并组建了一个执行局，帮助匹兹堡防烟局，致力于推动全县范围内的防烟法令的通过。后来，烟雾控制理事会与阿勒根尼社区发展联盟合并。[①] 与网络性的协商治理模式最大的特点是，强调治理而非管理，强调跨部门而非单一部门，强调协作而非协调，强调过程而非结构，强调网络化结构而非正式结构。[②] 然而，区域协商治理的成功依赖于多种因素，如地方政府人员与社会组织自身的能力，因此，协商治理也面临合作不充分、合作执行不力等尴尬。

（二）中国区域间政府的合作治理实践

1. 中央统筹的区域协作领导小组

由中央出面设立区域发展领导小组，负责确定合作的原则、方针以及重大问题决策。如西部地区开发领导小组、振兴东北等老工业基地领导小组等，都是中央统筹的高层次、跨部门跨区域的工作机制。两个领导小组的层级都比较高，由国务院总理担任组长，副总理担任副组长，领导小组成员包括各部委的主要负责人。领导小组下设办公室，目前都是在国家发展和改革委员会单设机构，具体承担领导小组的日常工作。国务院西部地区开发领导小组成员单位及国务院有关部门设立了西部开发工作联络员，西部 12 个省区市成立了西部开发领导小组及其办公室或西部开发办公室，以此来协调西部大开发的推进落实。在振兴东

---

① 姜立杰：《匹兹堡——成功的转型城市》，《前沿》2005 年第 6 期；郭斌、雷晓康：《美国大都市区治理：演进、经验与启示》，《山西大学学报》2013 年第 9 期。

② 张紧跟：《新区域主义：美国大都市区治理的新思路》，《中山大学学报》2010 年第 1 期。

北地区等老工业基地方面，建立了东北地区四省（区）行政首长协商机制，定期研究协调跨省（区）重大基础设施项目建设、产业布局，以及区域协调发展等问题，并对老工业基地调整改造的重大事项提出意见建议。①

2. 基于地方的行政首长联席会议

行政首长联席会主要负责协调、沟通情况、商定具体问题处理，如我国的长三角、珠三角地区的不同层次行政首长的联席会议等。

（1）长三角经济区的政府间合作实践

长三角地区已经基本形成了层次分明、分工合理的四级区域合作与协调机制。②

第一层是沪苏浙（现在已经包括了安徽）等省市主要领导出席的定期会商机制，主要决定长三角区域合作方向、原则、目标与重点等重大问题。该机制于 2004 年启动。

第二层是常务副省（市）长主持的每年一次的"沪苏浙经济合作与发展座谈会"机制，主要任务是落实主要领导座谈会的部署，协调推进区域重大合作事项。该机制于 2001 年启动。

第三层是每年举办一次的长三角 16 城（现在已经扩大到 22 城）市长参加的"长江三角洲城市经济协调会"机制，主要任务是将宏观的合作目标变成合作专题，在城市之间以专题形式进行不同领域内的合作，主要开展交通、港口、规划、旅游、科技、信息及产权等专题项目的合作，于 1992 年诞生。首批参加的城市有上海、南京、苏州、杭州、嘉兴、湖州、宁波等 14 个，现在已经扩大到 22 个城市。经济协调会制订了章程。常任主席方由龙头城市上海担任，执行主席方由各城市按城市排名轮流担任，常设联络处设在上海市政府合作交流办。

---

① 连玉明：《试论京津冀协同发展的顶层设计》，《中国特色社会主义研究》2014 年第 4 期。

② 薄文广、周立群：《长三角区域一体化的经验借鉴及对京津冀协同发展的启示》，《城市》2014 年第 5 期。

第四层是部门间及行业间的合作机制，长三角城市政府相关职能部门间也建立了联席会议、论坛、合作专题等合作机制。如"长三角道路运输一体化联席会议""长三角创新体系建设联席会议"，根据协作发展需要，不定期举行。

（2）珠三角经济区的政府间合作实践

2014 年泛珠三角区域合作行政首长联席会议签署《泛珠三角区域深化合作共同宣言（2015 年—2025 年）》，明确了该地区经济合作的主要协商体制，包括：

行政首长联席会议制度。行政首长联席会议按照轮流承办的方式，每年选定 9 省区一个省会城市或香港、澳门举行一次，研究决定区域合作重大事宜，审议重大合作项目目录，举行双边和多边会晤，务实推进区域合作。

政府秘书长会议制度。在每届行政首长联席会议结束后次月召开专项工作会，主要职责是督促落实行政首长联席会议议定事项，协调推进重大合作项目进展，组织有关单位联合编制推进合作发展的专题计划，并向行政首长联席会议提交区域合作进展情况报告和建议。在每届行政首长联席会议前，召开秘书长协调会议，商议行政首长联席会议的地点、内容和形式。

设立泛珠三角区域合作行政首长联席会议秘书处，负责区域合作日常工作，泛珠秘书处设在广东省发展改革委。合作各方分别在发展改革委设立推进泛珠三角区域合作工作办公室，香港、澳门特别行政区由特区政府确定相应部门负责。

建立部门衔接落实制度。各方责成有关主管部门加强相互间的协商和与泛珠秘书处的衔接，对具体合作项目及相关事宜提出工作措施，制订详细的合作协议、计划，落实本协议提出的合作事项。

从国内外实践来看，我国区域间政府合作表现出自上而下的较浓厚的行政色彩，上级政府的统筹和同级政府的积极推动是区域间政府合作的主要推动力，非政府组织、企业、个人等在其中的作用还不显著，表达途径还不顺畅。而国外区域间政府合作更多体现的是一种自下而上的发展路径，尽管政府也表现出了积极介入的努力和行动，但比较重视政府间的平等协商合作，也特别重视与公民、非政府组织等的合作。[①]

四、结论和对策建议

凝聚共识，是合作的前提。京津冀协同发展的前提是三地就协同发展的内涵及目标取得共识。目前，随着《京津冀协同发展规划纲要》的通过，京津冀协同发展的顶层设计工作已经打开局面，明确了协同发展的目标和各地的功能定位。在纲要指导下，各地应本着"统一筹划、共同发展、成果共享、责任分担"的思想展开合作，积极构建科学有效的区域协同发展协调机制，打破多年来制约合作的体制机制性障碍，为协同发展提供制度保障。

（一）明确中央层面纵向统筹协调作用和角色

中央层面成立京津冀协同发展领导小组，打破了京津冀协同发展的困境，有效助力京津冀协同发展的全面深化。但中央层面在京津冀协同发展中的作用和角色要清晰和有效地界定，不能单纯依靠中央指令、财政投资的短期方式解决问题，而应通过相关制度和政策调整，来激发市场化解决京津冀区域发展问题的力量。因此，京津冀协同发展领导小组及各相关部委的京津冀协同发展领导小组，其主要功能应放在制度设计和规划的顶层设计上，以及凭借三地各自的发展力量无法解决的一些制度性政策壁垒和规定上。如横向转移支付、央地之间的财税制度安

排、GDP 绩效考核标准、跨区域 GDP 分计和税收分成机制等。①

（二）尽快完善横向沟通协商机制

不同于中央政府的纵向等级协调，横向沟通协商强调区域地方政府之间自行进行协商，主要表现为各级地方政府联席会议。联席会议成员间通过平等谈判和协商，共谋发展大计，协调各自利益，促进区域协同发展。② 主要包括：

第一，建立京津冀协同发展省市长联席会，负责三地协同发展的战略方向、重大政策、重大举措、重大项目的协商，出台协同发展的有关政策，编制共同规划，制定有关法律法规制度等，每年举行一次。联席会领导可由北京市市长、天津市市长和河北省省长轮流担任。主要成员包括各省（市）省（市）长和副（市）省长（各 1—2 名）。联席会下设办公室，由各省市派工作人员组成，以在省市长联席会制闭会期间做好事务的处理和协调、出台共同的政策、督促各地工作的落实、沟通协同发展信息等工作。办公地点设在北京，可以方便与中央保持联络。

省市长联席会下可成立京津冀协同发展专家委员会和顾问委员会，由三省市共同决定人选，包括一定比例的有经验官员、专家学者（聘用）等，主要为促进京津冀协同发展的科学决策提供咨询建议。

第二，完善京津冀省级发改委区域工作联席会。虽然这一沟通协调机制在 2008 年就已启动，但其已开展的工作主要集中在区域工作信息发布、区域经济社会发展、合作和工作进度的信息统计与发布方面。下一步，除承担已有的工作外，省级发改委区域工作联席会应承担起落实省市长联席会工作部署、协调推进区域重大合作事项等任务。每半年举行一次。

---

① 张紧跟：《新区域主义：美国大都市区治理的新思路》，《中山大学学报》2010 年第 1 期。
② 祝尔娟：《推进京津冀协同发展的思路与重点》，《经济与管理》2014 年第 5 期。

第三，建立区、市（县）长层次的联席会议，负责对重点项目进行专项落实。由北京、天津各区（县）和河北主要市（县）的主要负责人组成，任务是将宏观的合作目标变成合作专题，就需要协调的产业政策、产业转移、大型基础设施建设以及环境污染的治理等问题进行协商，并达成有实际约束力实际操作性的行政协议。联席会每年举行一次。

第四，建立部门、行业层次的部门和行业联席会议。如已经建立的京津冀及周边地区大气污染防治协作机制，正在积极筹建的京津冀国土部门联席会、京津冀民政部门联席会议、京津冀交通部门联席会议、京津冀消协联席会议等。部门或行业联席会的成员主要由部门负责人组成，主要工作是完善领域内京津冀协同发展的对口联络及工作联动机制，推动领域内与推动协同发展相配套的政策制度、规范标准和实务流程的完善和制定。联席会可根据工作需要不定期举行。

（三）搭建社会组织参与的沟通交流平台

行业协会、中介机构、研发机构等各种社会组织在区域合作中的作用越来与重要，能够有效弥补看得见的政府之手和看不见的市场之手的不足，在市场失灵和政府失灵同时存在的领域，各种社会组织具有不可替代的作用。[1] 因此，要积极搭建利于社会组织参与京津冀协同发展的沟通交流平台，为社会组织参与京津冀协同发展提供制度化的参与渠道。目前，有一些研究机构组织的合作论坛就是不错的尝试。如由河北省社科联发起，北京市和天津市社科联共同支持的"京津冀协同发展论坛"，首都经济贸易大学主办的"京津冀首都发展高层论坛"等。不过这些论坛多限于学术交流，其影响力有限。

---

① 薄文广、陈飞：《京津冀协同发展：挑战与困境》，《南开学报》2015 年第 1 期。

（四）完善区域合作法制建设

在国家立法层面，要在清理和废除现有不利于区域合作的政策法规的基础上，从顶层设计和专项立规两方面着手，加快推进区域合作法制建设。在顶层设计方面，要加快促进区域协调法、推进区域合作法等法规的研究制定，从战略和全局层面对深化区域合作作出法律约束和安排。在专项法规建设方面，要在妨碍区域合作的各个环节方面形成法律管控：如地区垄断、行政封锁、限制要素流动、实施不正当竞争等领域。同时，对有利于深化区域合作的环节如发挥比较优势、实行合理分工、建立合作信用、理顺区际利益关系等建立法律保障。① 在地方立法层面，尽快完善地方协同立法机制。

（原文载于《国家治理现代化研究》2018 年第二辑）

---

① 范恒山：《关于深化区域合作的若干思考》，《经济社会体制比较》2013 年第 4 期。

协同视阈下中国区域大气污染治理政策工具的优化选择

　　大气污染治理需由不同功能、类型的相关机构或主体，以整体性视野，通过制度安排的创新和政策工具的优化组合，以共同协商与相互合作的方式进行协同治理。然而长期以来，中国属地化治理模式强调独立的"政策空间和裁判权"，强调属地之内"各自为营"的碎片化治理。就区域大气污染治理政策工具作用而言，一方面过度依赖管制型政策工具，另一方面区域政府间横向政策工具协调不足，多种政策工具的协同作用难以实现。政策工具乏力成为中国大气污染形势难以切实好转的重要原因。

　　区域大气污染治理政策工具体系既是简单意义上的"工具箱"，更是具有多重强制程度的工具组合体系。为完善中国区域大气污染治理政策体系，为治理模式变革提供可操作性的指导，优化区域大气污染治理政策工具显得十分迫切。

一、区域大气污染治理政策工具
乏力催生协同型政策工具

现阶段的中国，属地管理、碎片化治理影响到公共利益，成为亟待破解的公共问题，针对碎片化问题作出战略性回应是必要的，其中，政策工具的优化迫在眉睫。中国在区域大气污染治理过程中，政策工具过于简单化和形式化，行政命令手段和管控型工具成为棘手问题应对的主要策略。以强制程度较低的政策工具逐渐取代强制程度较高的政策工具，以协同型政策工具取代管制型为主的政策工具，是大气污染治理成败的关键，也是良好治理达成的重要手段，在此意义上，区域大气污染治理政策工具的优化选择具有重要的现实意义。在日趋注重大气污染协同治理的发展语境下，摸清中国区域大气污染治理政策工具选择的脉络、特征和选择偏好，是实现区域大气污染有效治理的重要抓手。

囿于属地管理模式和"一亩三分地"思维局限，中国区域大气污染协同治理起步晚，效果尚不明显；决策者自身利益最大化的选择偏好导致政策工具之间的割裂和短期效应；治理进程中过度依赖管制型政策工具的运用，政府间横向政策工具协调缺失；市场型、自愿型、混合型政策工具应用不足，多种政策工具的协同作用没能充分发挥；信息整合成本高且信息共享平台缺失；对大气污染的"运动式"治理导致政策工具选择中的"路径依赖"，缺乏变迁与创新动力。需要重视的是，区域大气污染治理政策工具的选择并不是新旧政策工具之间简单的替代关系，良好治理绩效的达成需要政策工具的有效整合与协同。自愿型政策工具的运用激发了社会组织的活力，催生了区域内公民参与意识的觉醒，促进了公民道德水平的提升，可以显著降低管制型和激励型政策工具的实施成本。而管制型政策工具的权威将会使激励型政策工具和自愿型政策工具的治理效果更加明显。激励型政策工具可以激发创新动力，但需强制型政策管控的辅助。

中国区域大气污染治理政策工具的优化选择是一个打破既定选择偏好，破解碎片化治理的过程，也是协同创新、整合创新、不断优化和增进的工具体系建构的过程。对现有治理政策工具体系加以优化，需要引入协同型政策工具手段，最终形成一个内在相互增进、外在相互协调的政策工具箱。在此基础上，致力于打造一种协同型政策工具类型，通过这一政策工具的运用催生出中国大气污染真正意义上的协同治理模式。

二、中国区域大气污染治理政策工具优化选择面临的困境

一是对管制型政策工具的"路径依赖"。从 20 世纪 70 年代至今，国家颁布的大气污染治理相关政策文本来看，以"禁令/规定"以及"空气质量/排污标准"为代表的管制型政策工具成为主导。政策工具文本中突出显示的有"保护""行政"和"部门"出现频率较高，"规定""标准"和"管理"等词汇在文本中广泛采用，表明在中国区域大气污染防治领域中，政府的政策工具更多倾向于行政手段，政策工具具有浓重的管控性色彩；从政策工具比例来看，管制型政策工具比例远远超过市场型和自愿型政策工具。市场型和自愿型政策工具作用十分有限，不同工具类型使用频率严重失衡。管制型政策工具在市场机制不健全、公民社会发育不成熟的状况下被过度采用，具有一定的合理性，但此类工具的过多使用，不仅容易形成政策工具选择上的"路径依赖"，而且影响创新型工具的优化选择，同时造成较高的运行成本。此外，由于区域内大气污染治理政策法规缺失，利益补偿机制匮乏，信息共享安

排不到位，管制型政策工具在区域大气污染治理实践中存在职能交叉、政府间协调不力、部门间沟通不畅等棘手问题，进而导致政策工具失灵，影响了政策执行的效果和力度。

二是政府决策者的选择偏好导致政策工具之间的协同不力和短期效应。一方面表现为决策者政策工具选择偏好方面，缺乏整体性和综合性考量，趋于片面性和单一性。从中国大气污染治理政策工具选择的历史进程来看，不同政策工具类型具有各自的功能特征，也不同程度存在缺陷。政策工具选择过程中，决策者只立足于微观局部，从固有行政单元利益出发，关注单一政策工具的运行功效，习惯以割裂的思维方式选择政策工具，缺乏复合型思维，造成区域政府和部门政策工具之间相互排斥，彼此对立冲突，协同治理陷入尴尬境地；另一方面表现为决策者选择偏好的临时性和不可持续性。实践证明，在需要短期见实效的区域重大空气质量保障活动中，"运动式治理"政策工具的效果颇为明显，在自上而下的这种体制下，可以在短期内达成"突击式"的治理绩效，但该治理工具最大的弊病在于它的短期性、临时性和非常态化。"运动式治理"期间，京津冀及周边地区大量企业停产限产，大量工人放假停工，区域内衍生出大量民生问题和社会矛盾，因而这样的短期行为不具有可持续性。

三是政策工具之间"单打独斗"，彼此之间缺乏有效整合与协同。首先，就政策工具功能来看，强制程度偏高，协同程度和整合程度明显偏低，政府间横向政策工具协调不到位。"属地管理"体制下地方政府各自为政，画地为牢，孤岛现象较为突出，政策工具间呈现出"各自为战"的碎片化特征。区域内地方政府间横向政策工具协同，效果主要体现在"运动式"空气质量保障活动期间，政府间缺乏长效横向工具协调机制。其次，企业、社会组织和公众参与大气污染治理的程度偏低。中国现有管控类政策工具主要依靠政府科层制治理结构的强制性，激励型的政策工具类型单一，灵活性不够，申请流程复杂，执行监管方面乏力，主要以政府补贴、税费调节为调节手段。由于政府集中管制导致价格形成机制不健全，市场配置稀缺资源的决定性作用受阻，难以解决资源开发利用过程中外部成本内部化问题，市场主体技术创新的动力受到挫伤；自愿型政策工具方面，中国的环保 NGO 和第三方评估发展尚处于起步发展阶段，缺乏足够的发展动力和发展空间。社会各方面利益相关者之间缺乏协同治理的理念和彼此信任，社会组织和公众缺乏明确的参与渠道，难以实现有效监督。此外，对公众的宣传教育工作不到位在一定程度上也成为制约公众参与度的主要因素。

四是"行政区行政"体制下的"信息孤岛"现象影响了信息化治理政策工具的共治共享。信息化治理政策工具的协同性缺失成为区域大气污染治理的瓶颈。中国大气污染治理工作的信息主要集中在环境保护部的网站以及《中国环境状况公报》中，地方层面的信息散见于各级环保部门的网站和信息披露中。就现状而言，各地区之间的信息处于零散状态，缺乏协同策略下区域层面的统筹，政府间信息相互屏蔽，信息整合渠道单一，信息共享机制欠缺，信息更新缺乏时效性，最新的治理数据和治理进展情况很难从公开渠道获取。2018 年 10 月初在环境保护部网站"污染防治"—"区域联防联控"栏目中进行搜索，发现最后一次信息更新仍然停留在 2016 年的 5 月 23 日。大气颗粒物源解析最后一次信息更新也同样停留在 2016 年的 5 月 23 日，且自始至终只有一条消息。此外，中国部分区域开始着手搭建大气污染的信息共享平台，出发点很好，但平台整合协同实质性作用并没有发挥出来。区域层面在共享平台上的信息发布内容主要包括各地工作总结、治理进展情况展示以及内部工作信息传输。协同治理亟须解决的污染源无及时获取，污染信息实时通报、联防联控、联合执法等关键性信息并没有实现真正意义上的共享。区域内各行政单元、各个部门的信息管理协同彼此隔绝，相互独立，信息化协同仅仅体现在官方网站对其他政府网站的链接方面，网络跨政府协同、跨部门信息共享、一体化数据库的设想停留在宣传层面，并无实质性推进。区域大气污染治理信息协同共享方面，更多的还是依靠传统的行政公文往来，或仅仅依靠点对点的网络信息传递，区域内政府间网状多点对接的信息共享机制还处于规划设想之中。目前，区域各行政单元陆续出台政策强化大气污染治理信息的监测和收集整理工作，但由于受制于行政区行政下的属地管理局限，利益相关者在自身利益最大化驱使下，难以使信息沟通与共享在同一个平台上达成共识，造成单一行政主体信息监测和收集的成本过高，信息质量得不到保障，区域政府间信息披露和信息共享机制匮乏导致的"信息孤岛"现象成为区域信息化治理政策工具推进的一大障碍。

三、优化中国区域大气污染协同治理的政策工具选择路径

中国区域大气污染治理政策工具的演进是一个动态选择的复杂过程，需要基于协同发展理念，根据政策环境和政策目标的调整不断建构、创新和增进。当前，中国区域大气污染治理政策工具在解决诸多整体性、复合型、系统性微观具体问题时较为乏力，凸显了政策工具的单一和低效。为改观这一状况，应该在充分借鉴发达国家政策工具建构经验的基础上，结合中国治理现状，优化政策工具的选择。

（一）探索使用具有协同功效的新型政策工具类型。单一类型的政策工具在实施过程中具有一定的孤立性和片面性，而且由于政策权威存在纵向上的压力性和横向上的分散性，使得具有协同功能的政策工具处于"单打独斗"状态。在中国区域大气污染治理实践中，具有协同功能和意愿的政策工具类型在区域或地方层面缺乏用武之地。为整合这些碎片化状态的政策工具权威，有必要组建区域大气污染治理政策工具的协同机构。这一机构要求基于整体性、复合型、协同性的标准，对区域政

府间政策工具加以系统整合设计，协同设计，确保不同类型政策工具在区域内的优化组合，达成区域内治理主体为共同使命相互信任、彼此合作的政策工具创新行动。目前，有关区域大气污染治理的政策工具主要有管制型、激励型、自愿型几种工具类型。当前区域大气污染的严峻形势，亟待建构起与新制度环境相匹配的政策工具治理体系。而基于政策工具之间整体功能和协同效应的新型政策工具——协同型政策工具应该成为应时之举。

（二）强化、优化和细化已有政策工具类型。一是完善管制型的政策工具。不可否认，管制型政策工具体系在推进重点区域空气质量改善方面起到决定性作用。在中国走向工业化和城镇化的关键期，对化石能源的需求不断加大，节能减排的空间逐步缩小，这种严峻形势下不宜用其他工具类型取代管控型政策工具，需要继续发挥管控型工具的强制规制功能，在区域大气污染治理领域采用更加严格的控制标准，采取更加先进的规制策略，提高工具的运行效率。要把工作重心从注重局部个体污染的治理，转变到对重点区域整体高污染、高耗能、高排放行业的总体管控方面来。同时要注重管控型、市场型和自愿型政策工具的协同功效，当三种工具类型协同增效时，再逐步降低管制型政策工具的规制强度。二是优化市场型政策工具。市场型政策工具相较于管制型政策工具具有"效率"上的优势，可从以下两个方面着力优化市场型政策工具：① 一方面，进一步完善和丰富"利用市场"型政策工具。为改变"排污赚钱，治污赔钱"的怪象，应该让排污成本高于排污收益成为常态。主要措施包括：进一步扩大排污收费工具的应用范围，实行差别化排污收费制度；积极推进税收工具与中国税制的整体改革相衔接，将部分"高污染、高耗能"行业产品纳入消费税征收范围；丰富补贴的应用

---

① 赵新峰、袁宗威：《区域大气污染治理中的政策工具：我国的实践历程与优化选择》，《中国行政管理》2016 年第 7 期。

形式。通过"脱硫优惠电价""以奖代补""区域重点节能减排项目补贴"和"绿色采购"等多种形式发挥补贴工具的积极作用；另一方面，推进"创建市场"型政策工具的运用。当前，中国的法律制度和市场机制不完善，不具备排污权交易工具全面铺开的条件。应该在探索建立主要大气污染物排放指标有偿使用和交易制度的基础上，推进区域横向生态补偿工具的使用。区域生态补偿工具的应用，可通过纵向和横向上的财政转移支付来实现。与之对应的是。中国区域大气污染治理实践中，基本采用的是污染者支付的形式，笔者则更倾向于"受益者支付"的形式。通过"受益者支付"形式，可以将治理主体的治理责任、治理任务与治理成本相分离，建立公平的利益补偿机制。三是细化自愿型政策工具。自愿型政策工具是指社会治理主体在治理过程中具有相对独立性，在自愿基础上通过集体行动、多种策略和机制的组合而达成政策目标的手段。作为大气污染治理政策工具体系中的重要组成部分，自愿型政策工具具有不可或缺的辅助和补充功能，这一功能的有效发挥，需要考虑如何与其他工具协同生效，需要针对当前中国自愿型政策工具作用范围有限、主体作用发挥不到位、运用体系不健全等问题，有针对性地对工具加以细化完善：要着力推进节能减排自愿协议在政府和企业间的达成，强化政府的激励引导作用，推进政府节能减排信息公开，让企业和社会组织主动为政府分担更多的社会责任。要着力培育和扶持第三方认证评估机构，从自我约束、监督评估、智库支持等多个方面提升企业、公民和社会组织的参与度，通过推进大气污染治理过程中政府与市场、社会和公民关系的变革促进政策工具的改进和优化。

（三）强化相关部门间合作，整合信息化治理政策工具。笔者研究大气污染治理的政策文本中，大部分文件是由单个国家部门独立颁布的，表明国家各部门之间的协同治理行动较少，机构间的合作关系强度较弱。因而，打破部门间利益格局，打通部门间协作渠道成为信息化政策工具得以推进的重要环节。首先，推动区域大气污染信息共享平台的搭建工作，开发区域大气污染治理信息化政策工具系统。这一信息系统不仅能为区域政策工具选择提供统一的治污数据信息，节省单个主体收集整合信息的成本，而且可以为大气污染监管提供信息技术上的支撑。进一步讲，区域内利益相关者可依托大气污染治理信息系统，平等、顺畅地进行沟通协调，整合创新工具，减少"搭便车"，降低政策工具协调选择的成本。同时该系统可以畅通研究人员和公众了解空气质量、历史数据信息的渠道；其次要强化网络信息技术作为政策工具的整合与创新。对网络支撑技术、网络基础设施和人力资源进行有效整合，简化网络程序和步骤，简化政府治理的程序，搭建一个一体化、标准化的信息平台，使治理环节更加紧凑，治理流程更加便捷，让资源共享的在线治理模式成为常态。平台可以实时公开企业的能耗与排污情况、污染布局以及空气质量评价的相关信息，形成区域大气污染治理的数据信息网络。

（原文载于《中华环境》2018 年第 11 期）

政府向非营利组织购买环境治理服务的实践探索与启示 *

  环境保护与治理是一个全球性的议题，世界各国都普遍关注。随着经济社会不断发展，文明程度不断提升，中国举国上下对环境问题的关注与思考超越以往任何时代，成为政府公共服务和公共政策的重要议题。中共中央总书记习近平在主持第六次政治局学习时曾强调，生态环境保护是功在当代、利在千秋的事业。要清醒认识保护生态环境、治理环境污染的紧迫性和艰巨性，清醒认识加强生态文明建设的重要性和必要性，以对人民群众、对子孙后代高度负责的态度和责任，真正下决心把环境污染治理好、把生态环境建设好，努力走向社会主义生态文明新时代，为人民创造良好生产生活环境。①2015 年新环保法的实施也将中国环境保护和治理工作推上新台阶。

  环境保护与治理一直被认为是具有典型外部不经济性的领域而成为政府公共管理的天然责任，但随着新公共管理思想和治理理论的发展，学术界和实务界均不断推动环境服务过程中提供服务与生产服务之分离，主张通过建构公私伙伴关系、政府购买服务等形式实现非营利组

---

* 本文作者赵新峰、李春。

① 《习近平主持中共中央政治局第六次集体学习》，《人民日报》2013 年 5 月 25 日。

织参与环境保护和治理。

一、政府购买环境治理服务的政策目标

政府购买公共服务的模式在中国已不算新鲜，在养老、教育、医疗、社保等领域都已广泛探索，并取得了积极的成绩。2013 年 9 月 30 日，国务院发布《关于政府向社会力量购买服务的指导意见》（国办发〔2013〕96 号），标志着政府购买公共服务这一模式在国家层面得到认可，并在全国推广开来。但是，就环境治理领域而言，政府向非营利组织购买环境治理服务的探索还相对较少，相关的理论问题与实践困境等都还需要进一步研究探索。2014 年 4 月，财政部国库司发布《关于推进和完善服务项目政府采购有关问题的通知》（财库〔2014〕37 号），明确了政府向社会采购服务项目的具体分类，并将环境服务列为第三类。2014 年 12 月，财政部印发《政府购买服务管理办法（暂行）》（财综〔2014〕96 号），将环境治理列为政府购买服务指导性目录的"基本公共服务"目录。由此可见，中国政府部门已经在积极推动政府购买环境治理服务。通过对相关政策的背景及条款的解读可以发现，政府购买环境治理服务的政策目标主要包括以下几个方面：

（一）核心目标：提升环境治理质量

环境治理质量是政府购买环境治理服务的关键政策目标，是政府引入公益性显著、专业性强、治理效率高、治理效果好的环保型非营利组织参与环境治理的核心目标。随着中国经济转型升级以及进入经济新常态，如何在保证经济又好又快发展的大前提下，保护好国民赖以生存的环境，提升环境治理的质量，成为中国各级政府绿色 GDP 评价的重要指标。但是传统的政府直接治理环境污染的模式，不但效率低，而且效果差。试图通过扩充机构、增加政府雇员的形式来加强环境治理与监督的力量，日益显得不合潮流。与此同时，环境治理涉及诸多专业技术性问题，也需要专业机构的参与合作。吸引非营利组织参与环境治理，有助于发挥其专业及技术方面的优势，提升环境治理的效果，最终提升环境治理的质量。

（二）提升环保资金使用效率

在中国环境问题日益突出的大背景下，中国政府每年需要向环境治理领域投入大量的环保资金。2014年"两会"期间，环保部副部长吴晓青在记者会上提到，"十二五"前三年，我们国家环保的投入力度进一步加大，每年以2000亿元以上的幅度在增加。他用数字加以说明：2011年，全社会环保投入是6026亿元，2012年是8253亿元，占国内生产总值（GDP）的1.59%。2013年，我们预计将超过1万亿元。其中，中央政府的投资，2011年、2012年、2013年全国公共财政节能环保投资的支出分别为2641亿元、2963亿元、3383亿元，年均增长超过了14%。[1]2015年"两会"期间，环保部部长陈吉宁在回答记者提问时提到，过去三年全社会环保的投资每年大概新增1000亿元，不过他同时也指出，目前环保投入还依赖于政府投入，政府投入占比达30%—40%。[2]这些数据表明，一方面中国的环保投入在迅速增长，资金使用效率提升成为继环保投入不足之后的下一个焦点问题，政府向非营利组织购买环境治理服务，通过竞争机制选择更有效的环境治理方式，将有助于提升环保资金使用效率和使用效果；另一方面，政府主导型投入格局的打破，也有赖于非营利组织、市场组织等的积极参与，这些都需要

---

① 《环保部将加大环境治理投入　美丽中国概念受益》，腾讯财经，2014-3-8，http：//finance.qq.com/a/20140308/008981.htm。

② 《陈吉宁：过去三年全社会环保投入每年新增千亿》，光明网，http：//politics.gmw.cn/2015-03/07/content_15028621.htm。

通过政府购买服务的模式予以导入。

（三）推动环保组织和环保技术的发展

运用政府采购刺激技术革新已经成为世界主要国家较为普遍的做法。[1] 就环境治理领域而言，通过政府采购环境治理服务，有助于推动环境治理领域的技术革新与竞赛，同时，也有助于拓展环保组织等的活动空间，增加环保组织发挥作用的机会，提升环保组织的活动能力。目前，中国很多公益性环保组织普遍面临资金紧张的困境，社会捐赠数额不足，政府购买服务可以为公益环保组织提供一定的资金支持，实现双方的合作共赢。

（四）推动政府职能转变与体制创新

自 1987 年提出将"政府职能转变"作为政府机构改革的重点工作以来，中国政府体制历次改革一直将职能转变作为重要目标。政府向社会力量购买公共服务，是切实全面转变政府社会职能、释放和激发社会巨大活力、推进经济和社会事业发展的实现途径。[2] 就环境治理领域而

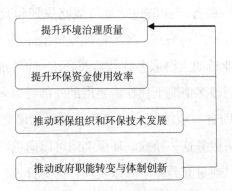

图 1 政府购买环境治理服务的政策目标体系

---

① 朱春奎：《中国的政府采购与技术创新》，《光明日报》2014 年 8 月 9 日，第 6 版。
② 王浦劬：《政府向社会力量购买公共服务的改革意蕴论析》，《吉林大学社会科学学报》2015 年第 4 期。

言，导入政府购买环境服务的模式，将有助于推动政府由直接的服务生产者向环境规划者、间接供给者、服务参与者、监督者的角色转变，进一步推动环境管理部门机构改革。

二、政府购买环境治理服务的内容构成与实践探索

一般来说，政府向非营利组织购买环境治理服务，是指参照市场机制，将原本由政府直接提供的环境治理服务，经由政府采购服务的相关流程，交由具备资质条件的非营利组织承担，政府根据所签订的服务合同以及服务的数量和质量向其支付费用的新模式。

（一）政府向非营利组织购买环境治理服务的内容构成

政府向非营利组织购买环境治理服务，可以在环境治理的很多环节进行嵌入设计。从环境服务产业链的角度来说，可以分为：

1. 政府购买环境治理上游服务

环境治理上游服务产业链包括环境战略规划和政策研究、环境调查与统计分析、环境规划编制、环境标准评价指标设计、环境宣传教育等。环境服务产业链的上游服务往往涉及环境保护的政策规划制定等，政府环境保护部门很多情况下往往需要借助外部智力来共同完成，传统模式下，往往借助自身政策研究室或政府所属的研究院等机构协助完成。通过政府购买服务这一模式，环保部门可以向更广泛的社会机构寻求智力支持，并且通过充分竞争可以实现"更少投入、更好效果"的服务购买目标。

2. 政府购买环境治理中游服务

环境治理中游服务产业链包括水、土壤、固体废弃物等环境治理、生态修复等服务工作，例如湖泊水体污染治理、土壤重金属污染、河流

流域污染治理等等。这一类环境治理服务既需要大规模的资金支持，也需要较强的科学知识和专业技术，环境治理的周期往往也较长，政府购买这一类型环境服务的不确定因素较大，购买服务风险评估工作非常重要，往往只能由较为大型的非营利组织参与。从目前实践情况来看，这一类环境服务领域，政府从企业购买服务的案例相对较多。

3. 政府购买环境治理下游服务

环境治理下游服务产业链包括环境监测、环境治理绩效评估、资源节约保护科技成果推广等服务。这一类环境治理服务由于其需要的资金规模相对较小，项目划分、组合等较为便捷，项目分包可大可小，是非常适合非营利组织参与的一类服务，尤其是许多中小型非营利组织在初期参与政府购买环境服务时大多是从这一领域的工作开始。当前的实践探索也表明，这一类型环境服务是政府购买最多的类型。

（二）政府向非营利组织购买环境治理服务的实践探索

在国家积极推动环境治理和政府购买公共服务的大背景下，各地方政府都在积极探索将政府向非营利组织购买服务导入环境治理服务领域。

1. 江苏"环保部门—事业单位—民间 NGO"间接购买模式。这一模式的特点是环保部门借助其附属的事业单位向民间 NGO 购买环境服务，以解决政府与非营利组织之间的信任问题。① 在环境监测领域，江苏省环保厅是较早推进政府向非营利组织购买环境治理服务的地方政府部门。江苏省环保厅委托省环境保护公共关系协调研究中心，向环保社会组织购买服务。从 2014 年 1 月 1 日—6 月 30 日，用半年的时间，从全省 3 年重点整治的 313 条黑臭河道中，选出受公众关注的 6 条河道。

---

① 组织间信任问题是政府向非营利组织购买环境治理服务过程中需要关注的重要变量，直接影响政府购买环境服务的购买模式选择。

江苏省组织南京绿色家园、南京市绿色青年志愿者协会、南京市建邺区绿石环境教育服务中心、江苏绿色之友、南京莫愁生态环境保护协会、苏州工业园区绿色江南公众环境关注中心等6家环保社会组织，通过实地访问、民意调查、摄影摄像、公益宣传、环境教育等方式对河道的环境综合整治工作进行全过程监督。① 通过政府购买服务，这些参与环境保护的非营利组织增强了参与环境保护的积极性和能动性，从监督汇总的成果来看，被非营利组织监督的六条河流总体情况明显改善，所有河段基本实现了河道整洁、水质正常、散发异味明显减少，居民满意度提升的状况。

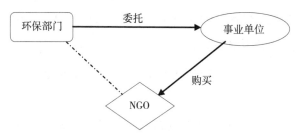

图 2　江苏间接购买模式

2. 贵州"环保部门—NGO"直接购买模式。这一模式的特点是由环保部门直接向非营利组织购买服务，在全国居于前列。清镇市距贵阳 22 公里，不仅是贵阳市的饮用水源地，而且是珠江、长江生态屏障。但同时，区内资源丰富，聚集了许多矿产企业。如何使环境保护与经济发展并行不悖，一直是摆在清镇市政府面前的一道难题。2013 年 12 月 31 日，贵州省清镇市政府与环保组织签订的《公众参与环保第三方监督委托协议》，以购买社会服务的形式，委托贵阳公众环境教育中心，由 NGO 对政府和企业同步开展监督，既监督政府相关环保职能部门依法履行职责的情况，也监督企业安全环保生产与履行环保义务情况。②

---

① 《政府与环保社会组织走向合作》，《中国环境报》2014 年 6 月 17 日。

② 《清镇引入第三方监督环保机制此举开全国先河》，《贵阳日报》2014 年 3 月 6 日。

贵阳公众环境教育中心成立于 2010 年，是一支由人大代表、政协委员以及来自行政机关、司法部门、新闻媒体、学校和城乡居民组成的志愿者公益环境专家团队。结果表明，该教育中心在宣传推广环保知识、监督督促企业整改等方面确实发挥了重要作用，这一购买环境服务模式也被全国媒体广泛关注和报道。

图 3　贵州直接购买模式

3. 宁波"环保部门—群团组织—NGO"购买模式。这一模式的特点是共青团这一群团组织推动促成了环保部门向非营利组织购买环境服务。鄞州区环保局与青年志愿服务及公益性社会组织孵化中心在孵公益组织"守望家园，环境服务中心"签订环保 NGO（非政府组织）公益行动责任书。一年内，鄞州区环保局将向该公益组织支付 7.98 万元，用于"我为家乡护河道"项目，此举为宁波市首创。涉及河道巡查、污染溯源、满意度调查、公众体验、传播／互动 5 方面内容。项目组协同区环保局公众督察团、民间观察员，将在全区 260 条"三河"中定期开展河流巡查活动；在河道"体检"中，对沿河废水异常排放情况做重点关注；并与宁波各高校合作，结合大学生暑期社会实践活动，组织环保社团随机抽取 23 条黑臭河，开展周边社区治水公众满意度调查。在项目执行期间，项目组将建立微信公众平台，根据项目推进程

图 4　宁波购买模式

度发布河道体验报告、季度报告、污染溯源等，并建立与公众的互动关系。①

4. 湘潭"多部门—半官方 NGO"多元购买模式。这一模式的特点是包括环保部门在内的多个政府部门都积极就与环境相关的服务与非营利组织签订委托服务协议。湘潭环保协会成立于 2007 年 6 月 5 日世界环境日，旨在保护湘江流域生态，由于协会领导人部分担任行政机关实职而使协会具有半官方性质。协会在承接市城管局、市委农村工作部的"抗击雾霾、清洁家园、创建文明城市"活动中，组织了 115 名环保志愿者，先后进入 35 个乡镇、街道宣传巡查，发现随意焚烧垃圾 287 次，举报 45 次。志愿者们每天将发现的问题整理成日志，并用短信向所在地县市区党政一把手汇报，督促整改到位。在承接国土局的"第 46 个世界地球日主题宣传周"活动中，100 多名志愿者组成骑行队上街宣传，唤起人们爱护地球、保护家园、节约资源、保护环境的意识；在承接林业局"湿地日"和野生动物保护宣传活动中，给小学生颁发"湿地小使者"胸牌，给志愿者发放"湿地保护"徽章，并开展湖边捡垃圾行动；在承接市能源局"我为城市量体温"—26 度空调节能活动中，协

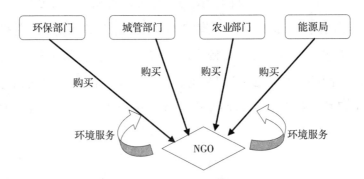

图 5 湘潭多部门购买环境服务模式

---

① 《团鄞州区委推动政府购买公益组织环保服务》，2015 年 4 月 22 日，中国共青团网站，2015-4-21，http://www.ccyl.org.cn/place/news/zhejiang/201504/t20150421_738395.htm。

会组织了 100 多名志愿者顶着烈日，走进身边的 1000 家公共建筑，宣传、劝导、监督"26 度空调行动和公共建筑的节能状况"。①

5. 北京"环保部门—社区—NGO"购买模式。北京市朝阳区在政府购买环境服务方面走在前列，创设的项目有自然之友的"社区垃圾分类创新社区模式"项目和朝阳区农村地区社会工作协会的"绿色生活方式引导"项目。北京地球村环境教育中心在密云县北庄镇开展的生态管护项目，根据"合同外包"协议规定，北庄镇向地球村购买专业服务进行生态建设。作为任务，地球村将协助北庄镇进行生态环境建设与维护，进行清水河管护、镇域内的环境管理、垃圾分类和无害化处理、公路养护、生态管护员管理等工作。

总体来说，各地在探索政府向非营利组织购买环境治理服务方面进行了有益的尝试，主要集中于购买环境治理下游服务，购买模式方面也大多采取独立关系非竞争性购买或依赖关系非竞争性购买模式。② 现有经验表明，政府向非营利组织购买环境治理服务确实取得了一些成效，例如，环境监测能力和效果明显提升，公众对环境治理的满意度大幅度提升；环保型非营利组织的积极性在很大程度上被调动起来，较好地激发了非营利组织参与环保的动力和活力；政府与非营利组织之间的合作逐步融洽，组织间信任度得到一定程度提升，政社良性互动关系的建构取得一定成效。

---

① 《湘潭环保协会推动政府购买服务项目"落地"》，2015 年 6 月 5 日，红网，http：// hn.rednet.cn/c/2015/06/05/3700133.htm.

② 本文购买模式划分参照王浦劬、[美] 莱斯特·萨拉蒙著《政府向社会组织购买公共服务研究》（北京大学出版社 2010 年版）一书，将购买工作模式界分为独立关系竞争性购买模式、独立关系非竞争性购买模式和依赖关系非竞争性购买模式。

三、政府向非营利组织购买环境
治理服务中的主要问题

由于政府向非营利组织购买环境治理服务尚处于初期探索阶段，更多表现出零散、碎片化等特点，系统性、规范性明显不足。具体而言，当前中国政府在向非营利组织购买环境治理服务领域存在以下主要问题与障碍：

（一）"自上而下"与"自下而上"的法律制度建构与引导体系尚未建立起来

目前，中国政府向非营利组织购买环境治理服务仍属于新鲜事物，虽然中央政府相关部门出台了政府购买服务的相关条例或意见，部分地方政府也在积极探索向企业或非营利组织购买环境治理服务的做法，但是法律制度规范仍然落后于实践发展的需要。一方面，虽然政府采购法提到"本法所称政府采购，是指各级国家机关、事业单位和团体组织，使用财政性资金采购依法制定的集中采购目录以内的或者采购限额标准以上的货物、工程和服务的行为"，社会组织完全符合我国政府采购法关于供应商资格的规定条款，可以作为政府采购供应商参与政府采购活动，不存在任何制度障碍的问题，[①] 但在实际操作过程中，政府采购服务工作的关注度和流程完善的程度与政府采购工程、实物等不可同日而语。另一方面，环保部门《政府采购环境服务指导意见》和相关购买目录尚未出台，缺乏自上而下的政策指导，很多地方政府不敢尝试或探索政府购买环境服务，或者操作随意性较大，甚至违规操作。而已在积极

---

① 章辉：《政府购买服务是否适用政府采购法》，《中国政府采购报》2014 年 3 月 18 日。

探索的地方经验又无法通过"自下而上"的形式予以迅速总结和推广，既影响了对实践探索经验的总结，也制约了相关经验的推广。

（二）非营利组织参与环境治理的独立性和能动性不足

政府向非营利组织购买服务的前提条件是有一个数量多、能力强、参与积极性高的非营利组织群体，但是，就环境治理领域而言，中国环保型非营利组织发展态势并不尽如人意。首先，传统体制下诸如环境监测站、环科所等附属于行政机关的事业单位缺乏参与购买服务竞争的独立性、动力与实力，这些机构的重大问题决策权、人事权、财政权等均被掌握在其主管机关或业务指导机关手里，自身不独立，且行政化取向明显，参与市场竞争性服务的动力严重不足，服务效率仍然较低。其次，民间环保型非营利组织发展较为缓慢，与中国社会组织"弱质"体现在组织规模、活动能力等基本属性方面存在先天不足[①] 的情况相似，很多环保组织因为资金、场地、挂靠单位等难以符合民政部门的注册资质而往往成为社会组织中的"黑户"，这既降低了他们的社会信任度，制约了他们获得社会捐赠等相关能力，也限制了他们参与环保活动的日常能力。再次，在华的国际 NGO 与本土 NGO 组织存在组织间信任度偏低的状况，他们很难参与到中国政府购买环境治理服务的过程中。

（三）政府购买环境治理服务的定价机制尚不完善

价格是市场经济中最敏感的要素，定价往往通过供需双方多轮博弈最后确定。但是，环境治理服务领域由于缺乏充分竞争，成本、服务质量等难以有效测定，而且关乎公共利益，难以完全通过市场价格机制来确定。有专家提出在市场定价机制之外，如果仿效市政服务的企业模

---

① 王名主编：《社会组织概论》，中国社会出版社 2010 年版，第 89 页。

式进行政府定价，遵循"保本微利"的原则，定位于 6% 的微利[1]，但这种定价模式往往只适合协助环境监测等环境治理下游服务，适用面非常有限；而对于环境治理中游服务等，由于需要一定资金积累，会影响制约到很多企业参与的积极性。虽然对于非营利组织而言，微利不是阻挡其参与的关键因素，但是定价机制的缺失会导致非营利组织较难参与大规模的环境治理中游服务领域，也难以保持可持续性的投入与参与。此外，政府购买环境服务的资金保障也明显不到位，传统的政府采购流程更为重视政府对工程类产品、实物产品的采购，我国财政资金使用习惯于购买政府部门所需的一般性，即可量化为固定资产的消费品，或是与工程建设相关的工程招标建设服务等，[2] 而对服务类的采购，则因为难以量化、审计困难等原因而不够重视或有意回避，由此也引发采购服务的资金明显不足。

（四）政府购买环境治理服务的评估制度存在明显不足

纵观现有的政府购买环境治理服务的实践探索，大多采取传统的治理绩效评估模式，侧重于环境行政机关的主导评估，或者从科研院校等聘请一定的外部专家进行，这种评价模式的主要问题体现在三个方面：一是评估主体单一化问题突出，以政府官员或专家学者评估为主，而作为环境治理成果最终享有者的社会公众参与较少，导致评估结论全面性、客观性不足，另外，独立第三方评估机制的运用偏少，评估结论客观性、科学性存疑；二是评估指标体系不健全，大多地方政府侧重于环境治理评估的经济类指标，成本收益核算较多，但是社会效益、公共价值的评价较少，加之相关定性评估指标量化难度较大，被采用的概率更低，评估片面化问题较为突出；三是评估流程不够科学严谨，评估主

---

① 李娜：《政府购买环境公共服务，路有多远》，《环境经济》2014 年 8 月 15 日。

② 逯元堂、马春晖等：《政府购买环境服务市场谁来打开》，《中国环境报》2015 年 1 月 13 日。

体遴选与回避机制、评估结果申诉机制等大多没有建构起来。这些在很大程度上制约了政府购买服务绩效评估的科学性、客观性和可信度，也制约了政府购买环境服务的下一步改进。正因为政府购买环境治理服务绩效评估制度不完善，政府在购买环境治理服务时更倾向于购买容易显现政绩的"显性"环境服务，如工业园区废水处理、危险品、废品处置、在线监控第三方运行等政府为地方经济发展而扶持的行业领域，而一些更为关乎民生的基本环境服务，因其属于绩效不容易显现的"隐性"环境服务领域，如城镇区域水环境养护管理、公用土地环境修复、环境监测、环境损害、环境健康风险评估等方面，政府往往关注较少，购买较少。① 要扭转政府购买环境服务的短视化行为，需要重构和完善政府购买环境服务的绩效评估机制，用合理有效的指挥棒来引导其购买行为。

四、推进中国政府购买 NGO 环境
治理服务的对策建议

推进政府向非营利组织购买环境治理服务是未来中国环境治理领域的重要工作取向，结合已有的政府购买公共服务的实践探索以及在购买环境服务领域的经验，有必要着力推动以下几个方面的工作：

（一）加快制定政府购买环境治理服务的购买目录、规范购买流程

鉴于中国在地方试点的基础上，有必要按照自上而下与自下而上相结合的原则，加快制定能在全国逐步推广的环境治理服务购买清单，以推动地方政府在该领域的相关工作。按照中央全面深化改革领导小组

---

① 王建国：《政府购买环境公共服务的几点思考》，《污染防治技术》2015 年第 1 期。

第十七次会议上"允许地方差别化探索"的精神，鼓励各地与环保相关的部门积极探索政府购买服务的工作，并且及时总结经验，按照步步为营、逐层推进的部署不断更新和完善政府购买环境治理服务目录清单，从而推动政府购买服务的全方位展开，既推动非营利组织参与诸如环境监测等环境治理下游领域的工作，也积极参与生态修复和环境规划等中上游领域的环保工作。此外，还要积极规范政府购买环境服务的购买流程，形成指导性的购买流程规范要求和操作细则，使地方政府相关部门在购买环境服务时能够有的放矢。

（二）建立健全政府购买环境服务的责任机制

政府向非营利组织购买环境治理服务，意味着多元主体的参与，同时也就意味着环境治理责任主体多元化，由此可能引发的责任分散，责任追究难度大幅增加，因此在推进政府购买环境治理服务过程中需要尽快按照流程设计的原则，加快完善政府购买环境服务的责任配置机制，将政府购买服务的绩效责任等分配到各个参与主体，同时建立起科学高效的追责机制。目前来看，需要加快推进政府购买服务合同范本的制定，参照《政府采购法》以及传统工程类 PPP 合作模式来建立政府购买环境服务的合同范本，为明晰购买各方的责任①提供参考，以供各地参照和进一步完善。同时，考虑到政府购买环境治理服务往往需要较长时间方能见效，政府与非营利组织之间签订的往往属于不完全契约，因此，有必要建立非营利组织声誉激励机制。声誉激励机制比较适用于机会主义行为，对当事人来说"不值得"，由于信息显示或监督机制较为完备，机会主义行为被发现的可能性很大，并且被发现后的惩罚力度足够大，委托—代理关系是长期的，多次的重复博弈，代理人具有足够

---

① 政府购买服务过程中涉及的责任类型多样，包括民主政治责任、合同法律责任、行政责任，等等。

长的未来预期等等。① 对于政府向非营利组织购买环境治理服务而言，这些条件在一定程度上是能够满足的，通过延长观察时间来加大对非营利组织的观察与责任激励，让长期声誉良好的非营利组织在后续政府购买环境服务领域具有更高的竞标权重，处于更加有利的竞争地位，同时让逃避、推卸责任的非营利组织付出代价，丧失参与空间。

（三）完善政府购买环境治理服务的绩效评估机制

绩效评估是推动组织革新和绩效提升的测度工具和指南针，政府购买环境服务模式的完善有赖于绩效评估及其问题发现、绩效改善对策。当前，政府购买环境治理服务过程中绩效评估机制的完善需要着重完善以下三个方面的工作：一是完善绩效评估的指标体系，在经济指标之外，加大社会指标、民生指标、公益价值指标等的权重，引导政府购买环境治理服务的目的真正服务于经济社会和环境发展的长远需要，而不是某些地方出现的"为购买而购买"的陷阱等；二是完善评估流程，改单纯的结果评估为全程评估，既重视最后的结果产出，也重视过程控制，在不干扰非营利组织工作的前提下，设置好过程控制指标；三是引入 360 度全方位评估模式，重视多元主体参与环境治理绩效评估，尤其是要重视公众的参与评价，建立第三方独立评估机制。

（四）探索多样化的政府购买环境治理服务定价机制

由于环境治理服务类型多样，不同项目的成本构成、利益相关方收益成本核算等情况较为复杂；加之，不同区域经济社会发展水平、人民生活水平、物价水平等千差万别，因此，有必要探索多样化的定价机制。目前，主要的定价机制包括：一是以公共服务项目的劳务成本为主要依据确定购买公共服务价格的方法，适用于劳动密集型的公共服务项

---

① 胡晓雨：《不完全契约下的声誉激励机制》，《知识经济》2009 年第 4 期。

目，如社会福利型公共服务；二是购买价格与平均成本大致相等的平衡定价方法，适用于规模较大、专业性较强的公共服务项目；三是根据社会平均成本加上微利定价方法，主要适用于参与竞标主体较多、竞争较为充分、成本便于测定的公共服务项目。① 环境治理类型的公共服务类型多样，既有小规模的主要依靠劳务的环境监测服务，也有中等规模的环境规划、测评等服务，甚至还有大规模的生态修复等项目，因此，这三种定价法需要根据政府购买环境服务类别及项目特征等灵活加以应用。在此基础上，各地政府还可以进一步探索新的定价策略与方法。与定价相关联的是要加快明晰政府采购服务资金的使用范围，将购买环境服务的资金列入政府预算，并通过预算法等法律形式予以规范和保障。

（五）推动环保型非营利组织力量发展

非营利组织蓬勃发展，是政府向非营利组织购买环境治理服务的前提基础，要加快推动中国环保型非营利组织的发展。一方面，要推进事业单位改革和转制，通过政府购买环境治理服务，推进环保领域的"政事分离"，使行政机关职能更多集中在政策制定、环境规划等领域，实现政府与环境类事业单位之间的逐步脱钩。另一方面，要积极鼓励和扶植民间环保型非营利组织的发展，在挂靠单位设置、免税条款、捐赠收入等方面给予政策引导和支持。最后，还要积极鼓励跨国环保型非营利组织的积极参与，坚持开放性的政府购买服务模式，在遵循国家安全原则前提下，鼓励在华国外 NGO 参与政府购买环境治理服务。

（原文载于《南京师范大学学报》2016 年第 5 期）

---

① 李军鹏：《政府购买公共服务的学理因由、典型模式与推进策略》，《改革》2013 年第 12 期。

京津冀生态环境协同治理中的
生态补偿机制研究
——以京冀生态林建设项目为例*

一、问题提出（introduction）

  2014 年，京津冀区域内的 13 个地级以上城市中，有 8 个城市排在全国 74 个城市空气污染最重的前 10 位，区域内 PM2.5 年均浓度平均超标 1.6 倍以上；按照现状用水水平，京津冀平水年份生态环境用水年均赤字近 90 亿立方米，水污染更是严重；2015 年，中国地质调查局公布的数据显示，京津冀地区有 19.11% 的土壤严重污染。可见，京津冀地区的生态环境形势十分复杂和严峻。加之，京津冀同处于一个气候带，大部分属于海河流域，一体化程度逐步深入，使得单个行政区的环境治理行动陷入"囚徒困境"而无效。因而，推进京津冀区域生态环境的协同治理，共同划定资源的上线，环境的底线，生态的红线，才是打破困境、降低成本、提高效率的区域生态环境治理之道。

  京津冀区域生态环境协同治理的有效性，关键在于三地间利益的

---

* 本文作者赵新峰、李春。

平衡。由于京津冀三地分处于后工业化、工业化后期和工业化中期三个不同的阶段，在发展诉求上极为不同，尤其处于工业化中期阶段的河北，对高污染、高耗能资源的依赖性较强。为激励河北积极参与到区域生态环境的协同治理中，京津必须在河北生态环境治理成本上有所支持，进行全方位多层次宽领域的生态补偿。而为长期共担成本、共享收益，探索具有长期约束性和引导性的生态补偿机制至关重要。

然而，在京津冀协同发展的时代背景下，面对区域生态环境治理中的新形势新任务新问题，如何构建一个既高效契合时代要求，又具有实地可操作性的生态补偿机制，是我们必须面对和解决的大问题。本文以京冀生态水源保护林建设合作项目（本文中简称"京冀生态林建设项目"）为例，分析京津冀之间在区域生态环境协同治理中，如何共同参与、成本共担、收益共享。总结经验，发现不足，推动这一生态补偿机制可复制、可推广。

二、生态补偿机制综述

（一）生态补偿机制的概念界定

生态补偿最初属于自然科学范畴，主要是指生态系统的一种自我恢复能力，后被逐步应用到社会经济领域。由于生态补偿本身的复杂性及研究侧重点的不同，国内外并没有统一的概念界定，如，Allen 等在20 世纪 90 年代，认为生态补偿是"使生态破坏区域功能恢复，或者通过新建生态区域来替代原有生态功能或质量"[①] 的一种途径；而 Wunder 仅仅将生态补偿视为"一种由生态效益提供者遵循自愿、协商原则进行

---

① Allen A O，Feddema J J，"Wetland Loss and Substitution by the Permit Program in Southern California"，*Environmental Management*，1996，20（22），pp.263-274.

土地利用的策略"①。国内比较有代表性的是"生态补偿机制与政策课题组"2007 年的界定：以保护和可持续利用生态系统服务为目的，以经济手段为主调节相关者利益关系的制度安排。② 进一步地讲，生态补偿机制是以保护生态环境，促进人与自然和谐发展为目的，根据生态系统服务价值、生态保护成本、发展机会成本，运用政府和市场手段，调节生态保护利益相关者之间利益关系的公共制度。③ 鉴于"生态补偿机制与政策课题组"这一定义的科学性和权威性，本研究将借鉴这一定义。通过对国内外相关文献的梳理，学者们主要从以下四个方面对生态补偿机制进行研究。

（二）生态补偿主体及补偿对象的研究

国外学者认为生态补偿主体应包括政府组织、市场组织、非营利组织和社区等；国内方面，中国生态补偿机制与政策研究课题组（2007）指出生态补偿主体及补偿对象应根据在特定生态保护／破坏事件中的责任和地位加以确定，具体有破坏者、使用者、受益者和保护者等四类相关利益者。生态补偿对象则需要根据特定生态环境类型进行分类研究：李明阳（2003）、杨晓阳（2007）、王国华（2008）等主要对森林、矿产、海洋等生态要素进行生态补偿问题及对策研究；穆从如（1998）、戴轩宇（2008）等对国内外生态功能区方面的生态补偿展开研究；靳乐山（2004）、陈晓勤（2008）等学者纷纷研究了流域生态的补

---

① Sven Wunder, "Payments for environmental services: Some nuts and bolts", *CIFOR Occasional Paper*, No.42, 2005, pp.3-8.

② China ecological compensation mechanism and policy research group, "China ecological compensation mechanism and policy research", Beijing: Science Press, 2007, pp.2-4, 74-78.

③ China ecological compensation mechanism and policy research group, "China ecological compensation mechanism and policy research", Beijing: Science Press, 2007, pp.2-4, 74-78.

偿对象。

（三）生态补偿标准的研究

作为生态补偿机制的核心要件，生态补偿标准的确定关系到整个生态补偿的科学性和可行性。国际上一般采用生态效益评价法、支付意愿法及机会成本法等方法确定补偿标准。如在支付意愿法方面，Plantinga 等研究了不同补助额度的情形下，农民愿意退耕的供给曲线，并利用供给曲线来预测可能的退耕量和补偿标准。[①] 国内研究和实践也多参照国际上通用的标准核算方法，中国生态补偿机制与政策研究课题组（2007）研究指出，生态补偿标准可参照生态保护者的投入和机会成本的损失，生态受益者的获利，生态破坏的恢复成本，生态系统服务的价值等四个方面进行初步核算。

（四）生态补偿模式的研究

由于划分和研究角度的不同，生态补偿模式多种多样，不存在固定的内容和形式，国际上一般把补偿方式划分为"直接公共补偿""限额交易计划""私人直接补偿"和"生态产品认证计划"等四个类型。万军等（2005）按补偿主体的不同将生态补偿分为政府和市场补偿两大类，政府补偿手段主要有财政转移支付、财政专项基金及重大生态建设工程等；市场补偿手段包括生态补偿费、排污费、资源费、环境税、排污权交易及水权交易等。

（五）支撑性政策法规制度的研究

鉴于生态补偿机制内在机理的复杂性、涉及领域的广泛性及运行

---

① Plantinga A J，Conservation Alig R，Cheng H，"The supply of land for conservation uses：evidence from the conservation reserve program"，*Resources Conservation &Recycling*，2001，（31），pp.199-215.

周期的长期性，既需要注重机制本身的健康运行，更需要其他配套政策法规制度的支撑与保障。万军等（2005）结合我国实际，提出了如下应重点突破的政策领域："制定鼓励生态建设的产业化经营政策，及选择试点地区，开展系统的生态补偿机制与政策实践等"[1]；孙新章等（2006）则强调制定科学的生态补偿优先序是生态补偿政策应调整的方向[2]；在具体的保障性制度上，刘丽（2010）提出了生态补偿经济制度、生态补偿资金管理制度、生态补偿管理制度、生态补偿法律制度与生态补偿社会制度等；在《国务院关于生态补偿机制建设工作情况的报告》（2013）中，相关产权制度、主体功能区规划、生态环境监测评估体系等被划归为生态补偿机制的配套基础性制度。

在国内，有关生态补偿机制的研究已非常丰富，仅通过知网主题查询，就已超过万条的研究文献。但这些研究也多与我国生态补偿具体实践类似，集中于纵向上的研究，横向跨域生态补偿机制的研究还是略显薄弱，尤其针对具有"三地四方"特征的京津冀横向生态补偿机制的研究更显薄弱，现有的相关研究也多倾向于理论建构，缺乏结合京津冀生态补偿实践的机制研究。因而，为更全面、深入、准确地研究分析京津冀生态环境协同治理中的生态补偿机制，基于借鉴概念的界定，依据相关文献的梳理，结合研究案例的实际，笔者构建了生态建设项目的生态补偿机制分析框架（如图1）。

---

[1] Wan Jun, etal, "Study on the policy evaluation and framework of ecological compensation in China", *environmental science*, 2005（02），pp.1-8.

[2] Sun Xinzhang, etal, "The practice and policy orientation of ecological compensation in China", *resource science*, 2006（04），pp.25-30.

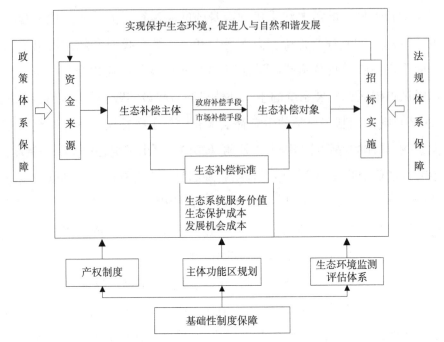

图1 生态建设项目的生态补偿机制分析框架图

三、个案导入：京冀生态水源保护林建设合作项目

本文试图以京冀生态水源保护林建设合作项目为案例，分析区域生态补偿机制运行过程中不同主体之间如何实现共同参与、成本共担、收益共享。

京冀生态水源保护林建设合作项目是近年来我国林业建设史上除国家六大林业工程外，由地方政府自行筹资的跨区域、整流域实施的新型林业生态建设项目之一，具有样板性和典范性。

在世界大城市中，北京缺水问题十分突出，北京的人均水资源占有量为每人每年119立方米，远低于每人每年1000立方米的人均水资源占有量警戒线。为了保护北京生产生活的水源，从20世纪90年代开始，承德和张家口两市关停了大量污染型工业企业，严格限制加工制造业、规模化畜禽养殖以及矿产资源开采加工业的发展，由此造成了巨大的经济损失。

2006年，北京市人民政府与河北省人民政府联合召开了经济和社会发展合作座谈会，并签署了《关于加强经济和社会发展合作备忘录》（以下简称《京冀合作备忘录》）。《京冀合作备忘录》明确，"双方共同规划密云、官厅两库上游生态水源保护林建设项目……北京提供部分建设资金，重点支持河北丰宁、滦平、赤城、怀来4县营造生态水源保护林，并根据实施效果，支持河北省逐步扩展保护林范围……"，京冀生态水源保护林建设设想初露端倪。2008年，北京市人民政府与河北省人民政府召开了深化经济社会发展合作座谈会，并签署了《关于进一步深化经济社会发展合作的会谈纪要》（以下简称《会议纪要》），正式明确了京冀生态水源保护林的建设范围、规模等相关内容。

京冀生态水源保护林建设一期工程（2009—2011年）中，北京市共投资1.5亿元，其中，安排资金1亿元，在丰宁、滦平、赤城、怀来4县营造生态水源保护林20万亩。京冀生态水源保护林建设二期工程（2012—2015年）中，北京市计划投入8.0亿元建设资金，在原有4县的基础上扩展范围，将涿鹿、沽源、崇礼、承德、兴隆5县新纳入工程建设范围，共营造40万亩生态水源保护林。根据规划，京冀将继续按照每年营造10万亩生态水源保护林的规模推进，计划至2019年实现累计造林100万亩的目标。

截至2014年年底，由京冀联合实施的生态水源保护林项目经过6年的建设，已在河北省张家口、承德地区累计建成50万亩水源保护林，栽植苗木4700多万株，建成万亩以上的工程地块14处，项目区森林覆盖率由37.7%提高至41.7%，初步形成护卫京冀水源的"绿色生态带"。同时，根据工程建设要求，配套建设了工程碑（牌）、蓄水池、工程道路等基础设施，切实提高了工程建设成效。

四、京冀生态林建设项目中的生态补偿机制分析

京冀生态林建设项目本身就是一种重要的生态补偿类型，项目的有效实施体现着生态补偿机制运行的内在机理和外化规则，因而，对京冀生态林建设项目中内含的生态补偿机制的分析，具有重要的理论价值和深远的现实意义。本文将依据上文中生态建设项目的生态补偿机制分析框架进行具体情境分析。

（一）生态补偿主体及补偿对象的认定与权责关系

显而易见，在京冀生态林建设项目中，北京是这一项目的最大受益者，即生态补偿主体；河北是这一项目的保护者和实施者，即生态补偿对象，且两地的政府成为项目生态补偿主体及对象的代表。并且，生态补偿对象的认定具有较强的针对性和阶段性：一方面补偿对象并不是整个河北省，而是依据官厅水库和密云水库上游流域主要所在区域，选定张家口和承德两地；另一方面，补偿对象也是根据上游流域具体情况，分期划定，一期选定丰宁等4个县，二期在原来的基础上又扩展逐鹿等5个县。同时，补偿主体和对象间的权责关系明确、落实到位，受益者的北京补偿义务意识逐步增强，补偿资金落实到位；保护者的张承两地也是通过招标积极实施项目工程，严格按照计划完成每年度的生态水源保护林的建设。

（二）生态补偿标准的核算

受制于生态补偿类型的多样性和相关利益者间关系的复杂性，国内并没有统一的核算生态补偿标准的指标和方法。根据本文对生态补偿机制的定义，补偿标准的确定应主要考虑生态系统服务价值、生态保护

成本和发展机会成本等三个方面。但在京冀生态林建设项目中，补偿标准仅仅考虑到了生态保护成本一个指标，即生态保护林建设项目的实施成本，包括苗木采购和栽植成本、作业路修建成本、宣传和标志碑牌建设成本及相应的森林防火和林木有害生物防治设施建设与设备配置成本等。针对京冀生态林建设项目对应的机会成本，及生态林建设完成后产生的生态系统服务价值欠缺考虑；同时，鉴于生态林建设的"三分造、七分管"的特征，为使生态林长期发挥其涵养水源、保持水土、维护生态平衡等功能，相关后期长远的管护成本也应纳入到这一项目的生态补偿标准的核算指标中。

（三）生态补偿模式的运作分析

京冀生态林建设项目的生态补偿模式是典型的政府生态补偿模式，项目的补偿资金来源渠道显得比较单一，完全由北京市财政预算专项安排承担。且这一政府生态补偿模式的运作程序可概述为：首先北京市政府与河北省政府事先达成生态林建设项目的指导性意见，确定补偿范围、规模、标准及资金来源等；其次，北京市政府（由北京市园林绿化局具体负责）将补偿资金转付予张家口和承德市林业局；再次，张承两地林业局将补偿资金转付予目标县林业局；最后，目标县林业局向社会公开招标，由中标单位负责在规划的乡镇（林场、保护区）实施项目工程。

（四）配套支撑性政策法规制度的价值分析

京冀生态林建设项目能够正常开展六年，并计划继续进行下去，其配套的政策法规起到了关键的支撑性作用。如在生态补偿机制的正常运行中，自上而下的支持性政策法规体系很是完善，既有顶层指导性的《京冀合作备忘录》（2006）和《会议纪要》（2008），也有中层承接性的《京冀生态水源保护林建设项目合作协议书》《京冀生态水源保护林建设和森林保护合作项目资金管理办法》和《京冀生态水源保护林建设和森林保护合作项目管理办法》等，又有底层落实性的《承德市京冀生态水源保护林建设合作项目管护办法》及每年度的张承两地具体的《京冀生态水源保护林建设合作项目实施方案》等。

相较于自上而下的政策法规体系，生态补偿机制的配套基础性制度还不能完全满足实际需要。首先，在产权制度方面，尽管没有明确的说明，但是从项目区主要安排在张承地区密云、官厅两水库上游的潮河、白河、黑河、桑干河、清水河流域重点集水区来看，北京实际上认可以上重点集水区产权归属张承两地政府，为实现自身用水安全，改善京冀生态环境，北京愿意向张承两地转付资金进行重点集水区的生态保护林建设；其次，在功能区规划上，张承地区被划定为阻挡西北地区风沙侵袭首都的前沿生态屏障和重要的京津冀水源涵养功能区，功能作用十分明确；最后，在生态环境监测评估体系建设方面，京冀生态林建设项目显得比较滞后，缺乏从经济、社会和生态等多方面监测并评估项目实施效益的监测评估体系。

五、京冀生态林建设项目中生态补偿机制的经验、不足与启示

京冀生态林建设项目已经运行超过六年，既取得了突出的成效，对京津冀区域协同治理、利益共享具有重要的作用，也存在需要进一步完善的地方，这一项目对京津冀整体生态环境协同治理具有重要的启示。

（一）逐步强化基于利益共享型的区域合作治理理念

京津冀地理空间相连、区域经济特征突出，区域间利益互动频次

较高，但以往三地之间利益互补不到位，京津如同"大黑洞"吸纳了河北大量的资源，诸如人力资源、水源等自然资源，等等，河北并未得到应有的补偿，发展严重滞后。京冀生态林建设项目让京津冀之间体会到了"一荣俱荣、一损俱损"的区域命运共同体的概念，并且让彼此协同发展过重的责权利相对明晰。以京冀生态林项目为例，平均每亩生态水源保护林可涵养水源 114 立方米、减少泥沙淤积 2 吨，每年可吸收二氧化碳 635.7 千克、释放氧气 464.1 千克，吸收二氧化硫 11.8 千克、阻滞降尘 1.8 吨。随着林木的生长，项目区生态效益还将不断增加。同时，当地 2000 多名农民通过参与工程建设与管护，实现了绿岗就业，人均年增收 5000 元。[①] 在区域合作逐步密切的情况下，未来可建立跨地区、跨流域的国家公园体制。

（二）项目运营模式由政府主导向政府引导转变

目前，京冀生态林建设项目主要依靠政府规划、财政支持，补偿价格的确定也主要依靠政府部门依托一定的专家智囊来确定，虽然具有效率高的优点，但是，补偿价格等不一定能真实、全面地反映各方的收益与成本。因此，京津生态林建设项目需要着力转变建设机制，由政府主导向政府引导转变，在生态补偿过程中更多引入市场机制、社会机制，一方面可以将传统的政府财政转移支付逐步变为以政府购买服务的机制，引入内部市场竞争机制；另一方面，也可以通过引入市场交易机制，推动林区经济、林下经济发展。

此外，在生态林建设和林木护理等方面，除了政府部门直接参与监督治理，还可以以购买服务的形式，引入 NGO 等社会组织参与，实现专业化的治理。

---

① Fang Hao，Shang Wenbo，"Jing-Ji ecological water source protection forest start second phase"，construction［EB/OL］．http：//www.greentimes.com/green/news/cxlh/lhby/content/2015-07/17/content_310169.htm.

（三）要进一步完善多元投入参与机制

目前京冀生态林的投入主要依靠政府财政，未来应该更多鼓励企事业单位投入、优惠贷款、社会捐赠等其他多元资金渠道。例如，除了传统的财政转移支付外，可以更多地依靠征收汽车尾气碳排放税、高碳能源使用税、区域生态共建共享基金、优惠贷款、政府购买生态服务等形式实现资金补偿。

除了目前均非常重视的资金补偿外，河北与京冀生态林建设项目相关的地区还急需产业扶持、技术援助、人才支持、就业培训等，但是，补偿方式仍未得到应有的重视。未来，可以探索以培训代补偿、以工作代补偿、以投资代补偿、以合作代补偿、以市场代补偿等多元化的生态补偿方式。

六、结论与讨论

通过近七年的合作，京冀两地间建立了高效顺畅的项目协作机制，探索总结了开展合作造林、科技抗旱、养护管理等经验措施和模式。个案分析发现基于利益共享型的区域合作治理理念是基础，项目运营模式由政府主导向政府引导转变，以及要进一步完善多元投入参与机制。下一步研究有必要聚焦于区域协同治理过程中生态补偿机制运行绩效测算以及市场机制、社会机制导入的方式与效果评估。

（原文被 2015 中美公共管理国际会议（ICPA）录用，

CPCI—ISSHP 检索）

参与式预算模式实证研究

——基于黑龙江省巴彦县供水项目的成效分析

一、参与式预算模式分析

（一）参与式预算定义、基本原则、作用与效果

1. 参与式预算

参与式预算是一种创新的决策过程，公民直接参与决策，决定或有助于决定本地区可支配公共资源的最终用处。在决策过程中，通过参与各种会议，公民能够获得分配资源、确定社会政策优先性，以及监督公共支出的机会。[①]

2. 参与式预算的原则

参与式预算的基本原则是民主和善治，旨在将普通民众吸纳到决策过程中来，通过民主参与促进资源的公平分配，激励行政体制改革，实现社会公平。[②]

参与式预算受以下原则的驱动，而这些原则又是参与式预算发展

---

① 陈家刚：《参与式预算的理论与实践》，《经济社会体制比较》2007 年第 2 期。

② 课题组：《参与式预算改革成效评价报告》，《中国发展研究基金会研究报告》2008 年第 10 期。

的原因，民众参与的动力，以及各种组织广泛支持的根据。包括：

（1）参与。参与式预算允许更多的民众成为决策过程的一部分。参与决策的机会与公共资金项目分配相关，这种机会已经使地方政治文化从对抗性策略和腐败的政治讨价还价逐渐走向了建设性的讨论和治理过程的公民参与。

（2）平等。参与式预算力图创造一种更平等的资源和政治权力分配机制，其目标在于创造一种新的决策过程，其中参与者享有更多平等的权利，从而能够防止强势集团为私利占有公共资源。

（3）教育。参与式预算的过程就是公民教育的过程。它有助于人们理解怎样成为更优秀的公民，怎样更积极地参与地方治理。

（4）透明。参与式预算能够使政府的支出更公开，决策更透明，政府本身也更负责。它有助于将预算过程向更广大的民众开放，以接受审查，从而减少腐败的机会。

（5）效益。参与式预算的功能还在于能够用最小的资源获得最大的产出。这些产出包括预算资金的分配，更多的公民教育、赋权、社区组织、包容边缘化的社会群体，以及增加新的财政渠道。

此外，宽容、竞争、尊重承诺等原则也受到该模式的足够重视。

参与式预算为中国公共财政体系的构建和完善提供了不可多得的经验：将参与式预算作为政府管理的工具运用到公共决策中去，从基层政府组织开始试行，把预算信息公开放在实践的首位；把参与式预算作为公民政治参与的具体途径，逐步提高公民的公共精神；提高地方政府及自治组织的治理水平。①

3. 参与式预算的作用与效果

参与式预算的作用体现在：一是为公民参与、协同治理、分权和恢

---

① 赵丽江、陆海燕：《参与式预算：当今实现善治的有效工具——欧洲国家参与式预算的经验与启示》，《中国行政管理》2008 年第 10 期。

复公民对政治制度的信任提供了路径和动力；二是致力于以公平为标准的资源再分配，改善了多数被忽略地区的生活状况；三是促进政府的民主决策透明、责任、高效，强化公民对政府的监督；四是自我利益与公共利益的结合，有利于从狭隘的关怀走向更广泛的舞台；五是赋予民众更多的权利，使其自信改变社会现实的能力，从而影响政治决策；六是通过促进交往、倾听、理解和尊重，强化了公民对政治组织的认同，并演化为一股凝聚民心的力量。

参与式预算模式的效果主要体现在以下几个方面：一是有利于增进政府工作透明度。二是有利于提升政府资金使用效率。该模式促使政府把钱花在致力于保障和改善民生的最需要的地方，并且使财政资金真正做到物尽其用。三是参与式预算模式下的预算决策符合公众需求。该模式下，公民不但直接参与公共决策，具体了解预算的过程和内容，而且可以提出自己的主张和建议，并通过投票程序保障决策的公正性。四是有利于加强政府的社会资源管理。一方面促进了基层政府和居委会的沟通，一定程度上改善了政府的工作形象，加强了公众对基层政府的认同；另一方面强化了居民代表的身份和喉舌角色，参与决策的热情得以提升。

从中国社会整体发展来看，公民社会的成长已经要求政府成为一个公开透明和负责任的政府，所以，公共预算的实行、公民的参与是不可避免的发展趋势。依照中国目前的情况来看，政治体制改革需要找到一个比较好的推动点，而公共预算的改革可以是这样的一个着力点。[①]

（二）参与式预算模式的推进方略

近年来，上海市徐汇区、哈尔滨阿城区、哈尔滨道里区、黑龙江巴彦县和江苏省无锡市、南京市、河南的焦作市、浙江的温岭市等地进

---

① 李凡：《温岭试验与中国地方政府公共预算改革》，知识产权出版社 2009 年版，第 11 页。

行了"参与式预算"模式试点，中国发展研究基金会组织力量对该模式进行了研究，把参与式预算工作的实施方略可以归结为四个工作节点和工作阶段：

第一节点和阶段：为居民意见征集阶段，在此基础上形成项目库。居民意见征集可以通过既有的"社区居委会——居民小组长——居民"管理体系进行，有条件的情况下，结合开放意见征集箱、网上意见征集、居民问卷发放等形式进行。

第二节点和阶段：为项目选择阶段，在既有的项目库基础上确定优先建设项目。项目选择模式建议采用"投票模式"进行，在可能的情况下尽量扩大与会代表数量，保证项目选择公平性；居民代表不应局限于居委会干部，应纳入更多的普通居民，尤其是弱势群体代表。项目选择范围应给予较多自主权，由居民代表投票确定不同项目类型先后次序。

第三节点和阶段：为项目的具体实施。这一阶段不建议大规模征求居民意见，可以设置开放意见箱或意见窗口为居民提供方便，不必特意组织居民观摩，项目工程质量的保证可更多考虑专业化运作制度保证。

第四节点和阶段：是项目的验收阶段。项目完工以后的工作是做好质量检验。公共设施建设项目质量评估要纳入正式考核机制，采用相对规范的方法听取居民意见，并将居民意见用于相关部门绩效考核，从而促进项目工程质量的提升

巴彦县是参与式预算试点县。针对农业大县和财政穷县的特点，突出群众意愿、突出民生优先、突出群众急需、突出集中财力解决大问题的原则，推出了参与式预算试验项目。

（三）国内外参与式预算模式的发展现状评述及经验启示

1. 国外模式

"参与式预算"最早在巴西推行，通过让公众直接参与到公共决策的制定当中来，让弱势群体有更多的机会支配公共资源，也在一定程度

上消减了社会排斥，推动了社会公平。

巴西的参与式预算执行模式为直接参与式，市民通过直接参加社区会议发表意见。全年的预算决策分为两轮，首轮从 3 月到 6 月，进行信息传播、初步讨论政策和确认选举代表人数，第二轮从 7 月到 9 月，决定政府在下一个年度要执行的政策和项目，市民参加地区会议，讨论政策和市政工程建议、参观所有被建设的市政工程点，对要执行的市政工程和项目进行投票，选举监督委员会，批准技术计划书。全年的执行过程中，市民还要进行现场项目监督，每周与市预算委员会代表会谈一次。而政府作用在于发布信息、准备技术计划书和合同等文件、监督市预算委员会、行政机构调整等。①

此后，参与式预算模式逐渐扩散到北美、欧洲以及亚洲许多国家和地区，如美国的华盛顿特区峰会、南非的非政府组织预算监控、印度的 DISHA 预算公开和支出跟踪、爱尔兰—社会伙伴关系协议等，成为推动民主制度的重要工具。研究成果较国内成熟，但在推进过程中出现了一些问题，归纳如下：

一是该模式造成了公民对具体公共服务项目的关注。参与者对自身的民主权利、政府财政支出责任、社会公共政策缺乏兴趣，兴趣主要集中在基础公共服务建设工程上。

二是预算讨论的额度、阶段、时限和决策规则，责任、权威和资源的分配方式，参与式预算委员会的构成等由民众决定的方面缺乏制度性刚性约束。

三是由于监督体系不完善和绩效指标体系不健全，造成市政部门、官僚机构力图利用参与式预算来促进其自身的议程，隐瞒关键信息或者弱化监督等。

---

① 课题组：《参与式预算改革成效评价报告》，《中国发展研究基金会研究报告》2008 年第 10 期。

巴西参与式预算推行多步骤的方略，在很大程度上提升了公民的参与面和参与热情，基本公共服务的覆盖面较广，公民的认同度较高。而且，财政运作上的透明与公开增加有效地降低了逃税的行为，政府收益反而得到保障。巴西参与式预算的广泛参与性、公开性、互动性和制度化对世界各国推进参与式民主管理具有重要启示。

2. 国内模式

国内具有代表性的试点为浙江的温岭市，上海市徐汇区，哈尔滨市两区一县，河南焦作市等。在对各模式进行深入研究的基础上，把各种模式的经验与启示概括为：

一是促进公共预算改革。促使政府预算编制更为详细、更为科学。一些地方成立了财政投资评审中心，把投资评审作为安排项目预算、拨付项目资金的重要依据，为保证评审质量，每个项目、每个签证评审人员都必须深入现场，实际测量，以实算量，以量套价。这种做法启示我们：参与式预算确定项目时，要由财政投资评审机构介入。对工程概算和财政预算进行核实，应该是规范参与式预算程序的重要一环。

二是改进政府工作方式。参与式公共预算实现了政府有效率地对公共资金进行合理配置，使资金安排最大限度地考虑公众利益，体现预算的公共职能，过程完全的公开透明体现政府对民生的关注程度，增加了社会公众对政府的满意度，增强了政府的公信力，改善了政府管理公共事务的能力。

三是有序推进民主进程。从参与式预算实践来看，扩大了公民有序政治参与，赋予了居民代表和民众充分的知情权、参与权、表达权和监督权，处处绽放出民主的光彩，各个层面围绕预算进行公开、面对面、有理有据地恳谈，为公民自由、广泛、直接、真切地参与社会公共事务决策、管理和监督提供了新的渠道，也为公民监督政府预算的权力行使提供了新的方式。

四是建立利益诉求的制度性平台。参与式模式的成功取决于：逐步形成科学有效的利益诉求表达机制，建立健全规范的社会协商和对话机制，引导各个社会阶层、社会利益群体和社会成员以理性、合法的形式表达自己的利益诉求，为各利益主体提供充分的表达利益诉求的制度性平台。

五是参与式预算与绩效预算有机结合，实现"绩效状况""公民满意度"与"公民偏好"的对接互动，尽可能减少了"官僚利益"对预算过程的干预、在预算中体现以大多数民众的诉求为核心的公共利益。形成对参与式预算项目科学的教学指标考核体系。

六是多方多元参与，盘活民间资本，实现投融资渠道多样化，行成以政府投入为主，民间组织、企业出资为辅的多元化投融资格局。

国内的参与式预算模式尚处于起步阶段，需要在借鉴国外先进经验的基础上，结合自身国情加以探索和实践。

二、巴彦县参与式预算供水项目分析

（一）项目实施情况简介

兴隆镇原有自来水厂始建于 1985 年，当时设计：用水标准 80 升 / 日 / 人，供水人口为 2.5 万人，日处理水量为 2800 立方米。由于水源深井水质含铁、锰较高，水处理工艺采用了一级除铁、除锰水处理工艺，此处理工艺从水厂运行使用至 2007 年。水处理间以及送水泵房结构已处于危房状态不能继续使用，水处理工艺已达不到除铁、除锰的作用，设备老化，每天早晚供水，水质差，有三分之二的人口要靠异地运水生活，研究者通过对当地居民和自来水厂员工的深度访谈发现该镇饮用水处于危机状态，具体表现在：一是水源严重不足，满足不了城镇居民生活及生产用水需求。二是净水厂从建设至今使用 22 年，因为陈旧腐蚀面临倒塌危险。处理间内水泵功能下降，水处理器材处于失效状态。三是城镇配水管网先天不足、供水能力匮乏，使得现有的供水能力和管网设施满足不了居民的需要和城镇的发展，相当一部分的楼房和居民区供水不足和严重缺水。管线在每年运行过程中跑、冒、滴、漏非常严重。镇内应吃水户为18500户，5.5万人口。能吃上自来水的7750户，2.3万人口。吃不上自来水的10750户，3.2万人口。全镇机关、企业用水，日用水总量应在10000吨，高峰期11000吨以上。而现有设施最大日供水量在2000吨，日缺水量达8000吨，由于供水能力严重不足，自来水公司组建以来，每天只供两次水，给人民群众生产生活带来诸多不便。

鉴于以上现状，经过充分的调研论证，在听取群众呼声的基础上，巴彦县确定了兴隆镇自来水厂改扩建工程为参与式预算试点项目。新水厂设计能力为日供水9000吨，厂区占地面积1140平方米，建筑面积2257.7平方米。其中包括一座900平方米水处理间，一栋800平方米办公楼，一座1000米清水池，消毒间、送水泵房、配电室各一处。新铺输水管线3800延长米，排水管线1800延长米。安排预算1700万元，工程于2007年5月26日正式奠基并全面开工建设，11月29日全部竣工达产。兴隆镇内5.7万人口生活用水、150家企事业单位用水及兴隆镇周边兴乐村等4个村2757户居民生活用水全部解决。

（二）项目实施阶段

该县的参与式预算工作大致分六个阶段进行：

第一阶段主要是健全机构，召开会议，确定优先项目。

第二阶段主要是发布相关信息。主要内容包括：即将实施的项目的概况、建设规模、厂址选择、启动和完成时间、投资估算及融资方案、改造后的社会效益和居民受益情况。

第三阶段为群众参与讨论阶段。一是确定代表，二是召开代表会。代表表决的内容主要包括：是否实施该项目、改造标准、改造时间、大概预算等。

第四阶段是预算审查和实施前的准备。

第五阶段是项目执行和监督。在项目执行过程中，实施部门的工作接受群众代表大会的监督和质询。参与式预算试验领导小组将组织群众代表对项目的实施情况进行集中视察，并向政府反馈意见。试验代表大会负责跟踪项目建设的进展情况，并定期将群众意见反馈给参与式预算领导小组办公室。

第六阶段为评估结果、交换意见、试验总结。一是项目执行结束后，试验区代表大会对试验项目实施情况进行评估，并向县政府相关部门陈述项目评估结果，从而双方交换意见，为下一年度的项目讨论和开展积累经验。二是进行项目实施情况总结。试验结束后，参与式预算试验领导小组办公室将一年以来参与式预算试验工作情况进行全面总结，保留好全部书面材料。

（三）参与式预算供水项目推进的现状分析

1. 推行项目化管理

巴彦县实施参与式预算供水项目，引入了公共决策机制，实现了公共投资项目决策的民主化。在项目立项开始，就将其纳入项目化管理程序：首先，在项目立项时，由中国市政工程东北设计研究院（甲级资格等级）作出了《巴彦县兴隆镇给水工程可行性研究报告》（工程号：07J—0713K）。报告共分为16章，包括工程概述、建设规模、工程方案论证、厂址选择、技术方案、设备方案和工程方案、原料供应、总图、运输与公用辅助工程、节能、节水设施、环境影响评价、劳动保护、安全卫生与消防、组织机构和人力资源配置、项目实施进度、工程招标、投资估算及融资方案、经济评价、研究结论与建议等，并附有效果指标和效果考核方法；其次，在拨款时，巴彦县财政部门和巴彦县水务部门与工程进度结合起来，对项目资金进行单独核算；再次，在结项时进行项目结算，由巴彦县水务部门编制决算，并进行质量验收；第四，有关部门对项目是否取得了预期效果进行了考评，由巴彦县卫生检验检测中心提供原水水质检测报告单，表明达到《巴彦县兴隆镇给水工程可行性研究报告》设计标准。

2. 政府与兴隆镇自来水厂形成委托经营管理方式

巴彦县政府是受托人，将供水职能委托给水务部门，水务部门进一步委托给兴隆镇自来水厂，从而形成多层委托管理方式。巴彦县兴隆镇自来水厂，隶属巴彦县水务局，为企业化管理事业单位，自收自支自负盈亏管理模式，通过供水收取水费运营。原为公益事业，机构改革时，改制定为企业。巴彦县兴隆镇自来水厂1985年筹建成立，建厂20多年来，一直担负兴隆镇城区大部分居民和企业、商户的供水任务。现有在册职工77人，其中在岗职工46人，退休职工14人，停薪留职17人。厂房和办公室面积1003平方米，月供水6万吨，负责7200户居民及110个企事业单位生产生活用水。原水厂目标服务人口为4万人，实际供水人口1.9万人，按人收取水费6.6万元；企事业单位月收水费1.2万元，合计月收入水费7.8万元。

3. 引进成本概念，对供水情况进行量化分析

巴彦县兴隆自来水厂改造前，月支出为9.7万元，包括电费3.2万元/月（电费占33%），职工工资（含退休费）3.7万元/月（仅开档案工资的50%），维修费1万元/月，办公费0.4万元/月，取暖费3万元/年（折合0.25万元/月），税金0.4万元/月，其他支出0.7万元/月。吨水生产成本为1.08元/月，吨水收回0.87元/月，吨水亏损0.21元，月亏损近2万元。

巴彦县实施参与式预算，兴隆自来水厂改造工程，新建处理间、送水泵房、消毒间、锅炉房、清水池变配电间、警卫室和办公室等8栋共计2200平方米。新安装大功率送水水泵5台，反冲洗水泵3台，电动阀门电机50多台，微机操作的自动控制台及手工操作台6台，深水井7眼及相应的配套提水设备7套，消毒设备两台套及采暖运行设备等。

新水厂设计供水能力为 27 万吨 / 月，实际供水 11 万吨 / 月。水厂改造后人员没有变动。改造后水厂的目标服务人口为 5.5 万人，实际供水人口仅为 2.1 万人，每月按人收取水费 7.6 万元；企事业单位月收水费 1.2 万元。合计月收入水费 8.8 万元。月支出为 12.5 万元，其中电费 5.6 万元 / 月，职工工资（含退休费）3.7 万元 / 月，维修费 1 万元 / 月，办公费 0.4 万元 / 月，取暖费 6 万元 / 年、税金 0.6 万元 / 月，其他支出 0.7 万元 / 月。吨水生产成本为 1.14 元 / 吨，吨水仅收回 0.71 元 / 吨，吨亏损 0.43 元 / 吨，月亏损 4.7 万元，拖欠电费 5.6 万元，已经很难维持正常经营。2007 年亏损 27.8 万元，主要是营业总成本高达 120.4 万元，其中电费占了大部分，按非工业生产部门用电为每度 1 元，比工业生产部门高 33%，比农业部门高 1.7 倍。2007 年县水务局补助 25 万元，年末才基本保持了收支平衡。2008 年亏损 46.8 万元，比 2007 年增加 19 万元，营业总成本高达 144.9 万元，其中营业成本 75.1 万元，营业税金 1.4 万元，销售费用 38.2 万元，管理费用 30.2 万元。

4. 对供水状况采用综合方法进行评价

对实施参与式预算，兴隆镇自来水厂的评价以定量分析为基础，以定性分析为辅助，采用综合方法进行评价。对项目绩效评价包括：

（1）确定指标：

一是基本指标：根据项目绩效的特征值和预算目标，包括质的指标和量的指标；二是参考指标：已经达到的效果，主要指投入指标；三是标准指标，即国家和部门规定的指标。

（2）指标体系设计要求：全面、可行、尽量减少重复。

（3）组织专家进行评价和论证。

三、研究目的

本研究选取参与式预算集中供水项目，把该项目划为五个部分，每个部分设定相应的导向指标。主要目的是通过公众对该模式中具体导向指标作用的评价，深入了解居民对该项目的满意度，进一步了解居民对该项目的认知情况、参与情况，对该项目实施过程、实施结果的评价，发现存在的问题，验证该模式的效用，探寻该实验项目的可持续发展和未来前景，为进一步修正推广该模式奠定基础。

四、研究设计

（一）测量工具

为了验证参与式预算模式项目的成效，本研究综合访谈的结果、专家意见和前人研究的成果编制了"巴彦县参与式预算模式工程项目满意度调查问卷"。（调查问卷附后）问卷由两部分组成，第一部分为背景信息，主要包括研究对象的性别、年龄、职业、家庭收入等组成；第二部分又细化为五个具体部分：对参与式项目的认知情况、对参与式项目的参与情况、对该项目实施过程的评价、对该项目实施结果的评价、对该项目发展走向的判断。其中第三部分按照信息公开、对待公民的意见、居民代表作用、确立项目的规范化、项目资金使用的透明度五个方面设计测量项目。第四部分按照满足公民需要、项目的覆盖面的受益情况、对项目实施的整体满意度、对项目工作人员的满意度、对政府效能的评价五个方面设计测量项目。要求研究对象回答认同程度和满意度。计分采用李克特5点量表，1为"完全不认同""非常不同意""非常不满意"，3 为"不确定""一般"，5 表示"非常认同""非常同意""非常满意"。

（二）调查对象取样及基本情况

此部分研究的样本被试者来自巴彦县兴隆镇，样本选取时充分考虑了被试者的基本情况，如性别、年龄、职业、家庭收入、是否居民代表、参与情况、分布区域、受教育程度等因素。

五、供水工程项目的统计分析及结果

此项研究分为两部分：

（一）总体分析部分

1. 各级指标统计结果

根据调查问卷，本研究对回答结果进行了频数统计，各级指标平均得分结果见统计表 1—表 5。

在频数统计结果的基础上，根据认同度、满意度、清楚度，采用李克特 5 点量表，按照 5、4、3、2、1 分别加以赋值。满分为 5 分。计算参与调查的人在各个问题上的平均得分，并且依次计算各级指标的平均得分。其中第一、第二、第五部分按照两级指标加以计算，第三、第四部分按照三级指标加以计算。

表 1　对参与性预算模式的认知表

一级指标	平均得分	二级指标		平均得分
对参与性预算模式的认知	3.99	1.1	对本县推行的参与式预算项目	4.02
		1.2	集中供水工程项目认同度	4.00
		1.3	集中供水工程项目清楚度	3.94

表2 对参与式预算模式的参与情况表

一级指标	平均得分	二级指标		平均得分
对参与式预算模式的参与情况	3.93	2.1	能向政府提出问题，表达意愿	3.87
		2.2	能积极主动参与居民代表的推荐工作	3.87
		2.3	政府对该项目选出比较充分到位	3.86
		2.4	对该改造项目的实施方案百姓可以通过投票表达意愿	3.92
		2.5	对该项目的实施方案居民可以提出方案	3.92
		2.6	百姓提出的方案能及时得到采纳	3.90
		2.7	项目招标过程公开、透明、公正	3.99
		2.8	公民有权对项目的招标过程加以监督	4.01
		2.9	公民对项目实施、工程质量进行了有效监督	4.00

表3 对参与式预算模式项目实施过程的评价表

一级指标	平均得分	二级指标	平均得分	三级指标		平均得分
对参与式预算模式项目实施过程的评价	3.95	信息公开	3.93	3.1	政府通过多种途径公开信息，公民有知情权	3.93
		对待公民的意见	3.96	3.2	政府在实施项目过程中能多方面征求公民的意见	3.96
				3.3	政府实施项目过程中对居民的意见能认真听取采纳	3.95
				3.4	政府实施项目过程中对居民的意见能及时反馈	3.97
		居民代表作用	3.94	3.5	居民代表能够代表全体居民意志	3.93
				3.6	居民代表在普通居民和政府间能起到上情下达的作用	3.96

一级指标	平均得分	二级指标	平均得分	三级指标		平均得分
		确立项目的规范化	3.96	3.7	居民代表通过规范推举程序产生	3.95
				3.8	项目的确立和实施通过公民代表投票来完成	3.98
				3.9	项目的确立和方案执行通过与服务对象的协商来完成	3.96
		项目资金使用透明	3.94	3.10	普通居民或居民代表能够参与项目的预算	3.94

表 4   对参与式预算模式项目实施结果的评价表

一级指标	平均得分	二级指标	平均得分	三级指标		平均得分
对参与式预算模式项目实施结果的评价	3.92	项目的总体效果	3.96	4.1	项目的总体效果	3.96
		满足公民需要	3.99	4.2	项目满足百姓需求方面	3.99
		项目的覆盖面的受益情况	3.94	4.3	项目的覆盖面	3.98
				4.4	居民的受益面	3.90
				4.5	集中供水情况的改善	3.94
		对项目的整体满意度	3.95	4.6	项目的工程质量	3.95
				4.7	政府的努力程度	3.96
				4.8	项目的公平性	3.95
				4.9	项目对生活与环境的改善	4.00
				4.10	项目的流程管理	3.91
				4.11	项目的后续管理	3.94

续表

一级指标	平均得分	二级指标	平均得分	三级指标		平均得分
		对项目工作人员的满意度	3.83	4.12	项目工作人员的整体表现	3.93
				4.13	项目工作人员与公民的协商沟通	3.64
				4.14	项目工作人员对信息的公开和透明情况	3.62
				4.15	对居民意见的反馈情况	3.91
				4.16	项目工作人员的后续管理水平	3.89
				4.17	项目工作人员的服务意识	3.97
		对政府的评价	3.95	4.18	政府的整体形象	3.95
				4.19	政府实施该项目的效率	3.97
				4.20	政府的改革创新精神	3.94
				4.21	政府改善民生的举措	3.93

表5 参与式预算模式项目的发展走向分析表

一级指标	平均得分	二级指标		平均得分
参与式预算模式项目的发展走向分析	3.94	5.1	此类项目可持续发展空间很大	3.81
		5.2	此类项目得到居民的支持和拥护	3.92
		5.3	居民参与此类项目的积极性很高	3.96
		5.4	此类项目需要进一步推广普及	3.90
		5.5	此类项目需要进一步规范和完善	3.97
		5.6	此类项目应该与法律接轨	3.94
		5.7	政府公共服务职能需进一步强化	3.99
		5.8	政府需进一步为居民决策搭建平台	3.97
		5.9	基层政府的工作组织方式应实现转变	3.93
		5.10	民主参与应与民主管理衔接起来	3.96
		5.11	公众要增强参与的主动性	3.98

2. 供水项目结果统计分析

(1) 5 个一级指标得分情况分析

对参与性预算模式的认知平均得分为 3.99，对参与式预算模式的参与情况平均得分为 3.93 分，对参与式预算模式项目实施过程的评价平均得分为 3.95 分，对参与式预算模式项目实施结果的评价平均得分为 3.92 分，对参与式预算模式项目的发展走向分析平均得分为 3.94 分。满分为 5 分的情况下，5 个一级指标得分均在 3.9 分以上，其中对该模式实施结果的评价得分最低，对该模式认知得分最高。

(2) 对于巴彦县推行参与式预算项目的认知

兴隆镇选取的 100 名居民中，对参与式预算项目有 89 人认同或非常认同，认同率为 89%，9 人不确定，不确定率为 9%，2 人不太认同，不太认同率为 2%，平均得分为 4.02 分；对集中供水工程项目认同或非常认同的有 89 人，认同率为 89%，不确定的 9 人，不确定率为 9%，不太认同的 1 人，不太认同率为 1%，很不认同的 1 人，很不认同率为 1%，平均得分为 4.00 分；对集中供热工程项目很清楚、清楚的为 83 人，很清楚、清楚率为 83%，不太清楚的有 15 人，不太清楚率为 15%，不清楚的有 2 人，不清楚率为 2%，平均得分为 3.94 分。

统计结果表明：对于该县推行的参与式预算，公众的认同度较高，但有 11% 左右的人不确定、不太认同，说明该项目需要进一步强化在居民中的影响和宣传。11 人不太清楚、不太认同、很不认同该项目，说明还有相当一部分居民对该项目不太满意，政府推进工作还有不到位的地方，该项目还有改进的空间和必要性。

(3) 公众对参与式预算模式的参与情况

对参与式预算模式的参与情况总体平均得分为 3.93 分。其中 9 个子项目平均得分分别为：能向政府提出问题，表达意愿得分为 3.87，能积极主动参与居民代表的推荐工作得分为 3.87，政府对该项目宣传比较充分和到位得分为 3.86，对该改造项目的实施方案百姓可以通过投票表达意愿得分为 3.92，对该项目的实施方案居民可以提出方案得分为 3.92，百姓提出的方案能及时得到采纳得分为 3.90，项目招标过程公开、透明、公正得分为 3.99，公民有权对项目的招标过程加以监督得分为 4.01，公民对项目实施、工程质量进行了有效监督得分为 4.00。9 个子项目中最高得分为 4.01，最低分为 3.86，其中 6 项低于总体平均得分，3 项高于总体平均得分。公民有权对项目的招标过程加以监督得分最高，政府对该项目宣传比较充分和到位得分最低。

统计结果表明，公众在参与式预算集中供水项目中参与程度方面具有较高的满意度，相当一部分居民尤其是居民代表能参与其中，表达意愿，行使民主权利，也显示了政府为民办事，还政于民的执政理念，这是公众参与政府预算决策方面的良好开端。低于总体平均得分的 6 项需要政府在进一步改进、修正的基础上加强，高于总体平均得分的 3 项分数在 4 分左右，也有较大继续改进的空间。

（4）对参与式预算模式项目实施过程的评价情况分析

此部分划分为三级指标，一级指标总体平均得分为 3.95 分。二级指标中信息公开得分为 3.93，对待公民的意见方面得分为 3.96，居民代表作用方面得分为 3.94，确立项目的规范化得分为 3.96，项目资金使用的透明性得分为 3.94，二级指标得分接近。三级指标得分具体情况见统计表格。

从统计结果来看，兴隆镇"参与式预算"供水项目的实施过程比较规范，获得一定认同。项目信息沟通平台初步建立，民主推选、协商制度、项目资金透明化运作的机制基本建立，居民的作用得到发挥，参与热情得到激发，多数人比较满意。但 5 分为满分，5 个二级指标得分均在 4 分以下，说明该项目实施过程中，政府与公民之间的信息沟通需要进一步加强，项目操作过程需进一步加以规范，项目资金的运作要更加透明。三级指标中得分最低的是信息公开和居民代表作用发挥，说明这方面的工作亟待加强。

（5）对参与式预算模式项目实施结果的评价分析

项目的总体效果得分为 3.96 分。此部分划分为三级指标，一级指标总体平均得分为 3.92 分。二级指标中满足公民需要得分为 3.99，项目覆盖面的受益情况得分为 3.94，对项目的整体满意度得分为 3.95，对项目工作人员的满意度得分为 3.83，对政府的评价得分为 3.95，在二级指标中得分最高的是满足公民需求要素指标，得分最低的是项目工作人员的满意度要素指标。第三级指标中得分最高的是项目对生活与环境改善要素指标，得分最低的为项目工作人员对信息公开和透明情况要素指标。

从统计结果来看，"参与式预算"供水项目的实施效果较好，在一定程度上提升了政府形象，促进了政府执政理念转变，强化了公众对政府的归属和认同。该项目基本满足了长期以来群众希望解决供水问题的强烈愿望，政府在财力紧张的情况下把资金用在了刀刃上。但从整体得分情况看，一级、二级、三级导向指标得分均在 4 分或 4 分以下，整体满意度较高但还不是十分理想，需要巴彦县政府对照各级导向指标满意度得分情况查找原因，积极改进，更好地去满足公民的需求，提高他们的满意度，在居民中树立起亲民爱民、关注民生、以民为本的政府形象。

（6）参与式预算模式项目的发展走向分析

参与式预算模式项目的发展走向总体得分为 3.94 分。认为可持续发展的空间很大的得分为 3.81，认为得到了居民的支持和拥护的得分为 3.92，认为居民参与的积极性很高得分为 3.96，认为该项目应该进一步推广普及的得分为 3.90，认为该项目需要进一步规范和完善得分为 3.97，认为该项目应该与法律接轨的得分为 3.94，认为政府公共服务职能需进一步强化的得分为 3.99，认为政府需进一步为居民决策搭建平台的得分为 3.97，认为基层政府的工作组织方式应实现转变的得分为 3.93，认为民主参与应与民主管理衔接起来的得分为 3.96，认为公众要增强参与的主动性的得分为 3.98。认为可持续发展的空间很大的得分最低，认为政府需进一步为居民决策搭建平台的得分最高。

统计结果显示：公民对"参与式预算"模式抱有信息，充满期待，希望参与，大多数人支持相应认同该模式。但也有一小部分人对该模式抱有观望或怀疑态度。巴彦县政府在探索该模式的过程中积累了经验，打下了良好的基础，需要在科学理论的指导下进一步深化改革、完善体系、创新机制、提高效率，需要进一步大胆实践，规范管理、强化法制，扩大受益范围，为项目的深入拓展和推广创造条件。

（二）分类比较研究

在总体分析的基础上，此部分又把样本分别按照性别、年龄、职业、家庭收入、是否居民代表、是否参加过项目论证等不同标准加以分类，在分别计算其各个导向指标平均得分的基础上，得出结果如表所示：

表6　性别、年龄导向指标平均得分统计

指标＼分类	性别		年龄		
	男	女	18—35	36—55	56 以上
对参与性预算模式的认知	3.94	3.74	4.05	3.97	4.39
对参与式预算模式的参与情况	3.90	3.90	3.93	3.92	4.05
对参与式预算模式项目实施过程的评价	3.89	4.00	3.99	3.95	3.99
对参与式预算模式项目实施结果的评价	3.89	3.93	3.97	3.89	3.96
参与式预算模式项目的发展走向分析	3.94	3.94	3.97	3.94	3.96

表7 职业、居民代表导向指标平均得分统计

分类 指标	职业						居民代表	
	干部	农民	事业单位职员	私营业主	教师	其他	是	否
对参与性预算模式的认知	3.95	4.06	3.82	4.03	4.00	4.17	4.14	3.15
参与式预算模式参与情况	3.97	3.98	3.84	3.98	3.86	3.94	3.99	3.58
对参与式预算模式项目实施过程的评价	3.95	4.02	3.80	4.00	4.06	3.93	4.01	3.58
对参与式预算模式项目实施结果的评价	3.95	3.99	3.75	3.94	3.98	3.96	3.96	3.66
参与式预算模式项目的发展走向分析	3.93	4.02	3.85	3.87	4.01	3.94	3.97	3.75

表8 每月家庭收入、参与预算项目论证导向指标平均得分统计

分类 指标	每月家庭月收入				参与过参与式预算项目论证	
	1000元以下	1001—3000元	3001—5000元	5001—7000元	是	否
对参与性预算模式认知	3.81	4.02	4.33	—	4.00	3.98
对参与式预算模式参与情况	3.84	3.94	4.19	—	3.95	3.93
对参与式预算模式项目实施过程的评价	3.80	3.98	4.18	—	4.01	3.58
对参与式预算模式项目实施结果的评价	3.85	3.92	4.12	—	3.96	3.66
参与式预算模式项目的发展走向分析	3.83	3.96	4.18	—	3.97	3.75

2. 统计结果分析

对参与性预算模式的认知方面男性得分为 3.94, 女性为 3.74, 男性高于女性 0.2 分; 参与式预算模式的参与情况男性和女性得分均为 3.90。对参与式预算模式项目实施过程的评价男性得分为 3.89, 女性得分为 4.00, 女性满意度高于男性; 对参与式预算模式项目实施结果的评价男性得分为 3.89, 女性为 3.93 分, 女性满意度略高于男性, 差距不大; 对参与式预算模式项目的发展走向的评价男性得分与女性得分一样, 均为 3.94 分。

按照年龄划分, 36—55 岁之间的人满意度最低, 56 岁以上的人满意度最高, 18—35 岁之间的人满意度居中。

从不同职业人员得分情况来看: 事业单位职员、干部、私营业主、教师、农民、其他。农民、离退休人员, 下岗职工, 外来务工人员等人的满意度最高, 事业单位职员、干部的满意度最低, 私营业主、教师的满意度居中。

按每月家庭月收入划分, 得分情况为家庭月收入越高, 满意度越高。

居民代表对参与性预算模式的认知、参与、实施过程、实施结果评价得分明显高于非居民代表。

参与过参与式预算项目论证的人对该模式的认知、参与过与没有参与过项目论证的人满意度基本持平。实施过程、实施结果评价、未来走向几个指标参与过项目论证的人得分明显高于没有参与过的人。

3. 结论

一是参与式预算项目的设计和推进应充分考虑服务对象的性别、年龄、职业、收入等特征, 制度设计时充分考虑他们各自不同层次和标准的利益诉求, 项目推进一段时间后, 根据不同的满意度, 对项目的整体设计作出完善和调整。

二是供水项目的推进促进了弱势群体生活质量与水平的改善。农民、下岗职工、离退休人员，外来务工人员等人的满意度最高说明了这一点。但今后该项目应该继续向低收入层次的人群倾斜，吸纳他们的参与，强化他们的认同，激发他们的热情。

三是强化该项目在非居民代表当中的影响，扩大参与面，拓展受益范围。让居民代表更具广泛性和代表性，让更多的人参与到该模式推进的进程中来，让该模式成为真正意义上"让民做主"的项目。

小　结

参与式预算是一项关注民生的创新举措，对于推进政府管理体制改革具有重大的现实意义，体现了公共预算的改革方向，顺应了保障和改善民生、促进社会和谐的时代潮流。在这种创新的决策过程中，居民直接参与决策，讨论和决定公共预算和政策，确定资源分配、社会政策和政府支出的优先性，并监督公共支出，对地方政府公共管理的创新与变革具有重要价值。

本研究从微观和局部入手，对该模式的供水项目加以实证分析，希望以此为突破口，从整体入手，对该模式的制度创新、推进方略、配套措施加以深入探究，完善运行机制、搭建基础平台和主体平台，构建科学完善的绩效评价体系，使参与式政府管理理念、先进的预算理论、科学的发展模式在地方政府公共服务改革实践中得到更充分的推广和运用。

参与式预算模式在中国处于调研和实验阶段，怎样才是符合国情的参与式预算模式，还有许多有待探索明确的地方。特别是最基层的财政部门，既是财政改革最直接的实施者，又是改革阻力最直接的承受者。近年来预算制度改革的作用明显，但从破题到推进，现在已经进入到相对缓慢的发展阶段，要想再度深化则面临瓶颈，较为艰难。面临许多深层次的问题，比如预算管理方式方法与政府运行机制的协调问题；预算制度改革与经济体制改革、民主政治改革的衔接问题等等。要想进一步把预算制度改革引向深入，必须解决这些无法回避的问题。参与式预算的推广和应用也因而提上了日程。

（原文载于台湾《公共事务评论》2011 年第 1 期）

下 篇

整体治理篇

全球治理视角下雄安新区低碳发展战略的整体性选择

一、引 言

从全球范围来看，由于温室气体排放等原因引起的气候变暖和环境污染已经成为威胁人类生存和发展的重大挑战。应对和适应气候变化、探索低碳发展路径，已经成为世界各国关注的焦点。在此背景下，中国政府摒弃了以牺牲资源环境为代价而换取经济暂时繁荣的短视思维，转向以尊重自然、顺应自然、保护自然为发展方向的新理念和新思维。近年来，中国的低碳发展取得显著成效，节能降碳取得实效，产业结构和能源结构调整取得进展，碳汇大幅度增加，低碳试点示范稳步推进，低碳发展成为新常态下中国发展战略的重点。

从国际方面来看，世界经济正经历新旧动能转换，以智能制造、互联网＋、数字经济、共享经济为代表的新产业、新业态、新模式正孕育新一轮产业革命，创新成为引领发展的第一动力。随着《巴黎协定》《2030 年可持续发展议程》等全球性公约的达成，越来越多的国家开始追求绿色发展的可持续道路。世界主要发达国家和新兴经济体开始向绿色发展转型，低碳发展、绿色发展、循环发展成为综合国力和国际竞争的新优势；从国内方面来看，改革开放以来，由于经济发展方式"路径依赖"特征，传统的城镇化过程高碳特征明显，多数城市陷入"高碳锁定"，经济转型升级缓慢，资源环境约束趋紧。据美国能源部二氧化碳信息中心对中国、美国、英国、欧盟、印度二氧化碳年排放量的监测数据，中国 CO_2 排放增长速度达 6.73%，远超出了国际能源机构推算出的 2.03% 的世界 CO_2 排放平均增长量。[①] 中国自 2010 年开始试点建设低碳城市，目前已经启动三批 87 个城市和省区试点，但整体推进效果并不理想。在低碳城市发展过程中，缺乏清晰的城市功能定位，因循单一粗放的模式建设低碳城市，可持续发展的体制机制尚不健全，工业化和城镇化带来的能源刚性需求难以克服，高碳发展还存在较大的惯性，能源结构调整任重道远。从整体性视角来看，城市低碳发展方面单一化、碎片化、孤岛化现象严重，政府、企业、社会和公众协同发展的治理体系亟待健全和完善。

在低碳城市发展的历史进程中，面对合作治理能力偏弱、治理主体单一化、治理政策工具乏力等障碍，中共中央、国务院决定设立雄安新区，这是中国经济和社会转型的破题之作，希望通过这座"未来之城"的建设为中国乃至世界低碳城市建设发展树立样板。雄安新区位处京津冀区域，该区域和珠江三角洲、长江三角洲区域构成了我国三大核心经济区。相较于长三角和珠三角两大经济区，京津冀区域协同发展进程缓慢，尚未释放出最大活力。京津冀区域创新发展的力度、协同发展的程度、开放共享的深度均相对滞后。近年来，北京市难以疏解的"大城市病"问题、河北的"环首都贫困带"问题、京津冀共同面临的"雾霾"等生态环境问题严重制约了京津冀区域的发展。[②] 地处京津冀腹地

---

① 数据来源：美国能源部二氧化碳信息中心（CDIAC）官网，1980—2010 年世界部分国家碳排放量。

② 赵新峰：《京津冀协同发展背景下雄安新区新型治理架构探析》，《中国行政管理》2017 年第 10 期。

的雄安新区，毗邻华北明珠白洋淀，具有承接北京非首都功能疏解的优势，肩负着打造新的经济增长极以及解决"大城市病"问题的双重使命，在"创新、协同、绿色、开放、共享"五大发展理念引领下进行谋篇布局的潜力巨大。这一经济和社会转型的顶层设计，是打造绿色宜居、创新驱动、开放协调发展新引擎的战略举措，标志着京津冀协同发展的国家战略迈出了坚实的一步。

雄安新区自设立以来，受到了社会各界的广泛关注。国家对雄安新区的建设，突出了"高起点、高标准开发建设"的任务，强调了"国际一流"绿色智慧新城的要求，力图"构建蓝绿交织、清新明亮、水城共融的生态城市"。如何避免"大城市病"，如何防止陷入城市发展过程中的"高碳锁定"，如何建设低碳雄安新城成为建设伊始就应当思考的问题。

在全球化治理的进程中，许多国家出台了富有成效的战略举措，通过加强低碳城市建设来优化环境，应对气候变化，取得了丰富的实践经验。本文借助"全球治理"理论的分析框架，力求从不同维度总结分析低碳城市发展国际化的实践经验，探讨全球治理体系下如何整合政府有形之手、市场无形之手、社会组织以及公民等多元主体力量，切实推动雄安新区整体性低碳发展战略的落地实施。

二、全球治理环境下低碳城市整体性发展的战略框架

（一）顺应全球治理趋势的整体性治理理论和实践

全球治理理论是顺应世界多极化趋势而提出的旨在对全球政治事务进行共同管理的理论。"全球治理委员会"指出：治理是个人和制度、公共和私营部门管理其共同事务的各种方法的综合。它是一个持续的过

程，其中，冲突或多元利益能够相互调适并能采取合作行动，它既包括正式的制度安排也包括非正式的制度安排。该定义蕴含了全球治理的基本特征：一是全球治理的本质是对政府权威为基础的传统科层制的战略回应；二是全球治理的系统架构基于多元治理主体和多样化行为；三是全球治理的方略是合作参与、对话协商和协调整合。传统思维模式把政府与市场、公共部门与私人部门、国家与社会、民族国家与国际社会分割开来，全球治理理论的贡献在于打破传统的两分法，把善治看作是共管共治的过程，强调协调整合，把公民社会纳入到政府治理体系中来，把治理看作是推进民主的一种有效现实形式。

在全球治理浪潮冲击下，整体性治理逐渐发展成为一种带有全局性和普遍性的政府治理趋势。整体性治理理论是基于对新公共管理运动所导致的政府部门碎片化以及政府责任模糊化反思与回应，以解决人民生活问题为政府运动的核心，针对全球化、信息化浪潮对政府的不断深入与影响，特别是诸如传统体制下对恐怖主义、SARS 和 H1NI 型甲流等公共卫生事件、环境保护、低碳经济、金融危机、就业、教育、抢险救灾等跨部门、跨专业、跨功能、跨区域甚至跨国界的重大复杂而棘手的民生问题反应迟钝，各自为政，整体效率低下，公平正义价值丧失的状况，整体性治理开出了相应的解决药方。①

"整体性治理"产生的动因是应对全球化带来的冲击与挑战。20 世纪末期，全球化对各区域、各国政府、部门以及个体已经产生深远影响。政府组织面临前所未有的复杂环境和接踵而来的挑战，公共事务的治理层级不断增加，在处理诸如跨界等棘手问题时，以强调专业化、分工、等级制并擅长解决静态公共事务的传统科层制，日益显现出固有的缺陷和局限性。因而，各国政府急需寻找一种站在整体利益之上的合作治理模式，以应对全球化带来的冲击与挑战。希克斯关于治理层级整合

---

① 黄滔：《整体性治理制度化策略研究》，《行政与法》2010 年第 2 期。

的架构中，不仅强调国内各个部门、各个层级、公私部门之间的整合，还重点提到国际事务的整合，这是整体性治理理论对于信息化时代所带来治理全球化的一种战略回应。反映了全球化时代，一些公共事务的影响范围已经超越了国家领土和疆界，公共事务的治理内容中国际事务部分不可或缺并日趋重要。这就要求政府在治理公共事务时要有国际化的视野，不仅要综合考量影响国内政治、经济、文化、社会、生态等方面的各项因素，还要对国际战略层面的诸多因素进行全方位的思考。具有代表性的包括环境保护、公共健康、气候变化、金融危机、贸易保护等国际公共事务，都需要超越狭隘的零和思维，站在人类命运共同体的高度，对原有的治理理念和模式进行整体性架构。

（二）整体性视角下低碳城市发展战略的分析框架

伴随着城市化的发展进程，低碳城市成为城市文明的重要标准。随着"大城市病""垃圾围城"等城市环境问题变得日益严峻，单纯依靠政府权威号令来推动环境保护已日趋乏力。城市低碳化问题提上日程，政府治理模式亟待转变，需要多元主体的合作参与。由此，"整体性治理"理念逐步发展为未来城市治理的方向。"整体性"是在城市公共问题日益突出、人类共同命运日益休戚相关的背景下生发出的诉求，它要求调动整合各类组织机构、多元主体力量，在共同责任和使命下协力推进自然环境、生态文明、绿色低碳城市的有机融合。

在构建中国低碳城市发展战略分析框架时，可以借鉴整体性治理理论和善治理论。解决棘手性和碎片化公共事务需要非单一化的治理方略，基于此，希克斯提出了包括层级整合、功能整合和公私部门整合在内的立体化整合机制模型（见下图1）。① 该模型呈立体状，长、宽、高

---

① Peny6，Dinna Leat. (2002). Kimberly Seltzer and Gerry Stoker. *Towards Holistic Governance：The New Reform Agenda*，New York：Palarave，p.29.

分别代表功能整合、公私部门整合、层级整合，旨在彰显政府治理境界的立体性、多元化、延展性及整体性。

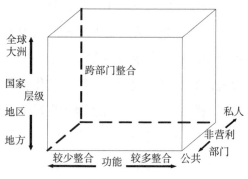

图 1 　立体化整合机制模型

希克斯把整体性治理概括为信任、信息系统、责任感和预算等四个功能性要素。理论优势在于对跨域复杂公共问题应对，实现了跨边界、跨地区、跨组织、跨部门之间的通力协作。俞可平把善治归结为以下基本要素：合法性、法治、透明、责任性、回应、有效性、参与、稳定性、廉洁公正。① 在此基础上，本研究从顶层设计、区域城市合作网络、部门整体协同、特色效应集聚、多元主体合作参与等五个方面重点展开分析：

基于以上核心要素，本文构建了低碳城市整体性发展战略框架（见图 2）：

1. 顶层设计体现系统整体性

从顶层设计上要大处着眼，进行系统性、整体性和协同性战略决策设计。从全球治理的角度，从人类命运共同体的角度，任何一个城市发展都在整体性的环境中，牵一发动全身。低碳城市的建设，不能只将视角局限于低碳城市本身，还应当放眼全球，从城市所在的大环境入手，这里的环境一方面是指自然环境，还有一个重要的方面是治理环

---

① 　俞可平：《绩效与善治》，社会科学文献出版社 2000 年版。

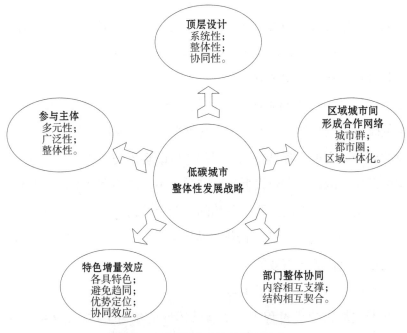

图 2　低碳城市整体性发展战略

境，要考虑城市所在的自然环境和治理环境，进行整体设计和布局，才能够使得低碳城市建设得到可持续发展。

2. 区域城市间形成合作网络

在进行低碳城市建设过程中，区域城市间的相互影响程度最大，因此在区域城市间应当形成更加紧密有效的诸如城市群、都市圈等，进行区域整体治理，实现区域一体化。例如我国的京津冀区域，尽管协同发展遭遇瓶颈，但在低碳城市的建设中，三地城市互相影响互为支撑，都无法脱离临近的环境单独发展，因此，有效的区域合作网络成为低碳城市建设成败的重要因素。

3. 参与部门间形成整体协同

在整体性的顶层设计和区域一体化基础上，建设低碳城市过程中，还应该注重相关参与部门间的协同合作。低碳城市是一个综合的大工程，涉及城市建设的方方面面，在整体性低碳城市规划下面，还需要诸如能源、大气、建筑等方面相关部门的参与共同完成，因此，参与部门间也应该形成合力，高度协同，在工作内容上相互支撑，在工作结构上相互契合，这样才能共同推进低碳城市的整体建设与发展。

4. 特色发展体现增量效应

整体性并不代表同质化，反而更加强调了特色发展。全球视野下，各个低碳城市的自然资源不同、文化禀赋各异、基础条件参差不齐，所建设的低碳城市也是各具特色，但都在低碳理念的引领下，实现了绿色可持续发展。因此，在建设低碳城市过程中，需要秉持共同的低碳绿色理念，但是在具体做法上要避免趋同，避免千篇一律，整齐划一。需要做好各自城市的优势定位，最终形成互补互动、相互增进的协同效应，最大化地释放低碳城市效能。

5. 具有多元化广泛性的参与主体

在低碳城市建设过程中，要有整体性的参与主体，这种整体性并不意味着参与主体的单一性，而是要求参与主体尽可能具有多元性、广泛性和整体性。包括政府、公民、社会组织、企业、媒体、专家智库等在内的多元主体要各自发力，并形成合力。一是发挥政府在低碳城市建设中的主导作用，同时促进治理权力从政府独揽向多元持有变革，为多元主体自主治理创造机会，使之广泛性地参与到低碳城市的建设中；二是要倡导节能减排、绿色经营的企业社会责任，调动排污企业探索绿色发展模式的积极性；三是提升低碳城市建设进程中公民和社会组织的参与度和参与能力。践行低碳生活、低碳交通、低碳办公、低碳社区等方式，最终实现多元主体低碳城市建设能动性的整体性释放。

三、全球治理背景下低碳城市发展战略的整体性态势

从战略高度来看，国际上诸多发达国家基于长远考虑，把低碳发

展、循环发展、绿色发展作为城市发展的未来方向和题中应有之义。城市建设过程中注重把环境资源作为城市发展的核心要素，把人与自然的和谐相处作为价值导向，把经济、社会、生态的可持续发展作为城市发展的目标，把资源节约、环境友好、生态文明作为主要抓手，通过系统设计、整体规划和总体布局，出台具有高度民意基础的顶层设计，将低碳城市发展战略纳入整个国家可持续发展的战略布局当中。统筹考虑低碳城市发展的价值理念、功能定位、机制整合、制度安排、政策工具协同、多元主体参与等核心问题，对城市低碳发展整体性治理模式进行了成功建构，从国家战略层面强化了低碳城市发展的合法性，助力了国家利益最高价值和地方利益基础价值的融合。

（一）国家层面顶层设计的低碳城市整体性发展态势

发达国家在推动低碳城市建设和发展的过程中，首先从国家层面为全国低碳城市发展搭建整体性战略框架，提供法律制度支撑，并结合本国实际制定系统且长远的行动计划和减排目标。

1. 低碳城市的发展战略和整体规划

西方发达国家城市，如弗莱堡、纽约、伦敦和东京等，在推进低碳、循环和绿色发展的过程中，首先从顶层设计层面统筹制定具体战略规划和实施方案。

德国的弗莱堡市素来享有"绿色之都"的美誉，是德国绿色发展、低碳发展、可持续发展的标杆，该城市把自然风光、高新技术、文化艺术、低碳生活、绿色生活、品质生活融为一体。早在 20 世纪 80 年代，弗莱堡就致力于节能环保技术的推进。90 年代以来，为保证空气质量，该市进行了周密的规划和部署，出台了空气质量保护计划，制定了相应的城市交通发展规划。计划和规划涵盖了废气排放纪录系统、设置"臭氧电话"、完善城市公交设施等卓有成效的举措。该市发布的《气候保护理念》提出 2010 年前二氧化碳排放量降低 25%，核电减少一半以上。

2007 年,该市把目标调整为 2030 年前把二氧化碳排放量降低 40%。

纽约的低碳发展战略规划主要体现在《纽约规划 2030 气候变化专项规划》中,该战略规划对于纽约市 2020 年和 2050 年气温、年降水量、海平面上升以及热浪、特大暴雨以及沿海地区洪水等可能出现的情况均做了预判。[①] 纽约市还细化了具体目标,要求整个城市 2030 年温室气体排放量相对于 2005 年减少 30%,政府部门 2017 年相对于 2006 年减排30%。该规划也提出气候变化减缓和适应以及绿色增长等问题,成为纽约市未来可持续发展的核心战略。2006 年纽约市成立了长期可持续发展市长办公室,专门负责"规划纽约 2030"的更新、修订,以顺应时代和形势发展。

2007 年,英国伦敦公布了《市长应对气候变化的行动计划》,设定了 2025 年二氧化碳排放量减少 60% 的目标。这些战略和计划详细勾勒了未来伦敦城市可持续发展的方向和策略,对于主要的时间节点加以设定,并把战略实施重点集中在发展再生能源、推广低碳技术、倡导低碳生活、推广低碳建筑、发展低碳交通以及强化公众参与等领域。

2007 年,东京市政府发布了《东京气候变化战略——低碳东京十年计划的基本政策》,制定了以 2000 年为基准,到 2020 年减少 25% 温室气体排放的目标。其计划的执行包括交通减排、政府节能以及居民生活节约等多个方面。[②] 低碳东京的策略涵盖四个方面:一是帮助私人企业积极行动减少二氧化碳排放,推行限额贸易系统,为企业提供多种减排工具;二是在家庭中推行二氧化碳减排;三是减少由城市发展产生的二氧化碳排放,新建城市公共设施要符合节能标准,新建建筑物的节能必须高于当前标准;四是减少交通领域产生的二氧化碳排放,推出便于省油汽车推广的规则。

---

① 程厚德、李春:《善治视野下的国外低碳城市发展经验及启示》,《中国行政管理》2014 年第 11 期。

② 刘峥:《走向低碳城市的行动路径》,《城市建设理论研究》2012 年第 29 期。

2. 低碳城市发展的法律和制度基础

英国和日本均实施推进了国家层面的法律和制度建构，为其绿色低碳型城市建设提供了法律和制度基础。2003 年，英国率先在《我们能源的未来》白皮书中提出"低碳经济"，[①] 强调提高生活质量应该从转变生产生活方式入手，降低资源消耗，提升资源利用效率，改变以牺牲环境为代价换取经济发展的增长方式。2008 年英国通过《气候变化法案》，在全球率先出台了致力于减少温室气体排放、推进低碳发展的战略规划，形成了完备的法律体系。该法案设定了到 2050 年英国二氧化碳排放量比 1990 年减少 80% 的具有法律约束力的目标，建立了碳预算制度，成立了气候变化委员会的法定独立机构，并对气候变化影响评估、碳交易、为应对气候变化提供支持等作出规定。[②] 日本方面，《节能法》早在 1979 年生效，经多次修改后现已覆盖工厂、运输、建筑、机械器具等四大主要能源使用领域，并推出了领跑者制度。此外，《循环型社会形成基本法》《再生资源利用促进法》《建筑材料循环利用法》《绿色采购法》等 21 世纪初确立的法律法规进一步带动了日本节能性法律体系的形成。[③]

3. 低碳城市发展的行动计划和减排目标

在低碳城市发展的具体规划和目标设定上，英国、德国和日本作出了积极示范。2009 年，英国出台了《英国低碳转型计划》，成为当时发达国家中应对气候变化最为系统全面的政府白皮书。其中，计划中低碳转型涵盖了电力行业、家庭与社区、工作场所、交通系统以及可持续的农场与土地管理等领域，并提出到 2020 年将碳排放量在 1990

---

① Department of Trade and Industry (DTI). UK Energy White Paper: *Our Energy Future-Creating a Low Carbon Economy*, London: TSO, 2003.

② 彭博：《英国低碳经济发展经验及其对我国的启示》，《经济研究参考》2013 年第 44 期。

③ 李昂、常纪文：《日本推进绿色低碳市建设的经验与启示》，《中国经济时报》2016 年 7 月 4 日。

基础上减少 34% 的目标。与该计划相匹配的还有《英国可再生能源战略》《英国低碳工业战略》和《低碳交通战略》等发展战略，为 2020 年二氧化碳减排目标的实现提供了更为具体化的保障。德国方面，联邦政府在 2002 年可持续发展世界首脑会议上提出德国国家可持续战略，规划出低碳发展的总体框架，并指明了政策方向，主要关注气候和能源、原材料的可持续管理等方面。① 德国政府为了实现向低碳经济转型，制定了三个主要的政府中长期规划，分别是欧盟气候变化行动计划（ECCP）、国家能源效率行动计划（EEAP）以及能源与气候一揽子计划（IECP）。② 日本于 2004 年推出《日本 2050 低碳社会远景》的研究计划，并于 2008 年发布了《实现低碳社会的行动计划》，选取横滨、九州、带广市、富山市、熊本县水俣、北海道下川町等 6 个城市作为"环境模范城市"试点。

（二）区域城市间协同的低碳城市整体性发展态势

区域城市间协同主要体现形式是区域城市群。随着经济全球化、区域一体化、城市集群化发展的提速，城市群成为国家参与全球竞争的重要空间载体。世界级城市群均有一个国际公认的世界城市为其中心城市，如伦敦、巴黎、纽约和东京，以这些世界城市为中心形成了对外开放度高、经济引领强、国际影响力大的世界级城市群。③ 这些世界级城市群同样遇到严重的环境污染和生态危机问题，单独某一个城市无法脱离区域环境，无法脱离周边城市群落的生态而独立发展，因此，除了国家层面的顶层设计，具体到某一座城市的低碳建设，都依托于其所在区域以及城市群整体性的生态治理和改善，世界级的城市群在高级阶段主要通过产业结构优化升级、城市低碳转型实现城市经济与生态环境之间

① 赵新峰：《德国低碳发展的善治实践及其启示》，《中国行政管理》2013 年第 12 期。
② 杨圣勤、李彬：《德国发展低碳经济对我国的启示》，《对外经贸》2014 年第 6 期。
③ 陆小成：《世界级城市群的生态特征与演化规律》，《中国城市报》2017 年 10 月 2 日。

的和谐。

日本政府对都市圈进行了全方位的统一规划，东京城市群采取多项节能环保举措，促进绿色城市发展。东京将信息技术充分运用于写字楼、办公室等办公空间，有效减少了二氧化碳排放，造就了绿色的办公环境；千叶县采用最新 IT 技术和太阳能、生物学发电技术，在利用城市未利用能源的同时，构筑可整合每栋建筑物的能源管理系统，使整个地区的发电量及耗电量状况实现可视化，从而实现全面节能。纽约城市群普遍开展了智慧城市建设，借助智慧城市大数据实现大气污染联防联控。首尔致力开展绿色项目，构筑环境友好型都市圈，通过设计建造城市花园增加碳汇①，通过实施智能计量项目，为家庭、办公机构、企业主提供其水电气消费量实时报告，报告以货币单位形式给出，辅以具体的消费模式，以及如何调整这些模式以便节约能源消费的方法，此法目的在实现城市总能源消耗降低10%的目标②，推进区域城市群层面的协同互动，共同实现低碳城市的建设。

（三）相关部门协同合作形成合力的整体性发展态势

各个国家在完成低碳城市顶层设计后，不但需要展开区域城市群层面的协同共建，也需要低碳城市建设相关部间的协同。这个经验在各国建设低碳城市的经验中也是相通的。因为低碳城市的建设是一个综合过程，涉及城市的方方面面，涉及城市建设的各相关部门。例如能源、建筑、交通、社区、产业等。如上文提到的首尔绿色项目，就涉及了对水电气消费量的计量，涉及了水电气各个有关部门的协调联动，形

---

① Hyun-Kil Jo，Jin-Young Kim，Hye-Mi Park. "Carbon reduction and planning strategies for urban parks in Seoul，*Urban Forestry & Urban Greening*，Volume 41，(5.2019)，pp.48-54.

② 李强：《信息化推进世界主要都市圈及城市群发展研究》，《世界信息化发展报告》，社会科学文献出版社 2015 年版。

成整体的消耗情况报告，进而找到从根本上进行综合节能的措施；又如千叶县的整体性节能项目，也是通过对建筑进行减排，有关新能源部门和企业共同加入，才得以形成合力，最终达到理想效果。

（四）突出特色增量效应的低碳城市整体性发展态势

区位资源、经济水平和人口素质等因城而异，低碳城市建设自然也需要因城施策，选择契合自身实际的建设领域，突出低碳特色对于城市发展至关重要。自行车之城哥本哈根结合自身实际大力发展绿色交通，倡导市民低碳出行，提出到2015年，全市85%的机动车为电动或氢气动力汽车。除此之外，哥本哈根还大力提倡"自行车代步"，建设自行车城。在哥本哈根市内，交通指挥灯的变化根据自行车的平均速度加以设置。机动车在哥本哈根街道会经常被红灯阻拦，自行车出行则往往是一路畅通，自行车和公共交通成为出行首选。此外，哥本哈根的电力供应大部分采用零碳模式，执行严格的建筑标准，倡导建筑节能，如果没有采取节能方式，哥本哈根的高税能源使用政策，会导致用户付出高额的代价。

斯德哥尔摩则把提升城市机动车清洁能源使用率作为战略重点，向进入市中心的车辆征收拥堵费。城市交通的市政车辆需要通过环保认证，并采用可再生燃料，机动车必须是绿色车辆。市内85%的电动汽车采用可替代燃料，运输服务一半以上由绿色车辆完成。斯德哥尔摩的哈默比湖城业已发展成为低碳生态城市发展的样板，其目标体系涵盖到能源使用、交通体系、垃圾分类、废水处理、建筑材料、空间利用、土壤净化等多个方面，具体目标层面进一步提出了量化标准，这种逐级细化、要求明确的目标体系，助力其成为基于低碳目标开发建设而闻名世界的新城典范；此外，在低碳特色城市建设方面，加拿大的多伦多通过《气候变化：清洁空气和可持续能源行动计划》，积极开展城市森林项目，植树扩林，规划通过专项基金等基础设施项目来着力推广可持续能源；德国的柏林则通过热电联产来实现节约能源和减排目标，现已是世界上区域供热网络最大的城市之一。① 特色增量的整体协同效应在城市低碳发展中日趋突显。

（五）发挥多元主体能动性的低碳城市发展态势

低碳城市建设和发展涉及建筑、能源、交通等多个领域，历经规划、执行、评估等各个环节，必然需要相关利益主体协同合作、集体行动。由单一管制主体向多元主体协同治理转变是整体性治理的主要目标之一，环境保护、低碳城市建设尤其追求参与主体的多元性和广泛性。低碳城市的可持续发展取决于整体性治理体系的建构，没有政府、企业、社会公众的合作参与，没有各个领域的全方位协同，城市实现经济与生态环境和谐发展的目标就难以达成。国外低碳城市建设中，政府不仅注重统筹协调，整体协同推进，还高度重视市场机制、志愿机制，着力促进社会组织和公众的广泛参与，通过多元主体协同在推进低碳城市建设方面形成共同使命和集体行动。

美国的波特兰市在制定《气候行动计划》进程中，充分发动公众参与，聚合民智民力。在行动计划内容设定上，该市把低碳经济作为新的增长点，旨在产生低碳效益更好地惠及全体社会成员尤其弱势群体。旧金山市在推出电力资源计划和可持续发展计划过程中，呼吁公众采取行动减少温室气体排放，并推进政府协同公众、企业和社区共同实现城市减排目标的核心战略。波士顿则在低碳城市建设中发挥非政府组织的能动性方面卓有成效，成立了一个集当地企业、机构和民间领袖的非政府组织——波士顿绿带委员会（Boston Green Ribbon Commission）。绿带委员会通过制定弹性城市与减少碳排放方面的规划来对抗气候变

---

① 单宝：《低碳城市的发展模式与实现途径》，中国行政管理学会暨政府管理创新研讨会论文，2010 年。

暖。在委员会与市政府共同努力下，波士顿通过了相关《气候行动计划》，承诺到 2050 年，实现 100% 碳中性，具体内容包括城市建筑、能源、交通、垃圾减量等方面。荷兰首都阿姆斯特丹积极倡导公民等多元主体参与低碳城市建设。阿姆斯特丹制定的《阿姆斯特丹 2040 年远景规划》，确立了阿姆斯特丹通过可持续发展实现城市转型战略目标与框架，倡导利益相关方的集体行动，鼓励协商对话、公民参与的合作治理模式。规划以打造绿色宜居低碳城市为目标，细化了阿姆斯特丹在空气质量、二氧化碳减排、可再生能源使用、循环经济等方面的近期目标。阿姆斯特丹实施的可持续发展纲领，致力于重塑城市生产、消费与生活方式，追求城市发展品质与居民生活质量，成为欧洲乃至全球最具竞争力和代表性的绿色城市。

四、全球城市治理图式下雄安新区低碳发展战略的整体性建构

雄安新区低碳发展的整体性治理架构倡导价值和使命的有机统一，强调顶层设计、合作网络、制度安排、政策工具、功能要素等构成要件的融合，主张系统观念、合作意识、善治精神的凝聚，这一富有共生意蕴的整体性治理图式把雄安新区低碳发展、绿色发展、循环发展的主基调提升到了一个新的境界。

基于整体性的发展愿景和治理图式，借鉴世界各国低碳城市建设经验的基础上，本研究从国家顶层设计、区域城市合作网络、特色增量效应、治理主体、部门协同几个方面着手，建构了雄安新区低碳战略整体性发展框架如下：

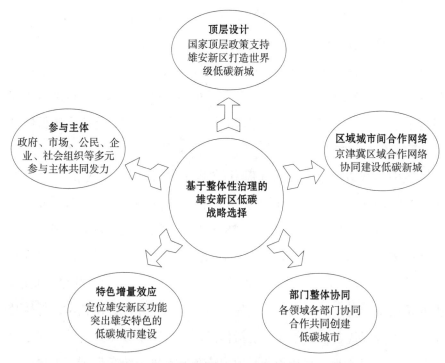

图 3　全球治理视角下雄安新区低碳战略的整体性发展框架

（一）国家层面顶层设计催生雄安新区低碳城市发展战略协同效应

整体性治理致力于构筑多元主体之间长期合作的伙伴关系，注重制定事业发展的整体性、系统性、融合性、一体化战略规划。这方面发达国家成功的做法既强化低碳城市发展规划的权威性，又促使低碳城市发展战略在各个领域得以广泛推行。整体性、系统性、科学性和可行性的战略规划是低碳城市发展战略得以可持续推进的关键。借鉴国外低碳城市发展经验，中国低碳发展战略的拟定需要考虑多元性和复杂性的基础上，基于城市资源禀赋、特色优势，因地制宜加以制定，最终形成整体性的一体化方略。如美国在国家层面推出了《应对气候变化行动》宏观发展战略，各个城市结合自身实际情况，均确立了各自行动标准，出台了各具特色的《气候行动计划》。联邦制国家基于国家层面低碳发展宏观战略层面的顶层设计，带动了全国性低碳城市发展战略的协同，对于单一制的中国来说，在推进低碳城市发展战略方面，行政权力主导的推动力需要和目标导向的引导力加强协同进而形成合力。需要在既定目标驱使下，向城市政府充分放权，在确保国家低碳战略协调化、整体化的基础上，破解政府层级、部门职责同构的困境，激励引导低碳城市建设自主创新。雄安新区所在的京津冀城市群未来可以打造成全国低碳整体协同发展的标杆和引擎。

在中国城市规划建设的进程中，"数字城市""科技城市""生态城市""智慧城市""低碳城市""绿色城市""人文城市"等中观层面的设计层出不穷，涉及多个主题，呈现出碎片化和孤岛化的发展态势，对雄安新区未来新城的建构设计，需要强化整体思维，系统部署，"多规合一"，协同发展，站在绿色化、智慧化生态标准的层次，优化生态功能，摒弃粗放型的投资扩张模式，以先进适用技术、循环经济技术、低碳技术等，推进现代金融服务业、前沿信息产业、高端技术研究院、绿色生态等战略新型产业的发展融合。致力于疏密有度、绿色低碳、返璞归真的自然生态城市空间打造，突出"绿色、生态、宜居、智慧"发展理念，实现生态空间、生活空间、生产空间的共生和谐发展，构建蓝绿交织、清新明亮、水城共融的绿色低碳城市，打造成智慧与生态并举的新的城市发展模式——现代化国际化智慧生态新城。

雄安新区致力于打造国际上最先进标准的低碳新城，这是一项前无古人的事业。全球范围内典型城市在低碳发展方面积累了大量实践经验，但真正意义的低碳新城，国内外并没有可以直接复制的样板。雄安新区的低碳城市建设发展之路，注定要高起点、高标准，走绿色、低碳、可持续的道路，注定要在全球治理的视野下，结合中国特色和风范，结合雄安新区未来之城的功能定位，整合创新，做好顶层设计，从无到有建设一座低碳新城。

（二）强化雄安新区所在京津冀区域城市间低碳合作治理网络的整体性构建

在区域一体化协同发展，区域政府间融合发展的趋势下，大城市群、都市圈、高科技园区日益把诸多原本碎片化的城市联系起来。低碳城市发展不再是单一城市的发展，而是区域共同体之间的融合协同发展。区域整体性发展背景下低碳城市建设不单单取决于个别城市政府治理机制的单打独斗，而是有赖于共同体的集体行动，需要依托跨域城市间互动治理网络的建构。京津冀、长江三角洲、珠江三角洲区域内诸多城市均面临着从各自为政走向合作协同的任务。整体性治理理念引领下，京津冀区域间低碳城市建设网络需要在协商对话、使命共担、信息平台搭建、资源配置、权责划分等方面进行制度框架的创新与重构，整体性的治理架构成为必然的发展态势，建设中的雄安新区在低碳城市发展战略方面更是要在京津冀区域整体协同的语境下加以设定。

雄安新区作为京津冀城市群的重要增长极，未来将成为资金流、人才流、技术流的汇集地，在低碳城市建设方面，必将成为区域网络治理体系的重要空间载体。京津冀区域城市间低碳合作治理网络的整体性构建需要以雄安新区建设为突破口，建构京津雄新三角城市空间联系，整合协同区域城市间低碳人才、低碳资本、低碳信息、低碳技术等要素资源，实现合作网络间资源高效配置和低碳发展深度融合，突破环境治理领域长期以来"以邻为壑"的局面，进而形成"低碳发展共同体"的城市群。雄安新区未来分散型、网络化的空间一体化治理架构，都市复合中心和核心区的打造，有利于低碳发展的空间拓展，实现低碳技术、低碳产业、低碳理念等整体效应向城市群外围延伸，进而根治京津冀大城市病，拓展城市群发展的低碳绿色空间。

（三）注重各领域各部门协同的雄安新区整体性低碳城市发展战略

国际上低碳城市建设内容一般包括基底低碳、结构低碳、形态低碳、支撑低碳、行为低碳五个方面，其具体实践手段涉及能源更新、产业转型、推行循环经济、构建紧凑城市、优化城市生态网络、发展绿色交通、推广低碳技术和鼓励节能行为等诸多内容。[①] 上述规划内容相互支撑，彼此契合，所组合而成的结构系统性、协同性、互补性强，进而达成了错落有致的低碳发展体系。德国在推广新能源方面对涉及的诸多领域进行整体规划，制定了包括《可再生能源发电向电网供电法》《生物质能条例》《能源保护条例》《建筑节能法》《供暖设备条例》《供暖成本条例》《能源节约条例》等在内的一系列相互协同支撑的法规条例，对可再生能源的销售配额、补贴价格、建筑物节能标准等环节均做了一体化设计，这些整体性发展战略规划和举措成为低碳城市可持续发展的重要保障。而这些内容在我国的低碳城市战略设计中往往表现为碎片化、不完整或是彼此割裂，需要对城市低碳领域进行整体规划，科学布局，统筹协调，破解条块分割和单打独斗的格局。苏黎世为了激励和协调各机构制定和执行低碳城市发展的政策，专门成立跨部门协调的机构。

雄安新区城市低碳规划涉及诸多领域，涵盖众多部门，具有显著的系统性、整体性、综合性特征，需要整体考虑政治、经济、文化、社会、生态等方面的因素，通过跨部门机构统筹规划实现协同推进，使低碳城市发展战略更具科学性、操作性和可行性。雄安新区未来整体性城市低碳战略规划需要将能源部门、交通部门、建筑行业、绿化组织、垃圾回收利用单位、污水处理部门、大气污染治理机构、公共服务等诸多相互关联的领域统筹考虑，把非传统水源、地热、风能、光能等可再生能源整体考量，系统推进生态修复、新能源研发、清洁能源应用等示范工程，把各个部门和领域看作整体规划下的子系统，打破各个部门之间的割裂和不同领域之间的壁垒，综合考虑各子系统的协同性、可承受能

---

① 林姚宇、吴佳明：《低碳城市的国际实践解析》，《国际城市规划》2010年第1期。

力、可推进程度，避免政出多门，多头管理，甚至相互冲突和掣肘，共同推动生态城市、智慧城市、海绵城市、低碳城市的一体化建设方略。在一定意义上而言，低碳城市建设内容和结构的整体性设计应该成为雄安新区这座未来之城努力的方向。

（四）构建突出雄安新区特色的整体性绿色低碳发展体系

雄安新区低碳城市发展战略应避免整体趋同的做法，充分挖掘自身特色，形成科学标准，鼓励百花齐放，协同京津冀城市群形成增量效应，并辐射带动其他领域践行低碳发展。例如，哥本哈根和芝加哥市把自身优势定位在能源更新方面，丰富的风力资源对城市低碳发展形成了强大助力；伦敦、柏林和弗莱堡等城市把新能源的使用纳入城市低碳发展体系，大大提升了城市的环境品质。在低碳交通领域，低碳出行、绿色出行成为衡量城市低碳发展的重要指标。纽约、哥本哈根、东京、阿姆斯特丹、斯德哥尔摩、西雅图等城市均着力推广使用清洁能源的汽车及 BRT 等环保交通方式，诸多城市还着力推进自行车专用道建设，使绿色出行成为居民崇尚的生活方式。伦敦、纽约和斯德哥尔摩推出了对市中心交通拥堵区车辆征收费用的制度。建筑减排方面，纽约、东京、哥本哈根、奥斯汀、斯德哥尔摩、西雅图等城市均根据各自城市所处地理位置、气候环境等不同，制定了相应的绿色建筑标准体系，推广低碳建筑；多伦多和阿姆斯特丹还充分发挥湖泊资源丰富的特点，利用抽取深层湖水减低建筑室内空气温度来取代传统空调制冷①，节省了大量能源，降低了温室气体排放。不同城市在推进低碳战略方面匠心独具，各显神通，并且把发展特色纳入到城市低碳发展指标体系中来，最终收到了整体性的效果。这些独特的做法，为雄安新区寻求低碳发展、绿色发

---

① 李超骅、马振邦、郑愙：《中外低碳城市建设案例比较研究》，《城市发展研究》2011 年第 1 期。

展、循环发展提供了宝贵的借鉴经验。

围绕"低碳雄安"的发展主题，雄安新区低碳战略布局重点应该聚焦在环境修复治理、清洁能源、绿色智能电网、生态空间、绿色建筑、海绵城市等几个方面，站在绿色低碳发展的制高点上挖掘新城特色：

在生态环境修复治理方面，综合运用搬迁、清淤、治河、补水等手段对白洋淀进行整体性治理，着手打造雄安新区生态环境智慧监测体系、白洋淀流域水生态健康评估体系等；在清洁能源方面，雄安新区具有丰富的地热资源，拥有三个温度高、储量大、水质优、易回灌的大中型地热田，未来可以充分利用地源热泵技术开发浅层地温能，满足新区建筑物供暖、制冷的需要；在绿色智能电网方面，着力推进雄安新区再电气化，建设高度电气化的新型能源体系，实现供应侧外来电力100%清洁化。致力于雄安新区当地风电、太阳能发电的全额开发利用，消费侧方面实现电能对化石能源的深度替代，推进分布式光伏、储能的灵活接入，让新区内居民既成为能源的供给者又成为能源的消费者。通过构建"无处不在"的电动汽车充电体系、构建友好互动的智慧车联网平台来支撑雄安新区未来绿色交通体系，在生态空间的规划方面，跳出就城建城的模式，秉承生态优先的思路，结合生态特点，植根原生水体和湿地生态系统优势，把河流、淀泊、树林、农田和新城作为一个系统化的整体加以规划，致力于打造一个整体性的生态格局。基于这一生态格局，未来城市的布局，按照最先进的低碳理念和最严格的低碳标准，对工作、生活、休闲、娱乐、教育、医疗、消费等方面加以城市组团的统筹规划，依托"秀林、绿谷、淀湾"打造整体性、复合性的城市生态空间。在海绵城市建设方面，构建集约高效可靠的供排水系统，把植草沟、透水砖、雨水花园、下沉式绿地等"绿色"设施及先进的海绵城市技术纳入到规划建设中来，致力打造可自由呼吸的城市生态水循环系统，使未来的雄安新区在应对气候变化和洪涝灾害等方面收放自如，具有良好的"弹性"。在低碳建筑方面，雄安新区具备在建设发展的全生命周期加以全方位创新的优势，具有在规划、设计、建设、运营全系统领域注入节能降耗基因的优势，同时具有数字城市与物理城市同生共长的智能化优势，未来雄安新区可以在广泛吸纳国际上著名低碳城市低能耗建筑经验的基础上，推动被动式超低能耗绿色建筑，开创出一条未来城市低碳发展的全新路径。

（五）打造雄安新区多元主体共谋低碳发展的整体性治理格局

雄安新区低碳城市发展的生动局面，需要政府把市场、社会组织、公民等多元主体纳入到低碳治理体系中来，充分发挥企业、社会组织、公众的协同作用，凝聚各方力量共同参与、协同发力。政府在低碳发展的运行向度上，要逐步改变单一管制、单打独斗的局面，承担起统筹协调低碳城市发展的组织引导功能，通过财政补贴、税收、搭建碳交易平台等手段，引导居民成为低碳消费和低碳生活的践行者，力求让每个置身低碳事业的公民发挥优势形成团队力量，让企业主动致力于低碳产业发展和低碳产品生产，在政府政策引导下担当起更多节能减排的社会责任，同时为环保社会组织营造广阔的发展空间、创设友好的发展环境，把社会组织的参与治理和柔性治理融入城市低碳发展规划中来，使之能够专业化可持续地投入到雄安新区的低碳城市建设中去。

1. 注重激励市场主体参与低碳城市的建设

雄安新区在激发市场主体低碳发展方面，一是可以借鉴德国经验。德国在落实欧盟排放交易体系规定时，将温室气体排放减排量限额有序分配给企业，企业可以对相关配额额度进行市场交易。此外还推出了"能效改造计划"和"可再生能源投资扶持计划"，通过投资补贴、低息贷款和返还性补贴等手段助力可再生能源建设，着力扶植发展低碳企业。二是借鉴日本经验。日本在低碳城市交通领域充分发挥市场机制作用，通过购买补贴、燃油经济性指标和环境税等方式，助力城市绿色出行。三是借鉴英国做法。英国政府设立了独立公司运营机构——碳信托基金会，通过与各方组织合作，降低碳排放，发展低碳技术。碳信托基金会通过有效的经济刺激和激励机制把社会力量和市场力量协同起来，成为城市低碳发展的中坚力量。

2. 多措并举引导公众参与，建设以公众为依托的低碳社区

公众是推进低碳活动的核心驱动力。雄安新区城市建设中应该着力强化低碳发展中的公民参与度，提升公民低碳意识，拓展公众参与渠道，促使新区尽快形成系统化、整体性、全方位、多层次的低碳发展体系。一方面，建设以公众为依托的低碳社区。社区承担着管理区内经济、社会、生态协调发展的多种功能，内容包罗了诸如人口控制、环境绿化、垃圾回收、能源节约、绿色出行、简约消费等低碳发展的各个方面。雄安新区在规划社区公共空间的配置时，设计方案应前瞻性地将诸如公共教育、文化艺术、休闲娱乐、健身中心、社区诊所等公共设施与公共场所纳入考量范围，打造低碳社区生活圈，让所有住户都能步行抵达这些场所，减少交通运输产生的碳排放。社区生活圈采用节能建筑，优先选用环保建筑材料，安装具有分散式能源特点的风能、太阳能、综合供暖、供电装备等环保装置材料。另一方面，要提升雄安新区低碳发展中的公民参与度。公民既是宣传的对象，也可以成为宣传的主体，公民自身的低碳行为本身就是很好的宣传方式。要通过宣传引导把低碳生活、低碳交通、低碳办公、低碳社区、低碳饮食、低碳休闲等方面的低碳行为融入居民的日常生活当中。强化居民在吃、穿、住、行、用等生活方面的低碳教育，普及低碳知识，使之掌握低碳生活的具体技能；同时着力提升低碳发展中的公民参与能力，使公民从"要我低碳""我要低碳"走向"我能低碳"。

3. 培育社会组织使其在低碳领域发挥作用

雄安新区在发挥低碳建设主导作用的同时，要大胆放手，赋予社会组织更加宽松的发展空间，让社会组织在低碳城市建设中发挥更大作

用。要大力支持社会组织的建设与发展，采取政府购买社会服务等方式支持其在低碳城市建设宣传、教育、培训、监督等领域发挥作用，在植树造林、动物保护、白洋淀湿地保护、江河湖泊保护、节能减排、绿色出行、绿色消费、低碳生活等方面普及低碳知识，传播低碳理念，唤起公众意识。要充分发挥环保社会组织民间性、实践性、专业性的优势，吸纳组织成员开展实地调研和民意调研，促进决策的科学性和民主性。针对雄安新区社会组织刚刚起步的现状，政府在积极培育扶植社会组织的同时，要从资金、政策、人才等多个方面加强环境公益组织的能力建设，确保环境公益组织真正担负起聚合公众环境利益、推进低碳发展的使命。

（原文载于《新视野》2019年第5期）

雄安新区建设背景下白洋淀流域
水污染治理政策工具选择研究

——基于 1984—2018 年政策文本的内容分析[*]

一、引　言

  2017 年 4 月 1 日，中共中央、国务院印发通知决定建立河北雄安新区。十九大报告把雄安新区定位为未来中国发展的新引擎。具有协同意蕴雄安新区整体性治理理念的生成，是打破"一亩三分地"思维惯性，破解京津冀协同治理困境，优化治理架构的价值起点，对于承接北京非首都功能、探索人口经济密集地区优化开发模式、调整优化京津冀空间布局结构、医治北京"大城市病"具有重大现实意义和深远历史意义。雄安新区建设定位于绿色生态宜居的新城区，在《河北雄安新区规划纲要》中明确提出要在雄安新区打造优美的自然生态环境。

  白洋淀是河北省最大的湖泊，主体位于雄安新区境内，属于海河流域大清河水系，具有"华北之肾"之称，现有大小湖泊 143 个，水域面积 360 平方公里。早在 1974 年，白洋淀水污染治理问题就已经

---

 * 本文作者赵新峰、张欣蕊。

得到中央层面的关注，自此我国政府为了改善白洋淀水域的污染问题投入了大量的人力、物力与财力。2017 年，环保部把位于雄安新区的白洋淀与洱海、丹江口一起定义为"新三湖"，明确提出要着力推进包括"新三湖"在内的流域、湖泊的生态保护以及污染防治。2016年，河北省水污染防治工作领导小组办公室出台《河北省白洋淀和衡水湖综合整治专项行动方案》，提出在未来 5 年中，白洋淀将与衡水湖一起，围绕改善水体水质、修复淀区生态、提升承载能力等方面，实施重点任务。2016 年，保定市《水污染防治工作实施方案》明确提出力争 5 年有效恢复白洋淀生态功能。保定市共规划 10 类 156 个项目，总投资 146 亿元。中央及地方政府对于白洋淀流域水污染的治理时间长、投入量大，但是白洋淀水污染治理效果不理想。根据《地表水环境质量标准》（GB3838—2002）和《地表水环境质量评价办法（试行）》（环办〔2011〕22 号文件），河北省环保厅 2018 年 9 月公布的数据显示，白洋淀水质为劣 V 类，属重度污染，白洋淀水域富营养化状态为轻度富营养。白洋淀流域作为雄安新区水资源的承载体和环境负荷的消纳体，其地表水富营养化、地下水硝酸盐超标、全流域农业面源污染等问题，直接影响着流域下游雄安新区水资源质量及生态环境的安全。

　　张婷结合政策执行互适模型，构建了"刺激—应激—反馈"的水污染治理政策工具选择模型，论证了不同政策工具会对政策主体产生不同的应激反应；认为政策工具选择是一个动态过程，针对水污染治理需要进行多种工具的组合使用。[1] 李超显通过研究认为"六元一轴"政策网络可以作为水污染类问题治理的整体性分析框架。[2] 吴嘉琦通过对于中国水污染的典型政策分析，梳理了我国政府针对水污染治理采

---

[1] 张婷、王友云：《水污染治理政策工具的优化选择》，《开放导报》2017 年第 3 期。

[2] 李超显、黄健柏：《流域重金属污染治理政策工具选择的政策网络分析：以湘江流域为例》，《湘潭大学学报》（哲学社会科学版）2017 年第 6 期。

取的政策工具类型及环节，分析了中国水污染治理政策工具的选择路径。① 更多学者通过量化的研究方法分析了不同政策工具的效果，根据数据化结果来分析水污染治理政策工具的选择。李永友和沈坤荣利用省际面板数据进行多元计量分析，将多个政策纳入同一框架加以研究。在此基础上，郭庆通过构建多元回归模型分析水污染治理政策工具的效果，得出命令与控制政策的作用大于经济激励政策和公众参与政策的作用。②

政策目标的实现依赖于政策工具的选择，政策工具的使用在很大程度上决定着政策实施效率，甚至决定着政策的成功与否。综上所述，国内学者对于水污染治理的政策工具选择研究主要基于两个主题，一类主要是通过理论模型结合政府使用政策工具的现状论证政策工具的多样化使用；另一类集中于通过定量分析政策工具的成效来研究政府对政策工具的选择偏好。整体来看，在一个较长的历史跨度下，通过现代化手段进行文本分析，根据政策工具强制程度将政策工具划分为不同工具类型，基于政策主体合作使用政策工具以达到整体性治理效果方面的研究相对较少。本研究将以整体性治理为理论视角，利用 Nvivo 质性分析软件对雄安新区所在白洋淀流域水污染治理政策工具的选择偏好及协同程度加以文本内容分析。

---

① 吴嘉琦：《中国水污染治理的政策工具选择研究》，硕士学位论文，黑龙江大学政府管理学院，2013 年。
② 郭庆：《环境规制政策工具相对作用评价——以水污染治理为例》，《经济与管理评论》2014 年第 5 期。

二、白洋淀流域水污染治理政策
工具选择的分析框架

（一）政策工具定义及分类界定

1. 政策工具的定义

尼达姆（1982）认为"公共政策工具是相对于公共主体可用的具有合法性的治理。"[①] 胡德的《政府的工具》在20世纪80年代学术界产生了重要影响。他认为"工具"可以通过区分为"客体"和"活动"进而得到更明晰的理解。[②] 目前，应用最广泛的是欧文·E. 休斯在《公共管理导论》一书中提出的概念，他将公共政策工具定义为政府的行为方式，以及通过某种途径用以调节政府行为的机制。[③] 中国学者对于政策工具的定义没有统一答案，陈振明提出政策工具是人们为解决某一社会问题或者达成一定的政策目标而采用的具体手段和方式。[④] 陈庆云认为，政策工具是实现政策目标的手段，政策方案只有通过适当的政策工具，才能够得到有效的执行。张成福等把政策工具定义为"政府将其实质目标转化为具体行动的路径和机制"。[⑤]

结合前人研究成果，本文将政策工具界定为政府为达到水污染治理目标而采取的各类行动和具体手段。由于具体手段的运用均以政府颁布的各项政策文本为载体，因此可以通过分析各级政府颁布的政策文本

---

① Barrie Needham, *Choosing the Right Policy Instruments*, *an Investigation of Two Types of Instruments*, *Physical and Financial*, *and a study of Their Application to Local Problems of Unemployment*. Aldershot: Gower, 1982.

② C. Hood, *The Tools of Government*, London: Macmillan, 1983.

③ ［澳］欧文·E. 休斯：《公共管理导论》，《领导决策信息》2002年第15期。

④ 陈庆云：《公共政策分析》，北京大学出版社2006年版。

⑤ 张成福、党秀云：《公共管理学》，中国人民大学出版社2001年版。

进行内容分析来研究当前雄安新区所在白洋淀流域政策工具的选择情况。由于水污染结果的纠正具有长期性、其影响范围具有较强的外部性，政府对于此类问题的治理采取的政策力度会相对较大，因而应对此类问题的政策工具都具有显著的强制性特征。全面把握不同政策工具的强制程度，有利于政策工具的识别、分类与选择。① 本文基于整体性治理视角，从强制程度入手，对白洋淀流域水污染治理政策工具文本进行了内容分析。

2. 政策工具类型的划分

荷兰经济学家科臣最初把政策工具划分为 64 种，虽数量庞大但却并未对其进行严格的系统划分。欧文·E. 休斯将公共政策工具分为四类，这也是目前运用最广泛的分类：（1）供应；（2）补贴；（3）生产；（4）管制。② 经济合作与发展组织（OECD）将环境政策工具划分为"命令—控制性工具""经济激励工具"和"劝说式工具"。国内学者陈振明在《公共管理学》一书中将政策工具分为市场化工具、工商管理技术、社会化手段等。③ 陶学荣将政策工具分为经济性工具、行政性工具、管理性工具、政治性工具和社会性工具五类。④ 赵新峰等在区域大气污染治理的研究中结合前人研究成果，依据"强制程度"标准将政策工具划分为三大类："管制型政策工具""市场型政策工具"和"自愿型政策工具"。⑤

本文基于前人的研究成果，依据政策工具强制性特点，同时结合当前互联网时代信息科学技术发展的背景，将政策工具分为以下四类：

---

① 赵新峰、袁宗威：《区域大气污染治理中的政策工具：我国的实践历程与优化选择》，《中国行政管理》2016 年第 7 期。

② ［澳］欧文·E. 休斯：《公共管理导论》，《领导决策信息》2002 年第 15 期。

③ 陈振明：《公共管理学》，中国人民大学出版社 2017 年版。

④ 陶学荣：《公共政策学》，东北财经大学出版社 2016 年版。

⑤ 赵新峰、袁宗威：《区域大气污染治理中的政策工具：我国的实践历程与优化选择》，《中国行政管理》2016 年第 7 期。

"管制型政策工具""市场化政策工具""社会化政策工具"以及"信息化政策工具"。首先，管制型政策工具是指政府明确规定的有强制约束力的水污染治理手段，注重行政管制手段和措施，执行单位在执行过程中依据主观能动性采取变动的可能性程度较小的手段，此类政策工具对于水污染的治理有着最为直接、最为显著的影响，如整治、监督、禁令等。其次，市场化政策工具是指政府利用修正的市场机制，采用利用市场和创建市场手段，为达到水污染治理的政策目标，改善环境品质，所采取的排污收费、环境税、财政补贴、可交易排污权、资金补偿等市场化手段，该类政策工具对于水污染治理目标的实现具有间接地推动作用。再次，社会化政策工具是所有政策工具中强制性最弱的一个，主要是由于政府失灵及资源稀缺等问题，通过政策鼓励、第三方组织介入、社会组织培育、公民意识引导等方式引入社会资源促进政策目标的实现。最后，信息化政策工具则是为了促进信息共享，避免单一主体信息收集和整合成本过高，防止"信息孤岛"现象，在部门和区域层面致力于信息公开、信息整合与信息共享机制的建立，进而形成的治理工具。当前信息化时代，其优势在于方便快捷，通过信息无障碍获取、整合数据库、网上跨部门信息流动、污染源实时通报、污染执法信息联动等信息化手段，实现协同工作任务信息的传递和共享。

（二）白洋淀水污染治理政策文件的来源及筛选标准

白洋淀流域水污染治理问题的提出最早开始于 1974 年，当时的国务院领导对白洋淀环境问题作出了重要批示，提出了"工厂根治、淀污分割、截蓄灌溉、化害为利"的白洋淀治理 16 字方针，自此开启了白洋淀水污染治理的漫长之路。由于对水污染问题的重视不到位，水污染治理政策执行一度停滞。自 20 世纪 60 年代以后，白洋淀多次出现干涸，从 1983 年到 1988 年更是遭遇持续 5 年的干淀。1988 年以后，政府开始对白洋淀区域重点污染企业进行整治。但是由于时间较早，没有可以搜索到政策文本。当前能够搜索到的最早有关白洋淀水污染的政策文本为 1995 年由河北省政府颁布的《河北省白洋淀水体环境保护管理规定》。

本文主要从两个途径搜索政策文本。第一，由国务院及其所属部门官方网址公开的有关水污染治理以及生态保护的政策文本。以"水污染""水污染防治""流域水污染"为关键词在国务院官方网站"政策信息公开"进行搜索，共搜索到 14 个政策文本。第二，是由河北省政府及其所属部门颁布并在网上公开的白洋淀流域水污染治理政策以及相关水污染治理政策文本。通过在河北省人民政府网站"政务公开"板块以及中国雄安网站"雄安政务"板块搜索关键词"白洋淀""水污染"，共获取 23 个政策文本。

本文中选择的文本形式主要包括通知、规划、意见、方案、管理办法等，均是由政府官方发布的正式文本，不包括各项政策解读文件。其中对于各类整体规划文件如"国家十三五规划"筛选出了水污染方面的文本，对于污染物排放相关政策文本去除了其他污染文本的干扰，如固体污染、大气污染等。

（三）政策文本内容的编码

本文涉及 37 个政策文本，采取文本内容分析方法进行分析。1999 年美国 QSR 公司研发出第一版 NVivo 软件，发展到现在已经升级到第十二版本。[1]Nvivo 是一款集合质性分析和量化分析于一体的软件，可以导入多种类型文件，通过软件的编码可以对文本进行分类分析，其可视化功能可以将文本内容进行量化呈现。本研究借助"Nvivo12 质性分析软件"，使用软件中的"查询—文本搜索"功能对选中的政策文本

---

① 刘世闵、李志伟：《质性研究必备工具：Nvivo 之图解与应用》，经济日报出版社 2017 年版。

进行编码，根据编码建立起父子节点，父节点为依据强制程度划分的政策工具类型，子节点为各类政策工具的关键词或可理解为政策工具的名称。搜索选定项为某年份的政策文本。搜索关键词样本如表1。

表1　政策工具内容分析编码范例

政策工具类型	关键词	参考点
管制型政策工具	惩处	严厉查处工业企业超标排污。对超标或超排放总量，以及超排污许可证非法排污的单位，依法限产限排或责令停产整顿，并及时通报超标排污企业的名单、超标排污时间、种类等信息，对整改达不到要求的，依法责令停业、关闭，依法查封、扣押排污设施、设备。
	信息反馈	强化信息反馈。要明确专人负责信息汇总、上报，及时向区水办（区环保分局）反馈，重要事项随时上报。
	监督	白洋淀水体环境保护区域各级人民政府水利、交通、渔业、旅游和林业等有关部门，应当加强对白洋淀的水资源保护、船舶污染防治、水产资源保护与开发利用、旅游污染防治和绿化工作的监督管理，科学制定白洋淀补水、白洋淀淀区燃油机动船改造、水产养殖、旅游发展和植树造林的规划措施。
	许可制度	第十二条　（排污许可）直接或间接向白洋淀淀区及白洋淀上游地区排放污染物的工业企业实行排放污染物许可证制度。
	禁令	第七条　在白洋淀水体环境保护区域的一级保护区内，必须遵守下列规定：禁止新建对白洋淀水体环境有污染的企业。
	区域划分	实施生态搬迁。根据雄安新区总体规划和白洋淀生态环境治理和保护规划，按照省统一要求统筹推进位于淀中、淀边和湿地保护区核心区、缓冲区、试验区的村庄生态搬迁，降低污染物排放负荷。
	审批	第十一条　（区域限批）白洋淀流域内实行区域限批制度。白洋淀流域内有下列情形之一的，对所在行政区域暂停审批新建、改建、扩建项目的环境影响评价文件： （一）工业企业排放水污染物超过国家标准或地方标准，或者超过人民政府核定的污染物排放总量控制指标，经限期治理，未完成治理任务的。

续表

政策工具类型	关键词	参考点
	数量控制	第十条 （总量控制制度）白洋淀流域内实行污染物排放总量控制制度。 白洋淀流域内工业企业应积极治理污染，确保排放水污染物达到国家或地方标准。
	责任划分	河北省白洋淀地区开发建设管理委员会负责白洋淀水体环境保护的协调管理工作。
	整治	（三）加强白洋淀淀区和引黄入冀补淀工程沿线整治。配合省实施引黄入冀补淀工程，加强白洋淀淀区和引黄入冀补淀工程沿线整治，确保入淀水质达标，消除污染隐患。
	指标标准	到 2018 年底前，引黄入冀补淀工程河流水质达到或好于地表水 V 类标准，引水期间水质达到地表水 III 类标准；白洋淀水域点位水质达到地表水 V 类标准。
市场化政策工具	补偿	第十四条 （生态补偿）建立上下游地区间生态效益补偿制度。 流域水体水质超过重点水污染物排放标准，行政区域边界断面水质未达到阶段水质目标的，上游地区人民政府应当对下游地区人民政府予以补偿。
	财政支出	加大政府投入。把环境保护投入作为公共财政支出的重点并逐步增加。国家基本建设投资要继续向环境保护倾斜，对国家环保重点工程和列入国家环境治理规划的项目，区分不同情况给予支持。
	合同	第六条 排污企业和环境污染第三方治理机构按照有关法律、法规和市场规则，签订环境污染第三方治理合同时，应明确治理标准、内容、费用等委托事项要求，以及双方权利义务、履约保障、相互监督、纠纷调解、退出机制等内容。
	金融支持	积极推动设立融资担保基金，推进环保设备融资租赁业务发展。
	税收	十三条 纳税人排放大气污染物或者水污染物的浓度值低于国家和地方规定的污染物排放标准百分之三十的，按百分之七十五征收环境保护税。
	征费制度	深化资源环境价格改革。完善资源环境价格机制，全面反映市场供求、资源稀缺程度、生态环境损害成本和修复效益等因素。落实调整污水处理费和水资源费征收标准政策。

续表

政策工具类型	关键词	参考点
社会化政策工具	社会参与	创新推动社会力量参与。积极谋划筛选一批符合条件的农村人居环境整治项目纳入 PPP 项目库，通过推介会、融资需求对接会、媒体网络等平台向社会推介，省市县政府在项目安排上优先支持、申报国家示范并落实奖补资金，通过特许经营等方式吸引社会资本参与农村垃圾治理、污水处理等公共服务设施项目。
	社会化合资	采用政府投资和吸纳社会资本多元投资方式，并充分运用 PPP、BT、BOT 模式投资新建五大类、154 项重点工程，计划总投资 2143584.7 万元。
	社会监督	第八条 （公众义务）任何单位和个人都有保护白洋淀流域水环境的义务，并有权对污染和破坏白洋淀流域水体环境的行为进行检举和控告。
	信息公开	四十六条 省人民政府及其环境保护主管部门应当统筹建设水环境监测网，在饮用水水源地、国省控河流断面、跨行政区域河流断面、入海河流控制断面统一规划设置水质监测断面，实现水质实时监控，并将监测结果统一发布。
	宣传引导	加强监督考核，搞好舆论宣传，形成全社会支持参与白洋淀生态环境治理和保护的良好氛围。
	信用管理	第十条 对环境污染第三方治理机构实行信用管理。通过政府购买服务等方式对环境污染第三方治理机构实施信用评价，由环保部门负责建立环境污染第三方治理机构诚信档案，纳入全省公共信用信息共享平台。
	政策鼓励	在养殖方面，鼓励水产养殖户以生态养殖为方向，调整养殖结构。完成淀区高密度养殖清除任务，推广"人放天养"养殖模式，恢复和保护野生渔业资源。
信息化政策工具	数据共享	第四十五条 省人民政府环境保护主管部门应当推进与北京市、天津市和周边地区跨界水质断面监测，定期通报监测数据，开展监测信息共享、联合执法和水污染事故应急处理工作。
	信息平台	建立典型生态区基础数据库和信息管理系统。
	治理技术	加快开展白洋淀生态功能和生态系统基础研究，为白洋淀污染治理提供技术支持。

（四）研究框架

本研究以国家和省级政府针对白洋淀流域水污染治理的政策文本为基础，将政策工具划分为管制型政策工具、市场化政策工具、社会化政策工具及信息化政策工具。通过 Nvivo 软件呈现出政策工具使用的数据信息，探究政府政策工具的使用偏好及成效。通过文本内容深度分析，挖掘各项政策工具的具体使用情况。具体分析遵循以下步骤：确定研究的问题→政策工具的分类→政策分析样本筛选→政策文本进行编码→编码结果分析→结论及对策。分析框架如图 1 所示：

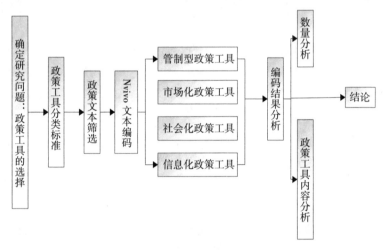

图 1　研究框架

三、白洋淀流域水污治理政策工具选择情况分析

（一）白洋淀流域水污染治理政策工具总体情况分析

1. 政策文本数量分析

从表 2 可以发现，白洋淀水污染治理政策随着年份推移表现出以下几个特点。第一，20 世纪末期至 21 世纪初期的政策文本数量偏少，粗

放型经济增长方式和行政区行政成为该流域水污染治理的主要瓶颈。在这一阶段，高投入、高消耗、高污染的粗放型经济增长方式占据主导地位，白洋淀区域特别是上游保定市工业发展迅速。但是由于大量污水排入白洋淀水域，导致该流域水污染严重，水量递减。1983—1988 年，白洋淀出现了彻底的干涸现象。在这一时段，各级政府开始采取相应行动治理白洋淀水污染，也为此投入了大量的人力和物力，当时政府投入项目达 10 亿元。但是由于经济发展至上的观念以及政府官员以 GDP 为导向的政绩观，白洋淀流域水污染治理出现了不同行政区划之间、上下游之间为自身利益最大化推诿扯皮、规避责任的现象，反映在政策文本层面，依然寥寥无几。1984 年到 2003 年之间，国务院及其部委层面仅有 1 次发文，河北省也仅有 2 次发文数量。第二，2000 年以后白洋淀水污染治理政策颁布的频率和数量有所增加，但治理效果欠佳，白洋淀淀区公地悲剧严重，流域碎片化问题难以解决，管制型政策工具成为单一的治理途径。期间，政策文本颁布数量的增加与白洋淀水域污染加剧直接相关，由于白洋淀流域水污染治理效果欠佳，2000 年、2001 年、2006 年、2012 年、2016 年，白洋淀流域频繁出现重度污染并发生大规模死鱼事件。2006 年 3 月，在地方政府投入大量人力物力和财力进行污染治理的情况下，白洋淀仍然出现大面积死鱼事件。死鱼事件引发了环保风暴，白洋淀上游 142 家排污企业被责令停产，监管部门部分官员受到问责。2012 年 8 月的死鱼情况尤其严重。调查结果显示：周边及上游高污染产业发展失控，生活和工业污水未经处理排放成为罪魁祸首。白洋淀流域水质的恶化及多次死鱼的公共危机事件引发了媒体及社会的广泛关注，这也成为相关政策文本数量有所增加的直接动因。第三，2017 年雄安新区建立，白洋淀流域的水污染治理开始在部分国家级政策文本中得到突显。2018 年，关于白洋淀流域水污染治理问题在国家级政策文本中出现了 2 次，在河北省级层面出现了 6 次。雄安新区成立之前，河北省政府颁布的政策文本显著多于国务院及各部委的文本数量。国务院及各部委颁布的政策文本多是关于生态建设以及水污染整体性治理的法律法规，诸如白洋淀流域水污染问题多是以嵌入的形式存在于政策文本中。此外，国家层面流域水污染治理问题多集中于长江、黄河、淮河等大江大河以及太湖、洞庭湖、鄱阳湖等流域，白洋淀流域的水污染治理在国家级政策文本中被提及较少。

表2　白洋淀水污染政策文本数量

年份	国务院	河北省	合计
1984	1	0	1
1995	0	1	1
1997	0	1	1
2003	2	0	2
2005	1	1	2
2007	1	0	1
2009	2	0	2
2010	0	2	2
2011	2	1	3
2012	1	0	1
2013	0	1	1
2015	1	1	2
2016	3	3	6
2017	0	4	4
2018	2	6	8
合计	16	21	37

2. 不同政策工具类型参考点、比重及不同时段使用情况分析

依托 Nvivo 文本查询功能，输入各类别政策工具关键词，对所有政策文件进行查询，将政策文本的时间间隔以5年为单位加以划分，结果如表3显示。

表3 白洋淀政策工具使用情况

时间段	管制型政策工具	市场化政策工具	社会化政策工具	信息化政策工具
2000年以前	25	11	22	1
2001—2005	584	238	208	193
2006—2010	108	80	12	4
2011—2015	230	125	73	3
2016—2018	588	259	310	68
合计	1535	713	625	269

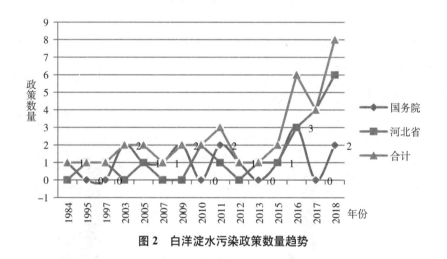

图2 白洋淀水污染政策数量趋势

（1）不同政策工具类型关键词参考点数量。表3结果显示，政策文本中搜索到的管制型政策工具相关关键词的参考点共计1535个，市场化政策工具参考点为713个，社会化政策工具参考点为625个，信息化政策工具参考点269个。

（2）不同政策工具类型比重。通过图3可以看出，管制型政策工具类型使用比重最高，明显多于其他类型政策工具，整体占比达49%之多。市场化政策工具的使用比例为23%，社会化政策工具的使用比例为20%，信息化政策工具使用最少，仅占8%。总体看来，政策工具使用过程中强制程度偏高，治理工具中缺乏信息沟通、信息共享、信息公开等手段。这也成为白洋淀流域治理中"信息孤岛"问题产生的重要原因。

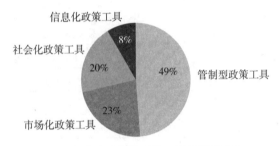

图3　白洋淀水污染政策工具使用百分比

（3）不同时段白洋淀政策工具使用情况。根据图4所示，尽管不同时期不同类别的政策工具存在不同的比例关系，但强制性政策工具数量远高于其他工具数量的现象是不变的。

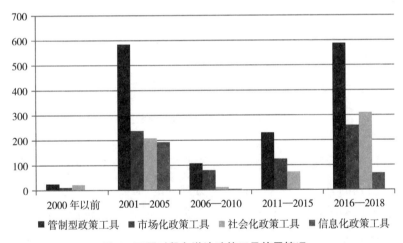

图4　不同时段白洋淀政策工具使用情况

2000年以前，中央和省级层面颁发的政策文本寥寥无几，各种政策工具类型参考点很少。值得注意的是，这一时段社会化政策工具参考点数量为22个，仅次于管制型政策工具的25个。由于当时信息技术滞后，因而信息化政策工具仅有1个参考点；2001—2005年，四种政策工具的使用频次大幅度上涨，究其原因一是在于这期间白洋淀上游排污企业失控，死鱼事件频发。二是在于政府、企业、公众和社会环保意识的觉醒。在这期间，管制型政策工具参考点陡升到 584 个，尤其是信息化政策工具从 2000 年以前的 1 个参考点增长到 193 个，充分表明这一时段信息手段的普及以及信息素养的提升。

2006—2010 年，几种政策工具的参考点均有较大幅度下降，一方面由于前一时段颁发的政策文本具有一定的延续性，之前水利部和河北省先后数次从上游水库调水补给白洋淀，如"引岳济淀"工程。这些措施在很大程度上解决了白洋淀缺水的局面，水污染在一定程度上也得到缓解。但这一时段，社会化政策工具和信息化政策工具参考点下降幅度较大，白洋淀水污染治理在这段时间的主要表现形式是"管制型为主，市场化为辅"。

2011—2015 年，除了信息化政策工具之外，其余三种政策工具参考点均有较大幅度增加。中央层面先后有 4 次发文。尽管中央和地方政府三令五申，但是白洋淀水污染状况依旧严峻。2011 年，白洋淀水质在Ⅳ类到劣Ⅴ类之间。此后，水质一直持续在劣Ⅴ类，只有 2014 年有 6 个监测断面水质在Ⅳ到Ⅴ类之间。在"铁腕治污"的政策导向下，明处的生活污染、大企业排放、污水处理等问题得到一定程度遏制，但是，暗处的小型企业排污并没有得到有效整治。白洋淀流域长期以高排放、高污染、高能耗的低级产业为主，流域范围内大量造纸、制鞋、皮革、羽绒、印染等家庭作坊式企业的污水通过井道排入白洋淀内。此外，水产畜牧养殖、农作物种植、小作坊生产和旅游发展一直停留在粗放型发展阶段，白洋淀水污染综合治理与生态修复问题因而一直没有得到根本性解决。值得注意的是，这一阶段社会化政策工具增长幅度较大，由前一时段的 12 个参考点增加到 73 个。尽管没有达到 2001—2005 年时段数量，但这期间社会资本被引入到白洋淀的旅游开发方面。同时，由于白洋淀死鱼事件的频发，社会公众环保意识增强，媒体监督作用开始发威，政府在舆论引导方面也开始由经济至上向环境友好以及可持续发展转向。

2016—2018 年是雄安新区酝酿并正式成立阶段。仅仅 3 年时间，四种政策工具类型均达到了历史最高点。管制型政策工具增加到 588 个参考点，市场化政策工具增加到 259 个，社会化政策工具增加到 310 个，信息化政策工具也大幅度增加到 68 个。2016 年，国家层面与河北省各自颁发了 3 个政策文本。2017 年，仅河北省就颁发了 4 个文本。2018 年，国家层面颁发了 2 个文本，河北省颁发了 6 个文本。雄安新区成立前后，据《河北日报》报道，2018 年，白洋淀淀区水质主要污染物磷、氨氮浓度同比分别下降 35.16%、45.45%。雄安新区 606 个有水纳污坑塘全部完成治理。期间对雄安新区三县羽绒、制鞋、有色金属三大行业采取关停取缔，强化转型升级力度。对"散乱污"企业、分散畜禽养殖企业、农村固体废物进行深入排查整治，白洋淀流域生态环境治理取得突破性进展。管制型政策工具作用明显，相比历史上各个时间段，雄安新区成立前后管制型政策工具短时间内作用最大，效果最佳。需要重视的是，这期间其他三种政策工具也呈现出协同发力的治理格局，这也成为白洋淀水质得到迅速改善的重要原因。在市场化政策工具方面，雄安新区水环境治理的巨大市场开启，一批第三方治理及资源化利用项目合作协议签署。社会化政策工具方面，2018 年，就雄安新区白洋淀农村污水、垃圾、厕所等环境问题一体化综合系统治理项目，河北省公共资源交易中心网站发布启动公告，项目拟用"ROT"模式运作，20 年运营期费用总预算超过 30 亿元。信息化政策工具方面也取得突破性进展。《白洋淀生态环境治理和保护规划（2018—2035 年）》提出将建立天地一体、功能完善、智能化的生态环境监测网络。建设流域生态环境大数据、云计算系统，搭建流域生态环境智能化管理平台，实现生态环境智能管理平台与新区智能城市管理平台的互联互通。

（二）四种政策工具类型在白洋淀流域水污染治理中的选择分析

1.管制型政策工具选择分析

对白洋淀流域水污染治理政策工具文本分析结果显示，管制型政策工具一直以来都是政策执行的主要手段，使用频率最高，因此管制型政策工具种类也较多。本研究应用 NVivo 软件"词频"功能生成的词云图突出显示的有"禁令""许可""总量控制""惩处""整治""监督"等词汇。如图 5 所示，在管制型政策工具中，"整治"一词出现的频次最高。由此可见，白洋淀水域的治理还是以"整治"类政策工具为主，以还原白洋淀流域生态环境为首要任务。从整治内容来看，主要包括四个方面：黑臭水体治理、工业企业治理、入淀河流治理以及农业农村环境治理。重点对白洋淀上游流域河湖水库、工业、农村、畜禽、坑塘、固体废物、医疗废物、城镇生活等 8 大领域的水污染和垃圾污染，进行全方位整治。为此，河北省还启动了白洋淀上游及其周边生态环境大整治、大执法专项行动，重点进行污染源头整治，严查涉水环境违法行为。除了"整治"类政策工具，按照使用频率多少依次为"指标标准""责任划分""许可证制度""监督""总量控制"等工具类型。以"指标标准"为例，《河北省白洋淀水体环境保护管理规定》第九条指出：在白洋淀水体环境保护区域内排放的污水，必须达到国家规定的标准。2018 年 10 月，河北省《大清河流域水污染物排放标准》颁布。由于水

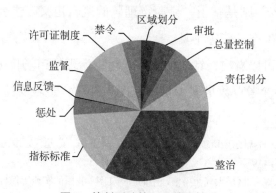

图 5　管制型政策工具使用情况

污染治理效果可以用一定的量化指标进行衡量，因此文本中多用明确的数字指标作为水污染治理目标实现的约束标准。如《河北雄安新区总体规划（2018—2035）》中提出："实施退耕还淀，淀区逐步恢复至360平方公里左右。"从使用频率较高的几种管制型政策工具类型可以看出，政府在白洋淀治污方面制定了严格标准，明确了责任，也强化了审批、许可证等方面的制度建设。效果不佳的主要原因在于"上有政策，下有对策"，当地政府及利益相关者和上级政府之间的利益博弈。值得注意的是，工具中"区域划分"类政策工具所占比重最低，区域一体化治理在决策者的意识中还较为淡漠。

2. 市场化政策工具选择分析

市场化政策工具又可以被定义为经济性政策工具，指政府利用经济手段如补贴、财政支出或者货币政策等手段，通过直接经济资助或者对经济市场的影响，引导污染者调整策略并改变行为，从而达到环境改善的目的。在面对"减污成本"差异性更大的区域性、复合型污染时，市场型政策工具相较于管制型政策工具具有"效率"上的优势，即在市场机制的作用下，能够促使多个污染者的边际控制成本相等，满足"等边际原则"。[1] 环境污染治理的市场型政策工具可细分为"利用市场"和"创建市场"两个子类："利用市场"是基于"庇古税"的逻辑定义，主要包括排污收费、环境税、补贴、押金—退款制度和环境责任保险等工具；"创建市场"则是基于"科斯定理"的逻辑定义，主要包括可交易排污权和区域生态补偿等工具。[2]

从图6中可以看出，针对白洋淀水污染治理的市场化工具的使用较为平均。按照参考点数量多少排序依次为补贴、金融支持、征费制度、

---

[1] ［美］查尔斯·D.科尔斯塔德：《环境经济学》，傅晋华、彭超译，中国人民大学出版社2011年版，第119页。

[2] 赵新峰、袁宗威：《区域大气污染治理中的政策工具：我国的实践历程与优化选择》，《中国行政管理》2016年第7期。

财政支出、合同和税收。

在利用市场领域，参考点列在第三位的是征费制度。2008年国家财政部、发改委和水利部联合颁布的《水资源费征收使用管理办法》，为将收费工具纳入水污染治理过程提供了有力支持和使用规范；在财政支出方面，从《关于下达重点流域水污染治理项目2010年新增中央预算内投资计划的通知》起，中央政府开始加大通过财政支出支持水污染治理的力度；合同工具参考点较低，表明流域政府间、政府、企业和居民之间通过达成合作治理协议推进节能减排、加大水污染治理力度方面的政策工具欠缺；税收工具的使用通常是对能够进行排污处理或者水污染处理较好的企业给予一定的税收优惠鼓励。由于税收地位的重要性，各地区执行的税收优惠标准都是以国家制定的相关政策为依据，灵活性较差，所以有关税收工具的使用地方政策中提及较少，因此其参考点数量也较低。

创建市场领域的补偿和金融支持列在全部市场类政策工具的前两位。首先，属于创建市场子类的补偿类型政策工具有78个参考点，这是在白洋淀干淀和水污染治理中运用最多的政策工具，在大部分政策文本中都有所使用。补偿类工具归为创建市场型政策工具，但其市场色彩并不浓，大多是在政府主导下实施的。1997年以来，国家层面与河北省多次从上游各水库调水补给白洋淀，国家水利部、国家海委、河北省政府于2004年组织实施了跨河系、跨区域的"引岳济淀"工程。2006年，白洋淀面临干淀危机，上游水库蓄水严重不足，国家防总、水利部、国家发展改革委、财政部，紧急协调河北、山东两省组织实施了引黄济淀应急调水。2016年《河北省人民政府办公厅关于健全生态保护补偿机制的实施意见》要求由省林业厅会同省财政厅、省农业厅、省水利厅、省国土资源厅、省环境保护厅、省住房城乡建设厅、省发展改革委负责，探索建立湿地生态效益补偿制度，统筹当地水和外调水，保障白洋淀、衡水湖、南大港等重要湿地生态用水和生态补水水费支出。但从文本内容分析中发现，主管部门之间存在"九龙治水"现象，对生态补偿乃至整体流域水污染的管理过于分散，缺乏集体行动。其次，金融支持的参考点为68，列在全部市场类政策工具的第二位。2005年《国务院关于落实科学发展观》中首次提出在环境保护领域完善政府、企业和社会的融资机制；2016年河北省印发的《河北省水污染防治工作方案》中提出要在水污染防治特别是排污方面开展金融创新，使得白洋淀水域的排污权交易更加灵活。同年，《河北省人民政府办公厅关于健全生态保护补偿机制的实施意见》提出：建立用水权、排污权、碳排放权初始分配制度；培育和发展交易平台，完善有偿使用、预算管理、投融资等机制，实现经济与资源环境的平衡；综合考虑重点排放行业排放水平、数据基础、减排潜力及成本等因素，科学制定重点排放行业配额分配方案，鼓励市场化交易，建立生态产品交换机制，健全生态保护市场体系。河北省财政厅、省发展改革委、省环境保护厅、省国土资源厅、省水利厅、省住房城乡建设厅、省地税局、省林业厅、省农业厅、省能源局负责该项工作。文本中的意见具有前瞻性和可操作性，对于白洋淀水污染的治理意义重大。但由于白洋淀流域根深蒂固的属地管理、上级政府的多头管理以及整体协同治理意识的不到位，该类型政策工具在实

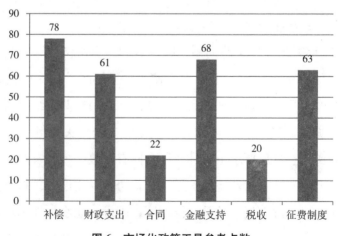

图6 市场化政策工具参考点数

践中并没有发挥出应有的作用。

3.社会化政策工具选择分析

由于社会化政策工具的强制性较弱，因此该类政策工具的使用多集中在宣传引导和政策鼓励上面。1984 年《中华人民共和国水污染防治法》提出要加强水环境保护的宣传教育；2005 年河北省政府在《关于加强水污染防治工作的通知》中提出要对水污染防治过程中的正面典型进行宣传鼓励，对负面典型进行公开曝光。随着白洋淀水污染治理进程的推进，社会宣传的范围也在不断地扩大。2018 年《白洋淀生态环境治理和保护规定》中明确提出要"要形成全社会支持参与白洋淀生态环境治理和保护的良好氛围"。随着我国政府职能由管制型政府向服务型政府角色的转变，政府逐渐增加了水污染治理的透明度，接受社会上的监督。2015 年国务院颁布的《水污染防治行动计划》中规定了政府应当向社会公开的信息包括：各城市水污染状态、污染物信息、水污染治理进程信息以及重大污染事件的曝光等等，公布途径包括政府官网信息公开以及新闻媒体。2015 年民政部正式公布《民政部关于探索建立社会组织第三方评估机制的指导意见》，社会组织参与第三方评估的活跃度与有效性都显著增长。2016 年河北省政府颁布《河北省环境污染第三方治理管理办法》，一方面鼓励社会组织参与到白洋淀水污染治理过程，另一方面对社会组织的参与进行了规范。从整体数据上看，参考

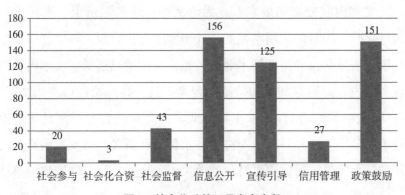

图 7　社会化政策工具参考点数

点排在前三位的依次为信息公开、政策鼓励、宣传引导，这几种工具在白洋淀水污染治理实践中的作用较为明显。但是，当前社会参与水污染治理方面的政策工具数量过少，强度不够，参与程度不高，尤其是社会监督、信用管理、社会参与、社会化合资四种工具参考点过低，分别为43、27、20、3，亟待强化和完善。

4. 信息化政策工具选择分析

水污染具有很强的外部性，需要多地、多部门合作共治。1984年《中华人民共和国水污染防治法》提出"要建立监测数据共享机制，加强对水环境监测的管理。"2005年《国务院关于落实科学发展观加强环境保护的决定》中进一步提出将科学技术发挥在环境污染治理中，将环保科研项目优先列入国家科技计划。2017年河北省科学技术厅和环境保护厅联合发布《关于加强水污染防治科技创新的实施意见》，强调要让科学技术充分应用到水污染治理当中。首先要加强水污染治理技术的研发与应用，利用更先进的科学技术治理水污染问题；其次要创建科学创新平台为水污染技术的研发创造更多机会和条件；三是要建设一批创新队伍，人才是技术研发之本，只有高水平的人才才能创造出高水平的技术；四是要为水污染治理科技产业提供支撑，政府要从多方面鼓励企业和社会组织技术开发的动力。自此，水污染的信息化政策工具的使用有了完整且规范的政策支撑。

从文本内容分析结果来看，无论从种类还是数量上，水污染治理中信息化政策工具的应用率偏低，处于刚刚起步阶段，种类仅仅限于数据共享、信息平台和治理技术3种类型，且参考点过低。文本内容对照治理实践发现，数据共享和信息平台类工具一直停留在口头或文字上，缺乏实质性行动。治理技术工具方面，从文本内容上看多是政府通过各种手段鼓励企业和科研组织进行技术创新和研发，但实践中企业技术创新的动力不足，科研成果转化的效果也不理想。从白洋淀流域整体来看，信息化政策工具类型表现乏力，信息共享平台和一体化数据平台缺失，治理技术亟待整合、提升和优化，流域内利益主体的条块分割、部门中心主义的各自为政进一步加剧了白洋淀流域水污染治理中的"信息孤岛"现象。

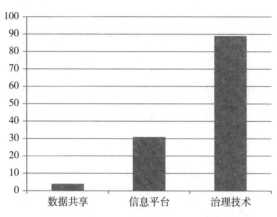

图8 信息化政策工具参考点数

四、研究结论与政策优化建议

（一）研究结论

1984 年至 2018 年针对白洋淀流域水污染治理，国务院与河北省共发文 37 个。通过对政策文本数量和内容分析得出以下结论：

第一，从政策文本的数量上看呈现以下特点：首先，20 世纪末期至 21 世纪初期的政策文本数量较少。从 1984 年到 2000 年，国家层面的文本只有 1 个，省级层面也只有 2 个。这反映出大力发展经济的时代背景下，流域环境治理和生态文明建设并没有提上日程。其次，2000 年后到雄安新区酝酿建设之前，白洋淀水污染治理政策颁布的频率和数量有所增加，具体工具类型逐渐丰富和多样。白洋淀多次大规模死鱼事件及流域水污染的加剧成为治理力度加大的主要动因。再次，雄安新区建设前后，白洋淀流域水污染治理的政策文本明显增多，治理效果较以往任何时段都更为显著，水污染治理的力度空前，流域水质也得到极大改善。最后，河北省政府颁布的政策文本总体上多于国家层面的数量。原因在于中央政府和地方政府颁布政策的定位不同，中央以宏观决策、整体推进为主，地方政府以执行中央决策为主。随着雄安新区上升为国家战略，国家层面颁布的文本成持续增多的态势。

第二，从政策工具强制程度上看，存在对管制型政策工具的路径依赖，其他工具类型的实施也大多以政府主导为主要手段。文本内容中管制型政策工具的参考点最多，信息化政策工具参考点最少。管制型政策工具在四种工具类型中使用频率遥遥领先，占比将近一半左右，政策工具使用的强制性较为明显。如"整治"一词所检索出的参考点最多且使用频率远远高于其他管制型工具。整体上看，各级政府都倾向于使用强制性程度较高的管制型政策工具，其他工具的使用较少且功能乏力，政策工具选择过程中对管制型政策工具的依赖较为明显。其中，市场化政策工具中的"补偿"和"补贴"工具较为简单直接，便于政府实施操作，使用数量较多。社会化政策工具中，以政府为主导的信息公开、社会监督和宣传的使用数量较多，可见政府倾向于使用容易介入和操作的社会化政策工具。从使用比例来看，社会化和市场化政策工具尽管都达到20%以上，但由于市场发展不成熟、公民社会发育不充分、社会组织不健全，导致两种工具实施过程中的政府主导特征显著，对强制性的过度依赖制约了新的政策工具类型的发展。随着时间推移，管制型政策工具之外工具类型的使用数量有所提高，但工具使用过程中鲜明的强制功能和行政色彩并没有削减。

第三，政策工具在白洋淀流域治理中协同性缺失，呈现碎片化特征。首先，理想状态下的白洋淀流域水污染治理应该是几种政策工具之间良性互动，协同增进。但事实上四种政策工具之间的协同程度始终不高，比例失衡，彼此之间存在排斥甚至割裂。白洋淀水域的治理以"整治"类的管制型政策工具为主，整治内容包括流域内多元主体和利益相关者，缺乏市场化和社会化工具的协同，表现为市场化程度偏低，尤其是创建市场类工具乏力。如补偿类工具市场化运作程度较低，主要依赖政府运作实施。交易类工具方面尽管政策文本中提出通过金融创新推进白洋淀水域的排污权交易制度，但囿于地方保护主义、部门利益至上的束缚，该类型工具相对于管制型工具的协同功能没能充分发挥出来。社会化工具方面，社会参与白洋淀水污染治理方面的政策工具不到位，表现为社会组织发展空间有限，参与白洋淀水污染治理程度偏低，社会监督不力，信用管理强度不够，社会化合资不成熟，这些制约了社会化政策工具与其他工具类型的治理协同。

第四，属地管理和部门管理成为白洋淀流域协同治理的瓶颈。一是治理过程中属地意识强于区域意识。工具参考点中"区域划分"类政策工具所占比重最低，表明从白洋淀区域整体性角度协同治理的政策还不到位，造成白洋淀流域水污染治理方面的公地悲剧，条块分割、各自为政的碎片化现象始终没有得到有效解决；二是上级主管部门"九龙治水"的多头管理造成政策工具执行过程中的职责重叠交叉、推诿扯皮，难以形成治污合力。如国务院印发的《水污染防治行动计划》涉及发改委、财政部、工信部、国土资源部以及矿产、林业、农业、水利等31个上级主管部门，污染防治职能分散在海洋、港务监督、渔政、渔业监督、军队环保、公安、交通、铁道、民航等部门；在河北省层面，白洋淀水污染治理涉及财政厅、发展改革委、环境保护厅、国土资源厅、水利厅、住房城乡建设厅、地税局、林业厅、农业厅、能源局等部门。

第五，信息化政策工具在流域水污染治理中发展滞后，缺乏协同理念和先进信息技术支撑下的流域联合行动。在白洋淀水污染治理的政策工具类型中，符合时代发展方向的信息化政策工具数量有限，种类单一，没能从区域整体层面着力搭建信息共享平台，造成流域水污染信息屏蔽现象，污染源信息披露难以实现，联防联控执行过程中依旧画地为牢，各自行动，"信息孤岛"现象严重，一体化的数据库和信息共享平台停留在文本上，污染信息的监测和收集工作分散在不同部门和行政单元，信息整合成本偏高，信息质量难以保障，跨部门、跨地区信息数据共享的构想难以付诸实施。伴随着信息化时代的到来，信息手段支持下的水污染治理技术有了长足进步，但囿于属地化管理等困境，在雄安新区建立之前，运用先进信息技术手段对白洋淀流域水污染进行整体性治理的举措一直未能实现。

（二）雄安新区政策工具的优化建议

1. 以雄安新区建设为契机，建构白洋淀流域水污染整体性治理体系。白洋淀流域水污染的治理问题由来已久，但河北省环保厅 2018 年9 月公布的数据显示，白洋淀水质依然为劣 V 类，属于重度污染，水污染治理政策收效甚微。从搜索到的 37 个政策文本中，标题中有白洋淀的文本仅有 6 个，白洋淀流域水污染治理并没有得到足够重视。白洋淀流域水污染治理问题已经不是单一管制型政策和单一整治措施能够解决的。在雄安新区千年大计建设之际，白洋淀流域水污染治理整体性政策体系的建构成为当务之急。政策体系建构要统筹考虑价值导向、政策内容、组织架构、政策过程以及政策效果。以整体性、协同性为治理的逻辑起点，确立治理政策内容的目标、对象、途径等，通过政策组织整合立法机关、行政机关的相关职能，有预见性地驾驭政策的生命周期，包括政策的出台、完善、修订直至废止。政策执行的效果也应该尽快建构起一套完善的绩效评价机制，把绿色行政、问责制等手段纳入到评估机制中来。此外，面向白洋淀流域的水污染治理政策体系除了要出台管理条例、深化实施细则之外，还需要强化政策项目、政策要素之间的联动，致力于形成白洋淀流域水污染治理方面经济政策、行政政策、社会政策以及技术政策协同发力的生动局面。

2. 修正政策工具选择偏好的单一性和片面化问题，强化政策工具间的优化组合与协同发力。政策工具选择片面化主要表现在政策工具选择类型单一。① 文本内容显示白洋淀水污染治理政策工具选择偏好上存在明显的片面化问题，过度依赖管制型政策工具类型，多为禁令、整治、惩处等类型手段，政策工具配比失衡。现代社会是一个快速发展的社会，社会所面临的问题也日益复杂，以原有的政策工具应对层出不穷的新问题有时显得力不从心。② 此外，影响政府工具实施效果的因素有很多。政治、经济、法律、社会等因素都会影响环境政策工具的选择和实施效果。③ 随着雄安新区建设进入快车道，市场化程度越来越高，社会力量不断壮大，企业社会责任增强，公民素养不断提升，这些因素成为政策工具从单一强制走向整合协同的先导。从今后发展趋势来看，管制型工具长期处于主导地位的状况会发生改变，强制程度会逐步减弱。为顺应市场化、社会化和信息化的潮流，应该强化市场化政策工具、社会化政策工具和信息化政策工具的选择优化，根据文本分析中具体工具的参考点及实施效果弥补短板，细化和优化实施内容，尽快建立起动态均衡、协同整合的政策工具选择方略以顺应京津冀协同发展的未来走向。

3. 突破属地管理和部门管理的瓶颈，从分散割裂逐步走向整体协同。一是打破一亩三分地的思维模式，立足流域整体角度，着力发展"区域划分"类政策工具。积极整合淀区行政区划，改变多个市县管辖的现状，促进白洋淀水污染治理外部效应的内部化。同时要基于流域整体出发统筹九条入淀河流的整治，打破流域多个行政单元、上下游之间的壁垒。二是致力于改变国家、省级、地级、县级主管部门间"九龙治

---

① 王颖：《邻避情境下政府治理的政策工具选择研究》，硕士学位论文，电子科技大学公共管理学院，2016 年。

② 张新文、杜春林：《政策工具研究路径的解构与建构——兼评〈公共政策工具：对公共管理工具的评价〉》，《公共管理与政策论》2014 年第 3 期。

③ 叶凡：《环境政策工具理论研究及其在江西省的应用效果分析》，南昌大学，2017 年。

水"的多头管理局面。遵循集体行动的逻辑与协同治理的理念，对白洋淀流域水污染治理政策工具中的职责加以重构，部门加以重组，要素加以整合，部门间强化对话沟通、协商协调机制，拧成一股绳，形成治污合力，最终形成跨行政区划、跨部门的流域高效联动协同机制。

4. 丰富信息化治理政策工具的内容和手段。文本内容分析显示，信息化政策工具的使用远远不能满足白洋淀流域水污染治理发展的现实需求，政府需要从经济、市场、社会多角度创新拓展信息化政策工具。首先，强化白洋淀流域的整体性治理和部门协同行动，打破利益格局、拓展共同合作渠道是破解信息孤岛，优化信息化政策工具的出发点。其次，加大信息化政策工具的研发力度，充实完善该政策工具的内容，拓展其发挥协同作用的渠道，这是优化信息化政策工具的着力点。再次，基于先进技术打造一支白洋淀流域水污染治理的专业化队伍。积极引入国际上顶级的团队和最先进的技术参与治理，同时，加大对水污染科研项目和成果的补贴和财政支持。鼓励科技型人才加入到流域水污染技术的自主研发行列，不仅要升级水污染治理技术，还要加强水污染防治技术的研发，减少白洋淀流域的再污染与二次污染，最终通过信息化渠道将研发成果推广到流域内所有利益相关者。这是优化信息化政策工具的支撑点。最后，借力雄安新区建设推动白洋淀流域水污染治理信息共享平台的打造，整合治理工具，将信息化监测技术引入到白洋淀流域水污染治理领域，依托流域水污染治理信息化系统拓宽沟通渠道、优化治理流程、建立检测信息的数据共享平台，进而降低交易成本、减少信息不对称，促进信息化治理政策工具内容和手段的现代化，这是优化信息化政策工具的落脚点。

（原文载于《宁波市委党校学报》2019 年第 5 期）

京津冀协同发展背景下雄安新区整体性治理的制度创新研究 *

制度安排是集体行动的逻辑起点，制度理论在整体性治理中发挥着重要作用。雄安新区顶层设计的出台，是"跳出去建新城"思路的具体呈现，意在通过突破既有制度格局，突破现有"条块"关系，在更大区域空间上优化配置政治经济资源，从根本上解决京津冀区域发展不平衡不充分问题，破解协同发展瓶颈，探索人口经济密集地区依托制度创新优化开发的新模式。雄安新区肩负着谋略"千年"的历史使命，建设发展兼具整体性、系统性、全局性和长远性。《中共中央、国务院关于支持河北雄安新区全面深化改革和扩大开放的指导意见》提出"七个率先"：率先打造智慧公安；率先建成"无废"城市；推动社会保险公共服务平台率先落地；探索在全国率先建立移动源污染物低排放控制区；有序推进金融科技领域前沿性成果率先落地；在创新发展、城市治理、公共服务等方面先行先试、率先突破；率先形成有效制衡的法人治理结构和灵活高效的市场化经营机制。这些指导意见凸显了制度创新在引领雄安新区建设发展上的重要性。

制度内涵激励和约束治理结构，"在规范技能与知识的形式中起着

决定性的作用"①，是推动社会治理架构长期可持续发展的决定性因素。当前和未来雄安新区的规划建设发展，关键在于吸纳汇聚创新要素，激发各种创新活力，发挥好无形之手和有形之手的作用，推动制度安排方面的革故鼎新。本文充分考虑京津冀协同发展背景下雄安新区的制度安排，从制度创新的动因分析入手，在对整体性治理视域下雄安新区制度创新进行理论分析的基础上，从制度创新价值设定、制度创新文化共识、制度创新主体、新制度实施保障机制四个方面探讨推进雄安新区整体性治理制度创新的对策思路。在新制度实施保障机制方面，指出通过强化信息沟通和舆情引导机制、优化激励—约束机制、建立健全协同立法执法等制度，对新区的制度基础、制度生成、制度变迁、制度创新加以整体性建构。

一、整体性治理视域下雄安新区制度创新的理论分析

制度是参与者博弈均衡的结果，反映了利益相关者各自的利益诉求。制度也是研究治理理论中集体行动和公共政策的核心问题。罗纳德·科斯强调运用整体性方法、基于成本—收益的视角、通过比较制度分析达成对现实的改变，进而实现制度创新。这一制度创新过程是以一种高效率制度替换低效率制度的过程，是以一直具有聚合力的整体性制度替代碎片化制度的过程，既包括正式规则和非正式规则的演变、更替，也包括新制度的落地实施，最终变成具体实践，让利益相关者真正分享到合作剩余、制度红利。近年来，学术界对治理制度创新的研究呈

---

① ［美］道格拉斯·C.诺斯：《制度、制度变迁与经济绩效》，杭行译，上海三联书店2008年版，第105页。

现出整体主义的发展趋向。

（一）国内外整体性治理理论视域下制度理论的相关研究

罗纳德·科斯主张对治理效果做整体分析，而不是局部分析，要基于整体考察现状，并把它和改变的整体效果加以比较分析。就制度创新主体而言，戴维斯的研究提出了个体、团体和政府的三分法。随着学术研究的深入，实用者、高校、科研机构、国家等也被纳入创新主体的范围，创新主体呈现多元化和复合化的整体性特征。拉坦把制度创新的具体表现归纳为：某种特定组织行为的变化；这一组织与其所处环境的相互关系的变化；在这一组织环境中当事人的行为及其相互关系规则的变化。[1] 围绕这一主题，国内学术界主要基于制度安排供给不足、制度创新乏力的研究假设展开。总体来看，这些研究缺乏整体方法的运用，对制度绩效缺乏整体性分析，比较制度分析欠缺，基于组织环境中利益相关者关系聚合的深度挖掘不够。

关于整体性治理的制度设计研究，约翰·加尔布雷恩提出了"整体制度目标"的概念，他把整体制度目标分为经济价值目标和文化价值目标。[2] 其建构策略主张把可持续发展和生活质量内生于经济增长等亟待探讨的问题之中，这一主张意在充实和完善存在缺失的制度安排。Feiock 认为制度设计可能会依赖于解决制度上的集体行动问题的各种机制，例如协调当权者的关系、政府间的和其他参与方的关系以及协调私人实体和公共实体的网络以及契约关系等的机制。[3] 意指制度设计为整体治理建构相关机制。彼得·J.梅指出：制度视角的分析性问题在于制

---

① Rutton，V.W.Induced Innovation，*Technology，Innovation and Development*，Baltimore：Johns Hopkins University Press，1978.

② 卢现祥、张翼等：《低碳经济与制度安排》，北京大学出版社 2015 年版。

③ 王浦劬、臧雷振：《治理理论与实践：经典议题研究新解》，中央编译出版社 2017 年版，第 520 页。

度安排引发内聚力的程度。评估内聚力时有两个问题需要考虑。一个是制度设计在支持政策目标时引起的注意力、信息和组织关系的程度。第二个就是制度设计在相关政策实施当局中建立有意义联系的程度。① 国内关于整体性治理的制度设计研究，重点从制度内涵、制度层次、制度类型、制度发展阶段、制度绩效等方面加以探讨。有关利益相关方协调机制问题方面探讨不足，研究中缺乏单个制度与整体制度的结合、制度分析与政策分析的结合、制度设计和制度绩效分析的结合，对整体制度目标中文化价值和经济价值相融合的关注度不够，尤其是如何通过制度安排生发内聚力的研究有待进一步深入。

(二) 雄安新区整体性治理制度化研究的理论视角

本文对雄安新区整体性治理的制度化研究从以下几个方面展开：一是从雄安新区整体性运作的时代背景与制度逻辑入手。结合京津冀区域协同发展困境的破解，通过内部、外部、纵向、横向几个静态维度和价值理念维度构建一个动态体系，尝试解析希克斯提出的整体性治理制度化的策略和途径。二是雄安新区整体利益的生成与发展机制。整体利益不是虚无的理念设定，而是建立在治理主体利益博弈基础之上的共赢，这一命题的提出应对的是新区所处白洋淀区域长期以来碎片化、属地化、孤岛化的治理现状，保障机制成为雄安新区制度创新过程中整体利益生成的关键环节。三是雄安新区整体性治理制度化的信息化基础。雄安新区建设初期，京津冀区域、白洋淀流域、雄安新区及周边区域等利益相关方所获信息充分、预期明确，遵从制度规则，制度变迁将会自动实施；如果信息不对称或信息沟通受阻，制度安排就会变得低效，以致没有强制力量的支撑维持，便难以运行下去，就需要开展新一轮的制度

① Peter J. May and Ashley E. Jochim, "Policy Regime Perspectives: Politicies, Politics, and Governing", *Policy Studies Journal*, Vol. 41, No.3, (2013).

替代与变革。现实中，在交易不确定和信息闭塞的非完全竞争环境下，雄安新区新制度的实施运行需要权威、公正的第三方作为重要保障，进而大力度惩戒违规者和自我中心主义者，促进信息充分、对称和透明，从而稳定预期。四是整体性治理制度化的创新主体架构。界定雄安新区整体性治理架构的制度框架，把市场组织、社会组织、智库机构、新闻媒体、社会公众等纳入到组织结构中来，让具有自发性、局部性的社会激励组织或个体在响应获利机会时自下而上地倡导、组织和实行制度变迁，推进现行制度安排的变更、替代或新制度安排的创造，着力应对来自政治、经济、文化、生态和社会承载力等方面的挑战。

（三）新制度经济学本土化视角下雄安新区整体性治理制度分析

采用新制度经济学的理论和方法研究雄安新区整体性治理问题，其价值在于本土化实践中的具体应用。重点探讨制度安排的形成和制度绩效的评价，进而回答雄安新区为什么需要制度安排、如何进行有效制度安排等问题。

首先，整体性治理中的产权分析对于整体性治理的制度建构具有重要理论价值。通过产权分析，一是可以充分发挥市场机制的作用，确立严格的、清晰的、可以转让的产权制度；二是通过产权明晰来明确责任归属，解决公地悲剧问题；三是激活政府官员的社会成本和环境责任意识，纠正市场失灵。[1] 正如科斯所言：只要产权界定不明确，外部性带来的损害就会存在，只有设定了明确的产权界限，才能降低或消减外部性带来的损害。在明确产权界定的前提下，引入完善的市场竞争机制，才能够明确地衡量相互影响的程度和双方享有的权益和职责。[2] 其次，整体性治理中降低交易成本方面，制度起着至关重要的作用。在新

---

[1]　赵新峰、袁宗威：《我国区域政府间大气污染协同治理的制度基础与安排》，《阅江学刊》2017 年第 2 期。

[2]　程恩富、胡乐明：《新制度经济学》，经济日报出版社 2005 年版，第 49—55 页。

制度经济学家看来，制度的产生是否定、扬弃和改变旧制度的过程，突破制度路径依赖的一个重要条件，是新制度所带来的潜在利润大于为获取潜在利润而支付的成本，新制度产生的动因是更多收益的获取和交易成本的降低。具体而言，制度在降低交易成本方面的作用体现在：一是制度能够强化单个政府组织的有限理性。制度由区域政府组织协同设计，共同协商达成，吸收和接纳了区域内都有利益相关者的主张和建议，推出了一种富有前瞻性的整体性治理方略，有利于改观单个政府组织单打独斗、各自为政的非合作局面，制度约束下整体性治理格局潜在地扩展强化了政府的有限理性；二是制度增加了不遵守整体性治理共同契约、逃避共治责任的成本，降低了区域内单个行政单元本能性和自利性的机会主义倾向；三是制度降低了政府组织后期沉没成本发生的概率。沉没成本并不是由组织自身造成的，而往往是由于非合作或协同策略受阻造成的。因此，通过制度化的整体性治理策略确保契约的执行交易的可持续性便显得格外重要，这种制度化、组织性的保障可以在很大程度上降低交易费用。再次，雄安新区整体性治理中的制度变迁与创新分析。从强制性制度变迁到诱致性制度变迁，到两种方式的合作与冲突，着力探讨在实际制度创新和设计过程中，诱致性制度变迁和强制性制度变迁两种创新方式如何发挥协同作用，探讨整体性治理制度安排如何形成有效激励约束系统，深入研究整体性制度安排对制度创新的影响。最后，雄安新区整体性治理中柔性制度与硬性制度的统筹考量。在建构整体性治理制度一般刚性原则下，适度通过文化价值的融入对制度加以柔性化处理，把刚性制度与现实的和谐性、包容性纳入考量范畴。

二、京津冀协同发展背景下雄安新区
整体性治理的制度分析

区位优越、交通便捷、生态良好、承载力强、开发程度低、发展空间充裕，这些要素是雄安新区在诸多选址中胜出的关键因素。短期来讲，雄安新区的核心任务，是积极融入到京津冀协同发展的区域战略框架中，加强同北京的对接联系，集中疏解和承接北京非首都功能，与通州副中心一起形成首都新两翼；长期来看，雄安新区促进区域协同发展的基础上，需要把改革开放作为发展的根本动力，把创新作为引领新区高质量发展的第一动力。积极吸纳集聚创新要素，激发创新活力，肩负起创新发展示范区和引领区的重任，致力于打造成为在全国具有重要示范意义的创新驱动发展新引擎。

雄安新区自决定设立，到规划设计，再到远期的建设发展，是一个长期的过程，期间关涉众多行为主体，利益关系纠葛繁杂，如应对不当，将会无形中放大环境不确定性和机会主义的影响，交易成本顺势攀升，利益相关方积极性的激发和各种资源整合利用的效率将大打折扣，甚至会影响新区创新发展的进程和效果。因而，新型治理体系建构过程中整体性的制度安排及其变革创新显得至关重要。

（一）京津冀协同发展背景下雄安新区设立的制度逻辑

坐落于华北地区的京津冀区域，包括北京、天津和河北两市一省。北京和天津均为直辖市，在政治地位上高于河北省。同时，天津和河北同属首都北京的"京畿之地"，遵循基本的畿辅逻辑："拱卫京师，以固根本"。在生态环境保护、疏解非首都功能、资源能源供应、安全稳定保障等方面，北京具有政治意义上的优先性。一直以来，基于属地管理的原则，遵照《宪法》第三章第一百零七条规定："县级以上地方各级人民政府依照法律规定的权限，管理本行政区域内的经济、城乡建设事业和财政、民政、计划生育等行政工作……"长期以来，京津冀三地政府秉承地方利益至上的发展理念，经济上以属地 GDP 增长为导向，政治上以官员政治晋升为目标，各自为政、恶性竞争，地方保护主义盛行，致使发展定位、产业机构、基础设施建设、公共服务、生态环境保护和资源利用等诸多领域矛盾冲突不断。同时，三地发展差距过大，区域内贫困带和大城市病并存。2017 年京津冀三地国民经济和社会发展统计公报显示：北京全年居民人均可支配收入高达 57230 元，天津为 37022 元，河北仅为 21484 元，北京是河北的 2.7 倍多。北京和天津日新月异、蓬勃发展之际，同属京津冀区域的河北省却形成了一个贫困程度较深且集中连片的贫困带。由于肩负着京津水源供应地及生态保护等特殊使命，国家对这一地区实行限制开发政策，京津作为获益方补偿机制不到位，导致相邻的行政区划两侧发展的不均衡。此外，北京也因过度吸取周边资源，集聚各种功能，患上了人口膨胀、交通拥挤、住房困难、环境恶化、资源紧张、物价飞涨等日趋严重的大城市病。

就区域层面而言，以邻为壑、恶性竞争、过度强调行政区划的制度框架，"一亩三分地"的治理模式，既不符合区域整体利益，也很难满足利益相关者多样化的价值诉求，导致区域内制度处于非均衡状态，整体性制度缺失，治理变革、制度创新的需求已然形成。

为回应制度创新的整体性价值诉求，打破区域内行政区划壁垒，破解属地管理的困境，提高区域资源配置和利用效率，京津冀协同发展历经了一个长期探索、博弈和互动的过程。从成立华北经济技术协作区到廊坊共识的达成，期间针对具体领域和环节签订了合作协议，形成了环渤海区域合作市长联席会等协作互动制度。这些制度的建构在一定程度上起到了区域利益平衡的作用。然而，在畿辅逻辑的规制下，三地初始权利配置失衡，谈判各方的政治位势和资源禀赋差别过大，加之利益诉求各异，矛盾冲突频繁，制度创新成本居高不下，潜在利润难以呈现，制度由非均衡通向均衡的道路蜿蜒曲折，新制度在京津冀协同发展的进程中迟迟无法有效供给。

制度变迁博弈过程中，当制度创新需求已经产生，制度无法自动有效供给时，外部强制力量有效干预十分必要。具体到中国情境下，中央是区域制度创新外部强制力量的最优选择。自上而下的中央顶层制度供给和设计，完全具备调整制度环境以及统筹协调区域内各方关系和行为的能力。具体到京津冀区域，以2014年京津冀协同发展战略的提出为分界线，中央强制力量的干预可以划分为两个阶段：

京津冀协同发展战略提出以前，中央也曾多次参与协调京津冀区域制度创新博弈，然而由于多停留在课题研究、规划设计、缺乏行动的口号以及具体领域事务的协调上，微修小补，雷声大雨点小，缺乏深入系统地介入，因而无法从根本上解决区域利益失衡问题，也没有全面系统的制度供给产生。

2014年以来，中央充分利用政治经济资源配置权力，通过多种方式全面介入京津冀区域各方利益关系的互动调整。在功能定位、产业发展、生态环境治理、交通建设和北京非首都功能疏解等方面，统筹规划，组织协调，并相应推出整体领域和具体领域的协调机制，成立了相关机构。为进一步推进京津冀协同发展，采取抓主要矛盾、牵"牛鼻子"的方法，在现行区域行政区划基础上，规划河北省保定市雄县、容城、安新3县及沧州任丘市部分乡镇，设立雄安新区，集中承接北京非首都功能，并进行具有示范意义的体制机制创新，努力打造京津冀地区的新引擎、新支点、新增长极。具体进程如表1。

表 1　河北雄安新区规划设立的历程

序号	时间	活动或事件	具体内容
1	2014 年 2 月	京津冀协同发展座谈会召开	明确提出京津冀协同发展的重大战略。
2	2015 年 2 月	中央财经领导小组第 9 次会议召开	审议《京津冀协同发展规划纲要》，研究思考在北京之外建设新城问题。
3	2015 年 4 月	中共中央政治局常委会会议和中央政治局会议召开	《京津冀协同发展规划纲要》审议通过，提出规划建设具有相当规模、与疏解地发展环境相当的集中承载地。
4	2016 年 3 月	中共中央政治局常委会会议召开	《关于北京市行政副中心和疏解北京非首都功能集中承载地有关情况的汇报》得到原则同意，确定了新区规划选址，同意定名为"雄安新区"。
5	2016 年 5 月	中共中央政治局会议召开	审议《关于规划建设北京城市副中心和研究设立河北雄安新区的有关情况的汇报》。
6	2017 年 4 月	中共中央、国务院印发通知	决定设立河北雄安新区。
7	2017 年 10 月	中国共产党第十九次全国代表大会在北京召开	报告指出，以疏解北京非首都功能为"牛鼻子"推动京津冀协同发展，高起点规划、高标准建设雄安新区。
8	2018 年 4 月	中共中央、国务院批复《关于报请审批〈河北雄安新区规划纲要〉的请示》	《河北雄安新区规划纲要》共分为十章，规划期限至 2035 年。
9	2018 年 12 月	国务院关于《河北雄安新区总体规划（2018—2035）》的批复	原则同意《河北雄安新区总体规划（2018—2035）》，作为雄安新区发展、建设、管理的基本依据。

　　雄安新区建设发展中大量政策资金的支持，众多中央企事业单位的进驻以及自身创新发展，将有助于加大河北在京津冀三地博弈互动中的资本提升和话语权，更有力地表达河北和雄安的利益诉求，推动京津冀区域和雄安制度创新变迁的取向更加趋于公平合理，实现区域均衡发展。

雄安新区规划设立的历程表明，京津冀协同发展背景下雄安新区整体性治理架构的制度创新，经历了一个探索、互动、博弈的渐进过程。中央作为外部强制力量在这一进程中起到了关键性作用。在这一外部力量驱动下，制度上的创新很快体现到具体发展实践中，京津冀区域功能定位更加明确，区域内联系更加紧密。一是北京通过分散和集中的方式，疏解了一般性制造业、区域性物流基地和区域性批发市场、部分教育、医疗、行政性和事业性服务机构等非首都功能，一定程度上缓解了大城市病。二是天津吸引了大量来自北京和河北的投资，仅2017年京冀企业到天津投资的到位资金1089.14亿元，占全市实际利用内资的43.6%。三是河北此间承接来自北京和天津的功能更是明显。自2014年至2018年7月，仅位于河北省沧州市的渤海新区，就以平均每天签约一个京津项目的速度，承接项目1264个，总投资达5538.7亿元。同时，雄安新区自设立以来，得到了来自中央各部委以及区域内各地的大力支持，发展前景一片光明。

一般而言，中央顶层制度供给与设计，依托强制外力，更容易发挥制度设计黏合剂的作用，强化京津冀区域整体和雄安新区整体结构的内聚力，突破区域内各方利益博弈的壁垒和困境，缩短各利益主体间的谈判和讨价还价时间，减少自然变革创新的交易成本和试错成本。辩证地看，中央顶层制度设计也很容易受自身利益和既得利益集团的影响，并且一经形成，便会按照自身的逻辑和规则运转，将自身诉求融入制度体系中，对区域内地方实际和利益的考虑难言到位，容易挫伤地方自主发展、制度创新的积极性。这也是中央政府在进行制度设计过程中应该着力考量的。

（二）雄安新区整体性治理制度创新的困境

雄安新区整体性治理架构是对碎片化思维观念的否定，对京津冀合作治理瓶颈的突破，也是破除区域内"一亩三分地"思维、突破属地管理刚性约束的重大举措。从区域的视角来看，其制度创新的困境表现为：

一是碎片化的行政管理体制。雄安新区毗邻白洋淀区域，该区域包括安新、雄县、容城、高阳、白沟新城管委会、白洋淀保护与开发管委会等多个处级及以上行政单元。雄安新区所处白洋淀自身由143个淀泊组成，366平方公里的水面分属于"两市四县"，被行政区划切割得支离破碎，上游九条入淀河流流经若干不同的行政单元。这样的布局使得白洋淀区域的整体规划难度巨大，因为行政区划引发的问题由来已久。雄安新区整体性治理制度创新的价值诉求与利益相关主体协同意愿之间存在着难以调和的矛盾。

二是雄安新区整体性治理制度创新能力不足。雄安新区建设初期，吸纳集聚了一批有前瞻性和领导力的人主政新区建设。但由于新区行政建制因循以往，没有进行整合，辖区内部分政府官员对超出自身行政管辖范围以外的事务漠不关心，缺乏全局意识和整体思维，习惯于"自扫门前雪"，协调整合能力欠缺，对新区整体性理念、一体化方略缺乏清晰辨识。对跨域治理的认知能力偏弱，合作治理思维欠缺，缺乏共生共荣共享的精神。具体能力不足投射在对新区公共服务供给、公共问题应对、公共事务的治理等方面。

三是雄安新区治理中制度创新困境的路径依赖。整体性取向的"权威依赖"表现为两个层次：其一是对中央权威的依赖。制度变迁包括诱致性制度变迁和强制性制度变迁。诱致性制度变迁是指现行制度安排的变更、替代或新制度安排的创造，是由个体或群体在响应获利机会时自发倡导、组织和实行的制度变迁，自下而上，表现为自发性和局部性特征。强制性制度变迁通过政府权威、法律介入来实现，其变迁主体是政府，自上而下，表现为强制性、规范性和低成本。在现行体制机制下，雄安新区组织架构习惯于依赖中央权威指导或行政力量处理新区事务，创新性和挑战性工作难以独立运作完成。加之物质资源、财政资源、政策资源、法律资源、舆论资源等主要集中在"大政府"手中，地方政府吸纳资源、调动资源、整合资源空间有限，只能选择依附上级权威。具体表现为目标理念、合作动机、政策工具、制度安排、发展路径上对中央权威的依赖，缺乏自己独特的目标、动力和行动。就雄安新区而言，自上而下的强制性制度变迁较为普遍，自下而上的诱致性制度变迁较为缺失，上升到制度创新层次更是表现乏力。其二是在整体性协同执行中对于等级权威的依赖。在京津冀区域和雄安新区，基于纵向等级的科层治理模式并没有得到改观。科层治理模式的典型特征是对等级权威的依赖，这种依赖会造成京津冀和雄安新区在整体性治理中的现实困境。由于政府组织架构、公共事务和人事制度对应的是科层制政府模式，制度设计缺乏对跨域横向协同模式和网络化协同模式的考量，因此，在现实中，以科层制为基础的纵向等级管理体制往往会与跨区域协同治理模式发生冲突。如京津冀区域业已建立的协同治理框架，在操作和执行层面还是建立在等级科层基础之上。雄安新区所辖各县，白洋淀流域各个行政区划，无论是在技术层面、制度层面，还是在运作机制上，都呈现出显著的等级权威依赖特征。

（三）京津冀协同发展背景下雄安新区制度创新的发端与起步

雄安新区设立以来，规划定位比较高，要求把每一寸土地都规划得清清楚楚后再开工建设。除市民服务中心以及少部分企事业单位入驻雄安外，具体建设并没有大规模展开。同样，雄安新区的制度创新与建构也多停留在研究规划设计上，实际落地推行集中体现在两个层面体制机制的变革上：一是京津冀区域层面，二是雄安新区本体层面。为便于深入分析，本研究以政府层面管理体制机制创新与安排为主要分析对象。具体如图1。

1.京津冀区域政府层面管理制度创新与安排

开发程度低，发展空间充裕，是雄安新区选址设立时的优势，但

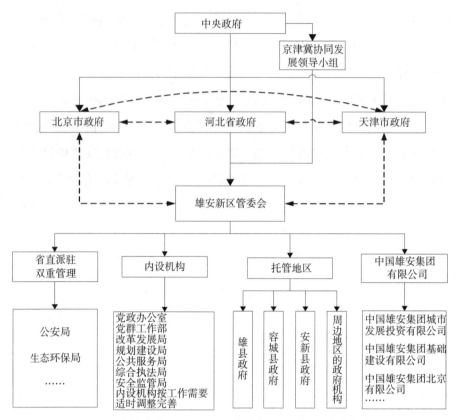

图1 京津冀协同发展背景下雄安新区政府管理制度架构

从另一个方面来讲，也反映了雄安新区现有发展条件薄弱，缺乏自主转型升级、整合提质能力的现状。以设立新区前的2016年人均国内生产总值为例，雄安新区三县人均GDP为2万元，仅为北京市人均GDP 11.5万元的17%，与河北全境4.3万元的人均GDP也有很大差距。并且三县支柱产业为服装、制鞋、塑料包装、电器电缆、有色金属加工、乳胶制品等，多属资源消耗大、污染严重、利润率低的产业，与贯彻落实新发展理念的创新发展示范区的功能定位严重不符。因而，其建设发展需要外部力量的支持，需要协调整合好区域内相关主体的关系，尤其需要区域层面整体性的制度创新与安排。

在中央与雄安新区政府层面，中央政府领导新区管委会，主导建立起了自新区设立到规划审批，再到规划执行的一整套体现中央权威的制度体系，同时通过其下设的京津冀协同发展领导小组及其办公室指导新区管委会，统筹协调区域层面涉及雄安新区建设发展的事务和问题。在河北与新区政府层面，河北省政府组建了河北雄安新区管理委员会，承担《河北雄安新区规划纲要》履行的主体职责，新区管委会定性为省政府的派出机构，接受省政府的领导。在京津与新区政府层面，雄安新区的设立，使得京津冀间的博弈中增加了一个变量，久居弱势地位的河北依托雄安新区将会获得更大的发展空间，区域主体间互动的路径趋于多元化，区域内资源配置的效率、公平、可选择性更具平衡性，区域制度安排的系统性、协同性、整体性愈发重要和凸显。同时，基于单一制的国家结构形式以及区域现有制度安排，北京和天津自雄安新区设立以来积极支持其建设发展，分别与河北省政府签订了《北京市人民政府、河北省人民政府关于共同推进河北雄安新区规划建设战略合作协议》和《河北省人民政府、天津市人民政府关于积极推进河北雄安新区建设发展战略合作协议》，在创新驱动发展、交通基础设施、生态环境联防联治、产业转型升级等多领域，深层次推进雄安新区建设发展，并进一步做了任务细化分解。在保定、廊坊、沧州等周边地区与新区政府层面，京津冀沟通协商，精诚合作，统一管控，服务雄安成为相关主体间共同的目标和使命。北京市政府工作报告中 2019 年的工作任务强调，要开工建设 4 所"交钥匙"学校医院，实现京雄城际北京段开通使用，力争京雄高速开工建设。天津市政府工作报告提出要深化规划、建设、产业、生态、公共服务五方面协同，推进人才、技术等资源共享。支持静海等区发挥区位优势全面对接服务雄安新区建设，推动天津至雄安新区重大交通基础设施项目建设，建立货物快速通关机制，打造雄安新区高效便捷的出海通道。

2. 雄安新区政府层面管理制度创新与安排

雄安新区本体现行政府层面的体制机制创新与安排，是对 20 世纪

90 年代以来国家级新区制度创新经验和中国共产党第十八次全国代表大会以来深化体制机制改革成果的延续和创新。新区管委会设立之前，由来自河北、北京和天津代表组成的河北雄安新区筹备工作委员会全面履行了组织领导、统筹协调雄安新区开发建设的管理工作。雄安新区现行管理体制机制，类似于以往国家级新区的"管委会"模式，新区管委会为辖区内唯一的行政机关，"精简、高效、统一"，实行"大部门制、扁平化、聘任制"，具体如图 1 所示。这种治理范式一是推行大部门制，实行扁平化管理，对职能相似或行政权力相近的部门进行合并。① 这种整体性治理范式的优势在于对跨域复杂公共问题有效应对，有利于实现跨边界、跨组织、跨部口之间的协作问题。这种跨边界的协作并不排斥专业分工，而是根据新区使命和结果导向，整合原有部门功能基础上进行整体化再造，优化配置部门之间的资源。公共服务部门整合程度越高，部门间内聚力就越强，协同服务动机就越强。秉承这一范式理念，雄安新区设置了党政办公室、党群工作部、改革发展局、规划建设局、公共服务局、综合执法局和安全监管局等 7 个内设管理机构，部门内部不再设置科室，实行岗位管理，着力减少行政层级。二是作为派出机构，为摆脱科层体制的羁绊，对规划区域内的三县及周边地区进行托管，减少新区管委会协调辖区内各行政单位的成本，提高行政效率。原河北沧州任丘市的七间房乡、鄚州镇、苟各庄镇，原河北保定高阳县的龙化乡并入新区。三是推行聘任制推进用人制度的重大创新。新区党工委、管委会及管理层实行任期制，其他人员全部实行聘任制，激发新区工作人员的创新活力。通过体制机制创新，集聚全国乃至全世界的高端人才和智慧到雄安新区创新创业。

现阶段，雄安新区体制机制的制度创新与安排，源于党的十八大、

---

① 张楠迪扬：《京津冀一体化视角下的雄安新区行政体制机制创新》，《国家行政学院学报》2017 年第 6 期。

十九大以来中央深化体制机制改革创新成果，尤其是深化党和国家机构改革的决定和具体方案。其中，"河北雄安新区生态环境局"的组建，很好地印证了上述判断。横向而言，该机构是《深化党和国家机构改革方案》要求组建生态环境部以来，在全国范围内成立的首个地方"生态环境局"。纵向而言，作为全国首个完成省级环保垂直管理改革的试点省份，河北在雄安新区生态环境局的管理体制上，充分体现了中央环境保护管理体制改革的调整要求，对于跨区域的生态环境实行治理权限上收。具体为：雄安新区生态环境局为河北省环保厅的派出机构，由省环保厅和河北雄安新区党工委、管委会双重管理；并且雄县、容城、安新三县的环保局调整为河北雄安新区生态环境局直属分局，由河北雄安新区生态环境局直接管理。

三、推进雄安新区整体性治理制度创新的对策思路

自 2017 年 4 月设立至今，雄安新区仍处于创业拓荒阶段，制度体系基本沿用原有体制机制，仅有的制度创新安排的过渡性痕迹也十分明显。就"千年大计、国家大事"的定位来看，全方位、立体化、多层次、整体性的制度设计需要与时代同频共振，不断创新发展。因而，雄安新区制度创新还有很大的探索发展空间。

（一）整体性治理制度化的发展策略

制度能够在治理架构的过程中有效降低其中的交易成本，而整体性治理理论在雄安新区治理建构中的价值在于通过制度化途径加以指导创新实践。

希克斯所构想的整体性治理，就是通过"制度化"的渠道，来达

成全面整合的境界。① 彭锦鹏提出整体性治理制度化的达成，需要采用"线上治理—科技基础、整合型组织—组织基础、主动型文官体系—人员基础"三项制度化途径对现有政府进行改革。② 黄滔以地方政府为参照系，从内部、外部、纵向、横向四个静态维度及文化价值的动态维度，探讨了整体性治理在中国地方政府制度化的策略途径。并把制度化策略划分为五个维度：一是内部构建大部门体制；二是外部加强理性的公私合作；三是构筑部省合作的新型关系；四是横向上构建电子化无缝隙政府；五是动态上建构主动型公务员体系。③

整体性治理范式持续有效地发挥作用，必须走制度化的道路。雄安新区整体性治理的制度化策略需要付诸制度创新的鲜活实践中，这一策略实施的要义包括：一是整体性运作必须适应当时的社会经济发展状况；二是确定好整体性治理所需的知识、协调和整合及合作等概念；三是形成整体利益；四是整体性治理制度化应明确正式组织以及非正式组织之间的关系；五是作为整体性治理制度化的激励基础，情感以及恰当的可观察的实践行为应当予以关注。④

（二）推进雄安新区整体性治理制度创新的对策思路

本研究力图基于雄安新区现有制度创新与安排框架，结合整体性治理视域下的制度创新理论，从制度创新价值设定、制度创新文化共识、制度创新主体、新制度实施保障机制几个方面探讨推进雄安新区整体性治理制度创新的对策思路。

---

① 彭锦鹏：《全观型治理理论与制度化策略》，《台湾政治科学论丛》2006年，第23页。

② 彭锦鹏：《全观型治理理论与制度化策略》，《台湾政治科学论丛》2006年，第23页。

③ 黄滔：《整体性治理制度化策略研究》，《行政与法》2010年第2期。

④ Perri 6.DianaLeat, *Kimberly Seltzer and Gerry Stocker.（2002）. Towards Holistic Governance：the New Reform Agenda*，New York：Palgrave，p.203.

1. 雄安新区整体性制度创新价值设定

基于国家利益的价值视角，上海浦东新区的建设催生了长江三角洲区域的蓬勃发展，深圳特区的设立带动了珠江三角洲区域的空前繁荣，雄安新区的战略布局对于改变中国经济发展区域非均衡状态，优化空间结构，拓展新的发展空间具有重要的战略意义；从京津冀区域公共利益现实价值来看，整体性治理成为雄安新区发展的主题；基于地方利益基础价值来看，长期以来无私助力京津发展但自身发展受阻的河北将迎来重大发展机遇。一是雄安新区整体性制度创新的情境和价值目标可以设定为：雄安新区治理架构中整体性制度创新具有正当性、可行性和前瞻性，是对碎片化、孤岛化以及大城市病的战略回应。二是雄安新区治理中整体性制度创新的基本理念概括为：雄安新区的愿景是价值性的，是理念和信念的聚合，是思维观念的情感表达，也是组织治理架构优化的根本。引领雄安新区未来建设的具体价值理念可以概括为合作的态度、协调的意识、共赢的观念、善治的精神和绿色的情怀①。三是雄安新区治理中整体性制度创新的价值目标，包括整体回应公民需求、以问题的有效解决为一切行动的逻辑、制度创新边际收益等于边际成本、制度创新目标与手段相互增加等。

2. 凝聚雄安新区制度创新的文化共识

文化共识是对制度化策略达成的一种有效补充和替代。基于价值观念基础形成的文化认同等非正式规则是组织联结互动的一种均衡结果，一经形成便反作用于组织和人际相互间的关系和行为选择，潜在地影响人们对制度的理解和认知，进而左右制度形成、演化和创新的交易成本。当人们对制度及其创新的认知、理解和评价是积极的、合法的、公正的，人们自然会达成共识，其间"搭便车"的机会主义行为就会减

---

① 赵新峰、王浦劬：《京津冀协同发展背景下雄安新区治理理念的变革与重塑》，《行政论坛》2018 年第 25 卷第 2 期。

少，个人行为得到修正，制度实施及其变革创新的交易成本便会降低。反之，人们预期不一致，形不成共识，制度运行及其创新发展的成本就会升高。

雄安新区的建设发展是一个宽领域、高质量、深层次的变革创新过程，关涉多个地区和部门，影响着相关主体之间关系和利益的变化调整。能否及时高效规范人与人之间的关系，约束个体失序行为，凝聚文化共识，直接影响着新区建设发展中制度创新的成本和效率。因此，一方面，要着力打造整体发展的文化思维。雄安新区担负着推进京津冀协同发展的历史使命，需要京津冀区域各行政单元打破"行政区行政"的封闭思维，发扬燕赵文化的优良传统，下定"一盘棋"、养成大格局，自觉自发认识雄安之于京津冀区域整体性治理的重大现实意义和深远历史意义；另一方面，注重创新发展的文化引领。雄安新区设立以来，存在着两种非理性的思想认识。一种是过度认知、过高预期、非理性定位，致使雄安炒房、炒地、炒股、违建等过激和失序行为大量发生；一种是以华北水源匮乏、生态环境脆弱及新区存在水涝隐患、交通条件欠佳等问题质疑雄安新区的设立和发展。这两种思想认识一旦纠正不及时、规范不到位，很容易对地区内人与人之间的关系和行为习惯形成冲击，最终扰乱雄安新区的正常规划建设。因而，亟须精准施策，秉承创新、协调、绿色、开放、共享"五大发展理念"，增强创新意识，在对区域协同发展和城市发展规律正确把握的基础上，将部分非理性思想规范到理性有序的轨道上来，谋略新区新境界。

雄安新区地处京津冀核心地带，毗邻白洋淀流域，地缘上的互联互通和文化历史上的一脉相承为雄安新区的文化认同提供了重要支撑。文化认同中的利益相关方之所以对立冲突，是基于属地管理思维下文化认同行为的个人利益最大化考量，个体文化价值取向与整体的文化诉求不一致。强化雄安新区整体的文化认同，需要在具体的制度安排上摒弃零和思维，协调矛盾，化解冲突，培养共识。文化认同领域整合协调的水平，标志着雄安新区文化共同体的文明开化程度。制度安排所强调的文化认同有别于文化趋同，是在传承自身文化基因的基础上更高层次的一种认同。

自宋辽时代至今，雄安新区所处白洋淀区域先后形成了宋辽文化、航运文化、行宫文化、淀泊文化、雁翎文化等文化形态。当雄安新区摆在世人面前需要进行恰当的文化定位时，首先需要确定最为核心的表达维度，将先进文化观念与地区独特文化资源禀赋的认知结合起来，最大限度处理好存量与增量的关系。如在生态文化中继承辽宋文化中淀泊互通、河道互容、苇荷交映、鱼虾共存的跨界协同的文化理念，同时加大力度强化对增量变革的考量和实践，以增量思维重塑存量的文化价值。以跨界的整体性思维致力于不同文化承载机构和单元的共同体意识，让生态文化、智慧文化、休闲文化、创新文化成为新区的追求目标和发展方向。这一文化定位的基本研判是：近年来，由于智慧化、互联网、云计算的推波助澜，中心地区和边缘地区的边界趋于模糊，以前在京津冀区域处于边缘落后地位的河北省，借助雄安新区这一发展引擎，依托文化重塑带来的变革，实现新区文化品质的提升，完全可以在不久的将来实现与世界文明的对话，成为全世界产业、旅游、文化的消费热点，实现自身增量价值最大化。总之，雄安新区的文化重塑，需要在充分传统文化自信的基础上，保持开放的全球化视野，最终把雄安新区打造成一个多元包容、和谐共生的文化生态承载地。

3.理顺雄安新区制度创新主体间关系

制度设计、选择源于规范和约束人与人之间的关系。制度创新则基于理顺、激活制度创新主体间的关系，降低不必要的成本损耗，提高博弈参与主体对制度创新的潜在利润预期，最终向着融洽、合作、友善、高效、互惠的方向发展。一般情况下，制度创新主体主要包括政府组织、市场主体和社会主体，其中政府组织可依等级和地区再行细分，市场和社会主体则因组成人数差异划分成个体和团体。推进雄安新区制度创新过程中，需要理顺、激活的主体间关系主要包括以下三种。

一是政府间关系。政府在推动雄安新区制度创新的过程中，扮演着不可替代的角色，是强制性制度变迁的主体，其间关系能否厘清、明晰，直接影响政府积极性的发挥以及制度创新成本的高低，影响政府能否提供更加有效的产权安排和激励经济发展的公共政策。一方面，打破行政区划壁垒，在强化中央政府顶层制度创新作用的同时，充分考虑地方制度创新的利益诉求，发挥地方政府自主推动制度创新的积极性，主动融入雄安新区制度创新主体的行列。现阶段，需要着力打造北京市政府与雄安新区管委会功能疏解与承接的合作关系，致力于完成雄安新区所辖行政单元的整合问题，解决白洋淀湖区及流域条块分割等问题。另一方面，在衔接好新区管委会与国家整体制度关系的基础上，深入克服科层制度僵化弊病，持续推进新区管委会"大部门制、扁平化、聘任制"的改革创新方向，调动公务人员工作积极性，提高行政效率。通过协调政府间关系推动制度创新，不仅有利于解决原有制度安排的路径依赖，在区域整体性环境下创造出协同成本更低的制度环境，而且有利于提升合作治理的效率，为整体性治理拓展新的空间。

二是政府与市场主体间关系。政府以提供参与者不可退出的强制权力，通过命令直接推动制度创新。而市场主体以其活力吸纳、集聚创新要素资源，潜移默化地推动利于自身的技术创新，进而从根本上促动上层制度的创新。雄安新区的制度创新涉及生产、生活、生态各个方面，不仅需要政府在新区前期规划管控、基础设施建设、公共产品和服务提供、流域治理、产业转移等方面起到强制整合的第三方制度创新作用，而且需要在服务市场主体创新技术和制度的基础上，注重发挥市场主体制度创新的"无形之手"作用，从根本上促动雄安新区制度环境、制度要素、制度架构的变革创新。理想状态是政府供给的外在制度安排和市场内生制度需求达成一致，整合发力。在雄安新区制度创新进程中，应该着力强化市场主体推进制度创新的能动性以期和政府创新合拍，雄安新区整体性制度创新应该在政府和市场力量协同推进下前行。

三是政府与社会主体间关系。在推进雄安新区制度创新的博弈互动过程中，作为博弈参与者由公众和社会组织构成的社会主体决定着博弈互动的性质和方向。实践中，雄安新区管委会要充分考虑社会主体的利益诉求和愿景预期，实现治理效率和公正的价值平衡。当前，雄安新区处于严格管控阶段，公众的正常生产生活受到一定程度的影响，制度创新的方向在于疏解管控矛盾，回应公众需求。远期来看，雄安新区要建成高质量高水平的现代化城市，成为京津冀世界级城市群的重要一极，产业的集聚、功能的完备，必然吸引大量外来人员迁居雄安，与原有居民共同生活、建设雄安，人口体量更大、需求更高、构成更加多元，社会关系趋于复杂，矛盾容易激化。因而，包括新迁居民与原住居民关系在内的社会关系处理和规范恰当与否，直接影响新区制度创新的效果。同时，雄安新区管委会应注重培育社会组织，提供活动平台和空间，发挥其参与社会治理、化解矛盾纠纷的积极作用，营造共建共治共享的社会治理格局。

社会组织因其社会吸纳性特征因而能够更好地为社会各个利益主体代言。同时，因具有相对的自主性和独立性，因而在雄安新区新型社会治理格局的打造方面起着重要作用。雄安新区管委会可以通过与社会组织建立委托关系，凭借其在社会治理领域的优势，为新区决策做前期调研或出谋划策，与政府共同履行社会治理的职责。也可鼓励社会组织独立自主地开展活动，通过它们加强与国际性组织之间联系，促进新区治理方面的国际合作。同时，扶植社会组织与企业建立联系，推动企业社会责任建构。社会组织也可作为公民的代言人，代表其参与白洋淀流域的环境治理和京津冀大气污染防治工作，依托自身较强的社会公信力进行先进理念的教育与传播工作。

4. 健全整体性治理制度创新的保障机制

雄安新区制度创新是一项系统工程，既包括规划管理实施、区域协同治理、行政管理、财税金融、人才人口管理、土地管理、对内对外开放等方面的制度创新供给，也要求制度创新结果付诸实践、落地实践。依据上文新制度实施分析，一项新制度的自主有效实施，既需要博弈关涉主体间信息对称充分，也需要有效激励规则遵循行为，惩治约束机会主义倾向，更需要法律体系的第三方权威加以保障。

一是建立信息交流机制。区域层面，应建立起雄安新区与中央及其所属有关部委、京津冀地方的常态化信息交流机制，及时全面沟通协同发展事项，减少因信息不对称造成的误判和纠纷。尤其加强京雄两地的信息沟通，在具体功能疏解与承接上做到信息严丝合缝，推动非首都功能的有序疏解；新区本体层面，规划实施阶段，加强督促检查，及时收集规划执行信息，确保规划切实落地。建设发展阶段，新区应基于数字化、智能化的城市建设技术和方向，加大政务公开，构建市场主体和社会主体诚信体系，在信息充分对称的基础上，共同参与新区建设发展和制度创新。致力于搭建新区管委会回应性平台，及时了解新区制度安排和公共政策对公众偏好的满足程度，畅通政府与社会的沟通机制，依托互动式的参与治理快速精准识别社会不同群体的需求并作出及时回应。

二是建立起国内外舆情分析与引导机制。国际舆情方面，与专家智库合作，以舆情监测分析技术与实证量化分析方法为工具，测量英语国家主流媒体对雄安新区的关注度，目的是使国内相关部门及社会各界更加全面及时地了解国际社会舆情，发现国际社会对雄安新区建设的兴奋点、关注点与痛点，在此基础之上更好地坚持世界眼光、国际标准、中国特色、高点定位的雄安理念。可以将雄安新区的境外媒体报道分为"经济框架""环境框架""城市建设框架""公共服务框架"和"政治框架"。基于网络爬虫、大数据技术和文本挖掘等技术，选取其中具有代表性的报道进行分析研究，着重关注国际舆论有关雄安新区议题的研究热点和情感倾向，为雄安新区制度安排与创新提供决策支持；国内舆情方面：基于国内媒体雄安相关报道的新闻评论、微博、论坛话题等，构建"雄安新区国内舆情监测信息库"。基于舆情信息库中的数据，对"雄安新区"网络舆情进行多维统计分析，包括舆情分布、热点舆情、传播路径、热点预测、舆情倾向性等情况，为相关制度安排和政策制定提供及时、有效的决策支持。

三是构建激励与约束机制。雄安新区每一项新制度的有效实施，核心在于消除机会主义倾向造成的预期不明确，摆脱个体理性导致集体非理性的集体行动困境。为使雄安新区新制度实施博弈主体预期明确、减少误判，实现集体理性，减少行政单元和部门间合作治理中的交易成本，实现新区真正意义上的整体性治理，关键"不是去否定个体理性，而应是合理有序地进行激励、引导和规范个体理性，使之沿着协同共治的路径前行"①，进而构建一套行之有效的激励约束机制，通过政治行政、市场机制、社会文化等途径激励依规行事者，通过督察检查、执法问责，规范和约束个体过度理性、机会主义倾向，使之朝着建成全球城市创新发展的实验场、全球高端高新产业生态集聚地和中国创新发展城市样板间的宏图愿景努力。尤其是创新激励机制方面，要致力于打造创新思想和行动充分涌流的创新格局。要重点设计配置创新试验、创新投资、创新风险、创新收益、创新外溢等方面的制度安排和政策工具，优化和建构知识产权制度以及风险投资、财政协同、税基共享、高端技术成果孵化转化、产学研协同创新等相关制度，把雄安新区打造成吸纳创新成果、激发创新热情、集聚创新要素、崇尚创新质量的政策高地。

四是完善法治保障体系。法治保障体系是社会各方利益诉求的集中表达，是强制性第三方客观公正的代表。第三方通过使用强制办法推进新制度实施，能够有效降低个体监测、衡量、惩治其他制度实施博弈

---

① 赵新峰、袁宗威：《我国区域政府间大气污染协同治理的制度基础与安排》，《阆江学刊》2017 年第 2 期。

参与方的机会主义行为成本。雄安新区建设发展中，涉及规划纲要实施、征迁安置补偿、大量产业人口迁入、白洋淀流域治理等一系列制度的先行先试，亟须客观公正法治体系的坚实保障，需要综合现有法律法规和具体协作机制层面的制度基础，依据区域产权与责任统一以及协同治理交易成本最优化原则，创新制度安排、健全法律法规体系。实践中，雄安新区立法协同是整体性治理的制度保障。因而应该着力推进京津冀区域地方立法工作协同的基础上，整合立法资源，在共同使命驱使与行为准则引领下，平衡各方利益，通过协同立法化解规章制度抵触与法律依据冲突等问题。鉴于雄安新区中长期规划涵盖更多行政单元，应该从中央、省级、区域协同层面给予雄安新区立法、执法、司法和守法更多支持，从法律层面授予新区更多管理权限，赋予雄安新区地方协同立法权限，优化制度供给，从而为新区新制度的实施提供权威保障。此外，执法协同也是雄安新区整体性治理制度创新的关键。京津冀区域大气污染，白洋淀流域的水体污染，迫切需要改变以往环境治理方面的片面化、碎片化和单一化，通过执法协同推进雄安新区治理的整体性、协同性和融合性。

（原文载于《行政论坛》2019 年第 3 期）

京津冀协同发展背景下雄安新区
新型合作治理架构探析

雄安新区顶层设计的出台，是中国经济和社会转型的破题之作，标志着京津冀协同发展的国家战略迈出了实质性的一步。这是集中疏解北京非首都功能、缓解北京大城市病的一大手笔，是补齐区域发展短板、构架人口经济密集地区发展新模式、培育新的增长极，促进区域协同发展的重大布局，是调整京津冀城市布局、优化空间结构、拓展区域发展空间，打造绿色宜居、创新驱动、开放协调发展新引擎，推进国际标准世界级城市群崛起的战略举措，也是践行创新、协同、绿色、开放、共享五大发展理念的有益探索与尝试。当下，在何种语境下考量雄安新区的发展理念、功能定位、实现机制、政策支撑体系及创新维度，雄安新区将以什么样的姿态和创意落地并产生持久的价值，是本文试图着力探讨的核心问题。

一、京津冀协同发展背景下的雄安新区建设

自古以来，京津冀区域内部之间在地理空间上相互连接，相互依存。长期的社会交往和经济活动使得该区域客观上形成了一个统一体。

在明清时期，京津冀地区在行政上基本是一体化管理。如明清时期的顺天府，除了管辖北京市部分地区外，也包括今天津市和河北省的部分地区。① 现在的京津冀区域，包括北京、天津两个直辖市和一个河北省，面积为 2167.6 万公顷，是我国沿海地区经济最具活力、开放程度最高、创新能力最强、吸纳外来人口最多的三大核心经济区之一。

然而，京津冀区域发展一直以来较为缓慢，尚未释放出最大活力。相较于长三角和珠三角两大经济区，京津冀区域创新发展的力度、协同发展的程度、开放共享的深度和广度均相对滞后。区域内经济发展不平衡，政府间合作动力不足，公地悲剧时有发生，"搭便车"现象普遍存在，地方利益导致的冲突不断，碎片化现象和孤岛效应日益突出，区域内公共资源和基础设施追求"小而全"，重复建设和浪费严重。这些问题由来已久，成为制约京津冀协同发展的瓶颈。

作为京津冀核心的北京，强势的资源禀赋使其在发展过程中对天津和河北产生的"虹吸效应"，进一步加剧了地区间的不平衡。天津、河北的优质资源源源不断涌入北京，而北京对两地的辐射带动作用有限。近年来，京津冀的发展遇到了难以克服的障碍：如北京市难以疏解的"大城市病"问题、河北的"环首都贫困带"问题、京津冀共同面临的"雾霾"等生态环境问题严重制约了京津冀区域的发展。长期的发展实践表明，单靠京津冀区域地方政府自身的力量，很难突破合作发展的僵局。打破"行政区"行政的困境，迫切需要从国家战略的高度，进一步深化京津冀区域的协同发展。

在这一背景和迫切需求下，中共中央、国务院决定设立雄安新区。雄安新区规划建设起步区面积约 100 平方公里，中期发展区面积约 200 平方公里，远期控制区面积约 2000 平方公里。雄安新区地处华北平原腹地，毗邻华北明珠白洋淀，区位优势得天独厚、交通网络四通八达，

---

① 肖立军：《明清京津冀协同发展探略》，《人民论坛》2015 年第 1 期。

新区内具有良好的自然资源禀赋，环境承载能力较强。新区内安新、雄县、容城的县域经济欠发达，开发程度较低，一直以来缺乏一体化的发展方略，重新进行布局谋篇的空间较大，具有承担非首都功能疏解的潜力，具备克服以往发展的路径依赖和思维惯性，在新的发展理念引领下，高起点、高标准开发建设的基础和条件。

二、雄安新区规划建设过程中面临的问题和挑战

雄安新区规划建设是在京津冀协同发展大背景下出台的重大战略决策。在京津冀协同发展的进程中，区域发展战略架设、区域政府协调机构组建、多样化区域政府协作机制构建、区域政策体系建设等方面取得了长足的进步。但区域内条块分割明显、地方保护主义盛行、产业同构严重、项目重复建设普遍、生态环境保护不力等现象普遍存在。这些问题也是雄安新区建设过程中需要克服和面对的。

（一）政府合作治理能力偏弱

无论是京津冀区域还是雄安新区，均涉及多个行政单元，区域内治理主体的领导力至关重要。区域政府治理能力本质上是区域政府治理主体的能力，治理主体能力的高低关键在于"人"的素质，尤其是政府官员的素质。区域政府治理能力偏弱主要体现在区域内不同行政单元政府官员的综合素质有待提高：一方面文化理念素质方面协同治理理念偏弱，另一方面表现为具体能力素质方面协同治理能力不强。

区域政府治理主体协同治理理念偏弱表现在：一是"合作治理思维"欠缺；二是"一亩三分地"的思维定式。首先，"合作治理思维"欠缺具体表现为在区域协同发展中，区域内的多元主体无法平等地参与区域协同治理。如京津冀区域，北京作为首都所在地对津冀具有强大的

"虹吸效应",而津冀只有被动扮演服务北京的角色。这种合作是建立在不平等的基础之上的合作,治理思维属于典型的零和思维;其次"一亩三分地"思维定式表现为缺乏一盘棋意识,缺乏共同体的观念和一体化的方略,利益相关者彼此间缺乏信任沟通,一味追求自身利益最大化,以 GDP 为导向的干部政绩考核体系进一步催化与固化了"各人自扫门前雪,莫管他人瓦上霜"的传统观念。

区域内政府官员协同治理能力不强主要体现在区域性公共事务综合协调能力的不足。区域性综合协调能力包括区域性人际关系协调能力和区域性工作协调能力两个方面。具体而言,区域性人际关系协调能力不足主要在于对超出行政区划以外的人事问题了解不多,缺乏协调沟通,习惯于坐井观天,对利益相关者的利益诉求缺乏清晰的辨识;区域性工作协调能力不足主要在于对跨行政区公共事务的认知能力偏弱,习惯囿于自身领地,目光短浅,缺乏开放的胸襟和共享的气度,提供公共服务、解决公共问题、管理公共事务的能力缺失。

(二) 区域政府治理主体的碎片化

区域政府治理需要依托治理主体在价值认同、协调一致、合作共事基础上加以执行,这就需要一个统一独立、分工合理、职能明确的强有力的区域政府协调机构。迄今为止,诸多区域政府协调机构形同虚设,区域政府治理的多元主体呈现"碎片化"的状态。

1.行政管理体制方面亟待理顺。从区域的视角来看,雄安新区毗邻白洋淀区域,该区域包括安新、雄县、容城、高阳、白沟新城管委会、白洋淀保护与开发管委会等多个处级及以上行政单元。该区域协调机构起初为白洋淀温泉城开发区管委会,为国务院批准的省级开发试验区、河北省政府批准的省级经济技术开发区,2008 年由高碑店市白沟镇和白洋淀温泉城开发区共同组建了白沟新城管委会,2010 年获得省委、省政府批复。作为政府的派出机构,其职能和管理权限缺乏力度,组织协调功能乏力，难以对区域的协同发展作出统筹的规划和部署，难以对区域内的资源进行有效配置和整合。区域内的开发建设多年以来涉及若干个行政管理单元，管理主体和利益主体呈现出多元化和碎片化的格局，协调成本高昂，利益冲突频繁，重复建设和资源浪费严重，统筹协调、合作发展的难度巨大。多个行政主体均从自身利益最大化出发，而把区域整体性发展方略放在次要地位。此外，区域内存在着诸多建制雷同的单位，而且其发展大多架构在同一资源优势基础之上，导致区域内的治理缺乏权威的协调机制，没有统一的顶层设计，缺少有效的资源配置手段，使得一体化的协同治理方略缺失。各自为政、条块分割、区域壁垒以及盲目、无序、低水平的恶性竞争成为制约该区域协调发展的瓶颈。由于资源配置缺乏整合，产业布局缺乏整体规划，协调机构难以发挥作用，造成道路交通、供电供水、通讯设施、学校医院、宾馆酒店等"小而全"建设。因而，对雄安新区周边区域进行科学规划、协同治理迫在眉睫。

以雄安新区毗邻的华北明珠白洋淀为例。白洋淀自身由 143 个淀泊组成，360 平方公里的水面分属于"两市四县"，其 85% 的水面在安新县境内，其余不足 15% 分属雄县、高阳、容城和沧州的任丘市，这样的布局使得白洋淀的整体规划难度巨大，因为行政区划引发的问题由来已久。近年来，白洋淀相继多次发生大面积死鱼事件，2000 年、2001 年，白洋淀曾发生过死鱼事件。2006 年 2 月和 3 月，白洋淀又相继发生大面积死鱼事件。当时国家环保总局和农业部专家及河北省政府组成调查组的调查结果显示，白洋淀水体污染较重、水中溶解氧过低是造成鱼类窒息死亡的主要原因。河北省环保局对外通报了事件的调查处理结果，指出造成白洋淀水体污染主要原因：一是保定市区每天产生的 25 万吨生活和工业污水中约 9 万吨污水未经集中处理排入白洋淀；另外，位于白洋淀上游的清苑、满城、蠡县等 12 个县（市）均未建成城镇污水处理厂，大量未经处理的污水进入白洋淀。二是满城县特别是大册营镇造纸业发展失控，污水进淀，造成入淀污染物总量大幅增加。三是部分工业企业超标排污和保定市银定庄、满城县大册营镇污水处理厂不正常运行，保定市新市区所辖 28 家造纸企业有 27 家外排污水不能实现稳定达标。① 随后，白洋淀又发生多次死鱼事件，2012 年 8 月的死鱼情况尤其严重。2016 年 8 月，白洋淀再次发生死鱼事件，河北省环保厅 2016 年 6 月公布的数据显示，白洋淀水质为劣 V 类，重度污染。② 就水体污染的源头，笔者曾经多次深入白洋淀流域进行深度访谈和实地调查，《法治日报》记者对此也进行了深度调查，调查结果发现白洋淀污染源除了淀区内水区村生活污水排放之外，保定市区内污水从上游府河汇入淀内。在这些污染源中，白洋淀上游蠡县和高阳县的皮革和印染工业污染尤为严重。笔者在安新县三台镇调查发现，颇具规模的制鞋作坊存在大量排污现象，臭气冲天的污水未经处理通过井道排入淀内，沿途入淀河流沿岸的造纸业、羽绒产业并没有得到根治。

调查显示，白洋淀流域内企业环保意识淡薄，偷排偷放污染物问题十分突出。白洋淀存在的问题是一个典型的区域公共治理问题，具体而言是一个流域治理问题。区域的协调发展需要开放统一的环境、统一有序的市场。而白洋淀周边区域的发展缺乏合作治理，统筹协调，造成区域内行政主体各自为政，故步自封，对排污企业畸形保护甚至纵容，这种地方保护严重制约了区域治理结构的优化。从行政区域的角度出发，白洋淀流域被不同的行政区划所分割，特别是在经济利益最大化的驱使之下，地方政府被塑造成为区域内自身利益至上的博弈主体。因此，区域协同治理的价值诉求与地方政府的功利动机之间，存在着难以调和的矛盾。这些由行政区划导致的问题与政府间合作治理乏力，统筹规划能力偏弱有直接关系。

---

① 《中国造纸业如何走出环境困局》，中国网，2008 年 6 月 23 日。
② 《展望雄安：智慧立城建田园都市 恢复白洋淀生态》，中国林业网，2017 年 4 月 28 日。

2. 相关主体的主要作用没有得到充分发挥。一是市场组织、社会组织和公众力量发展不足。相对于市场化程度和发展水平较高的欧美国家经济区，我国经济区的市场化发展程度普遍较低，市场力量发展较为滞后，经济行为带有明显的政府行为特征，政府对企业的控制力较强，关于产业发展定位主要考虑的是行政区自身利益最大化。以京津冀地区为例，相对于国有企业的强势，京津冀特别是天津和河北省的民营经济发展较为迟缓，鲜有能够与国有企业抗衡的大型民营企业，其市场力量还不足以打破区域之间利益分割的格局，资金、技术、信息等生产要素难以形成自由流动的区域市场，使得自下而上的京津冀协同发展进展缓慢。二是在社会组织和公众力量发展方面，京津冀区域具有特殊的区位，政府力量比较强大且政治敏锐性较强，对于社会组织的发育和公民社会的参与，政府的态度比较谨慎，因而缺乏扶持其发育的积极性和动力，导致区域内各种社会组织的发育和发展也相对滞后，难以和政府及企业形成三方互动，进而承担推进区域协同发展的职能。① 另一方面，鉴于社会组织和公众的资源与权力处于分散状态，如果这些主体没有得到有序的整合，就直接将一定的政府资源与权力分配至它们，会使区域总体资源与权力更加趋于碎片化。

（三）区域政府治理的政策工具乏力

政策工具是实现政策目标的基本途径，政策工具的选择是政策成败的关键，政策工具的优化也是区域政府良好治理的重要手段。在我国区域政府治理中，区域政府治理工具过于简单化和形式化，行政命令手段和强制性工具成为区域复杂问题处理的主要方式。这些问题普遍存在于雄安新区所在的白洋淀区域。具体表现为：

① 丛屹、王焱：《协同发展、合作治理、困境摆脱与京津冀体制机制创新》，《区域经济》2014 年第 6 期。

一是现有区域政府治理工具简单化，精细化的区域政府治理工具缺失。比如在区域协调治理工具方面，国家出台了一些扶贫资金、支农资金和西部开发转移资金等，而专项的区域开发和发展基金一直处于空白，诸如结构基金、聚合基金和团结基金等精细化的治理工具设计缺失。从区域协同发展的角度看，区域政府治理工具乏力，工具的简单化是重要原因。植根于区域的治理责任大多为粗线条，没有规则和细节可循，缺乏具体化、明确化的设计。此外，由于区域政府治理跨层级、跨区划和跨职能的特性，治理工具间协调不力又成为治理工具残缺化的另一诱因，在区域政府治理中，普遍性的"政策打架"有力佐证了这一点。近年来，虽然我国在区域地方政府间横向政策工具协调方面取得了一定进展，但主要限于一些"运动式治理"空气质量保障活动期间，以及个别地区诸如信息共享等工具上的协调，缺乏系统长效的区域政府间横向工具协调。

二是过度依赖管制型政策工具。作为政策工具选择的自然起点，管制型政策工具在市场发展不够成熟、公民社会发育不够充分的我国被过度依赖，有其必然性和合理性。但过度依赖此类工具，不仅容易形成工具选择上的"路径依赖"，直接影响新工具的选择运用，实施成本也十分高昂。由于相应的法律法规、政策标准缺失，利益补偿、信息共享等制度安排不力，管制型政策工具并没有在区域内形成较强的约束力。此外，管制类政策工具对区域内治理对象执行同样的标准，灵活性差，往往导致政策失灵。政策工具在执行过程中也存在职责重叠、职能部门间缺乏协调沟通等问题，致使政策执行的效果和力度差强人意。

三是多种政策工具的协同作用没能充分发挥。

首先，企业、社会和公众参与治理的程度不高。政策工具的改进优化实际上是在区域协同治理过程中政府与市场、社会和公民关系的变革。我国区域内现有管控类工具主要依靠政府科层制治理结构的强制性，激励型政策渠道单一、缺乏灵活性、申请流程复杂、执行监管缺失，主要以政府补贴、税费调节为主导，市场主体、社会力量、公民参与受到忽视，资源的有效配置受到限制。自愿型政策工具方面企业自主改善行为动力不足，信息压力和舆论压力的效果还未显现。

其次，效果评估的错位。现有政策工具设定以执行过程中的措施和行动为主，缺乏以结果为导向的绩效评估，政策工具事前、事中和事后的评估功能相互脱节，缺乏一体化的构造。

再次，相关配套机制不到位。一是由于政府集中管制导致区域内价格形成机制不健全，市场配置稀缺资源的作用难以发挥，资源开发利用的外部成本内部化很难实现，区域内市场主体技术革新的动力大打折扣，有效激励不足。二是长效资金投入机制尚未建立。例如区域内环境保护和低碳发展领域技术和项目的长效资金支持机制迟迟未能形成。三是监督机制不健全。由于缺乏公众和社会监督，第三方认证评估机构独立性差，专业能力差，导致政策执行过程出现偏差。

三、京津冀一体化背景下的雄安
新区新型合作治理架构

在习近平总书记治国理政的理念中，多次提到"命运共同体"的概念，强调治理过程中的"共享共治"。共生是共享共治的价值前提。共生不仅是一种生存状态，而是一种体现人类本真价值的生存样式，一种合乎完美理性的生活愿景。① 在共生状态下，共同体内不同行为主体的固有价值和独立性得到认可和尊重，区域政府之间共生、共享、共治，自然、社会及公民个体之间高度和谐，相互依存，以互利共赢的聚合性共同体为依托谋求集体行动目标的达成、整体性治理方略的实现。

---

① 王庆华、丰硕：《共生型网络：跨域合作治理的新框架》，《南开学报》2016 年第 11 期。

国家利益的最高价值、区域公共利益的现实价值和地方利益的基础价值构成了区域合作治理的价值，通过价值理念的设定、传递和引导，有助于对制度安排和决策工具提供目标导向和强力约束。雄安新区的治理架构是最高价值、现实价值和基础价值的融合体，是基于合作治理的价值层面和工具层面融合而成的复合体，摒弃了区域内合作主体之间不平等的惯性思维模式，让在京津冀区域中一直处于从属和次要地位的雄安新区走到了舞台中央。这一共生型治理思想的提出，不仅意味着治理结构的改变和优化，也是治理理念的一次深刻变革。基于协同共生理念的雄安新区顶层设计把合作治理的意蕴推向了更高层次的境界；基于合作、协商、共赢理念的共识性框架的设定，彰显出了集体公共理性和公共价值。

雄安新区建设过程中应该致力于区域内多元主体治理格局的形成，致力于互动合作治理网络的建构。这一治理模式不是以往既定模式的复制和延展，而是由价值理念、制度安排、政策工具、利益分配等结构要素相互嵌入、融合生成命运共生体的基础上，通过协同共生价值理念的引导和整体性治理机制的达成，最终形成的新型合作治理模式。

(一) 区域政府治理组织的整体化

所谓整体性治理就是以公民需求为治理导向，以信息技术为治理手段，以协调、整合、责任为治理机制，对治理层级、功能、公私部门关系以及信息系统等碎片化问题进行有机协调与整合，促使政府治理不断从分散走向集中、从部分走向整体、从破碎走向整合，进而为公民提供无缝隙且非分离的整体型服务的政府治理图式。以公众为中心，改进了"管理主义"的价值倾向；以整体性为取向，克服了碎片化管理的困境；以综合组织为载体，修正了过度分权带来的弊端。整体性治理对于雄安新区的近期规划和长远发展具有重要的理论意义和应用价值。

整体性治理理论强调的合作性整合主要表现为：一是三大治理面向

的整合。即治理层级的整合、治理功能的整合和公私部门的整合。① 活动、协调、整合是整体性治理的三个核心概念，其中，活动是指包括政策、管制、服务和监督四个层面在内的治理行为；协调是指确立合作和整体运作、合作的信息系统、结果之间的对话、计划过程以及决策的想法；整合是指通过确立共同的组织结构和合作在一起的专业实践与干预以实现有效协调的过程。希克斯认为整合是整体性治理最核心的概念，区域合作组织凝聚力的强弱关键在于整合程度。整合的内容主要包括：去行政区行政化、逆部门化、防碎片化，采取大部门制、重塑服务提供链、网络简化等治理策略。

中央政府所倡导开发和发展的重点区域基本都设置了相应的区域政府治理组织，并且省级或市级政府间也在上级政府的引导下，组建了区域性领导小组等治理组织。但这些组织统筹协调区域发展的效果不佳。究其原因，在于区域政府治理组织的碎片化，整体性治理架设被忽视甚至形同虚设。纵观雄安新区所属白洋淀区域以及白洋淀区域所属京津冀区域多年来的发展历程，行政化、部门化和碎片化成为主要发展瓶颈和障碍。为改观现有区域政府治理组织碎片化的现状，当务之急需要做到的是：

首先，治理组织的整体化设计。这一架构需要在中央层面设置专门的区域政府治理组织机构，将现有的各种区域性领导小组以及国务院有关部委具有设计区域政策的部门等并入到这一组织机构，对各项功能加以整合。同时在各省市区也应设置相应的区域政府治理组织，一方面，对接所涉及的具体区域性领导小组的分解工作；另一方面，调控区域内政府和部门间横向协同工作。

其次，网络信息平台的搭建。登力维认为，数字时代的治理核心

---

① Perri6，Diana Leat，Kimberly Seltzer，Gerry Stoker，*Towards Holistic Governance：the New Reform Agenda*"，New York：Palgrave，2002，p.29.

在于强调服务的重新整合，整体的、协同的决策方式以及电子行政运作广泛的数字化。① 因此，雄安新区在发展过程中应该把信息技术和网络技术作为协同治理的重要工具，对网络支撑技术、网络基础设施和人力资源进行有效整合，简化网络程序和步骤，简化政府治理的程序，搭建一个一体化、标准化的信息平台，使治理环节更加紧凑，治理流程更加便捷，让资源共享的在线治理模式成为常态。例如，在白洋淀生态修复治理过程中，要致力于搭建区域内、流域内环境治理信息公开、共建和共享的平台，实时公开领域内企业的能耗与排污情况、污染布局以及环境评价的相关信息，形成环境治理的数据信息网络。

再次，区域发展基金的设立以及配套的智力支持机构设置。为促进区域政府治理组织整体性职能的发挥，可考虑在中央或省级政府层面，把分散于各个职能部门的区域治理资源和权力加以统合，建立专门的区域发展基金；同时，要通过公私合作、信息提供、行政听证、公民会议等方式发挥市场主体、社会主体和公众的参与作用，建立良好的信任机制和顺畅的参与机制，可以尝试借鉴萨瓦斯提出的 BOT 与 TOT 模式，扶持智库机构，培育社会组织，力求走出一条区域协同发展的创新型治理路径。

（二）区域政府治理方略的机制化

区域政府治理跨层级、跨区划和跨职能的特征，需要一套整体系统的机制设计加以保障。按照"统筹规划、协同发展、成果共享、责任共担"的区域政府治理逻辑，雄安新区治理机制可细化分解为协商机制、决策机制、执行机制、利益补偿机制和绩效评价机制。实现良性发展的关键在于这五大治理机制之间的相互联系、相互作用、相互制约、

---

① Patrick Dunleavy, *Digital Era Governance：IT Corporations，the State，and E-Government*, London：Oxford University Press，2006.

相互促进。

1. 协商机制

美国学者多麦尔提出："如果说政府关系的纵向体系接近于一种命令服从的等级结构，那么横向政府间关系则可以被设想为一种受竞争和协调动力支配的对等权力的分割体系。"① 身处京津冀腹地、白洋淀区域的雄安新区，这种竞合关系长期存在。值得一提的是，包括雄安新区在内白洋淀区域的过度竞争已经严重破坏了竞合关系，恶性竞争行为破坏了共生共享的价值理念，动摇了相互合作信任这一府际关系的基石，区域内多个行政单元和利益主体的存在使得交流、对话、协商、合作很难在同一个层面达成协议，致使协同成本不断增加。从政府机构的再造重组，到区域政府间合作的达成，其出发点就是要打破行政区行政对协商沟通的阻隔。如何构造理想的专门协调机构、维持协调机构的公信力成为不可回避的问题，因而，区域内协商机制的建立需尽快提上日程。协商是一种理性的决策形式，也是一种治理形式。参与公共协商的主体通过平等协商调整偏好，追求共识。公共协商的结果的合法性不仅建立在广泛考虑所有人需求和利益基础之上，而且还建立在利用公开审视过程的理性指导协商这一事实基础之上。② 区域政府治理的过程必然是一个诉求表达、沟通协商的互动过程，协商机制的目的就在于通过充分的表达和沟通，促进信息流动，进而实现区域政府治理多元主体间的共同行动，通过协商使跨界、跨部门管理的竞争行为转变为合作行为，短期行为转变为长期行为，治标行为转变为治本行为，为后续的决策奠定坚实基础。首先，应该对区域内治理采取灵活的、弹性的、多样化的协商行动，充分考虑内部动力因素，建立起有效的内生动力机制，通过协商确立规则，协同多元主体，设定集体制度安排。其次，基于制度主义视

---

① ［美］理查德·D.宾厄姆：《美国地方政府的管理：实践中的公共行政》，北京大学出版社 1997 年版，第 162 页。

② 王春娣：《论社会协商机制》，《法学家》2005 年第 4 期。

角，针对区域内不良竞争和非合作行为，注重沟通信任、互惠互利等社会资本的供给。再次，合作风险的承担及合作剩余的配置均通过平等协商加以实现。区域内利益冲突和分歧力求通过深入沟通加以解决，通过平等协商、充分讨论后达成共识。最后，对于单个行政主体不能或难以解决的区域性公共问题，对于公共服务和公共物品供给问题，均通过一体化的协商加以解决。

2. 决策机制

政府决策指行政组织主导者对公共问题的认知和解决方案的选择过程。其特征是：第一，政府决策是群体决策，是以直接决策者为核心的决策机构和社会相关方的共同行为结果。政府决策的过程是社会问题—政府—民众互动决定的。第二，政府决策是公共性的，即政府决策关系到某级政府所辖所有人的利益。第三，政府决策是治理性的，即政府决策是为了解决社会问题，维护社会和谐或有效运作，属于公共管理性质。[1] 决策机制的优化是良好治理的基础。政府决策机制优化的实质，就是通过对政府决策系统的各结构、过程、方式的最优组合，达到政府决策的最优效益，减少决策费用，降低决策成本，为政府管理问题寻找解决的最佳途径。[2] 区域决策机制的优化，跳出了行政区划的界限，更加强调合作和协同。首先，在理想性和全局性的设定下，涉及多个微观主体和行政单元的区域在进行公共政策制定和选择时，决策模式不能单纯以领导为中心，需要更加注重多元治理主体的参与以及利益相关者的诉求。通过民情调研制度、决策公示制度、决策专家咨询制度和第三方评估制度等制度安排，实现政府主导下多元主体参与决策模式的构建，确保决策的全局性、科学性和可行性。其次，着力培育和扶植专门化的区域决策机构和组织的发展壮大，提高决策的专业化水平。探索尝试把

① 景怀斌：《政府决策的制度——心理机制：一个理论框架》，《公共行政评论》2011年第4期。

② 钱振明：《促进政府决策机制优化的制度安排》，《江苏社会科学》2007年第6期。

专业化的决策机构纳入到决策过程中来，负责承担利益表达、利益整合、政策议定、政策监督等环节的推进工作。西蒙认为"决策过程中至关重要的因素是信息联系，信息是合理决策的生命线"，因而引入专门机构并聘请专业人员提供区域决策的技术支撑，负责信息搜集整理、数据挖掘和加工处理，对于提供专业化的科学信息决策也是至关重要；最终，要致力于形成一套面向区域，整体性强、协同程度高的决策系统。系统的核心是决策中枢，中枢系统不是孤立的权威存在，而是由智库咨询系统负责区域决策的专业化和全局化、由信息决策系统负责提供技术支撑保障、由监督反馈系统负责总结检验，总体上为新一轮决策提供经验借鉴。

3.执行机制

雄安新区的设立是在区域发展从竞争走向协同，自我集聚与交互集聚走向耦合、专业化和集群化成为主流的背景下提出的。雄安新区无论从近期还是从中长期的规划来看，规划执行主体均涉及多个不同的行政单元，如省级、地市级、县级、乡镇级，而且涵盖了诸多部门、产业和自然村。这一由不同级别行政单元组成的复合网络，最终必然形成跨区域的规划执行网络。因而，小到雄安新区，大到京津冀区域和白洋淀流域，区域规划的实质不仅在于不同行政主体和部门的协同，也是通过多元主体合作，实现区域整体、地方政府、利益相关者、公民个体利益最优的过程。在区域性顶层设计和决策方案确定以后，需要按照既定程序组织实施，这一环节关系到整个系统的操作性、可行性和有效性。具体的任务会逐步分解至每个地区、部门和不同的主体，为了确保组织有力，实施到位：一是要建立起精干高效的组织机构，配备具有领导力、富有远见卓识、精于区域合作治理的领导者，充分发掘人力资源，确保人、财、物等资源的合理配置。二是在目标导向驱使下，对整体方案加以细化分解，明确任务指向，确定行动线路，操作流程，同时对实施过程加以整体性、全局性把握，防止不同部门在不同环节上的脱节或失衡。三是充分发挥执行环节的各个功能要素,保障功能的协调吻合并和组织的总体目标相一致,在使命达成的激励下,在积极舆论的支持下,以杰出的领导力、非凡的意志力、果断的执行力和卓越的创造力去达成既定的目标。四是打造区域规划的执行链。规划执行网络由多个灵活性的规划执行单元构成,这一由微观执行单元形成的规划协同执行链,是促进区域规划点面结合、协同互动的基础,也是实现区域内分工合作、产业集聚、利益共享的重要途径。

4. 利益补偿机制

利益补偿机制镶嵌于整个区域经济合作制度结构中,其本身就是一项系统性的、复杂的制度安排。它不仅涉及区域内各行政区内部利益补偿,而且涉及跨行政区的利益补偿;不仅要对补偿方式手段作出具体制度安排,而且也要对利益补偿内容、标准、对象、金额大小、基金筹集、实施机构等作出具体制度安排。[1] 完善这一机制的主要举措包括:一是直接补偿和间接补偿相结合。除了财政转移支付等直接补偿手段以外,更多地采用技术扶植、项目合作、平台搭建、人才交流、信息共享等方式缩小差距,实现共同发展。二是要综合运用行政性补偿和市场性补偿手段。除充分发挥行政机构在利益补偿过程中的权威之外,在具体补偿内容操作方面可引入非权威的第三方独立机构,把市场化补偿纳入到合作治理体系中来。基于多元利益补偿的复杂性,新的利益补偿手段,致力于克服行政性补偿手段的单一和僵化,以实现资源配置最优化为导向,通过市场机制的调节规避利益补偿带来的资源扭曲。三是完善利益补偿内容、界定补偿范围、确立补偿依据、划分补偿要素、明确补偿对象、划定补偿标准,形成补偿模式,进而建构起区域利益补偿的评估指标体系。

---

① 李桢、刘名远:《区域经济合作利益补偿机制及其制度体系的构建》,《南京社会科学》2012 年第 8 期。

就京津冀区域环境治理而言，利益补偿机制缺失一直是制约该区域发展的一大短板。河北省作为京津的生态屏障和水源供应地，近年来承担了大量京津淘汰的落后产能，但经济发展水平和两地相比差距悬殊，因而区域内环境治理政策的强力推行只能让本已薄弱的河北省经济发展雪上加霜。同样，初步规划的雄安新区地处白洋淀流域核心地带，白洋淀处于华北平原低洼地带，淀区汇集了南、西、北三面呈扇形分布的界河、瀑河、漕河、府河、唐河、孝义河、潴龙河、萍河、拒马河九条入淀河流。① 这些河流沿途经过多个县市、乡镇和行政村，途径的有些县市建设了拦截大坝和水闸。丰水期把白洋淀当作泄洪区，每当枯水期，便发下水闸加以拦截，多次造成白洋淀水位急剧下降甚至干淀。此外，沿途污染企业的偷排偷放现象也是屡禁不止。这些都是雄安新区规划建设过程中必须统筹考虑的问题。如果这些问题得不到妥善解决，不仅会挫伤上游地区环境治理的积极性，而且有违环境正义的价值理念。因此，如何解决经济薄弱地区政府因环境保护而造成的损失问题，成为区域合作发展中必须解决的问题。雄安新区在建设过程中，需要有一定的前瞻性，要充分汲取京津冀协同发展过程中的经验教训，致力于从体制和机制角度化解区域内经济欠发达地区参与环境治理的顾虑，促进利益补偿机制走向制度化、规范化和常态化。

5.绩效评价机制

一是把绿色指标纳入到绩效评估指标体系中来。要转变传统的政府绩效评估价值取向，建立起"政绩指标"和"绿色指标"相统一的绩效考核体系。区域内绿色评价指标体系应充分考虑自然资源、环境资源、社会资源等内容：自然资源指标可以具体细化为自然资源储量、储量变化率、自然资源开采率等；环境资源指标则要涵盖环境质量、环境成本与环境效益指标等。如白洋淀区域的环境质量指标可进一步细化为

---

① 张东江等：《白洋淀入淀流量变异程度分析》，《水资源保护》2014 年第 1 期。

区域空气质量达标天数比率、湿地和植被破坏速度、未经处理的污染物排放量占总排放量的比重、水体污染程度和流域生物多样性等；社会资源指标是反映区域内有形资源、无形资源可持续发展及协调程度的指标。如绿色 GDP、人均绿色 GDP、绿色 GDP 占 GDP 的比重等。绿色指标核算体系的建立可以借鉴中科院可持续发展研究组提出的考核干部政绩的五大绿色标准：① 第一，原材料消耗程度，即万元产值的六大原材料消耗；第二，能源消耗强度，即万元产值的能源消耗；第三，水资源消耗强度，即万元产值的水资源消耗；第四，环境污染排放强度，即万元产值的三废排放量；第五，全社会劳动生产率。绿色指标核算体系的引入旨在引导区域发展由高投入、高消耗、低产出、高污染为特征的粗放型、数量型、速度型增长转向资源节约和生态环保型的增长。

二是绩效评估中要注重结果导向。区域政府绩效评估中的结果导向意味着这样的制度设计：在合作的治理框架之下，区域政府治理致力于共同价值、集体行动以及目标使命的最终达成，绩效优劣的标准取决于终极产品和最终社会效果的呈现，而不是传统行政管理实践所追求的"投入导向"。区域合作组织的绩效目标和使命不只是单个政府或部门自行制定的规则或政策，而是源于共同的目标使命，体现区域共同体的利益以及社会公众的意志。绩效评估力求通过对绩效目标的规定，优化激励结构，完善责任机制，促使合作主体为实现既定目标而努力。雄安新区设计和建设发展过程中应该引入结果导向的绩效评估机制：首先，要避免过度投入造成的消极影响。雄安新区建设作为重大战略布局的国家级新区，领导高度重视，组织保障有力，人、财、物等资源到位自然不成问题，但集中过度投入往往会对绩效评估产生两方面的消极影响：一方面有限资源的非优化配置导致资源配置的严重失衡和浪费；另一方面投入导向的绩效评估导致不同程度的行为扭曲和责任规避。出现重大问

① 程永正：《绿色 GDP 核算与节能减排》，《环境保护与循环经济》2010 年第 7 期。

题时依据投入状况减轻问责，用投入掩盖责任，把坏事变成好事。① 其次，基于结果责任机制的建立。基于目标使命的结果的实现，需要管理上的授权，管理授权意味着责任机制的重大变化，上级不再热衷于规则和过程控制，而是根据绩效目标特别是期望效果实现状况进行激励和问责。② 绩效评估所倡导的授权和放松规制旨在创设一种新的公共责任机制。这一机制既要充分授权、放松规制，同时又谋求结果和既定目标的实现；既要提高治理主体的自主性和成就动机，又要保证其对公民、对组织负责，对结果负责；既要提高区域协同治理的效率，又要切实保证治理的质量。再次，推行以结果为导向的多元化评估机制，要保证指标设计和评估主体的多元化，拓宽制度化和非制度化的沟通途径，畅通理论界和实务界的交流渠道，在多元主体间建构起网络式的互动合作关系，通过新型的区域整合评估机制来获取整体的优势。

（三）区域政府治理政策工具的精细化

政策工具的选择是一个复杂的过程，影响政策工具选择的因素主要有目标、工具自身的属性、工具选择的环境、组织路径等。③ 我国现有的区域发展政策在指导区域整体发展、核定各地功能定位、协调区域政府间关系等方面发挥了重要作用，但在解决和协调区域中诸多微观具体的经济、社会、生态问题时较为乏力，凸显了我国区域政策工具的简单化和低效化。为改观这一状况，应该在充分借鉴发达国家区域政策工具架构经验的基础上，结合我国发展现状，促进政策工具向精细化迈进。

1. 政策工具设计思路

一是要注重顶层设计。以区域整体利益实现为政策目标，将创新、

---

① 周志忍：《为政府绩效评估中"结果导向"原则正名》，《学海》2017 年第 2 期。

② 周志忍：《为政府绩效评估中"结果导向"原则正名》，《学海》2017 年第 2 期。

③ 陈振明：《政府工具导论》，北京大学出版社 2009 年版，第 84 页。

协同、绿色、开放、共享五大发展要求贯穿到雄安新区政策工具选择的全过程，倒逼传统发展模式向新型治理模式转型，以低碳发展、循环发展、绿色发展理念引领生态宜居新城区的建设，通过协同创新、集成创新、原始创新推进创新驱动引领区的发展，以共生共享共荣的姿态建设协调发展示范区，站在国际视野的制高点上打造开放发展的先行区。二是强化系统设计。确保先进的发展理念和治理方略覆盖区域构成单元的整体系统。以样板、示范、引擎的标准为目标导向，确保不同政策工具对区域内的全覆盖，政策工具设计同时要突出重点、讲求时序、富有针对性和灵活性，根据区域内治理主体、不同行业的特点和能力，驱动自下而上的政策创新行动。三是要重视协同设计。发挥管制型、市场型、自愿型以及混合型政策工具的整体功能和协同效应。政策工具的设计过程中，要努力追求区域治理要素系统中治理理念、治理主体、治理结构、治理内容、治理绩效的耦合匹配与协同增效。

2. 政策工具的选择

一是要优化管控型的政策工具，继续发挥其强制功能和规制优势，加强对区域内尤其是白洋淀流域高污染、高耗能、高排放行业的管控，加快落后产能淘汰的步伐，区域内采取严格的节能降耗、技术标准控制等低碳规制策略。二是强化激励型政策工具。作为引领区和示范区，新区建设不应单纯依赖国家的投入，应该考虑采用制度化、标准化、程序化的 PPP 运营模式，主动吸引私营资本参与到新区建设中来，通过公共资金和私营资金的有效结合，实现治理工具的有效激励和创新引领。这一模式的引入需要成立专门的专业化机构，确定公共基础设施建设等适当领域，出台基础设施项目投资回报补偿的可操作办法，积极拓宽 PPP 模式的融资渠道，除国家政策性银行贷款之外，放宽对各项基金的限制，盘活资本市场。这种市场化模式的运作，既能有效减低政府财政支出的成本，同时又能够显著提升新区投资运营的效率。三是创新自愿型政策工具。自愿型政策工具是指社会治理主体在区域发展过程中具有相对的独立性，以协同共生为目标，在自愿的基础上通过集体行动，通过多种策略和机制的组合而达成政策目标的手段。作为区域协同治理政策工具体系中的重要组成部分，自愿型政策工具具有不可或缺的辅助和补充功能，这一功能的有效发挥，需要考虑如何与其他工具协同生效，需要针对自愿型政策工具作用范围有限、主体作用发挥不到位、运用体系不健全等问题，有针对性地对工具加以细化完善。应该着力推进节能减排自愿协议在区域政府间和区域内企业和社会组织等主体两个层面的达成，推进政府节能减排信息的公开，培育和扶持第三方认证评估机构，让企业和社会组织主动为政府分担更多的社会责任，从自我约束、监督评估、智库支持等多个方面提升企业、公民和社会组织的参与度。通过这些政策工具的协同运用催生出雄安新区的新型区域治理模式：治理理念从零和到善治，治理基础从对立到合作，治理主体从单一到多元，治理的绩效从过程到结果，治理的范围从碎片到整体。

3. 正确处理新政策工具应用与传统治理模式的关系

长期以来，我国区域治理大多沿用管制型的政策工具，近年来，采用新政策工具的呼声不绝于耳。诚然，新政策工具在欧美发达国家得到了广泛应用，但就具体应用情况而言，管制型政策依然占据主导地位。保罗·R.伯特尼认为："尽管美国的政治家近年来对经济激励政策工具兴趣日增，同时也取得了一些进展，但市场导向的政策工具仍未成为美国政策的主体，大部分还处于管制政策的边缘。"[1] 可见，尽管美国市场体系健全完善，但市场激励型政策工具和自愿型政策工具应用情况并不理想，每种政策工具独立发挥作用的空间较小，从治理实践来看，效果也并不明显。因而，在雄安新区建设过程中，不能简单采取非理性的手段，用新政策工具替代管制型政策工具。区域内政策工具的选择并

---

[1] [美] 保罗·R.伯特尼、罗伯特·N.史蒂文斯：《环境保护的公共政策》第二版，穆贤清、方志伟译，上海三联书店 2004 年版，第 75 页。

不是管控型政策工具与新政策工具之间非此即彼的关系，良好治理绩效的达成需要政策工具的综合运用，需要政策工具发挥协同效应。例如，自愿型政策工具的运用激发了社会组织的活力，催生了区域内公民参与意识的觉醒，促进了公民道德水平的提升，可以显著降低管制型和激励型政策工具的实施成本。而管制型政策工具的权威将会使激励型政策工具和自愿型政策工具的治理效果更加明显。激励型政策工具诱发创新效果，但需要辅之以命令型的政策管控。因此，区域治理政策工具的路径选择应秉承"渐进调适"的原则，坚持走政策组合、协同发展的道路，积极探索使用和发展新型政策工具，注重政策工具之间的协同效应，逐步建构起与新制度环境相匹配的新型政策工具治理体系。

（原文载于《中国行政管理》2017 年第 10 期）

京津冀协同发展背景下雄安新区
治理理念的变革与重塑*

  2017 年 4 月 1 日，中共中央、国务院决定在河北设立国家级新区——雄安新区，这一顶层设计的面世成为全球瞩目的"千年大计，国家大事"。这是京津冀协同发展进入深水期和关键期后的重大举措，是区域协同发展进程中至关重要的一步。这一举措对于缓解北京功能承载过多、疏解北京非首都功能意义非凡，是医治北京"大城市病"的一剂良药，也是京津冀区域携手打造世界级城市群的发端。相对于浦东新区、深圳特区对长江三角洲和珠江三角洲区域的拉动作用，雄安新区旨在克服京津冀协同治理理念缺失、合作治理主体碎片化、整合机制匮乏等区域发展短板，秉承"创新、协同、绿色、开放、共享"五大发展理念，致力于全新发展空间的结构调整、整体布局与深度拓展。这一破题之作也是在区域协同发展过程中，培养新的增长极，探索绿色城市、智慧城市、人文城市、开放城市和创新城市发展模式的重要实践。习近平总书记在河北省安新县召开座谈会时指出，雄安新区将是我们留给子孙后代的历史遗产，必须坚持"世界眼光、国际标准、中国特色、高点定位"理念，努力打造贯彻新发展理念的创新发展示范区。他强调"要坚

---

* 本文作者赵新峰、王浦劬。

持用最先进的理念和国际一流水准规划设计建设，经得起历史检验"。①
党的十九大报告对区域协调发展进行了系统部署：突出各区域全方位发
展，适应城市经济一体化新趋势，突出城市群的发展，以疏解北京非首
都功能为"牛鼻子"推动京津冀协同发展，强调"高起点规划、高标准
建设雄安新区"。在何种语境下定位雄安新区的顶层设计和发展理念，
如何在理念引领下，充分尊重多元主体固有价值和独立性的基础上凝
聚共识；如何在理念引领下，依托聚合性共同体谋求集体行动目标的达
成；如何在理念引领下，促进共同使命和整体性治理方略的实现，这是
本文试图着力探讨的核心问题。

一、京津冀区域协同进程中的发展理念变迁

京津冀地区是我国较早开展区域合作试点的地区之一。自 20 世纪
70 年代末以来，京津冀区域大致经历五个阶段的合作尝试。

第一阶段，合作发端阶段（1976—1993 年）。在中央最早决定开展
国土规划工作时，京津冀三地的区域规划就被提出。当时的提法并不
是"京津冀"，而是"京津唐"，但三地当初并没有协作意识，严格依照
行政区划自成体系形成的发展模式，导致京津唐三地的竞争远远大于协
作，北京利用首都在资源配置多方面的优势，先后兴办了几千家工业企
业，涵盖钢铁、机械、石油化工、电子、建材、医药、纺织、轻工、食
品等几乎所有行业，这直接导致区域内产业重构、重复建设和恶性竞
争，使得原本按照区域发展规律和城市功能定位应配置到津冀两地的资
源和项目，都投向北京。这也为如今北京日趋严重的"大城市病"埋下
了伏笔。1976 年，国家计划委员会组织京津唐国土规划课题研究，开

---

① 《奋进新时代建设雄安城》，《人民日报》(海外版) 2018 年 4 月 27 日。

启了京津冀协同发展的篇章。1981 年 10 月，北京、天津、河北、陕西、内蒙古等 5 省（市、区）率先打破行政区划界线，成立华北地区经济技术协作会。这一协作组织的主要功能是通过高层间的协商合作，解决地区间的物资配置调剂问题，并且成为全国最早的区域协作组织。1986 年，时任天津市长李瑞环提出环渤海区域合作问题，在其倡导推动下，环渤海地区 15 个城市共同发起成立了环渤海地区市长联席会，建立环渤海经济区，开展多方面、多层次、多种形式的经济联合，这一联系组织的成立被看作京津冀地区最正式的区域合作机制。联席会定期召开联席会议，共商区域政府间的合作事宜。不过，当初的合作停留在观念上，缺乏实质性的合作行动。1988 年，北京与河北环京地区的保定、廊坊、唐山、秦皇岛、张家口、承德等 6 地市组建环京经济协作区，建立市长、专员联席会制度，设立日常工作机构。由于行政区行政思维和地方保护主义，导致利益相关方合作动力不足，尽管愿望良好，但并未取得实质性进展。其中，华北地区经济技术协作区初衷是促进区域内的协同发展，但在实际运作过程中困难重重，难以承担区域规划和政策协调的职责，解决不了深层次合作问题。因此，其功能逐步削弱。自成立初至 1990 年共集中举办了七次会议，1994 年之后工作打打停停，步入低潮，最后被撤销。①

　　第二阶段，盲目竞争、各自为战阶段（1994—2003 年）。华北经济技术协作区撤销后，由于缺少统一规划和统筹协调，各地方政府以 GDP 为导向，基于自己的"一亩三分地"，专注于自身的经济建设，在招商引资、基础设施建设、产业发展等方面展开激烈的竞争。由于缺少统一规划和统筹协调，合作意识和协同发展理念淡漠，区域内地区政府之间、企业之间的盲目竞争、重复建设愈演愈烈。以京唐港为例，由于

---

① ［美］丹尼尔·A.雷恩：《管理思想的演变》，李柱流等译，中国社会科学出版社 1997 年版，第 538 页。

北京和天津之间在发展上的分歧导致关系协调不好，最终北京只好舍近求远，转而到唐山和秦皇岛寻找出海口。协作意识的淡薄和整体观念的匮乏导致京津冀区域协调发展的步伐逐步放缓，协作的力度逐步弱化，"孤岛效应"日趋凸显，有形的疆界无形之中在区域政府之间也形成一道难以破解的屏障，这道令思维理念隔绝的屏障横亘在区域内地方政府官员的头脑中根深蒂固，一直延续了十几年，时至今日，地方保护主义的观念还如同笼罩在京津冀上空的雾霾一样挥之不去。1999年，清华大学吴良镛院士主持的《京津冀地区城乡空间发展规划研究》立项，在其报告中提出"大北京"概念，"大北京"包括京津和冀北地区，包括京津唐、京津保两个三角形地带，雄安新区就位于当时提出的京津保地区。2001年10月，《京津冀北城乡地区空间发展规划研究》通过建设部审定，被称为"大北京规划"。

第三阶段，合作积极推进阶段（2004—2012年）。2004年，由国家发展和改革委员会主持的京津冀地区经济发展战略研讨会在河北廊坊召开，会上达成加强京津冀经济交流与合作的《廊坊共识》。决定就京津冀都市圈的基础设施、资源、环境等方面展开合作，并引导区域内行业和企业间的经贸、技术合作，建立京津冀发展改革部门的定期协商制度，同时启动京津冀区域发展总体规划和重点专项规划的编制工作。2005年，北京市在《2005年国民经济和社会发展计划》中提出要创新京津冀区域合作机制，推动区域合作发展的战略构想。在随后召开的京津塘科技新干线论坛上，北京和天津通过磋商，达成8条战略合作举措。2006年，北京市与河北省正式签署《北京市人民政府、河北省人民政府关于加强经济与社会发展合作备忘录》。双方商定，"十一五"时期要在经济、文化和社会建设领域进一步加强沟通和协作。合作将在交通基础设施建设、水资源和生态环境保护、能源开发、产业调整、产业园区、农业、旅游、劳务市场、卫生事业等9个方面展开。2006年，《中华人民共和国国民经济和社会发展第十一个五年规划纲要》指出，已形成城市群发展格局的京津冀、长江三角洲和珠江三角洲等区域，要继续发挥带动和辐射作用，加强城市群内各城市的分工协作和优势互补，增强城市群的整体竞争力。2006 年，国家发展和改革委员会提出"京津冀都市圈（2＋7）"，即以京津为核心，包括河北省的唐山、秦皇岛、承德、张家口、保定、廊坊和沧州等 7 个市，后来又加上石家庄，形成"2＋8"的格局。然而，就具体协作进程来看，缺乏强有力统筹协调下的三地合作，在自身利益最大化的驱使下，很难放弃各自的利益而达成妥协。如在区域合作各自的定位上，北京认为自己是三地规模最大、最重要的城市，理所应当成为核心，一切合作以推进"首都经济圈"建设为定位；天津则定位为"北方经济中心"，而河北提出打造"环首都绿色经济圈"。因此，即使三方高层彼此签订多份合作协议，却没有推动务实的基于利益的共赢协调机制，区域合作缺乏成效。①2011 年，"首都经济圈"的定位写入国家"十二五"规划。2012 年，建设"首都经济圈"、河北省"沿海发展战略""太行山、燕山集中连片贫困区开发战略"同时纳入国家"十二五"规划。

第四阶段，合作深化阶段（2013—2017 年）。党的十八大以来，以习近平同志为核心的党中央高度重视和强力推进京津冀协同发展。2013 年 5 月，习近平在天津调研时提出，要谱写新时期社会主义现代化的京津"双城记"。2013 年 8 月，习近平在北戴河主持研究河北发展问题时，指出要推动京津冀协同发展。此后，习近平多次就京津冀协同发展作出重要指示，强调解决好北京的发展问题，必须纳入京津冀和环渤海经济区的战略空间加以考量。在此背景下，2013 年成为京津冀三地关系实现重大突破的重要一年：3 月 24 日，京津合作协议签订；5 月 20 日和 22 日，河北省分别与天津和北京签署了合作框架协议。2014 年 2 月 26

---

① 薄文广、陈飞：《京津冀协同发展：挑战与困境》，《南开学报》（哲学社会科学版）2015 年第 1 期。

日，习近平在主持京津冀协同发展专题汇报会议时，提出京津冀协同发展的"七点要求"，强调实现京津冀协同发展，是面向未来打造新的首都经济圈、推进区域发展体制机制创新的需要，是探索完善城市群布局和形态、为优化开发区域发展提供示范和样板的需要，是探索生态文明建设有效路径、促进人口经济资源环境相协调的需要，是实现京津冀优势互补、促进环渤海经济区发展、带动北方腹地发展的需要，是一个重大国家战略，要坚持优势互补、互利共赢、扎实推进，加快走出一条科学持续的协同发展路子。这次会议明确了京津冀协同发展的国家战略地位。2014 年 3 月 5 日，李克强总理在政府工作报告中指出，加强环渤海及京津冀地区经济协作。随后，国务院成立了京津冀协同发展领导小组及办公室，由时任国务院副总理张高丽任组长，同时成立京津冀协同发展专家咨询委员会。京津冀协同发展领导小组的一项重要任务就是编制《京津冀协同发展规划纲要》。2015 年 4 月 30 日，中共中央政治局召开会议，审议并通过了《京津冀协同发展规划纲要》，确定了"功能互补、区域联动、轴向集聚、节点支撑"的布局思路，明确了以"一核、双城、三轴、四区、多节点"为骨架，设定了区域功能整体定位和三地功能定位。这一阶段发展理念的变化表明，京津冀协同发展的瓶颈得到突破，合作意识、统筹观念、协同理念和发展动力问题基本得到解决，从中央到地方形成推动京津冀发展的一股合力，京津冀协同发展的国家战略地位已经明确，顶层设计取得重大突破，京津冀协同发展进入全面深化阶段。

第五阶段，实质性推进阶段（2017 年 4 月 1 日至今）。2017 年 4 月 1 日，中共中央、国务院决定设立雄安新区。之前习近平总书记曾明确指示，要着力打造北京非首都功能疏解的集中承载地，在河北规划建设一座以新发展理念引领的现代化新型城区。2017 年 2 月 23 日，习近平在保定安新县进行实地考察。在座谈会上，他赋予雄安新区高标准和高起点的发展使命；提出"坚持世界眼光、国际标准、中国特色、高点定位"的发展要求；确立"绿色生态宜居新城区、创新驱动发展引领区、协调发展示范区、开放发展先行区"的发展定位；明确了建设绿色智慧新城、打造优美生态城市、发展高端高新产业、创建城市管理样板、构建快捷高效交通为网络，打造绿色交通体系、推进体制机制改革、打造扩大开放新高地和对外合作新平台的主要任务。党的十九大报告又进一步提出从区域协调发展的战略高度推进雄安新区的建设。这一重大战略部署的出台是破解京津冀区域合作困境的一剂良方，在京津冀协同发展的历史进程中迈出关键性、实质性、具有重要历史意义的一步。（京津冀协同进程中发展理念变迁，见表1）

表1

发展阶段	时间	组织架构	治理理念及合作行为
第一阶段：合作发端阶段	1976—1993年	华北经济技术协作区；环渤海地区经济联合市长联席会；环京经济技术协作区市长专员联席会	行政区行政思维，协同意识淡薄，利益相关方合作动力不足，区域规划和政策协调职责乏力，解决不了深层次合作问题，功能逐步削弱，直至撤销。
第二阶段：盲目竞争、各自为战阶段	1994—2003年	华北经济技术协作区撤销，无组织状态	"一亩三分地"思维，追求自身利益最大化，"以GDP"为导向，行政壁垒森严，地方保护主义盛行，区域内恶性竞争，重复建设愈演愈烈。
第三阶段：合作积极推进阶段	2004—2012年	京津冀都市圈京津冀城市群首都经济圈	在协同发展的意识和理念方面达成共识。三方彼此签订多份合作协议，却没有形成务实的基于利益共赢的协调机制，区域间合作缺乏实实在在的行动，成效不佳。
第四阶段：合作深化阶段	2013—2017年	京津冀协同发展领导小组京津冀协同发展专家咨询委员会	统筹发展、协同发展的理念得到鲜明体现。京津冀协同发展理念的瓶颈得到突破，合作意识、统筹观念和发展动力问题基本得到解决。京津冀协同发展国家战略地位明确，顶层设计取得突破，协同发展进入全面深化阶段。

续表

发展阶段	时间	组织架构	治理理念及合作行为
第五阶段：实质性推进阶段	2017年4月1日至今	雄安新区	由价值理念、制度安排、政策工具、利益分配等结构要素相互嵌入、融合生成命运共同体基础上，通过价值理念引导和整体性治理机制达成，最终形成互动合作的新型网络治理模式。

二、京津冀区域协同治理的思维障碍和理念困境

（一）区域政府治理主体协同治理理念缺失

就京津冀区域而言，协同治理表面上协同的是利益相关者的"行动"，但根本上协同的则是其"思维和理念"，因为行动协同是以相关主体思维观念上的统一为前提的。具体来说，一是"合作治理思维"欠缺，区域内多元主体无法平等参与区域协同治理。如京津冀区域的合作大多以北京为核心，各行政主体之间尚未形成平等合作关系。北京作为首都所在地对河北具有强大的"虹吸效应"，而河北只有被动扮演服务北京的角色。这种合作是建立在牺牲河北利益基础上的不平等合作，治理思维属于典型的零和思维。北京一味要求河北提供生态、安全等方面的保障，但缺乏与河北合作共赢的发展意愿，援助性质的合作缺乏可持续性。河北自身作为首都生态屏障，牺牲了自身利益，丧失了发展机会，又没能从区域内利益补偿中获益，因而对协同治理的合作行动存在消极思维和情绪。北京和天津之间，"竞争"思维远远大于"合作"思维。长期的明争暗斗、恶性竞争形成区域之间的森严壁垒，严重制约双方的共赢发展。此外，由于共识性价值理念不到位，区域内不同地方政府官员思想觉悟和能力素质存在较大的差异和冲突，行为各异，言行不一，因而难以形成协商机制、达成共识合作。二是"一亩三分地"的思

维定式成为协同发展的羁绊。主要表现为：三地一味固守传统的以封闭和保守为特征的"行政区行政思维"即"属地治理思维"，有界、分割、各自为战的思维理念根深蒂固。在属地主义模式下，"行政区界线是行政权力统治和管理的最大边界，每个政府在横向之间都无权超越行政区界限去干涉其他相邻单元的决策和政策"①。以行政区划为界限进行治理助长了地方本位，"自身利益最大化"成为决策的出发点，直接导致治理过程和结果的碎片化，以致整体性战略布局成为盲点。雄安新区顶层设计出台就是基于"属地治理模式"的局限性应运而生的，但是业已形成的"行政区行政思维"在京津冀政府治理主体的脑海中根深蒂固。这一思维定式的固化成为京津冀区域协同发展中的瓶颈，直接造成彼此间的信任缺失，表现为缺乏一盘棋意识、缺乏共同体的观念和一体化方略，利益相关者彼此间缺乏信任沟通，一味追求自身最大化利益。以"GDP"为导向的干部政绩考核体系进一步催化与固化了"各人自扫门前雪，莫管他人瓦上霜"的传统观念。②就某种意义上来说，区域内打破行政区划、突破固有疆界表面上是一种行政手段，实际上是协同发展理念与地方保护主义的激烈博弈，是对区域内长期以来"非均衡"发展状态的挑战。

（二）区域政府间协同治理的动力不足和意愿分野

"公地悲剧、囚徒困境和'集体性行动的逻辑'都有一个中心问题，即搭便车问题，任何时候，一个人只要不被排斥在分享由他人努力所带来的利益之外，就没有动力为共同的利益作出贡献，而且只会选择做一个搭便车者。"③雄安新区所处的华北最大内陆湖白洋淀一直

① 陶希东：《跨界区域协调：内容、机制与政策研究》，《上海经济研究》2010 年第 1 期。
② 赵新峰：《京津冀协同发展背景下雄安新区新型治理架构探析》，《中国行政管理》2017年第 10 期。
③ ［美］埃莉诺·奥斯特罗姆：《公共事物的治理之道》，余逊达、陈旭东译，上海译文出版社 2012 年版。

以来受到"搭便车"现象的困扰。白洋淀自身湖面隶属两市四县，9
条入淀河流又分别流经若干行政区划，面对旅游产业带来的经济利
益，各行政主体趋之若鹜。然而当面对日趋严重的污染治理问题时，
责任承担困境便凸显出来。流域内每一个主体都缺乏动力去寻求承担
共同责任，导致流域内责任分担、利益分配方面的矛盾和冲突不断
加剧。

就协同意愿而言，区域内不同主体亦是同床异梦，自我中心主义
观念和区域补偿机制的缺失导致协同发展战略难以付诸实施。亚洲开发
银行调研报告发现，在河北省环京津区域有 25 个贫困县、3798 个贫困
村，年均收入不足 625 元的贫困人口达 272.6 万人，且集中连片。追根
溯源，北京的"虹吸效应"是导致大面积"环京津贫困带"出现的重要
原因。河北作为京津的主要水源地，为了给京津提供充足和清洁的水资
源，不断提高水源保护标准，严格限制自身资源开发和工农业生产，不
可避免地制约了该地区的经济发展，造成"大树底下不长草"的现象。
北京作为国际化大都市对周边地区的吸附效应远大于辐射和拉动效应，
索取远大于回报，缺乏对周边作出贡献地区生态补偿的力度和持续性，
这种"孤岛效应"进一步拉大了与周边地区的贫富差距。多年以来，区
域内京津冀不同行政单元各行其是，使命各异，河北省的核心发展使命
是加速工业化，大力发展经济摆脱贫困。具体到协同意愿而言，河北省
属于"不得已而为之"，缺乏足够的参与热情和动力。

（三）区域地方政府协同取向中的"权威依赖"现象普遍存在

协同取向的"权威依赖"表现在两个层次：一是对中央权威的依
赖；二是在协同执行中对于等级权威的依赖。[1]

---

[1]　魏娜、赵成根：《跨区域大气污染协同治理研究——以京津冀地区为例》，《河北学刊》
2016 年第 1 期。

区域内不同治理主体对中央的"权威依赖"具体运行方式表现为"压力型体制"下的任务分解。"压力型体制"是指在自下而上的民主政治体制还处于艰难的探索过程中，在各级政府对下负责的政治责任机制和压力机制尚未建立起来的政治条件下，调动地方政府积极性的根本途径；是依托行政上的隶属关系，建立起一种自上而下的压力机制，由上级政府给下级政府下达经济社会发展硬性任务，并根据指标任务的完成情况给予不同奖励待遇。① 就对中央权威的依赖而言，京津冀三地在政治地位、产业结构、文化素养、公众意识等方面存在梯度差异，参与协同的动机不同，出发点和追求的目标也不一致。京津冀协同发展上升到国家战略高度，与中央政府的强力推动密不可分，有利于打破三方政府"一亩三分地"的思维惯性。然而，中央虽然不作为独立的一方参与到京津冀的协同发展中，但三地都要服从中央政府的要求和命令。京津冀协同发展，河北要扮演好服务的角色。这种"只服务、不索取"的行为无论在河北省领导人还是中央看来都是理所当然的，但不平等的合作、牺牲一方利益而成就另一方利益并不是协同发展的本质内涵。就京津冀区域被广为诟病的大气污染来说，三地在经济发展与环境治理方面面临不同的定位和选择，造成各方在大气污染协同治理方面只是压力体制下短暂的"运动式协同"，而实际上并没有形成协同意志。北京迫切希望通过区域联防联控措施实现大气污染的协同治理，但自身既缺乏协同的权威，又不愿意承担相应的治污成本，其思维惯性是依赖中央以及国家各部委的强力推进。河北对权威的依赖表现为希望来自中央权威层面更多的扶植政策和转移支付资金的倾斜。天津则希望中央协调督促北京、高新技术部门、智库机构在污染治理技术和方略方面予以支持。由此可见，区域内协同行动一直是基于中央权威而达成的不具可持续的协同模式，京津冀三地缺乏内在驱动力，地方政府官员缺乏内在的协同动机。

---

① 荣敬本等：《从压力型体制向民主合作体制的转变》，中央编译出版社 1998 年版。

从京津冀区域合作治理的发展历程来看，协同治理的"等级权威依赖"明显，突出体现在大气污染治理领域。就协同过程中的"等级权威依赖"而言，虽然为推进京津冀地区大气污染的跨域协同治理而专门成立了负责整体统筹、统一规划的京津冀及周边地区大气污染防治协作小组，但是协作小组层面确定了工作安排后，具体的协同任务还是以各省（市）为单位加以执行，换言之，以往传统的基于属地的层级纵向治理的运作模式并未有根本的改变或突破。[①] 协同治理是基于横向协同模式、整体性治理模式抑或纵横交织的网络化治理模式而达成的治理方略，纵向上的权威依赖在实际推进过程中往往会与协同治理模式发生冲突。就制度安排、政策工具和体制机制而言，京津冀区域在形式上达成的协同框架依旧是以纵向等级权威为基础的。雄安新区的治理架构则力求在协同机制上实现突破，价值理念重塑成为突破合作困境至关重要的一步。

三、京津冀协同发展背景下雄安新区治理理念的变革与重塑

福山指出："正规法律和强有力的政治经济机构与制度尽管十分重要，但它们自身却不足以保证现代社会获得成功……要依赖某种共享的文化价值观念才能起到恰当的作用。"[②] 在协同共生价值理念引领下，雄安新区在建设过程中应该谋求多元主体治理体系的建构，这一治理体系有别于"国家中心主义"和"单一主体"的治理模式，不是既定模式的翻版和延伸，而是建立在包容性增长基础上的多元主体协同治理。这一

[①] 魏娜：《京津冀大气污染跨域协同治理研究》，博士学位论文，北京大学政府管理学院，2016年。

[②] ［美］弗兰西斯·福山：《信任——社会道德与繁荣的创造》，李宛蓉译，远方出版社1998年版，第117页。

模式力求实现价值、理念、使命和责任的有机统一，实现组织架构、制度安排、政策网络、资源配置等构成要件的相互嵌入，最终达成协同共生的整体性合作治理格局。

（一）雄安新区协同治理理念设定的价值视角

基于国际视野来看，北京正在经历许多发达国家首都和大城市曾经经历过的"大城市病"带来的阵痛。雄安新区的设立秉承世界眼光和国际标准，旨在通过推进非首都功能疏解的基础上带动区域内共同体的协同发展，致力于用超前理念与核心要素的集聚去打造创新高地，"绿色""智慧""人文""开放"等要素成为引领世界级城市群建设的重要发展理念；基于国家利益的价值视角，上海浦东新区的建设催生了长江三角洲区域的蓬勃发展，深圳特区的设立带动了珠江三角洲区域的空前繁荣。雄安新区的战略布局对于改变中国经济发展区域非均衡状态、优化空间结构、拓展新的发展空间具有重要的战略意义；从京津冀区域公共利益的现实价值来看，合作性整合成为该区域发展的主题。新区的设立致力于治理层级的整合、治理功能的整合和公私部门的整合。雄安新区开发强度小，发展空间潜力大，具有较强的非首都功能的承载能力，可以让京津长期累积叠加起来的资源得以疏解和释放。尤其在打破属地思维定式、探索新区新型治理架构模式、创新投融资模式、吸引社会资本合作建设等方面，雄安新区会成为化解京津冀协同发展困境的集成创新者；基于地方利益的基础价值来看，长期以来无私助力京津发展但自身发展受阻的河北省将迎来重大发展机遇。河北省作为京津的生态屏障和水源供给地，与京津之间存在"悬崖式"发展水平落差，近年来集中承载了京津淘汰的大量落后产能，经济发展水平粗放，产业结构比重失衡，形成与大都市发展极不相称的"环京津贫困带"，出现"灯下黑"这一违背区域协同发展常态的现象，区域内大气污染等环境治理政策的强力实施更是让河北省的经济发展举步维艰。雄安新区的设立对于化解区域内矛盾冲突，缩小发展差距，促进要素合理流动，推进河北省产业转型升级，破解新区所在白洋淀流域行政化、部门化和碎片化发展瓶颈，具有重要意义。

国家利益的最高价值、区域公共利益的现实价值和地方利益的基础价值构成合作治理的价值，通过价值理念的设定、传递和引导，有助于对制度安排和决策工具提供目标导向和强力约束。雄安新区的治理架构是最高价值、现实价值和基础价值的融合体，是基于合作治理的价值层面和工具层面融合而成的复合体，摒弃了区域内合作主体之间不平等的惯性思维模式，让在京津冀区域中一直处于从属和次要地位的雄安新区走到了舞台中央。[①]

具有协同意蕴雄安新区治理理念的设定，既是打破传统思维定式、破解合作治理困境、优化治理架构的价值前提，也是新型伙伴关系建立、新型治理模式建构的行动起点。雄安新区顶层设计价值理念的设定彰显了整体理性、公共价值和协同发展的意蕴。

（二）雄安新区顶层设计理念中的协同发展意蕴

从 1976 年到 2017 年，五个发展阶段历经 40 年的发展历程，从合作发端时的画地为牢到发展过程中的各自为战、恶性竞争，从合作深化阶段协同发展理念的觉醒到雄安新区设立后协同发展理念的升华，京津冀协同发展的历程也是合作文化、协同意识、命运共同体等理念不断深化和提升的过程。

雄安新区建设开启了京津冀协同发展历史上新的篇章。"谋定而后动"，针对长期以来京津冀区域在顶层设计上的缺陷和统筹规划方面的不足，中央政府决策层秉承协同发展理念，以整体性的思维、强烈的问

---

① 赵新峰：《京津冀协同发展背景下雄安新区新型治理架构探析》，《中国行政管理》2017 年第 10 期。

题导向意识和清晰的发展思路，进行统筹规划、谋篇布局、系统设计、整体推进；运用善治的思想和协同的理念，洞察京津冀区域协同发展过程中的问题、矛盾和挑战，厘清了京津冀区域协同发展的思路和具体方略。具体体现在：

一是强烈的问题导向意识，切中区域协同发展的障碍和瓶颈。美国加州大学伯克利分校政治学教授克里斯·安塞尔在其研究成果中得出如下结论："如果相关者之间的权力与资源严重不对称，使得重要的利益相关者不能以有意义的方式进行参与，那么有效的协同治理就需要采取积极的策略，以代表弱势的利益相关者和对其授权。"① 雄安新区战略布局的出台便是针对京津冀区域发展困境中的一项积极策略，其针对京津冀区域多年来不协同、非合作、条块分割的发展现状和"一亩三分地"思维障碍，从区域内利益相关方资源和权力配置不均衡的现实出发，提出从根本上解决协同意识淡薄、制度安排缺失、政策工具乏力等突出问题，决定从源头上根治各自为战、壁垒森严、零和博弈、地方保护等弊病，下大气力彻底消除区域发展过程中公地悲剧、孤岛效应、碎片化、搭便车等现象，杜绝重复建设、资源浪费、恶性竞争等危害整体、系统、协同发展的顽症。这些问题抓住了京津冀协同发展不力的根本，找到了问题解决的出发点和着力点。

二是注重协商机制和整合机制的建立，强调顶层设计的整体性、系统性和统筹性。2015 年 12 月，习近平在中央城市工作会议上指出："统筹空间、规模、产业三大结构；统筹规划、建设、管理三大环节；统筹改革、科技、文化三大动力；统筹生产、生活、生态三大布局；统筹政府、社会、市民三大主体。"其统筹的观点强调区域多元治理主体间的共同行动，主张核心要素间的组合与嵌入，通过统筹协调把竞争行为

---

① ANSELL C & GASH A，"Collaborative Governance in Theory and Practice，Journal of Public Administration Research and Theory"，2008，（4），pp.543-571.

转变为合作行为。首先，应该对区域内治理采取灵活的、弹性的、多样化的协商行动，要充分考虑内部动力因素，建立起有效的内生动力机制，通过协商确立规则，协同多元主体，进而设定集体的制度安排；其次，从制度主义视角出发，针对区域内不良竞争和非合作行为，注重沟通信任、互惠互利等社会资本的供给；再次，合作风险的承担及合作剩余的配置均通过平等协商加以实现，区域内利益冲突和分歧力求通过深入沟通加以解决，通过平等协商、充分讨论后达成共识；最后，对于单个行政主体不能或难以解决的区域性公共问题，对于公共服务和公共物品供给问题，均通过一体化的协商加以解决。其主张以区域合作发展带动解决大城市问题，完善治理体系，提升治理能力，涵盖了去行政区行政化、逆部门化、防碎片化等治理策略；其整体性的治理策略主张从分散、局部和碎片走向集中、整体和整合，进而形成合作有序、前后贯通的整体性政府治理图式；其系统化的思维改进"自我中心主义"的价值倾向，突破碎片化管理的束缚，以系统组织架构为载体，矫正一味分权带来的弊病。尤其在雄安新区的设计理念中把京津冀区域作为一个整体系统，依据系统和要素、要素之间、系统和环境的相互联系和相互作用来形成治理架构思路，体现了整体性、结构性、立体性、动态性、综合性等特征。其整体性、系统性、统筹性的治理图式彰显了协同治理大思路和高境界，协同发展的治理理念在雄安新区的发展战略中得到鲜明体现。

三是注重协同发展理念的战略性、纲领性和引领性。针对创新不足、协调失衡、绿色缺失、开放不够、共享匮乏的发展短板，党的十八届五中全会确定了"创新、协调、绿色、开放、共享"的发展理念。"五大发展理念"彼此协同、相互融通、相互促进，是具有内在联系的集合体。创新发展主张理论创新、制度创新、文化创新之间的协同整合发力，旨在促进不同制度、文化和文明之间的共生互鉴和共存；协调发展，站在全局高度，注重整体内各个环节、系统内不同要素的协调联动。主张把碎片化的部分系统化，把局部零散的功能整体化，推进区域内优势互补、利益补偿、互联互通，着力构建要素合理流动、主体功能有效发挥、基本公共服务均等化、资源环境可持续的区域协调发展新格局，形成均衡治理架构。雄安新区战略布局最终协调范围是京津冀区域整体，协调的策略是整体性效能的发挥，协调的目的是增强发展的整体性、系统性和协同性。作为发展理念，协调的最终理念是实现区域整体功能最大化，推动区域协调发展，进而形成科学空间布局与均衡的利益格局；绿色发展强调绿色资源、绿色经济、绿色空间、绿色环境、绿色生活、绿色文化内容整合协同发展，旨在解决人与自然和谐发展问题，力求兼顾"金山银山"和"绿水青山"之间的平衡。开放发展强调积极参与全球治理，推进构建人类命运共同体。这一全球价值观涵盖了相互协同的国际权力观、共同利益观、可持续发展观和全球治理观。力求在相互依存的环境下，摒弃零和思维，解决内外联动问题，以共生共赢的共同体为依托聚合思想、凝聚共识，通过集体行动和伙伴关系谋求协同治理方略的实现。无论是"一带一路"的建设，亚投行的设立，还是雄安新区的顶层设计出台，都蕴含协同发展思路的深入考量。坚持共享发展旨在着力解决社会公平正义问题，解决区域内行政单元、合作主体发展不平等问题，倡导包容性增长，强调保障和改善民生，进而化解非均衡发展的矛盾。通过共生共享价值理念的传递和引领，助力区域发展的目标指向价值融合与理念协同，雄安新区的治理架构策略摒弃了区域内合作主体之间长期非均衡发展的惯性，让长期以服务京津为己任的河北省成为主角，把雄安新区这一不为人所知的、经济发展较为落后的配角推到区域协同发展的舞台中央。总之，"五大发展理念"的倡导和践行，不但意味着价值观念的嬗变和提升，而且必然会推进京津冀区域治理方略的调整和优化，而雄安新区的区域发展定位则彰显了集体行动价值，把协同治理的意蕴向纵深推进一大步。

（三）雄安新区协同治理理念的变革与重塑

雄安新区的愿景是价值性的，是理念和信念的聚合，是思维观念的情感表达，也是组织治理架构优化的根本。引领雄安新区未来建设的具体价值理念可以概括为合作的态度、协调的意识、共赢的观念、善治的精神和绿色的情怀。

一是合作的态度。"合作的文化不仅能修正个人的预期和偏好，使参与者期望组织中其他人的合作行为，也能修正单个组织的预期和偏好，形成对其他组织产生合作行为的期望。"① 在协同治理实践中，合作的态度决定着合作的行为。在协同治理理念引领下，各治理主体摆脱了对立和冲突，共同的使命把各方引导到追求互动合作的发展轨道上。在合作治理的框架下，共同体中任何一方的付出不再是不计成本和代价的，而是会得到来自整体内协同组织的利益补偿和激励回馈，这就使得治理主体为了共同愿景而形成积极的合作态度。合作的出发点是力图改变"经济人"的有限理性和以"自我利益"为中心的传统治理格局，克服"搭便车"心理和"机会主义"行为，清除地方利益最大化的惯性思维，通过区域内多元主体之间真诚的合作，搁置争议，增进信任，发展彼此之间的文化认同，用共同的使命凝聚合作共识，升华思想感情，进而把合作的态度和愿望演变为共同行动的内驱力，这种拧成一股绳的内驱力会成为雄安新区建设中的引擎和重要推动力量。

二是协调的意识。"如果说政府关系的纵向体系接近于一种命令服从的等级结构，那么横向政府间关系则可以被设想为一种受竞争和协调动力支配的对等权力的分割体系。"② 强化协调意识需要治理主体根植于系统规划和整体布局的考量，综合运用多种途径和手段修正并妥善地处

---

① [美] 丹尼尔·A. 雷恩：《管理思想的演变》，李柱流等译，中国社会科学出版社 1997 年版，第 538 页。

② [美] 理查德·D. 宾厄姆等：《美国地方政府的管理：实践中的公共行政》，九州译，北京大学出版社 1997 年版，第 162 页。

理各种关系，依托协调手段使跨界、跨部门的竞争行为向合作行为转化。通过途径协调解决个人偏好与集体行动冲突问题，运用协调方式解决合作风险的承担和合作剩余的配置问题，进而把不同主体的子目标统一到为实现系统共同目标而努力的行动中。这一协调过程是化解冲突、统一认识、达成共识的过程，协调成败的前提是组织或部门管理者的意识朝着共同目标而努力，求同存异、顾全大局、齐心协力等意识成为决策者的主要心理特征。在雄安新区建设过程中，区域合作组织要善于调节、平衡和统一不同部门、不同行政主体、不同个体之间的关系，善于调和平衡利益相关者的利益，努力在矛盾冲突中挖掘"调和""折中"的价值，克服部门利益至上、本位主义、地方保护主义现象，营造相互支持、相互协作、相互信任、相互理解的氛围，进而形成发展的动力和合力。

三是共赢的观念。区域内利益相关者之间的共赢建立在相互信任的基础上。吉登斯将信任界定为"对一个人或一个系统之依赖性所持有的信心，在一系列给定的后果或事件中，这种信心表达了对诚实或他人爱的信念，或者对抽象原则技术性知识的正确性信念"①。共赢是指合作主体在完成集体行动或共担任务的过程中彼此信任，精诚合作，互惠互利，相得益彰，最终达成双赢或多赢的理想结果。共赢主要体现在理念上求同存异，使命上同心同德、行动上步调一致。这种价值观的形成，注重合作主体"在信念上达成共识，在道路选择上协调一致，在实际行动中齐心协力"，通过治理主体信任合作机制的强化，减少利益相关者间的合作成本，遏制机会主义行为。这也是雄安新区发展过程中突破自我中心主义藩篱、克服自身利益最大化窠臼所必须秉承的发展理念。

四是善治的精神。在治理实践中，合作与竞争、开放与封闭、责任与效率之间的冲突催生了善治理论，善治理论的提出是基于现实中治

---

① ［英］安东尼·吉登斯：《现代性的后果》，田禾译，译林出版社 2000 年版，第 98 页。

理失效的现实而提出并发展起来的。善治是一种治理境界，是治理的价值追求，是政府治理能力所致力达到的境界。善治既是社会运行和民生福祉的"晴雨表"，也是良性互动发展和民心向背的"风向标"。它注重社会的合意性，倡导民主价值。这种治理的过程，是多元主体良性互动、确立良好伙伴关系的过程，是政府持续回应公民需求的过程，也是政府之间、政府与市场和社会之间合作关系的调适过程。Hewitt 教授认为，善治过程应该结合以下要素：对改革更具创造性而非技术性的理解；对制度和程序的变化展开更多对话；对公共领域（国家和公民社会）如何巩固加以更多关切；促使经济政策和制度改革趋向一体；更为关注影响治理的国家和国际因素。① 在整合汲取各种积极要素后形成的善治理念导引下，治理主体在求同存异、化解矛盾冲突、调适各种关系基础上精诚合作、协同共生，树立集体行动的目标、形成共同的愿景规划、达成一体化的发展战略，这是雄安新区在建设过程中必然的价值诉求。

五是绿色的情怀。"绿色"是生态环境特有的颜色，代表自然、和谐、健康，寄寓着生命和希望。绿色协同治理体系效果的实现需要各主体职责和功能的相互补充，但相互补充不是各主体优势的简单相加，而是有机结合。治理主体都应通过倡导绿色政治、绿色行政以及绿色治理的理念，促使社会形成一个开放的生态环境治理氛围。促进各主体治理理念的改进是保证各主体优势有机结合的前提条件，这就需要建立有效的引导机制，让各主体认识到生态环境治理需要协作的复合型主体，要积极鼓励并引导各主体在履行自己主要职责的同时，也主动履行绿色行政、绿色生产、绿色消费、绿色参与、绿色宣传和绿色智慧等所倡导的其他要求。② 生态挑战是雄安新区建设面临的首要问题，打造绿色智慧

---

① GRINDLE M S，"Good Enough Governance Revisited，Development Policy Review"，2007，（5），pp.533-574.

② 杨立华、刘宏福：《绿色治理：建设美丽中国的必由之路》，《中国行政管理》2014 年第 11 期。

新城是雄安新区发展的首要任务，"低碳发展、绿色发展、循环发展"等三大理念是雄安新区建设的题中应有之义。绿色发展理念着眼于区域内人与环境和谐共生、经济与生态协同共荣，行政单元和部门之间合作共赢。这是雄安新区未来发展的正确方向、可行路径和思想导引。绿色发展情怀的注入既注重时间维度上的纵向协调，也强调同一时空上各个主体和单元的横向协调，把绿色治理理念纳入顶层设计的总体布局，在路径和愿景的有机统一中实现永续发展，是雄安新区建设发展中需要一以贯之的。

四、结 语

理念的变革是对伙伴关系的重塑，是对碎片化治理模式的战略回应，也是区域新型合作治理模式建构的逻辑起点。雄安新区地处京津冀腹地，近期规划包括安新、雄县、容城等县域区划，长远规划必定会涵盖周边的高碑店、高阳、定兴、博野等县市，其毗邻的白洋淀水域受制于长年以来的多头管理，亟待突破以"各自为战、壁垒森严、分割有界"为特征的"行政区"行政治理理念。雄安新区的设立，基于协同共生的善治理念，是对相互排斥思维观念的否定，是对长期以来京津冀合作困境认识上的飞跃，是中央政府审时度势，克服区域内单个行为主体"搭便车"现象和非合作行为的一次有益尝试，是破除京津冀三地政府"孤岛效应"、突破行政区划刚性约束的一次重大突破。

关于雄安新区的顶层设计与建设发展，习近平总书记倡导价值共享，主张推行新理念、制定新政策、出台新举措，要求摒弃各自为战、各行其道的思维定式，注重理念、政策、举措之间内在逻辑关系。这一布局彰显出整体有序、合作共赢、共享共治、融会贯通的文化品位和战略内涵，为雄安新区未来发展勾勒出合乎区域本真价值的图式愿景。在协同共生的语境下，这一战略催生共同体内利益相关者固有价值的融合，而这一理念的变革与重塑势必会成为破解京津冀长期以来协同不力的一剂良药，引领区域共同体伙伴关系的建立，促进整体性治理方略的达成。

（原文载于《行政论坛》2018 年第 2 期）

京津冀协同发展背景下雄安新区
财政整体性治理框架研究 *

　　雄安新区顶层设计是破解京津冀协同发展瓶颈的重大战略部署。打破长期以来区域内各自为政的属地治理模式，突破碎片化的体制障碍，需要协同理念的引领和整体性治理框架的建构。就治理模式而言，京津冀区域及雄安新区所在白洋淀区域一直沿用以内向型的"行政区行政"为主导的属地治理模式。现实中，由于地方政府间缺乏相应的合作治理机制，因而难以在公共服务合作提供上达成协同，导致"公地悲剧"的发生。地方政府间的竞争加剧，交易成本增加，行政效率下降，集体行动缺失，区域整体性协调发展受阻。雄安新区地处京津冀区域腹地，区位优势明显，在空间布局上改变了京津冀空间联系上的松散状态，有利于加速资金、人才、信息、技术及其他要素在区域内的流动与集聚。雄安新区整体性治理架构有利于突破区域政府间壁垒，消弭京津冀区域长期以来的非均衡发展、跨域公共服务失灵、信息孤岛、市场割裂等问题。在诸多亟待解决的问题中，区域公共财政的整合与协同极为迫切，但一直没有引起足够重视。京津冀区域协同发展的实质性推进，迫切需要依托雄安新区这一新的空间维度和治理平台，从财政层面进行区域财

---

　　* 本文作者韩学丽、赵新峰、吕德铭。

政整体治理构建，协调政府间财税利益冲突、消除财政治理的分散化和碎片化、破解区域公共服务提供困境等难题，加快京津冀一体化治理格局的形成。

本文从财政视角关注雄安新区公共服务的治理架构，旨在基于雄安新区这一新的空间维度洞察和考量财政竞争与合作对于该区域整体性发展的影响，挖掘雄安新区整体性发展进程中财政合作与整合的理论和现实意义，通过财政合作助力行政合作，平衡利益关系，消弭碎片化。尝试通过整合预算、税收分享、支出协同、共同财政基金、横向利益补偿机制的构建，政府与社会资本合作等财政合作机制引领作用为支点，设计雄安新区公共服务协同发展的可行性政策，进而建构起具有一定操作性和实践性的财政整体性治理框架。

一、问题的提出

目前，困扰中国区域协同发展的一个突出问题是，地方政府出于属地利益的考量，以行政区域为单位展开财税利益的争夺，以税收优惠或财政补贴方式招商引资、争夺税源，"跑部钱进"争取上级财政拨款，争夺政策和规划的倾斜，甚至阻碍产业转移和要素流动，造成地区间财政差距的扩大。财政差距导致政府公共服务供给能力和发展环境的差异，市场主体向财力充裕政策优惠地区集聚，进一步扩大了地区经济发展差距。这种区域财政竞争行为背后的根源不只是行政区划体制造成的，而是行政区划体制、分税制、官员政绩考核压力三重因素叠加的结果。为调动地方政府理财的积极性，分税制财政体制赋予行政区独立的财税利益，强化了地方政府对自身财政利益的追逐，客观上造成了倡导区域政府间竞争进而忽视区域政府间合作的结果，导致区域内财政治理的碎片化、区域经济社会发展失衡、公共服务不均等现象。在突破行政区划和分税制财政体制障碍的前提下，区域内财政协同治理框架的整体性设计是对财政治理碎片化问题的一种矫正和战略性回应。

二、区域财政整体性治理的理论依据

财政治理是国家治理体系的重要组成部分。2013 年《中共中央关于全面深化改革若干重大问题的决定》中指出，"财政是国家治理的基础和重要支柱"，这一提法把财政提升到了治国安邦的高度。事实上，财政原本就是应国家治理的需要而产生的。财政收支活动的安排，本身就是作为国家治理主体的政府履行其职能的过程。财政治理通过政府预算予以实施，"通过政府预算治理国家，更是迄今可以观察到的有关现代国家治理活动的一个基本轨迹"[①]，通过政府预算可以反映政府活动的范围、方向和重点，形成对国家治理活动成本的有效控制。财政治理还可以通过财权与事权的匹配、财力与支出责任的匹配来支撑和保障国家治理活动的开展。

协同治理（Collaborative Governance）是为了应对跨部门、多层次的治理问题，而构建多主体参与的，通过协商与合作达成的协同体系，以提高决策的质量和达成共赢的目标。对协同治理的理论研讨和实践主要源自西方，学者们对其理解不尽相同，但西方学者大体上达成了两点共识：（1）除政府外，其他组织或个人加入到治理中；（2）为达成共同的目标，各行动人共同努力共同合作。[②] 国内协同治理理论脱胎于西方政治结构和行政体系，这一理论是发达国家多元合作治理中进行现代化建构的重要工具。中国学者引入并发展了这一理论，将协同治理与

---

① 高培勇：《财税体制改革与国家治理现代化》，社会科学文献出版社 2014 年版，第 15 页。
② 田培杰：《协同治理概念考辨》，《上海大学学报》（社会科学版）2014 年第 1 期。

国家治理体系与治理能力现代化、区域协同发展、行政体制改革等结合起来。

整体性治理是在协同治理基础上的增进和深化：（1）在治理主体方面。协同治理过程中更加强调参与主体的自发性、主体性和自组织性，表现为强劲的内生性。整体性治理则表现出更强的外生性，其更多的是依靠整合后的协调机制或者组织去推动，通过多层次的组织和系统性整合，借助跨部门委员会提升行政效能。（2）治理结构方面。和协同治理比较而言，整体性治理在治理过程中表现出更强的稳定性、融合性，注重区域整合的常态化和制度化。（3）治理活动方面。整体性治理相较于协同治理，更加注重整体性、系统性和有序性，趋向于形成最佳化结构，达成整体大于部分之和的效果。

整体性治理的核心内涵是"协调与整合"，从结构和形态上进行层级、功能以及合作关系的协调与整合，同时强化政府组织间关系的紧密性，进而建立整体性政府组织间关系。在区域的框架下超越协同治理讨论政府间财政关系问题，强调的是财政治理的区域间整合、协调及相互介入，即不同辖区甚至不同层级的财政部门和其他组织，秉承合作、协商、共赢的价值理念，通过彼此之间的协商与合作，采取集体行动，协调区域利益关系，实现区域内财政的均衡协调发展，直至达成财政整体化的最终目标。

京津冀区域财政整体性治理的职能包括：一是发挥区域财政资源配置职能，优化区域内资源配置。引导人力、物力、财力资源的合理流向，维护区域统一市场的形成和发展。京津冀区域需要通过财政协同与整合机制来缓解困扰京津的"大城市病"，改变优质资源过度向京津地区集中的极化现象，引导资源要素的反向流动和分散流动，平衡区域的经济和社会发展。二是发挥京津冀区域财政再分配职能。通过税收、支出、预算的协同合作，缩小乃至弥合区域内财政差距，提升区域内地方政府基本公共服务供给能力，促进区域政府间基本公共服务均等化。京津冀区域尤其要致力于缩小河北省与京津两市"断崖式"的财政落差，由京津承担更多区域性公共服务的供给责任，建立京津向雄安新区及河北横向援助机制，实现区域协同发展。

三、京津冀协同发展背景下雄安新区财政整体性治理框架设计的逻辑机理

雄安新区作为首都非核心功能疏解的集中承接地、京津两大都市的"反磁力中心"、河北省新的增长极，与京津及河北其他地区形成了异常紧密、相互依存的关系。如何在一体化方略下处理雄安新区与京津冀相互纠缠的财税利益关系，如何争取区域内其他地区的财力支持，如何协调区域内普遍存在的外部性问题，如何妥善解决区域协同发展中财政配合方面的碎片化和分散化的问题，这些都是摆在雄安新区财政治理中的重点和难点问题。

（一）雄安新区与京津冀紧密而特殊的关系需要财政整体性治理机制调整各方财税利益

雄安新区是在京津冀协同发展背景下提出的，从诞生之日起就注定与京津冀区域存在密不可分的关系。雄安新区的设立，必将打破京津冀政府间"一亩三分地"的利益格局。雄安新区要承接北京市部分非首都功能，期间与河北省政府和北京市政府的联系只能进一步强化。天津未来的可持续发展也需要和雄安新区开展产业对接等方面的深度合作。由此可见，以雄安新区设立为标志，京津冀三省（市）区域政府间长期以来的合作困境将被破解，一个相互依存、彼此融合的利益共同体即将形成。

首先，雄安新区与北京是相互依存、共生共荣的关系。雄安新区

首要的功能定位是北京非首都功能疏解集中承载地,旨在破解首都"大城市病",与北京市区、北京通州共同构成大北京都市区,破解京津冀协同发展进程中的瓶颈,将来在统一市场、公共服务、交通通讯等方面会率先实现一体化的发展。从长远来看,雄安新区和北京之间是共生共荣的相互依存关系。但是,雄安新区初步规划的安新、雄县、容城三县及所在的白洋淀区域产业基础薄弱、高端要素资源匮乏、合作程度较低,白洋淀行政区划上分属于二市四县,碎片化现象严重。因而,雄安新区的发展离不开北京高端人才的输入、高新技术产业的注入,离不开优质公共服务资源以及其他优质生产要素的集聚。接收北京非首都功能疏解的优质资源,必然会与北京产生利益分配问题,尤其是财政利益的分割与协调问题。

其次,雄安新区与天津是相互协作、相互借鉴的关系。作为京津冀协同发展中新的增长极,雄安新区在疏解非首都功能方面并不是唯一的承载地,需要和毗邻的天津加强协作,共同承担起这一使命。天津滨海新区作为环渤海区域隆起带和增长极,在行政区划调整、产业功能区整合、园区开发建设、公共服务供给等方面积累了丰富的经验,未来雄安新区和天津滨海新区在生态环境治理、贸易通关、人才交流、产业转移、基础设施互联互通、资源流动等方面有着广阔的协作空间,并且随着京津冀城市群的发展和日臻成熟,这种协作与联系会日益密切。在开发建设初期,尽管雄安新区与天津的关系并不容易把握,对天津的依赖也不是那么强,但随着京津冀城市群发育日益成熟,两地之间的相互依赖关系将会日趋显现,这种关系既体现在城市功能分工、产业协作以及功能平台共享的利益关系,也体现在人流、信息流、资金流、物流等要素流动的关系。[1] 未来雄安新区与天津深层次合作达成之后,利益关系协调中财政利益问题必然会提上日程。

---

[1] 叶振宇:《雄安新区与京津冀的关系及合作途径》,《河北大学学报》2017年总第91期。

再次，雄安新区是提升河北省区域协同发展能力的载体，是引领京津冀区域及周边地区高水平融合的平台。雄安新区地处河北省保定市境内，与河北省有着天然的不可分割的关系。河北省在雄安新区的规划建设中承担主体责任，中央要求河北省要加强组织领导，全力推进雄安新区规划建设各项工作，建立长期稳定的资金筹措机制①，可见，雄安新区未来的建设和发展在中央的领导下由河北省负责具体实施和推进，河北省对雄安新区的建设和未来发展将起到支持和支撑作用。短期内，雄安新区以其不可比拟的优势会吸引周边其他地区的优质资源汇入，产生极化效应；但从长期来看，雄安新区的建设必将引领和带动河北其他地区的发展，缩小河北与京津的发展差距，成为河北省新的增长极，对周边地区产生扩散效应，加速空间一体化的进程。雄安新区初步定位为二类大城市，即人口200万以上的特大城市，其特殊的职能定位使其将来很可能会成为计划单列市，在地域上隶属于河北，但财政管辖权不归属河北。雄安新区与京津冀财政经济利益的协调是关系到雄安新区的建设能否顺利推进的难点，如果不能很好地处理地区之间的利益关系，京津地区产业、人才及其他优质要素的疏解和流动就有可能部分受阻，从而影响雄安新区的建设和疏解功能的发挥。因而，未来雄安新区与京津冀及周边地区之间在财政方面的深度融合、良性互动、协同发展变得日趋重要。

（二）薄弱的地方财力需要强化财政整体性治理机制

雄安新区处于河北省经济发展的洼地，经济发展水平在省内、区域内均相对落后，财力薄弱，公共服务水平不高。即便是雄安新区所属的河北省，与已超越工业化后期阶段正在进入或迈向后工业社会的京津

---

① 《中共中央 国务院关于对〈河北雄安新区规划纲要〉的批复》，《人民日报》2018年4月20日。

两市在经济发展水平上也存在巨大差距。如表 1 所示：

表 1 2016 年京津冀地区人均 GDP 差距

单位：元 / 人

地区	人均 GDP	河北与京津及全国差距	河北占京津及全国的比例
河北	43062	——	——
北京	118198	75136	36.4%
天津	115053	71991	37.4%
全国	53935	10873	79.8%

资料来源：《中国统计年鉴 2017》。

2016 年河北省人均 GDP 为 43062 元，仅相当于北京市人均 GDP 的 36.4%，相当于天津市的 37.4%，比全国平均水平 53935 元低 10873 元。雄安新区所在的保定市人均 GDP 在河北省处于最低水平，2016 年只有人均 29945 元，比省均水平低了 13117 元，只相当于河北省人均水平的 69.5%。而雄安新区所处雄县、安新、容城三县人均 GDP 和人均财政收入均显著低于保定市和河北省人均水平。

相对落后的经济发展水平和薄弱的财政收入汲取能力使得河北省与京津两市呈现"断崖式"财政落差。2012 年到 2016 年数据显示，河北省的人均财政收入一直呈上升态势，但北京和天津同步上升，且上升幅度超过河北。从地方本级收支来看，2016 年河北省人均财政收入 3827 元，分别相当于北京市（23394 元）的 16.4% 和天津市（17520 元）的 21.8%（如表 2 所示）。人均财力差距大于人均 GDP 差距，说明河北省财政收入汲取能力与经济发展水平不匹配，二、三产业对财政收入的贡献度低于京津地区。

表 2　2012—2016 年京津冀人均财政收入变化情况

单位：元／人

年份	2012	2013	2014	2015	2016
北京市	16217.88	17500	18876	21857	23394
天津市	12716.91	14411	15994	17410	17520
河北省	2869.13	3140	3325	3578	3827

资料来源：《中国财政年鉴 2013～2017》。

人均财政支出更能反映各地实际支配的财政资源。2012 年到 2016 年数据表明，河北省的人均财政支出呈缓慢上升态势，北京和天津同步上升，且上升幅度远远高于河北，河北与京津人均财政支出之间的差距在不断拉大。2016 年河北省人均财政支出 8123 元，排在全国 31 个省区的第 30 位，分别相当于北京市的 27.5% 和天津市的 34.1%（见表 3）。财政支出的差距会影响财政配置资源的能力和公共服务供给水平，进一步拉大经济和社会发展差距。

表 3　2012—2016 年京津冀人均财政支出变化情况

单位：元／人

年份	2012	2013	2014	2015	2016
北京市	18029.88	19950	21208	26548	29497
天津市	15485.64	17670	19302	21099	23798
河北省	5615.58	6032	6356	7606	8123

资料来源：《中国财政年鉴 2013～2017》。

公共服务方面，京津冀在教育、科技、卫生、社会服务、文化、体育、公共管理及社会保障等方面都存在梯度差距。《中国区域经济发展报告（2015—2016）》显示京津冀公共服务落差过大，仅人均财政教育经费一项，京津两地就是河北的近 3 倍。京津冀区域教育财权事权失衡，与京津相比，无论是学前教育、义务教育还是高中阶段教育的生均教育经费，河北省明显低于京津。2015 年京津冀三地国家财政性教育经费按人均核算分别为 4519.01 元 / 人、3086.66 元 / 人、1445.52 元 / 人，北京、天津分别是河北的 3.12 倍和 2.14 倍；2016 年京津冀三地每万人拥有卫生技术人员数分别为 108 人、61 人和 53 人；2016 年京津冀三地人均拥有公共图书馆藏量分别为 1.19 册 / 人、1.16 册 / 人、0.31 册 / 人。京津冀长期以来公共服务水平的失衡决定了三地资源要素的流向，京津对河北发展产生了虹吸效应，导致河北省高端人才流失非常严重。

断崖式的财政落差成为阻挠京津冀一体化进程的现实障碍，也是整体化协同发展进程难以深入推进的重要原因。京津相对雄厚的公共财力和高水平的公共服务吸引了周边地区优质资源和要素加速向两市集聚，而河北省则处于政策洼地，资源和要素大量流失，不利于区域内人口、产业和城市功能的合理布局，同时也加剧了京津的"大城市病"，影响了河北省对非首都功能的疏解。雄安新区宏观战略的提出既可以弥补河北省经济发展的短板，也可以促进京津冀区域深度融合、良性互动、整体性发展。但是，如果京津冀雄财政落差问题不解决，那么疏解到雄安和周边地区的资源和要素迟早还是会回流到京津地区，使疏解非首都功能和区域协同发展的目标难以实现。因而，着力架构京津冀区域财政整体性治理机制，逐步缩小和弥合财政差距，才能使区域协同发展走上良性轨道，并最终实现京津冀区域真正意义上的协同发展。

（三）雄安新区外部效应内部化问题需要财政整体性治理

雄安新区地处白洋淀流域核心地带，白洋淀水域上下游连着北京、天津、保定等多个城市，流域的综合治理需要这些地区携手合作、共同规划、共同保护。白洋淀自身由 143 个淀泊组成，360 平方公里的水面分属于两市四县，其 85% 的水面在安新县境内，其余不足 15% 分属雄县、高阳、容城和沧州的任丘市，这样的布局使得白洋淀的整体规划难度巨大，因为行政区划引发的问题由来已久。① 另外，雄安新区处于京津保三角地区地势低洼地带，新城建成之后空气扩散条件极为不利，需要京津及河北其他地区联合治理和防范大气污染问题。②

伴随着雄安新区建设提上日程，诸如产业跨区转移、基础设施的互联互通、突发公共事件的应急合作、水资源跨域补给、公共服务的跨区供给等地区性公共事务和公共问题逐渐突显出来，需要地方政府间的通力合作。由于属地管理模式和地方本位主义的影响，造成地方政府对正外部性公共事务只愿坐享其成，而对负外部性公共问题不愿承担责任，客观上加大了跨区治理的成本。长期以来，在京津冀跨域公共服务供给方面存在的一个突出问题是：京津将本属于自身的公共服务责任转嫁给河北来承担，河北迫于政治压力作出了重大牺牲，付出了大量人力、物力和财力，却缺乏相应的横向补偿机制，相当于对京津进行变相的财政输出和财政补贴，挤占了河北本已十分紧张的财政资源，导致出现了"环首都贫困带"。以水资源为例，河北省在自身人均水资源十分匮乏的情况下，仅在 2008—2012 年期间，就向北京应急供水超过 10 亿立方米；承德至天津的"引滦入津"工程，每年为天津提供水源超过 5 亿立方米。③ 河北省的慷慨却未能得到应有的市场化补偿。这种情况表明京津冀区域内政府的自利行为缺乏约束机制，成为京津冀协同发展的瓶颈，亟须横向权力的创新配置和横向利益补偿机制来解决三地之间的非均衡问题。

雄安新区设立后，将大量承接北京疏解过来的高等学校、医疗机构、科研单位、企业总部、金融机构等优质资源，这种跨行政区的资源

---

① 赵新峰：《京津冀协同发展背景下雄安新区新型治理架构探析》，《中国行政管理》2017 年第 10 期。

② 叶振宇：《雄安新区与京津冀的关系及合作途径》，《河北大学学报》（哲学社会科学版）2017 第 7 期。

③ 刘姗：《浅议京津冀协同发展的战略选择与财政策略》，《经济研究参考》2014 年第 69 卷第 18 期。

配置和不同辖区间公共服务成本收益不对等问题会愈加突出。如何将这种地区外部效应问题内部化，关键在于平衡不同地区之间的成本收益关系，使付出大量人力、物力、财力支援京津经济社会发展的河北省得到与其付出成本相应的利益补偿。雄安新区接收北京疏解过来的资源，得到北京方面人才、资金、技术等方面的援助，这些都需要财政整体性治理框架中协同机制的构建，进而平衡横向资源配置、协调成本收益关系。

（四）破解属地管理、运动式治理以及治理工具单一的困境需要财政整体性治理的支撑

1. 财政整体性治理的体制性障碍

"传统行政区划的管理模式及条块分割模式造成了地方本位主义的弊病以及政府治理的碎片化"①，阻碍了区域协同发展和一体化进程，诸多学者呼吁从行政角度谋求合作收益，实现区域协同治理、整合治理，使得区域协同形成对"行政协同"的路径依赖。② 京津冀三地政府、雄安新区所涵盖的三个县、白洋淀所属的两市四县，均基于各自行政疆界在管辖范围内加以治理，行政界限是权力管辖的最大化边界，地方政府各个行政单元横向之间跨域决策难以实现，闭合性、内向性特征明显的属地治理模式占主导地位，导致地方政府对区域内"整体性""系统性""跨域性"的公共问题画地为牢，分而治之，共同应对公共问题的财政协同机制遭遇体制性障碍。

2. 偏向于具体事项解决的单纯的行政协同，缺乏与之相匹配的整体性财政协同机制

中国区域合作治理方面的主要策略是"一事一议"，旨在解决具体

① 杨志安、邱国庆：《区域环境协同治理中财政合作逻辑机理、制约因素及实现路径》，《财经论丛》2016 年第 32 期。
② 赵国钦、宁静：《京津冀协同发展的财政体制：一个框架设计》，《改革》2015 年第 8 期。

问题和具体事项。如京津冀共同治理雾霾的大气污染联合整治行动、交通设施建设、首都安保等合作事项。长期以来，区域内由于缺乏长效的协同机制，始终难以由具体问题的点状合作升级到全方位的区域协同式的面状合作。并且由于缺乏政府间财政协调和利益补偿机制，各个行政单元均从自身利益最大化出发，把自身利益置于区域共同利益之上，区域政府间协同的内生动力和外在动力均不足，影响了合作效果。因此，缺乏财政配合的行政协同不仅效率降低，而且由于资金、利益平衡机制的缺位使得区域政府间合作缺乏可持续性。区域行政权力的协同需要财政权力的协同与之匹配，方能获得 $1+1>2$ 的整体收益。一方面，财政协同可以发挥财政的资源配置职能引导要素合理流动，实现区域内资源配置的最优化；另一方面，可以发挥财政再分配职能，合理分摊区域内公共事务的成本与收益，进行合理的利益补偿，实现协同治理的利益共享，保证协同治理的可持续性。

3. 区域合作治理政策工具中财政协同维度的手段匮乏

学术界把中国区域治理政策工具划分为四类：管制型工具、激励型工具、自愿型工具和混合型工具。中国由于市场发育不够成熟、公民社会发育不够充分，使得政府目前仍过度依赖管制型工具。[①] 这种工具以刚性的命令和规制为主，以自上而下的政治动员为特征，短期内效果明显（如"阅兵蓝""奥运蓝""APEC 蓝"等现象），但缺乏长效机制，横向政策权威分散，聚敛性差，而且由于干扰了市场机制的运行，影响了市场对资源的有效配置，易使资源错配，降低合作效率。在区域治理政策工具中，管制型政策工具占绝对主导地位，市场型政策工具所占比例只有 6% 左右，三种工具类型运用的失衡不但影响了区域治理绩效，而且资金浪费严重，造成巨大的管制成本。此外，在区域协同治理推进

---

① 赵新峰：《京津冀协同发展背景下雄安新区新型合作治理架构探析》，《中国行政管理》2017 年第 10 期。

中，几种政策工具类型中均忽略了财政手段的协同作用：如管制型工具中纵向转移支付工具、区域共同基金设立方面协同功能没有充分发挥；市场激励型政策工具中税收、收费、补贴等协同手段还局限于行政区划内；自愿型政策工具在激发社会各界力量方面成效显著，但政府投入方面的财政协同缺失。总体而言，几种政策工具之间缺乏有效整合与协同，在区域协同治理进程中具有输血和造血功能的财政政策协同也一直受到忽视。

四、京津冀协同发展背景下雄安新区财政整体性治理的基本框架

雄安新区与京津之间、河北其他地区之间、白洋淀流域政府之间存在着财税利益相互纠缠的状况，协同治理资金短缺，集体行动动力不足，不同地区间存在着公共服务的鸿沟，破解京津冀协同发展的困境呼唤区域整体性财政协同治理，以破除区域治理碎片化问题，弥合区域内的差距和鸿沟，通过构建多元主体参与的整体性治理体系，达到区域合作共赢的目的。因而雄安新区财政协同治理可以定位为京津冀区域整体治理体系的组成部分，一方面在于实现财政的经济杠杆作用，优化区域资源配置，维护区域市场统一方面发挥经济职能作用，提供财力保障；另一方面也要发挥财政的政治和社会功能，使财政体制成为区域治理的制度保障。①

（一）实行预算的整体性协同

决定财政资源配置的预算制度是影响财政协同的关键性因素。京

---

① 于文豪：《区域财政协同治理如何于法有据：以京津冀为例》，《法学家》2015 年第 1 期。

津冀的协同发展和雄安新区的规划建设都离不开财政资金整合功能的支撑，更需要地区间预算的协同。目前区域内各级政府间的沟通交流日益增多，但各地的发展规划和预算编制仍然是在自身利益至上的原则下出台，缺乏统筹协调，使得很多合作难以落到实处。基于此，雄安新区建设中要切实突破以往预算中的羁绊和局限，力求从以下几方面着手：

第一，要建立区域预算的共同规则，做到预算与发展规划的协同。以往预算编制在财政资金的分配和使用上，经常出现预算和规划两张皮的现象，各地区各部门争取财力的积极性很高，但花钱干什么往往不清楚，资金损失浪费现象严重。从执行机构来看，发展规划由发改委部门制定，预算由财政部门编制，实践中很容易发生脱节，使得发展规划不考虑预算资金的限制和支撑，预算编制脱离发展规划的指导，因此需要部门之间加强沟通协商，做到预算与发展规划的协同。在编制预算时要按照发展战略和发展规划的轻重缓急，进行财政资金的配置，将资源配置到最关键的领域。雄安新区规划和预算的编制也应该在整体性策略下统筹考虑，协同推进。

第二，突破年度预算的局限性。在预算编制中建立跨年度的框架，实施中期财政规划，发挥预算引导经济和社会发展的功能，使预算更好地与发展规划和区域政策相衔接，确保那些重点项目和长期项目的资金得到可持续保障，如雄安新区建设、白洋淀流域治理、京津冀大气污染联防联治、京津冀生态补偿等项目。这些具有长期性、战略性、区域性的项目不仅需要区域内整体性的预算协同，而且要打破年度预算的局限。

第三，做好不同辖区间政府的预算协同。预算民主和预算协同要统筹考虑相关协同区域的共同利益。目前区域内缺乏政府间横向预算协同机制，跨区域治理的预算所占地方财政预算比重较小，多是以问题为导向的应急式预算，缺乏长效的体制机制安排。建立预算协同机制，增加地方财政跨区域治理的预算比重，集中部分财力应对区域共同事务和困扰区域发展的重大问题，帮扶相对落后地区经济和社会发展，才能更好地促进区域协同发展。雄安新区所处白洋淀上游有 9 条入淀河流，该流域涉及多个行政单元和国家级贫困县，相互依存性和关联性较强，新区规划需要统筹考虑与周边地区的横向预算协同。

（二）推进税收整体性协同

基于整体性理念，通过税收协同来弥合收支差距的鸿沟，平衡不同地区的财政利益，这是区域协同发展构筑的基石。雄安新区与京津冀的税收协同应着眼于建立共同的税收规则，实现税收分享。

一是借鉴国内外经验基础上，强调区域税基共享。这种模式常见于两级和多级政府对共同对象征税，是解决区域内部税基不均、弥合地区之间发展差距、弱化无序竞争的有效途径。雄安新区近期规划包括三个县级行政区划，中远期更是涉及多个行政区划，新区所处白洋淀本省就隶属于二市四县，因而就长远来看，着力推进区域税基共享意义重大。

雄安新区管委会可以借鉴美国区域规划委员会应对区域发展问题时所采取的创新举措。这一治理架构注重与地方政府之间的协商合作，倡导多元主体参与城市治理。合作除了包括区域联盟、政府联席会、大都市区规划等形式外，税基共享成为区域内利益相关者通过平等协商共同应对和解决公共问题、采取集体行动的重要举措。如纽约——新泽西——康涅狄格大都市区通过税基共享缩小富裕郊区和中心贫困城市之间的差距，促进区域协同发展。为解决雄安新区与北京市产业疏解对接引发的利益分割问题，可以借鉴美国明尼苏达州双子城的经验，该地区通过联席会议出台了税收分享方案：所有规划区域内新增建设过程中产生的新税收，都要从中提取一部分资金，注入共同发展基金当中，作为应对和解决区域公共问题和协同发展问题的公共资金。

税收分配一直以来是长江三角洲利益分享机制致力于解决的关键

问题。《长江三角洲城市群发展规划》中设立了长三角城市群一体化发展投资基金，主张建立合理的税收利益共享和征管协调机制。长江三角洲基于区域整体角度加以探索的实践经验值得京津冀及雄安新区学习和借鉴。

二是要确保税收政策的协同。京津冀区域经济发展巨大差距的原因之一在于税收优惠待遇不同，如北京中关村为代表的国家自主创新示范区，天津自贸区、保税区等试点都享受了比河北更多的税收优惠政策，区域内税收政策执行的差异性影响了政策实施的效果，也影响了区域统一市场的形成，有必要"按照统一税制、公平税负、促进平等竞争的原则"，推进税收政策的协同，促进区域税制待遇的统一。雄安新区未来税收政策需要汲取京津冀区域以往教训的基础上，充分吸收国内外先进经验，确保税收政策的协同。

三是要解决税收与税源的背离，建立税收分享机制。根据北京市总体规划，在京部分行政事业单位、总部企业、金融机构、科研院所等将向雄安有序转移，税收利益的再分配在所难免。企业所得税总部汇总纳税的特点，使企业总部所在地税收占大头，分支机构所在地税收占小头，甚至"有税源无税收"。总部的迁出，造成京雄两地税收地位的变化，如何让这些企业能够顺利疏解又不过度损害迁出地的税收利益，就需要调整企业所得税总部与分支机构的税收分享办法。流转税虽然不存在总部汇总缴税的问题，但是存在着发达地区缴税而欠发达地区消费的税收转移现象。一直以来，河北沦为消费市场，增值税却流向京津发达地区。对于个人所得税而言，北京非首都功能的疏解除了一部分人员疏解到雄安新区外，还会出现大量的居住在京津到雄安上班的"通勤族"，上演"双城记"，从而出现个人所得税在一地纳税而在另一地享受公共服务的情况，带来个人所得税在不同地区之间的税收利益分割问题。区域协同发展要求建立跨区税收分享机制，建议由中央财政出面制定京津冀雄跨省（市）税收分享规则。对于整体搬迁企业，将迁入企业缴纳的增值税和企业所得税的地方所得税收，按一定比例划转迁出地；对跨地区经营企业，应着力解决因总分支机构导致的税收与税源背离问题，尊重地域管辖权优先征税原则，赋予分支机构优先征税权，尽量减少税收与税源的背离。为配合人员在京津冀及雄安新区之间的流动和迁移，可将个人所得税地方留成部分在地区间进行合理划分和共享，等将来条件成熟时宜改为中央税。

四是推动区域内税收信息一体化，建立税收共享平台，优化区域税收征管环境，做到资源共享、信息互通。借雄安新区"网络信息与智慧新城"建设之机，拓展"云办税厅"（电子税务局）辐射范围，覆盖京津冀，提高纳税服务效率。

（三）推行财政支出的整体性协同

随着越来越多区域内共同事务的涌现，需要不同辖区间地方政府财政支出的整体性、协同性运作。

1. 统一区域内公共事务支出规则。如规定各方公共事务责任分担原则和出资比率、赤字率等。设立财政支出协同的事权清单，明确地方政府间需要支出协同的事权，清晰界定地方政府间的支出责任，明确地方政府财政支出的范围，使财政支出协同事权与支出责任相适应。雄安新区所在区域涉及多个行政单元，公共事务支出规则的确立是实现区域整合与协同的关键一环。

2. 创设区域共同财政基金。区域共同财政基金由区域内各行政部门经协商共同出资，用来应对区域公共问题，促进区域均衡协调发展。国内外已有的经验表明，创立共同财政基金对于化解区域公共服务碎片化、破解公地悲剧具有积极促进作用。如欧盟凝聚与区域发展基金在推动就业和产业合作、发展相对贫困地区经济、解决跨域基础设施和环境治理等方面发挥了重要的作用。长三角在区域发展促进基金的探索方面迈出了重要的步伐。《长江三角洲城市群发展规划》提出，设立长三角城市群一体化发展投资基金。在相关城市自愿协商的基础上，研究设立长三角城市群一体化发展投资基金。分期确定基金规模，采用直接投资与参股设立子基金相结合的运作模式，鼓励社会资本参与基金设立和运营，重点投向跨区域重大基础设施互联互通、生态环境联防共治、创新体系共建、公共服务和信息系统共享、园区合作等领域。完善基金治理结构，构建基金支出监督和绩效评估机制，确保基金合理高效利用。①基于此，可考虑各方出资设立京津冀雄协同发展基金，解决京津冀区域协同发展和雄安新区建设中共同面临的公共事务难题，弥合区域发展差距。

3. 促进区域内公共服务均等化。区域协同发展要求消除各地区之间公共服务水平的巨大差距，保证区域内地方政府具有大体相同的公共服务供给能力，居民能够享受到大体相同的就业、教育、医疗、社会保障等方面的机会和服务水平。长期以来，北京市一直处于京津冀地区的福利高地，优质、丰富而得天独厚的教育资源、医疗资源、文化资源、科技资源等汇聚于此，公共服务水平全国领先，吸引和集聚了大量高层次人才。雄安新区承接北京疏解的人口和产业，首先需要消除与京津公共服务落差，才能吸引高端人才和高端产业入住。考虑到巨大的公共服务差距，从可操作性的角度来考虑，第一步可先着力实现京津和雄安新区公共服务均等化；第二步逐步推进和实现京津冀整体区域内公共服务均等化。建议建立由中央出资、京津共同参与的对雄安和河北公共服务的援助机制，设立援助基金，由京津向雄安新区输出并援建大型的医疗机构、文化基础设施、优质教育资源科技力量等资源，提升雄安新区整体的公共服务水平。

---

① 发改规划〔2016〕1176：《国家发展改革委、住房城乡建设部关于印发长江三角洲城市群发展规划的通知》。

（四）构建横向利益补偿机制

京津冀和雄安新区巨大的财政落差和公共事务承担责任的严重不平等问题，既需要中央财政纵向转移支付的支持，也需要建立地区间横向转移支付来平衡跨区公共服务供给的成本与收益。

首先，需要建立公共物品外溢的成本分担和利益共享机制。诸如生态环境的协同治理、水资源的生态补偿、大气污染联防联治、交通设施的共建等利益相关者共同受益、共建共享的项目，应根据受益程度确定政府间投资的比例，明确费用分摊的原则。京津作为受益方，对于河北省由于生态环境保护和水资源供给对该区域和全局做贡献而造成的经济损失，应以"横向转移支付"的方式，按照成本收益对等的原则进行实质性的费用补偿。对于京津单向流动到雄安新区的公共服务项目，要建立对应的利益补偿机制。

其次，在原有对口支援的基础上，由京津两市向雄安新区和河北省进行横向转移支付，缩小财力差距。可利用现在飞速发展的大数据技术精确计算地方的财政能力和财政需求，以此确定转移支付的具体金额。鉴于雄安新区及河北省与京津财力的巨大差距，在转移支付结构上，应形成以一般性转移支付为主的转移支付体系，重点实现区域内财政资源的均衡，以便能均等化地供给公共服务。

最后，纵向转移支付和横向转移支付协同推进雄安新区的建设发展。为加快雄安新区的建设步伐、更好地促进京津冀协同发展，结合中国的财税体制，应逐步建成以中央对地方纵向财政转移支付为主、发达地区向欠发达地区横向转移支付为辅的转移支付制度。横向转移支付应该在中央政府的强力推动下，通过区域政府间协商合作，达成有约束力的制度。

（五）发展多元主体协同的政府与社会资本合作模式

整体性的财政协同治理既包括政府间的协同治理，也包括多元参与主体的协同治理。即着力构建由政府、企业、社会组织、公众共同参与，合作共治的整体性财政协同治理机制。雄安新区的地位比肩深圳特区和浦东新区，起点高、定位高、标准高，仅城市基础设施、公用事业及外围交通体系建设就需上万亿元的投资。雄安新区自身开发程度低、财力薄弱，中央明确不能靠土地财政和大规模开发房地产获取资金，单纯依靠财政投入和银行信贷实难支撑"千年大计"的发展。其出路在于创新投融资模式，充分调动社会资本和民间投资参与进来，既能满足新区建设的资金需求，同时又有助于协调地方政府间的利益博弈关系。财政在雄安新区建设中除了以专项支出、财政补贴、税收优惠等手段加以支持运作外，更主要的是发挥"四两拨千斤"的作用，积极引导、拉动社会资本和民间资金跟进，建立可持续的资金保障机制。作为公共部门与社会资本之间达成伙伴关系协同行动的一种制度安排，政府与社会资本合作模式（PPP 模式）在国内外发展比较成熟，积累了大量的成功经验，可以以较少的政府资金撬动大的开发项目，既可以有效弥补财政资金的不足，又可发挥社会资本的技术和专业优势，提高项目的运营效率。PPP模式是在基础设施和公共服务领域引入社会资本，提供公共产品而形成的政府与社会资本长期合作关系，参与各方利益共享，风险共担，采取使用者付费和政府付费相结合的收益回报方式，对于雄安新区未来有稳定收益回报预期的项目来说很有吸引力。PPP 有多种模式可供选择[1]，可以满足雄安新区建设中不同项目的特点和融资需求。雄安新区在利用PPP 方式建设基础设施和公共服务中遇到的障碍是目前新区所成立的管委会，相关的政府机构尚不健全。为此应先于新区政府成立之前尽快建立 PPP 工作办公室，负责 PPP 项目的组织实施和协调各政府部门之间工作的职责，尽快推进 PPP 项目的开展，加快雄安新区的建设步伐。

（原文载于《中国财政》2019 年第 1 期）

---

① 财政部推广的 PPP 模式包括委托运营（O&M）、管理合同（MC）、建设—运营—移交（BOT）、建设—拥有—运营（BOO）、转让—运营—移交（TOT）和改建—运营—移交（ROT）六种主要模式。

京津冀区域政府间大气污染治理政策协调模式绩效评析及未来图式探究[*]

空气的自由流动性特征和大气污染治理的外部性特征，需要区域政府间协调合作，共同治理大气污染，区域政府间协调的前提是政策协调。然而长期以来，区域政府间大气污染治理政策协调过程中，由于产权模糊、信息不对称、地方保护主义盛行、集体行动缺失、有限理性以及资产专用性等情况的普遍存在，导致政府间政策协调合作的"交易成本"过高。为从源头上降低"交易成本"，求解地方政府大气污染治理政策的外部性，建构起高效协同的区域政府间政策协调模式变得尤其重要。进而，能否降低京津冀区域政府间大气污染治理政策协调的"交易成本"，便成为辨识区域政府间大气污染治理政策协调模式优劣的重要标准。

"比较分析为任何一个单独领域的专家提供了他所生疏的背景情况和各种关系。"[①] 对几种区域政府间大气污染治理政策协调模式进行比较分析，"是防止我们对人类社会各种可能性视而不见所能获得的最佳方

---

[*] 本文作者赵新峰、袁宗威、马金易。

[①] ［美］阿尔蒙德：《比较政治学：体系、过程和政策》，上海译文出版社 1987 年版，第 22 页。

法"①。本文将在比较分析的基础上，系统梳理科层式政策协调、市场式政策协调、网络式政策协调模式的治理绩效，进而提出契合京津冀区域政府间大气污染治理的政策协调模式。

一、政策协调的内涵

利益的有效协调是政府间权力关系、财政关系和公共行政关系和谐的关键，其中政策协调则是利益协调的第一表征。对于政策协调，则存在着多种提法，如"政策协同""政策合作""政策整合"等。对于政策协调的定义，不同学者也持有不同意见。海帕认为：政策协调一方面是不同部门政策制定过程中的协调，另一方面是不同的政策建议演进成为一项共识。②卜·约翰认为政策协调就是两种以上政策得以融合演进，并取得共同的目标政策。③马尔福德和罗杰斯把政策协调界定为一个过程，即"两个以上的组织创造新规则或利用现有决策规则，共同应对相似的任务环境"。④梅吉尔斯等人则将政策协同定义为：政策制定过程中对"跨界问题"的管理，这些问题超越现有政策领域的边界，也超越单个职能部门的职责范围，因而需要多元主体间的协同，并将政策协调分为"组织间协同"和"组织内协同"。同时，梅吉尔斯等人还将政策制

---

① [美] 阿尔蒙德：《比较政治学：体系、过程和政策》，上海译文出版社1987年版，第22页。

② NinaP.Halpern，"Bureaucracy，politics，and decision making in Post-MaoChina"，（1992），pp.125-146.

③ JohnP.Burns，"Horizontal Government：Policy Coordinationin China [A]．paperprepared for international conference on governance in Asia：Cilture，Ethics，InstitutionalReformand Policy Change"，City University of HongKong，（December，2002），pp.1-2.

④ Mulford，C.L，Rogers D.L.DefinitionsandMdels.inRogers，D.L.，Whetten，D.A.eds. Interorganizational Coordination：Theory，Research，andImplementation，Iowa State University Press，1982.

定协同由低到高划分为三个层次："政策合作、政策协调和政策整合"①。
OECD 提出了政策整合的三个维度：一是横向整合：旨在避免政策之间
的冲突和不一致，实现政策间的相互支撑；二是纵向整合：着眼于政策
产出和政策目标的一致；三是时间维度整合：旨在确保政策在未来发展
走向上具有可持续性。OECD 同时还把政策协同划分为政策协调和政策
整合两个阶段层次。

公共政策本质上是一个过程，其包括政策制定、政策执行、政策
评估、政策监控和政策终结等五个环节。② 每一个环节的协调都十分重
要，而政策制定协调作为政策过程协调的首要环节，不仅是事前的协
调，政策过程协调的价值所在是能够防患于未然，而且它是在各参与主
体经过充分协商与对话的基础上制定政策的，能够最大限度地实现各参
与主体的整体利益。

综合以上观点，笔者认为，所谓政策协调是指在既定条件下，为
超越现有政策领域边界，推动跨部门政策目标的实现，各参与主体针对
具体问题或多项政策之间的有机衔接，在充分协商对话的基础上，制定
出既契合整体利益又兼顾部分利益的规范性安排过程，进而在政策协调
的基础上实现政策整合。

二、区域政府间政策协调缘起的动因

问题导向是一项研究的逻辑起点。在对区域政府间政策协调模式

---

① Meijers，"Evertand Dominic Stead，Policy integration：what does it mean and how can it be
achieved？" A multi-disciplinary review，paper presented at the 2004 Berlin Conference on
the Human Dimensions of Global Environmental Change：Greening of Policies Interlinkages
and Policy Integration. 2004.

② 陈振明：《公共管理学：一种不同于传统行政学的研究途径》（第二版），中国人民大学
出版社 2003 年版，第 257—258 页。

加以系统梳理之前，首先需要阐明区域政府间政策协调缘起的动因，阐明存在的问题和困境、机遇与挑战，总结梳理该理论在中国区域的发展状况和实践进程，提出中国区域政府间政策协调模式的未来发展图式和愿景。

（一）行政区行政下"公地悲剧"的蔓延

各行政区基于自身利益最大化的考虑，独自行动，背离了区域协同合作的路径，纷纷围绕各种稀缺资源进行重复建设和无序竞争。由于这种竞争缺乏合作理念，没有统一约束，从而表现为形形色色的山头主义、地方主义、自我保护主义，"一亩三分地"的思维占据主导，"舍我其谁"的恶性竞争态势呈蔓延趋势。统计数据显示：在长江三角洲16个城市中，选择汽车作为重点发展产业的有11个城市，选择石油化工产业的有9个城市，选择电子信息产业的有12个城市；在食品、饮料、纺织、印刷、塑料、办公设备等产业方面，该区域产业同构率达80%以上。[①] 这种狭隘思维和独自行动不但无益于各行政区自身的发展，而且也有损于整个区域的良性发展。

（二）行政区行政下大气污染领域"属地管理"的困境

就大气污染治理模式而言，中国长期采用属地治理模式，以内向型的行政区行政为主导，中央政府和地方政府分级负责。在此模式下，各级政府对各自辖区范围内大气质量负责。大气污染属地主义治理模式的主要特征包括：其一，以行政区划为基础。大气污染防治以行政区域划分为基础，由各级政府在其辖区范围内负责推进。其二，关门主义的防治思路。各级政府在辖区范围内进行各自的大气污染治理，对所辖境内的污染企业等违法主体的行为进行法律控制，同级政府间缺少横向交

---

① 顾列铭：《长三角的扩容与一体化》，《上海经济》2006年第4期。

流。其三，"命令——控制式"推进策略。大气污染治理主要由各级政府自上而下制定防治目标，规定防治措施。① 面对区域大气污染流动性和传输性特征，属地治理模式本身的缺陷和局限性日趋凸显出来：一是属地"利益博弈"与整体治理需求间存在矛盾。即属地管理导致的局部利益最大化和资源分散化与跨域大气污染治理的协同性、整合性诉求相背离。区域内的行政主体会为了自身最大化利益，无视污染要素在不同行政区划间的流动与传输，在治理政策、技术手段、指标体系方面加以博弈，产生的后果是大气污染治理的碎片化、孤岛化和分散化。二是压力型的政治体制和央地间财权事权的不对称对区域大气污染的影响。地方政府的发展逻辑因循政治上的压力型体制，自上而下、逐级下达的 GDP 考核指标成为干部晋升提拔的主要依据。此外，财政分税制改革以后，中央政府财政收入增加，地方政府财政收入大幅度减少，但地方政府在公共服务方面承担的财政支出责任并未减少，中央和地方政府之间的财权和事权出现明显的不对称。这样的制度安排导致地方政府作为理性经济人，为了 GDP 指标和自身晋升的最大化利益，大力发展高污染、高耗能产业，满足其政治晋升和充实地方财政的需求动机。三是属地治理模式限制了区域内政府在整体治理方面的制度创新和政策工具优化。在属地管理模式下，相关大气污染治理方面的制度安排缺失和政策工具不到位，缺乏沟通协调和整体性方略，各行政区治理动机和意愿方面表现消极，不同行政区划之间没有权限进行合作治理，地方政府在环境规划、法律法规、政策措施、治理行为、治理资金、治理力度、治理标准、治理能力方面难以达成集体行动，外部效应内部化难以实现。

---

① 魏娜：《京津冀大气污染跨域协同治理研究》，博士学位论文，北京大学政府管理学院，2016 年。

（三）区域公共问题的大量涌现

伴随着经济全球化、区域一体化、市场无界化、社会信息化的发展，大量社会问题呈现出"外溢化"和"无界化"的特点。当前中国正处于政治、经济、社会、文化、生态治理体系全面变革之中，政府治理面临社会转型、理念转型和制度创新的多重背景，期间充满了复杂性与不确定性。比如，越来越多的大气污染治理问题、流行病防治问题、流域治理问题、土壤污染问题、人口与资源问题、教育公平问题、扶贫救灾问题等公共问题成为区域面临的共同问题，这些公共问题跨越了多个部门、政府等治理主体的边界。面对这种情势，基于自身利益最大化的公共部门如果继续固守自我中心主义，抱残守缺既有权责体系，在面对日趋复杂、模糊、多元、无界的公共问题时，便会孤立无援。尤其在国家权威体系中，中央政府相比较权力较为薄弱的地方政府而言，要应付与处理利害关系人众多且彼此目标冲突的结构不良问题时，更凸显出地方政府的困窘和局限。① 受制于各行政区理性经济人本性的思维约束，在应对区域性公共问题时，各行政区政府表现为各自为政，协调不力，恶性竞争，集体行动缺失，区域内善治的愿景因而难以达成。

20 世纪下半叶以来，各行政区为应对全球化浪潮冲击，回应碎片化、孤岛化、棘手化等治理难题，纷纷突破行政疆界，通过协商沟通进行相互之间的合作，积极推进区域一体化战略。政府间通过组成各种形式的区域一体化组织，最终在共同问题解决、共同利益达成方面取得积极进展，在很大程度上提升了区域综合竞争力。这些因素成为区域政府间政策协调缘起的直接动因。

---

① 林水波、李长晏：《跨域治理》，转引自欧阳帆主编《中国环境跨域治理研究》，中国政法大学出版社 2011 年版。

三、京津冀区域政府间大气污染治理政策
协调模式的情境界定及治理绩效

B.盖伊·彼得斯（B. GuyPeters）在其著作《政府未来的治理模式》中，以传统行政模式为切入点，阐释了新的治理模式在各国催生出来的原因，并基于各国政府的理论主张和政府创新实践，总结归纳出四种未来政府治理模式：市场式政府、参与式政府、弹性化政府、解制型政府。①国内学者曾凡军将公共治理划分为四种协调模式——科层式协调、协作式协调、网络式协调和整体性协调。②本研究在借鉴以上模式划分的基础上，结合中国区域大气污染治理实践，系统梳理"科层式政策协调模式""市场式政策协调模式""网络式政策协调模式"治理绩效的基础上，主张把"整体性政策协调模式"作为京津冀区域大气污染治理的未来图式。其中科层式政策协调模式对应传统科层制时期理论思维，市场式政策协调模式对应新公共管理时期逻辑思维，网络式政策协调模式对应网络治理时期的治理思路，整体性政策协调模式则对应整体性治理时期的理论思维。

（一）市场式政策协调模式的情境界定及治理绩效

1.市场式政策协调模式的情境界定

从亚当·斯密"看不见的手"的著名论断开始，直至20世纪70年代以后以马歇尔为代表的新古典经济学说，都把市场模式描绘成一种完

---

① ［美］B. GuyPeters：《政府未来的治理模式》，吴爱明、夏宏图译，武汉大学出版社2013年版，第47页。

② 曾凡军：《基于整体性治理的政府组织协调机制研究》，武汉大学出版社2013年版，第47、53页。

善无比的，并且唯一能够实现效率最大化的资源配置方式。指出市场模式是一个自组织体系，不存在层级结构，市场通过自由竞争来实现各主体的目标，其中包括价格机制、竞争机制、供求机制和工资机制等。而市场协调模式是指在完全竞争的情况下，通过微观主体间自由竞争，实现各自利益最大化，从而达到资源最优配置的模式。在本研究中，市场协调模式不是被简单理解为微观主体的自由竞争，而应当是区域内地方政府组织间通过竞争来解决共存的问题，因为"交易主体是地方政府组织而非完全意义上的市场主体"①。其中区域政策是地方政府根据自身所拥有的政治、经济和生态资源进行博弈、谈判和协商达成的，政策成为连接地方政府的纽带和桥梁。

2. 市场式政策协调模式的治理绩效

改革开放以来，中国为提高地方经济发展的活力，逐步下放了一定的事权和财权，鼓励地方政府之间展开竞争，在推进市场化的进程中采取了市场化协调模式。本研究以京津冀地区的市场化进程和治理结果为例对该模式治理绩效加以分析如下：

一是京津冀三地发展定位相互冲突。区域经济学理论认为，区域内部中心城市的发展，必然带动周边卫星城市与中小城市的发展，最终实现整个区域的增长。而京津冀区域内北京和天津的崛起，不但没有起到对周边地区和城市的辐射拉动，反而形成了著名的"环京津贫困带"，造成区域内中心城市发展与其他城市发展的脱节。一度，北京市的城市目标定位是力争把北京建设成"世界城市"；然而，天津则将自身定位为"北方经济中心"。一个世界城市，一个北方经济中心，天津市和北京市都想在经济发展中占据核心位置。河北发展定位中一直充当京津的配角。作为京津两地淡水、电力等资源的供应地，自身发展受到限制，

---

① 张紧跟：《当代中国地方政府间横向关系协调研究》，中国社会科学出版社 2006 年版，第 89、100 页。

同时又承接了京津二地转移来的大量高污染、高耗能产业，粗放式成为别无选择的发展定位。

二是产业发展的恶性竞争。在京津冀三地战略发展规划中，产业发展重点缺乏沟通协调、分工合作，因而没能实现错位发展，且多有重合，产业结构既雷同又竞争，没有形成互补的发展格局，都在大干快上，都强调发展新能源、新材料、电子信息以及航空航天等产业。不良竞争中，河北与北京之间发展形成产业断崖，致使京冀互动和合作找不到切入点，北京对河北的拉动作用十分有限。此外，三地之间在制定产业政策时，只是基于地方自身利益考量，协同意识较差，区域内产业"梯度差异"也没有充分体现出来。"吃不下"的北京需要建设新型国际化都市和首都功能圈，亟须淘汰疏解不符合功能定位的产业；"吃不饱"的天津迫切需要强化产业质量和提升自主创新能力建设北方经济中心；"没饭吃"的河北需要加强承接产业转移能力以实现产业转型升级。

三是大型基础设施重复建设严重。京津冀三地都十分重视地方基础设施的建设，竞相上马，不遗余力建设大型机场、港口、公路和铁路等。在京津冀区域内，大型港口就有天津港、秦皇岛港、唐山港和沧州港四个，其定位相似，功能雷同，而且盲目竞争，区域整体性发展方略放在次要地位。其发展也大致架构在同一资源优势基础之上，导致区域内治理缺乏权威的协调机制，没有统一的顶层设计和有效的资源配置手段，各自为政、条块分割、区域壁垒以及盲目、无序、低水平的恶性竞争成为京津冀区域协调发展的瓶颈。

四是区域内生态资源的"公用地悲剧"。以京津冀区域清洁空气资源的利用为例。由于区域清洁空气的"公共池塘"特性，即非排他性和竞用性，使得京津冀三地政府在发展本地区经济时，毫无制约，竭泽而渔，只顾及自身利益和眼前利益，而且对区域大气污染治理存在严重的"搭便车"心理，不但消极应对，而且缺乏整体观念和长远眼光，导致京津冀一度成为中国最严重的大气污染区域，期间政府治理是失败的，市场协调模式同样是失灵的。

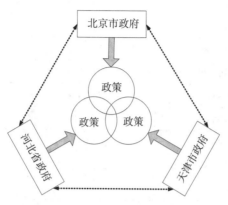

图1 市场式政策协调模式运作方式

京津冀区域内三个地方政府在市场化的过程中，缺乏统筹规划，地方保护主义盛行，重复建设不断，区域生态资源遭到滥用。具体到京津冀区域政府间大气污染治理政策的制定协调，北京和天津侧重于对清洁空气的需求，进而积极制定较为严格的大气污染控制政策，而河北由于对经济发展具有较强的刚性需求，在制定大气污染防治政策时，要求相对较弱。在完全市场环境下，考虑到空气是区域性、自由流动的，京津应该运用市场式政策协调模式，制定相应政策以向河北购买较严格的大气污染防治政策，河北在得到横向财政转移支付之后，需要按照合约要求制定相关区域大气污染防治政策，调整升级产业结构，减少生活生产过程的排放，有效控制能源消费，尤其是对京津冀区域大气污染贡献率最大的煤（具体运作方式见图1）。鉴于中央政府下达给河北省2012年至2017年5年间消减4000万吨煤的指令，本研究以2002年至2011年10年间河北省煤炭消费量的变化情况为例，说明这一政策模式协调下的效果（如表1和图2）。

表1　2002—2011年河北省能源消费量

	能源消费总量（万吨标准煤）	煤炭消费量（万吨标准煤）	煤炭占总量的比重
2002 年	13404.53	12214.207	91.12
2003 年	15297.89	14193.382	92.78
2004 年	17347.79	15810.775	91.14
2005 年	19835.99	18213.406	91.82
2006 年	21794.09	19961.207	91.59
2007 年	23585.13	21783.226	92.36
2008 年	24321.87	22451.518	92.31
2009 年	25418.79	23514.922	92.51
2010 年	27531.11	24901.888	90.45
2011 年	29498.29	26433.417	89.61

资料来源：根据《河北经济年鉴——2012》整理。其中总能源包括：煤炭、石油、天然气和一次电力。

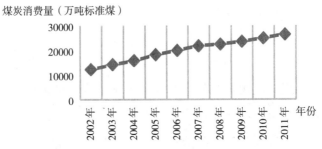

图2　2002—2011年河北省煤炭消费量趋势图

从表1得知，十年间河北省能源消费总量一直处于上升状态，并且煤炭消费量基本占到总消费量的九成。同时，在图2中，可以看出煤炭消费量也一直处于增长状态，虽然有随着河北经济快速发展对煤炭的需求量逐步提高的原因，但究其根本原因主要在于：一方面京津对河北购买清洁空气的政策不到位，另一方面河北省没有制定相关政策优化自身产业结构，包括钢铁和石化等"吃煤大户"没有得到合理调控。这足以证明河北与北京和天津在市场式政策协调模式下，并没有达成协议，无法合力治理区域大气污染，市场式政策协调模式在治理区域大气污染方面显然是失灵的。

3. 市场式政策协调模式失灵的原因

基于京津冀区域大气污染治理的现实，对于市场式政策协调模式失灵的原因，概括为以下两点：其一，就市场模式本身而言，其有效运行的前提是完全竞争的市场环境，但这在现实中是不存在的。因为信息不可能完全对称，交易不可能不受任何限制，而且市场主体也不是完全理性的。概言之，在面对"信息不完善"和"市场不完全"时，市场也会失灵。其二，从实证分析的角度来看，如果地方政府间"产权划分明晰，不存在明显的负外部性，交易比较简单，交易主体数量较少"[1]，并且，交易主体间不存在重大利益冲突，则市场模式指导下的协同治理是比较成功的。同时，也应当注意到"市场是建立在自愿交易基础上的，需要最基本的法律强制规范"[2]，如果法律法规不健全，也会导致市场交易的失灵。现实中，由于区域空气是自由流动的，产权不可能在京津冀三地明确划分，而且任何地方政府对大气的污染都具有负外部性，反之，对大气污染的有效治理则都会产生正外部性。由于京津冀区域政府间大气污染治理政策协调会涉及政治、经济、社会、生态，甚至地方政府官员的政绩等多个领域，交易、谈判以及最终各地方政府间政策的协调制定绝非易事。

在面对大气污染这样"外部性"极强，以及产权难以明晰的公共问题时，科斯的"自愿联合"或"私下解决"的方法，只会导致一系列"搭便车"问题，最终产生高额的交易费用而且缺乏效率。由此可见，

---

① 张紧跟：《当代中国地方政府间横向关系协调研究》，中国社会科学出版社 2006 年版，第 89、100 页。

② 张紧跟：《当代中国地方政府间横向关系协调研究》，中国社会科学出版社 2006 年版，第 89、100 页。

"市场式政策协调模式"并不能有效解决京津冀区域政府间大气污染治理政策失调问题。

（二）科层式政策协调模式及其治理绩效

1. 科层式政策协调模式的情境界定

传统上对资源进行配置存在两种方式：一种是"市场模式"，另一种就是"科层制"。科层制（bureaucracy），又称"官僚制"，马克斯·韦伯认为理想类型的科层制是行政管理多种历史形式中最有效率的一种。"世界各地的经验都表明，纯科层制类型的行政组织——也就是说，独一形式的科层制——从技术角度看，能够达到最高程度的效能，而且是已知的最合理地执行对人绝对控制手段。它在精确性、稳定性、纪律性和可靠性方面都优于任何其他形式。因此，组织的领导者以及与该组织打交道的人就能够对于结果作出最确切的估计。"① 但是，科层制毕竟是工业社会的产物，在向后工业化社会迈进的过程中，科层制那些被认为金科玉律的基本观点越来越受到质疑，而且面临着空前的危机。

科层式政策协调模式在京津冀区域政府间大气污染治理政策协调模式中，体现为中央政府以其拥有的绝对等级制权威，制定区域大气污染治理政策，以协调京津冀三地政府的行为，其运作方式见图3。

当前京津冀区域大气污染治理政策协调方式，主要以科层式政策协调模式为主。这种模式主要包括两种运作方式：一是行政命令式的政策任务分解。中央政府在制定统一的区域大气污染治理政策之后，将任务进行细化分解，把相应的指标分配给区域内地方政府，要求它们按照既定方案执行，并根据执行情况进行奖惩。比如，环保部针对大气污染最严重的京津冀区域颁布的《京津冀及周边地区落实大气污染防治行

---

① ［德］马克斯·韦伯：《社会和经济组织理论》，A.M.亨德森等译，牛津大学出版社1947年版，第337页。

动计划实施细则》规定，北京市、天津市、山东省和河北省到 2017 年共压减煤炭消费量 8300 万吨，北京净削减原煤 1300 万吨，天津净削减 1000 万吨，山东净削减 2000 万吨，河北净削减 4000 万吨。并且在《大气污染防治行动计划》下发之后，环护部就与北京、天津、河北、内蒙古、山西、山东等 6 个省区市人民政府签订了大气污染防治目标责任书，将治理京津冀区域大气污染的目标和任务进行细化，逐一落实到各个行政单元。二是中央政府制定政策直接介入。当地方政府处理区域大气污染问题不力或中央政府力求尽快解决区域大气污染问题时，中央政府就会制定相关政策直接干预区域生态问题的防控和治理。例如，2013 年，面对京津冀区域大气污染程度愈来愈严重的境况，中央政府决定投入 50 亿元治理京津冀及周边地区大气污染问题，2014 年安排 100 亿元治理包括京津冀区域在内的重点区域大气污染问题。中央财政 2017 年共支持京津冀及周边地区大气污染防治专项资金 140 多亿元。这些中央财政专项资金更多是一种"以奖代补"的策略，以期突出绩效导向作用。中央政府连年出台奖励或处罚的直接介入政策取得一定成效的同时，也强化了地方政府的依赖心理和"等靠要"的思想。

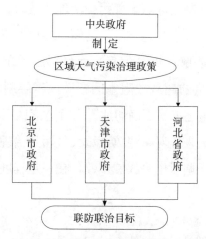

图3　科层式政策协调模式运作方式

2. 科层式政策协调模式的治理绩效

对于市场式政策协调模式和科层式政策协调模式的选择，美国学者威廉姆森认为：当"不确定性""交易频率"和"资产专用性"等变量处于较高水平时，科层制是比较适合的。其优势在于"科层制减弱了作为双方均不受对方控制的正常谈判之缩影的侵犯性态度倾向……在科层制内部可用以强制实施的控制手段比市场更为灵敏，当出现冲突时拥有一种比较有效的解决冲突机制。"① 科层式政策协调模式在京津冀区域大气污染治理政策协调中，其积极治理绩效可以概括为两个方面：一方面，科层式政策协调模式在充分利用中央政府集中决策和绝对权威的基础上，对三地政府治理大气污染的行为予以协调，最终将外部高额的交易费用内部化，降低了交易成本；另一方面，中央政府通过直接政策介入，提高了处理京津冀区域大气污染问题的效率，引导了企业和个人行为，降低了不确定性，制止了机会主义，减少了摩擦和冲突所导致的高额交易成本。

科层式政策协调模式在具体应用中也有其局限性：一是交易费用依然无法有效降低。尽管科层式政策协调模式致力于外部高额交易费用的内部化，但是在不断制定区域大气污染治理政策时，也会产生巨大的交易成本。首先，中央政府与地方政府之间存在信息不对称，地方政府为了自身利益本能地隐瞒一部分信息，而科层制"在处理自下而上信息时，有可能造成大量的超载或阻塞问题……科层制既承受信息短缺之苦，也遭受信息泛滥之害。更确切地说，就是信息不到位。"② 其次，过度依靠中央政府权威来应对京津冀区域大气污染治理政策协调问题。纵向的等级治理模式强调对中央权威依赖，在一定程度上，会导致京津冀

---

① ［美］奥利弗·E.威廉姆森：《反托拉斯经济学》，张群群、黄涛译，经济科学出版社2000年版，第29—30页。

② ［英］戴维·毕瑟姆：《官僚制》，韩志明、张毅译，吉林人民出版社2005年版，第10页。

三地地方政府缺乏自我沟通协调的主观能动性，习惯于观望，依赖性较强，基于行政区划的纵向等级治理模式并没有得到根本改变。从长远来看，最终的交易成本还是会居高不下。二是中央政府的有限理性。在应对区域大气污染治理这样专业性很强的公共问题时，似乎利用中央的集合能量更有利，但是中央政府作为一个主体，本身也逃脱不了"有限理性"的困境，照样会作出偏向自身利益和喜好的决策。比如减煤控煤、能源替代等举措对北京来说较为容易实现，但在北京以外的河北实现起来就困难重重。三是无法形成可持续的长效机制。由于中央政府所应对的事务纷繁复杂，所以区域问题均由中央政府加以解决的话，会给中央政府带来巨大压力。所以，科层式政策协调模式在京津冀大气污染治理政策协调上，更多是一种应对型或运动式的行动，组织机构属于会议导向型，协调部门缺乏权威性，临时行动缺乏可持续性。行动结束后，大气污染往往会迅速反弹，无法从根本上形成长效机制。

3. 科层式政策协调模式失灵的原因

正如"市场失灵"一样，政府也会失灵。当政府活动或干预作出了降低经济效率的决策或不能实施改善经济效率的决策制定时，或者在实施公共政策过程中偏离公众目标时，政府失灵便会出现。

一是京津冀三地区域层面协同立法缺乏合法性。中国当前的立法形态分为两种，分别是中央立法形态和地方立法形态。京津冀在大气污染治理上的协同立法涉及京、津、冀三地联合立法问题，是一种崭新的区域立法形态，不属于上述两种立法形态。根据公法领域"法无授权即违法"的设定，区域立法形态应属违法。由于缺乏事实上的合法性，因此，京津冀三地在大气污染防治上的协同立法更多是在一种相对松散、彼此约束力不强的条件下进行的。① 由于京津冀区域大气污染防治方面

---

① 魏娜：《京津冀大气污染跨域协同治理研究》，博士学位论文，北京大学政府管理学院，2016年。

的立法和司法体系的缺失以及地方法律法规的碎片化、分割化及自身利益最大化，使得科层式政策协调模式独木难支，难以深入持久下去。

二是科层式政策协调模式运行中"上有政策，下有对策"的现象根深蒂固。中央政府不可能深入到地方政府治理大气污染治理的方方面面，许多领域鞭长莫及，必然会存在地方政府为一己之利，歪曲中央政府政策，致使政策执行跑偏走样的现象。如果这一情况得不到应有处罚，法律成本过低，地方政府就会更加有恃无恐。在京津冀区域，作为重污染的钢铁产业，近些年来，其产能一直处于过剩状态。据相关数据显示，至 2013 年，中国钢铁产业产能将近 10 亿吨；但另一方面，其有效利用率仅有七成，产能过剩严重。其中，2013 年，河北省的钢铁产业产能约占到全国的 20%。而对于违规建设的钢铁企业，环保部门按照有限的法律授权，责令其停止建设。"但这种要求并没有硬约束，抑制不了钢铁企业的发展冲动，企业想建就建，想生产就生产。"[1] 致使钢铁企业一直处于无序竞争和非理性盲目扩张之中。《环境科学》杂志一项成果研究显示：钢铁行业在 2015 年对京津冀地区年均 PM2.5 浓度贡献率达 12.7%。其中，春夏秋冬这 4 个季节对京津冀地区 PM2.5 浓度贡献率分别达到 14.0%、15.9%、12.3%、8.7%。[2]

（三）网络式政策协调模式及其治理绩效

1. 网络式政策协调模式的情境界定

网络式政策协调模式旨在避免市场式政策协调模式和科层式政策协调模式在应对区域大气污染治理政策协调时的无效和固化。就网络治理而言，学界有不同的定义和见解，本研究主要视其为一个"过程"。

---

① 世昕：《违规建设、无序排放现象严重：华北钢铁业野蛮生长抹黑京津冀天空》，《中国青年报》2013 年 12 月 10 日。

② 段文娇等：《京津冀地区钢铁行业污染物排放清单及对 PM2.5 影响》，《环境科学》2018 年第 4 期。

即"为了实现与增进公共利益，政府部门和非政府部门（私营部门、第三部门或公民个人）等众多公共行动主体彼此合作，在相互依存的环境中分享公共权力，共同管理公共事务的过程。"①

"网络治理"理论的产生本质上是顺应全球化和信息化时代潮流，对网络化和多元化社会需求的回应，当市场模式和科层制无法有效解决需要多中心协调的跨界公共事务或公共问题时，这一理论应运而生了。而对于网络治理的核心模式，也可以在与市场模式和科层模式的比较中窥探出来。"正如市场治理的制度是'价格制度'，层级治理的制度是'命令机制'一样，组织交易模式之一的网络治理机制，本质是'协调机制'。"②

由此看来，网络式政策协调模式在应对京津冀区域政府间大气污染治理政策如何协调问题上，可以描述为：为了实现京津冀区域政府间大气污染治理政策的有效有序协调，包括京津冀三地政府、非营利组织、私营部门、媒体、专家智库以及公民代表等在内的众多协调主体，在彼此平等互利、相互依存、彼此信任、互相学习的基础上，共享公共权力，共担责任使命，在相互妥协和彼此协商的氛围里，构筑利益共同体，制定有效的京津冀区域大气污染防控政策，最终实现各相关主体的利益。具体运作方式见图4。

2. 网络式政策协调模式的治理绩效

网络式政策协调模式在应对京津冀区域政府间大气污染治理政策协调问题上，主要优势体现在：其一，通过区域内多方主体参与，尤其是相关专家学者、智库机构出谋划策，使得京津冀区域政府间在大气污染治理政策上有效协调，相关防治政策科学合理，体现多方利益，最终有助于政策产出和执行。其二，政府、市场和社会三类协调主体形成的

---

① 陈振明：《公共管理学——一种不同于传统行政学的研究途径》（第二版），中国人民大学出版社 2003 年版，第 87 页。

② G.B.Richardson，"The Organization of Industry"，The Economic Journal，Vol.82，1972（367）.

图 4　网络式政策协调模式运作方式

网络有助于减少机会主义，降低交易成本。京津冀三地政府之间、政府组织与非政府主体之间，协调主体频繁互动，信息流通顺畅，促进了参与协调主体间的相互信任，形成了稳固的"社会资本"。其三，网络式政策协调模式运行有利于共同知识体系和价值体系的养成。各协调主体借助于网络关系的对外开放性和对内紧密性，相互之间积极学习，不仅学习相互沟通、交流、协调的知识，而且学习如何共同防治区域整体大气污染的知识，最终解决分歧，"形成一致性知识和集体价值体系，进而促进公共治理绩效的实现"①。

判断区域政府间政策协调模式优劣的标准在于：一方面符合京津冀区域的实情；另一方面，能够降低政策协调中产生的交易费用。网络式政策协调模式将协调主体由政府组织扩展到非政府组织等主体，虽然取得了积极协调效果，但也导致了辨别标准的复杂化，加大了政策协调的难度，进而产生了一些难以突破的困境。

首先，不符合中国的现实国情。一方面，中国仍处于工业化阶段，属于后发现代化国家，网络式政策协调模式所要求的政府、市场和社会

---

① 谭英俊：《网络治理：21 世纪公共管理发展的新战略》，《理论探讨》2009 年第 6 期。

共同参与协调决策的局面，将受制于社会组织不健全的限制，尤其在应对区域大气污染这样专业的公共问题时，公民、企业及社会组织缺乏必要的参与决策协调的技能，参与意识、协调能力、综合素质制约了这一理想模式的发展进程，最终导致在现阶段的中国难以实现这一模式的良好愿景；另一方面，由于"国家中心主义"的历史传统根深蒂固，在区域政府间大气污染治理政策协调中，作为拥有绝对资源优势的政府，基本不受市场或社会主体的约束，因而网络式政策协调模式所追求的参与政策协调主体彼此平等的目标很难实现。

其次，责任归属的困境。在处理京津冀区域政府间大气污染治理政策协调问题时，由于没有强制性，政府与市场、社会等多元主体之间边界较为模糊，网络式政策协调模式仅仅强调通过区域内多元主体相互协调来实现治理，对于最终责任的界定十分困难。例如，京津冀区域政府间出台了一系列大气污染治理协调政策，并且制定了严格的限排标准，但是由于企业或个人顾及自身眼前和既得利益，在没有明确法律法规约束下，政策执行往往不到位，最终的责任归属问题难以界定，区域内的问责制遭遇尴尬。

最后，组织制度不健全。虽然京津冀区域大气污染严重，但组织架构的临时性、松散性、会议导向型特征显著，缺乏相应的区域大气污染联防联控管理委员会等专业化、专门化的组织机构，缺乏协调一致的目标指向和步调一致的集体行动。就京津冀而言，组织制度的不健全导致该区域一直缺乏一个具有民主治理架构和正式权威的政策协调机构，不仅不利于三地政府间以及各参与主体相互间的协调，增加交易成本，而且还会助长"理性经济人"视角下机会主义的产生，引发政府组织间的利益冲突，从而陷入"囚徒困境"。

3. 网络式政策协调模式失灵的原因

网络式政策协调模式治理绩效不佳主要表现为脱离中国的现实国情、区域政府间责任归属模糊、组织制度不健全。挖掘该模式失灵的深层次原因主要归结为：一是网络式政策协调模式结构的松散性。在这种形式的网络治理结构下，区域内各利益相关者都可以参与进行政策制定，担当协调主体。在各行政区利益得到保障的情况下，一定程度上有利于实现区域集体利益。但由于责任定位不清晰，责任主体不明确，责任边界模糊，区域政策目标不一致等问题，导致政府负责建立提供某种服务网络的成效并不显著，也很难测量。二是非正式沟通渠道对正式沟通的干扰和消极影响。网路结构下的服务提供过程中，非正式沟通渠道一方面会增大正式沟通的工作量和信息流，另外其自发随意性容易造成信息失真，内容的非正规性和非严肃性容易导致沟通渠道在网络模式中失灵。三是利益群体分野导致网络结构中利益分化的加剧。网络化政策协调模式要求在多级政府、非政府组织、企业等多元主体之间进行协商沟通，这一模式打破了单一的利益格局，致使利益关系变得错综复杂。利益群体之间的利益差距导致不同的利益诉求，不同的利益诉求加剧了利益分化，利益高度分化必然会阻碍网络化组织机构运行，进而导致区域大气污染治理政策失败，整体利益难以实现。

四、京津冀区域政府间大气污染治理政策协调模式的整体性发展走向

（一）既有政策模式的协调困境催生整体性政策协调模式

对既有政策协调模式分析得知：市场式政策协调模式以管理主义为理论途径，将企业管理方法和企业家精神引入到政府管理中来，在政策协调中，广泛引入竞争和价格机制，以市场和合同为协调手段。这一模式尽管取得了政府管理效率提高和服务质量提升，但由于过度采用竞争和分权等手段，使得区域内各行政区以自身利益为出发点制定政策，彼此间形成森严壁垒，政策协调陷入困境，特别是在应对"外部性"较强

的区域公共问题时，市场式政策协调模式下的政策协调交易成本极高，公地悲剧时有发生，碎片化治理日趋凸显，逐步发展为制约区域整体利益实现的瓶颈。科层式政策协调模式源于传统的官僚制理论，主张通过强有力的行政权力促使外部交易内部化，有效降低政府组织间的交易成本，这一模式虽然在某种程度上确保了政府组织的稳定，提高了行政效率，实现了上层利益，但却导致了政府组织纵向上的信息不对称，最了解区域情况的政府组织没有制定政策的权力，横向上的沟通协调缺失，最终使得政策协调不力，导致政策失败。网络式政策协调模式结构是一种松散型的网络治理结构，区域内各利益相关者被纳入到政策制定中来，一定程度上有利于实现区域集体利益。但由于区域政府间责任归属难以界定、非正式沟通渠道的干扰以及利益差异造成的利益分化，最终导致区域政府间政策协调的失败。

以上几种政策模式的协调困境使得整体性政策协调模式提上了日程。

（二）区域政府间政策协调的发展趋向：整体性政策协调模式的发展

整体性政策协调模式出现于 20 世纪 90 年代末期，该模式以公民需求为导向，以"解决问题"为一切行动的根本，采用整体型网络结构，运用网络信息技术进行对话沟通，在整体性治理理论指导下进行政策协调。这一模式秉持区域政策协调的整体理念，强化参与协调各主体间的伙伴关系，在法律制度规范下，采用信息化手段，共同协商制定出符合区域整体利益的政策，最终破解了市场式政策协调模式下的"碎片化"、科层式政策协调模式下的过度集权以及网络式政策协调模式下的结构松散、责任不清等问题。整体性治理以解决公共服务问题，消除政策冲突矛盾为己任，以破除重复建设、资源浪费、促进利益相关者合作为使命，以改善公共服务质量、提供无缝隙服务为目标，确定了相应的治理工具，设置了相应的协调机构，这种协调的意识、合作的精神、善治的理念、精细化的设计、个性化的服务成为整体性政策协调模式付诸实践并得到广泛认同的重要原因。

（三）整体性治理与京津冀区域政府间大气污染治理政策协调模式的逻辑契合性

面对区域政府间整体性发展趋向，京津冀区域大气污染迫切需要一种整体性政策协调模式来突破公地悲剧，打破碎片化治理格局，破解协同治理困境。基于整体性治理，进一步阐释理论工具与未来发展愿景图式的逻辑契合性成为这一模式建构的起点。

1. 公共价值和理念上的契合性

公共价值和理念不仅是整体性治理和京津冀区域政府间政策协调模式共同的逻辑起点，而且也是三地政府共同的使命所在。主要体现在：一是以公共利益为目标价值导向。整体性治理"以满足公民的需求作为主导理念，以解决人民的生活问题作为政府运作的核心"，其最终目的在于向区域内公众提供无缝隙而非分离的公共服务。这一目标导向极大地契合了京津冀区域政府间政策协调模式的构建，因为这一模式本身目标就是解决区域内诸如人口流动、资源分配和环境治理等关乎人民利益并且棘手的问题，为模式构建提供政策制定的方式和方法。二是对责任感的共同追求。希克斯在论述整体性治理时，反复强调了责任感的重要性，强调把有效性或项目责任提升到最高地位以有助于实现整体性的目标。在这一点上，整体性治理为京津冀区域政府间大气污染治理政策协调的构建提供了一种全新的责任界定模式，打破了以往政策协调时责任模糊不清的局面。三是同样注重协调、整合的理念。协调是强调引导多元主体基于共同目标和使命采取行动，整合注重组织机构合作和政策之间相互配合与衔接，突破组织壁垒和行政界限。京津冀大气污染治理的过程中需要共同目标引领下的协调、整合与相互介入。

2. 协调主体及其协同策略上的契合性

整体性治理的核心内涵是"协调与整合",从结构和形态上进行层级、功能和公私部门合作关系的协调与整合,同时强化政府组织间关系的紧密性,进而建立整体性政府组织间关系。希克斯在将整体性治理中的协调分为协调、整合与逐渐紧密及相互涉入几个阶段,其中"协调是指政策的形成和规划;整合是指共同工作与分配权利义务;逐渐紧密及相互涉入则是指整体性治理正式发挥作用时,各政府组织逐渐走向同盟与合并等。"[①] 殊途同归的是,在大气污染治理进程中,京津冀区域政府间政策协调模式也是探寻三地政府间在政策形成和规划时所遵循的方法和模式,并力求排除区域内各行政单元彼此互不协作、恶性竞争、相互对立冲突的政策生态环境,通过政策协调、权利整合实现区域内资源共同配置,促使各行政区政府达成集体行动策略,最终破解大气污染治理方面的"公地悲剧",走出合作治理困境。

在京津冀区域地方政府组织间关系协调问题上,政策协调模式可以借鉴整体性政府的治理内容,通过"伙伴关系"的建立加以运行和推进。伙伴关系是指"两个或两个以上的组织或机构分享共同议程协同工作,同时保持自身的目标及其活动的独立性"[②]。而维系伙伴关系的两个核心因素是政策和资源,因此,京津冀三地政府通过有效的协调方式,实现区域的政策与资源整合就成为合作治理达成的关键。由此可见,整体性治理与京津冀区域政府间政策协调模式之间是高度契合的。区域政府间政策协调模式应该建构在整体性治理理论基础之上,在理念、机构、机制、政策方面采用协同策略,对京津冀区域大气污染治理的政策协调模式加以整体性建构。

---

① 曾凡军:《基于整体性治理的政府组织协调机制研究》,武汉大学出版社 2013 年版,第 47、53 页。

② 曾维和:《西方"整体政府"改革:理论、实践及启示》,《公共管理学报》2008 年第 4 期。

3.制度规范及制度化策略上的契合性

希克斯认为，作为公共管理的一种重要范式，整体性治理要想持续有效发挥作用，必须走"制度化"道路。作为"制度化"的重要前提条件之一，法律法规提供了制度保障，是整体性治理实现制度化的必备条件。同样，在京津冀区域政府间政策协调模式运行中，大气污染治理的政策协调主体，京津冀三地政府组织必然是在一定的法律制度监管下进行的。如果三地政府组织在政策协调中，没有约束和规范，没有相应的奖惩措施，缺乏法律法规的制约，最终必然会影响政策协调效果，甚至损害区域内其他组织和个体的利益。因而，京津冀区域政府间大气污染治理政策协调模式包涵制度规范，并且需要走制度化的道路。整体性治理的价值需要在京津冀区域政府间大气污染治理政策协调的实践中加以检验，而科学的理论能否真正付诸实践，取决于该理论制度化的程度和水平。

京津冀区域政府间大气污染治理整体性政策协调模式与整体性治理制度化的策略主张高度契合。具体包括：一是京津冀区域内部部门的整合，外部公私合作关系的建立；二是纵向上不同层级合作关系的建立，横向上无缝隙、数字化政府的建立；三是动态的、文化融合的公务员体系的建立。

4.信息系统建构上的契合性

伴随着信息技术的发展，社会各个领域层次联系日益紧密，各种公共问题"跨界性"特征日趋突出，倒逼政府必须整体性地去思考和统筹区域内公共事务。信息技术手段、信息系统平台成为协调整合的重要途径，也成为整体性政策制定的重要策略。信息技术发展给京津冀区域大气污染整体性治理带来了前所未有的机遇，在区域政府间政策制定协调模式中，需要"将信息技术作为其支撑技术，并对信息技术进行协调和整合，形成统一的整体性的信息系统"[①]。信息系统在整体性治理中主张

[①] 曾凡军：《基于整体性治理的政府组织协调机制研究》，武汉大学出版社 2013 年版，第 47、53 页。

把信息技术和网络技术作为治理的重要工具，对网络支撑技术、网络基础设施和人力资源进行有效整合，简化网络程序和步骤，简化政府治理程序，搭建一个一体化、标准化的信息平台，使治理环节更加紧凑，治理流程更加便捷，让资源共享的在线治理模式成为常态。这一模式恰恰是京津冀区域政府间大气污染治理政策协调模式建构急需解决的问题。在京津冀区域大气污染治理过程中，应该致力于搭建区域内信息公开、共建和共享的一体化平台，实时公开区域内企业能耗与排污情况、污染布局以及环境评价的相关信息，形成大气污染治理的数据信息网络。这一信息系统有助于整合碎片化信息，实现信息共享和无阻碍对话，并支持整体性思考，从而为区域内公民提供无缝隙服务。这一系统的建构，实现了整体性治理和京津冀区域大气污染治理政策协调模式的有机衔接。

5. 应对碎片化问题方面的契合性

整体性治理的主旨契合了京津冀区域政府间大气污染治理政策协调的碎片化问题。整体性治理产生的动机源于解决新公共管理带来的碎片化问题，旨在通过彼此信任、协调沟通、机制整合来破解区域内治理中的公地悲剧和碎片化困境。京津冀区域政府间大气污染治理政策协调失衡表现为缺乏一体化统筹，区域层面立法缺失，政策工具缺乏协同，孤岛现象严重，行政区行政的刚性切割投射到政策协调过程中形成森严的壁垒，这种碎片化的政策协调模式导致区域内大气污染治理政策失灵严重。作为对碎片化治理的战略回应，登力维提出要通过逆碎片化、精简网络、压缩行政成本等措施实现整体性治理。希克斯则强调治理理念的转变、公共责任感的增强、彼此间信任的建构。面对区域大气污染协同治理的瓶颈，这些思路与方略为解决区域政府间政策失调问题，尤其是京津冀区域大气污染治理过程中根深蒂固的碎片化问题奠定了理论基础。整体性治理成为破解碎片化困局的良方，其思路和对策为京津冀区域政府间大气污染治理政策协调指明了愿景目标，明确了未来发展图式。

（原文载于《中国行政管理》2019 年第 3 期）

京津冀区域政府间大气污染治理政策协调问题研究 *

伴随着全球化、区域一体化、市场无界化以及社会信息化的进程，在当代中国，大量区域之间协同治理的方略逐步提上日程。一方面，不同区域和地方呈现出行政区之间恶性竞争的局面，这不仅损害了各行政区自身的利益，而且也殃及了区域间的整体利益。为改善这一不利局面，区域内各行政区必须遵循合作治理的理念，达成一体化的治理方略。首要的是通过政策上的协调、行为上的互动来达成共识，实现共赢。另一方面，在区域内，以"外溢化"和"无界化"为特征的区域公共问题大量涌现，这种带有"区域公共物品"特质的公共问题必须依赖多个地方政府的联合行动，尤其需要具有事前预防功能的政策之间的协调，否则就会出现地方政府为"搭便车"而采取规避的心态去对待这些公共问题的情况，最终导致区域治理的失败。

一、区域政府间政策协调的概念界定和分析框架

在区域政府间关系上，"部门是构成各级政府的机构，是次于'政

---

* 本文作者赵新峰、袁宗威。

府'的行政主体，不应该是'政府之间关系'的题中应有之义。"① 区域
政府间关系仅指区域内政府组织间的协作关系，不涉及政府部门之间的
关系。而对于政策协调，马尔福德和罗杰斯将其界定为一个过程，即
"两个以上的组织创造新规则或利用现有决策规则，共同应对相似的任
务环境"。② 有鉴于此，本文政策协调主要是指具有事前预防功能的政
策制定协调。

根据对区域政府间关系和政策协调两个概念的分析，笔者认为区域
政府间政策协调可以界定为：在一定的经济地理区域内，各相关政府组
织针对具体区域公共问题，在充分协商对话的基础上，制定出符合整体
利益政策的过程。在区域具体公共问题取得共识之后，根据协调制定政
策的过程，接下来是政策协调制定的具体操作层面。并且，从协调机
制运行角度出发，区域政府间政策协调制定的操作层面包括五个方面，
即价值理念、组织结构、法律规范、信息系统和利益平衡。进而，根
据政策协调制定的过程，可构建区域政府间政策协调的分析框架（如
图1）。

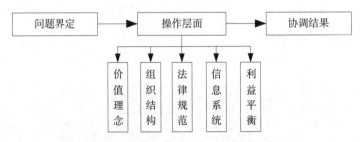

图1 区域政府间政策协调的分析框架

① 陈振明：《公共管理学———一种不同于传统行政学的研究途径》，中国人民大学出版社
2003 年版，第 144 页。

② Mulford，C.L，Rogers D.L.. Definitions and Models. in Rogers，D.L.，Whetten，D.A. eds.
Interorganizational Coordination：Theory，Research，and Implementation，Ames：Iowa
State University Press，1982.

二、京津冀区域政府间大气污染治理政策协调的现状分析

从"十一五"时期提出了"京津冀都市圈区域规划"，到"十二五"规划将"推进京津冀区域经济一体化发展，打造首都经济圈，推进河北沿海地区发展"上升为国家战略，再到2014年，习近平总书记强调将京津冀协同发展上升为重大国家战略，京津冀一体化发展问题在不断深化。而与此同时，京津冀区域公共问题也日益凸显出来。近几年，尤以区域大气污染问题最为棘手，严重影响到区域内人民整体生活质量，2009年至2013年，京津冀三地PM10平均浓度均超过了《环境空气质量标准》（GB3095—2012）的标准（具体如图2）。并且，根据环境保护部发布的《2013年重点区域和74个城市空气质量状况》，京津冀区域空气污染最为严重。其中13个地级以及以上的城市中，有7个城市排在前10位，有11个城市排在污染最重的前20位，部分城市空

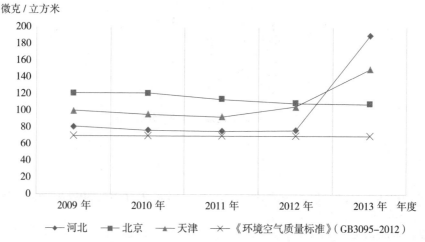

图2 京津冀三地2009—2013年PM10浓度与新空气质量标准比较图

资料来源：根据京津冀三地历年环境状况公报整理。

气重度及以上污染天数占全年天数的 40% 左右。

京津冀区域大气污染的严重性显而易见，区域间的协同和政策协调迫在眉睫。然而，由于大气污染呈现的"空气流域"特征，对于处于同一个气候带的京津冀区域，受污染的空气会自发越过行政边界，单靠一省一市的力量无法解决根本问题。加之，不同行政区划之间的森严壁垒，事前预防与事后反映之间的割裂，导致一体化的方略从来不是区域间的中心议题，而是一直停留在口号上。区域间的决策往往迫于舆论和社会压力，立足区域、植根于整体性治理的有预见的政治程序出现缺失，与协同治理方略相匹配的战略规划、政策联动成为盲点。因此，根治区域大气污染问题需要京津冀区域联防联控，尤其需要具有事前预防作用的政策协调。

对于京津冀区域政府间大气治理政策协调的情况，本文将其划分为三个阶段：第一阶段，从新中国成立到改革开放，由于受工业化水平和高度集中的权力制度制约，这一时期地方政府间的大气治理政策协调并不受重视。第二阶段，从改革开放到 2012 年《重点区域大气污染防治"十二五"规划》出台前。在这一阶段，《环境保护法（试行）》(1979)、《环境空气质量标准》(1982)、《大气污染防治法》(1987) 以及相应的地方法规条例相继出台并多次修订。其总体特征是，"自上而下"的法律标准协调，但总体协调性不强，执行力不足，并且配套政策缺乏，效果不佳。第三阶段，从 2012 年至今。这一阶段的总体特征是在中央政府的指导下，京津冀三地开始进行大气治理政策的协调。中央政府出台了一系列规划政策，三地的积极性得到激发诱导，在下文中会有详细阐述。

三、京津冀区域政府间大气治理
政策协调中存在问题分析

对于京津冀区域政府间大气治理政策协调中存在的问题，本文将根据区域政府间政策协调的分析框架加以梳理，由于区域公共问题已经确定，所以着重根据操作层面和协调结果两个方面加以分析。

（一）区域政府间大气治理政策协调的内驱力方面

在京津冀区域大气污染治理政策协调上，各行政区既表现出内驱力普遍不足，又表现出驱动力度不一，本文具体从区域政府间的协调治理理念和利益平衡两方面阐释。

1. 治理理念方面。其一，区域内各行政主体依然是各自为政，我行我素，缺乏合作治理的价值理念，都想搭便车；其二，三地政府仍以GDP增长为导向，把经济发展作为第一要务，对具有服务性、基础性、预防性和隐性特征的政府职能疏于重视，即使雾霾重重，决策者念念不忘的仍是经济效益和形象工程；其三，在面对区域大气污染时，京津冀三地政府的治理心态是应对型的、运动式的，甚至需要中央政府直接干预。在保障北京奥运会期间空气质量事件中，由国家环保部和北京市政府牵头，北京、天津、河北等6省区市及有关部门共同制定了《第29届奥运会北京空气质量保障措施》。这种体现了上下左右区域大气联防联控的政策协调，极大改善了北京奥运会期间的空气质量，奥运会期间大气污染物排放量与2007年同比下降70%左右，并且创造了近10年来北京市空气质量的历史最好水平。但发人深思的是，这种在中央政府直接干预下的应对型和运动式的政策协调并没有固化下来，维系下去，仅仅持续了短暂时光。2009年相较于2008年奥运会同时段，NO、

NO2、NOX 和 PM10 等的平均浓度均大幅度升高，NO 的平均浓度更是升高了 109%。

2. 利益平衡方面。在区域政府间大气污染治理政策协调上，作为"理性经济人"的地方政府组织，利益既是其进行政策协调的驱动力，也是其进行政策协调的目的。然而，由于治理区域大气污染会影响到京津冀三地的税收财政，三地政府的积极性明显不高。特别是在区域大气污染治理政策协调上，京津冀三地政府间的"共容性利益"偏弱，存在利益诉求不一致的情况。在环保部公布的 2014 年京津冀钢铁企业大气污染治理名单中，北京的钢铁企业为 0，天津的企业也仅有 17 家，而河北的钢铁企业却达到 379 家。可以预见，河北省在执行区域大气治理政策时，其利益将会受到很大的影响。又加之，京津冀地区缺乏完善的大气污染治理补偿机制，利益因素对不同行政区治污主动性的影响程度可想而知。

(二) 初创组织结构尚未优化

为便于京津冀区域政府间大气治理政策制定的协调，需要组建一个具有民主治理结构和正式权威的政策协调机构，以便更好、更快和更便捷的协调政策制定，从而加强相互间的理解和信任，协调政府组织间的利益冲突，走出"囚徒困境"。京津冀区域政府间政策协调组织结构已初步构建，即京津冀及周边地区大气污染防治协作小组（如图 3）。

这一协作小组的成员包括北京市、天津市、河北省、国家发展和改革委、环境保护部和中国气象局等单位，其下在北京设有办公室，由北京市政府和环境保护部负责。并且办公室委托隶属于北京市环境保护局的"大气污染综合治理协调处"，负责京津冀及周边地区大气污染防治协作小组办公室文电、会务、信息等日常运转工作。由此不难看出，这一区域大气污染防治协调机构处于典型的初创阶段：一方面，其构造

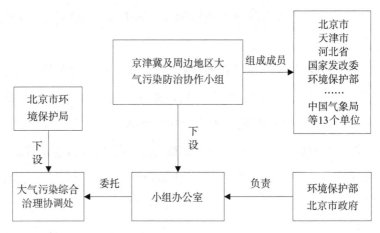

图 3 京津冀及周边地区大气污染防治协作小组构成及运行图

简单，临时性较强，缺乏权威性。尽管其构成成员庞大，但是小组的具体职责不甚明确，小组也不是一个常设机构，属于会议导向型，通过开会来决定具体行动。另一方面，其依附性较强，尤其向下依附的特征明显。从图 3 中可以看出，小组下设办公室，而具体协调联络则有北京市环保局下的一个处来负责，鉴于联络机构的级别和协调能力，其具体运行必然存在诸多困难和挑战。

（三）法规标准的缺位和不协调

首先，目前涉及区域政府间大气治理政策制定协调的法律，主要包括《环境保护法》（2014 年）和专门的《大气污染防治法》（2000 年修订）两部法律。《环境保护法》是最新修订，并将于 2015 年 1 月 1 日正式实施，其对区域环境问题协调治理有明文规定，并要求"国家建立跨行政区域的重点区域、流域环境污染和生态破坏联合防治协调机制，实行统一规划、统一标准、统一监测、统一的防治措施。"但是针对区域大气污染的联合防治协调问题，在 2000 年修订的《大气污染防治法》中体现不足，只是规定划定大气污染物排放总量控制区，所以，亟须重新修订《大气污染防治法》，契合《环境保护法》，详细规定区域大气污染的联合防治协调机制的具体程序，明确法律责任。

其次，具体到法规上，京津冀三地都有自己的《大气污染防治条例》，然而修订时间并不一样，北京最为及时，而河北和天津的条例有些陈旧。而要完善京津冀区域大气污染治理政策的协调，三地的《大气污染防治条例》应当是一致和相互对应的，如《北京市大气污染防治条例》（2014 年）第二十四条所规定的，"市人民政府应当在国家区域联防联控机构领导下，加强与相关省区市的大气污染联防联控工作，建立重大污染事项通报制度，逐步实现重大监测信息和污染防治技术共享，推进区域联防联控与应急联动。"河北和天津在修订《大气污染防治条例》时，在具体条款上应该和北京相呼应。

最后，在空气质量标准层次上，尽管已于 2012 年出台了《环境空气质量标准》（GB3095—2012），并要求京津冀区域 2012 年开始执行，但标准执行两年来京津冀地区空气质量的糟糕状况却并无改观。表现为：具体标准缺乏，侧重于点源控制，缺少挥发性有机物排放标准体系；现有标准不完善，如城市扬尘综合管理制度不健全，对施工工地和搅拌站的检查都是临时性、突击性的，治标不治本；而且协同性较差，如车用燃油标准滞后于机动车排放标准。尤其是各地在标准上的执行上不一致，标准在制定和执行时不协调的情况比比皆是。北京基本形成了全国最严厉的地方环境标准体系，而天津和河北则相对落后。例如在二氧化硫排污收费标准上（如表 1），北京和天津的收费标准都是最新调整，并且北京的收费为全国最高，相比之下，河北与北京在二氧化硫排污收费标准上相差近 8 倍，与天津也有 5 倍的差距。这种标准的不协调，直接导致重污染企业的地域转移，严重影响了京津冀整体区域空气质量的改善。

表 1　京津冀三地二氧化硫排污费征收标准比较

单位：元／千克

	调整前	调整后	调整后执行时间
北京	0.63	10	2014 年 1 月
天津	1.26	6.3	2014 年 7 月
河北	1.26		2009 年 7 月

资料来源：根据北京市《关于二氧化硫等四种污染物排污收费标准的通知》、天津市《调整二氧化硫等 4 种污染物排污征收标准的通知》和《河北省生态环境保护"十二五"规划》等文件整理。

（四）政策信息不对称

从公共政策问题的形成与认定到备选方案的设计和筛选，再到公共政策的合法化，整个公共政策制定的过程都需要大量的信息作支撑，信息至关重要。然而，作为"理性经济人"的地方政府组织，出于官员自身政绩、地方利益、规避责任等方面的考虑，可能形成利益博弈，为获得博弈优势可能会实施政策信息屏蔽或封锁等行为，最终导致政策制定协调时的信息不对称。以京津冀三地环保部门公布的《2012 年环境状况公报》为例，概括如表 2。

表 2　京津冀三地《2012 年环境状况公报》中大气状况内容比较

	空气质量的具体指标	空气质量说明对象	三种主要废气排放量体现情况	酸雨沉降状况体现情况
北京	PM10、SO_2、NO_2、Q_3、CO	具体到区县	都有体现	略有有体现
天津	PM10、SO_2、NO_2	以全市为对象	烟（粉）尘排放量没有体现	无体现
河北	PM10、SO_2、NO_2	具体到设区的市	烟（粉）尘排放量没有体现	有体现

资料来源：根据京津冀三地环保部门公布的《2012 年环境状况公报》整理。

可见，从最直接的信息获得途径来说，一方面，京津冀三地没有形成一致的环境信息公布机制；另一方面，具体的细节公布上也有所隐避，出现信息不对称的情况。而且，由于京津冀区域大气污染具有较强的输送问题，尽管京津冀三地都实现了国家、省、市三级联网和实时数据传输，但横向上的数据分享较少，彼此无法准确得知各地的排污情况及治理力度，都想"搭便车"，进而无法突破"公用地悲剧"的困境，区域政府间政策协调失去意义，最终使得京津冀区域大气污染得不到有效解决。

（五）区域政府间大气治理政策的碎片化

在京津冀区域内，三地政府组织出于自身及地方利益的考虑，有效的政策制定信息无法充分流动，"信息孤岛"现象丛生，所制定出的政策呈现出显著的碎片化特征。例如，在区域统一限号限行方面：首先是北京最早开始限号限行，天津则是从2014年开始实施机动车限行，并且机动车车牌限行尾号与北京一致；而河北由于自身情况的复杂性，并没有采取与京津协调一致的机动车限行政策措施，只是石家庄在重度污染时会采取临时性限行。因而，虽然三地政府在制定大气治理政策时，是从自身实际出发的，但是作为区域性公共问题，整个政策制定过程中缺乏必要的沟通和协调，这种碎片化的格局导致制定出的政策不协调，最终不利于区域大气污染的整体性治理。

四、京津冀区域政府间大气治理
政策失调的成因分析

京津冀区域政府间大气治理政策的不协调，必然产生长期而严重的危害。首先是治理区域大气污染资源上的浪费，其次是"机会主义"

在地方政府间的丛生，奥尔森所担心的"搭便车"现象频繁出现，最终导致京津冀区域大气污染政策协调治理的失灵。这种失调失灵背离了生态文明建设的主旨，不利于人民生活质量的改善。此部分将从经济基础、行政体制和协调机制三个方面探究导致京津冀区域政府间大气治理政策失调的原因。

（一）区域内地方经济发展的不均衡性

在无利益关联的情况下，任何行政区都会对区域公共物品予以合理有效的利用，如对区域清洁空气的保护。但当关涉到行政区自身及短期利益时，这一状况就会被破坏，而这种地区自身及短期利益主要体现于当地的经济发展。而当区域内地方经济发展不均衡时，这一破坏会更加明显、力度更大。

表3 京津冀三地及三次产业产值比重（2013年）

	第一产业绝对量（亿元）	第一产业比重（%）	第二产业绝对量（亿元）	第二产业比重（%）	第三产业绝对量（亿元）	第三产业比重（%）
北京	161.8	0.8	4352.3	22.3	14986.5	76.9
天津	188.45	1.3	7276.68	50.6	6905.03	48.1
河北	3500.4	12.4	14762.1	52.1	10038.9	35.5

资料来源：根据北京市、天津市、河北省2013年国民经济与社会发展统计公报整理。

由表3可知，北京的第一产业产值比重小于10%，第二产业产值比重小于第三产业产值比重，根据库兹涅茨的依据三次产业产值比重变化判断工业化阶段的理论，北京已经开始进入后工业化阶段，处于发展阶段的跃升及产业升级的关键时期。而天津和河北第二产业产值比重都超过了50%，分别处于工业化后期和中期阶段。根据资源依赖性曲线，处于后工业化阶段的北京和工业化后期阶段的天津，对自然资源的依赖将大大减少，而处于工业化中期阶段的河北，对自然资源的依赖性处于最高阶段，尤其是对能快速带来发展的高污染、高耗能资源的依赖，所以发展诸如煤电、钢铁、焦化、石化和化工等高污染行业是河北的利益所在，首钢由北京搬迁至河北省唐山地区曹妃甸一例可"窥一斑而知全豹"。

相对而言，政策执行是需要经济等资源的支撑，而河北相对于北京和天津经济实力相差较大。如在 2013 年的人均可支配收入上，津冀两地城镇居民人均可支配收入比为 1.45，农村居民人均可支配收入比为 1.69；京冀两地城镇居民人均可支配收入比为 1.79，农村居民人均可支配收入比为 2.02。可见，在制定执行区域统一的大气治理政策上，河北省的底气十分不足。

（二）"压力型体制"下的任务分解与"行政区行政"下的刚性切割共存

自改革开放后，尤其在 1994 年的"分税制"改革后，一方面，中央政府与地方政府之间出现了一些"讨价还价"的情况，但压力型体制仍处于主导地位；另一方面，地方政府之间虽是"竞合共存"，但"竞"终究大于"合"，行政区行政特征明显。这种过渡型的府际关系与我国区域政府间政策制定的失调直接相关，其具体表现为以下两点：

1. 压力型体制的任务分解。"压力型体制"是指在各级政府对下负责的政治责任机制和压力机制尚未建立起来的政治条件下，调动地方政府积极性的根本途径就是依托行政上的隶属关系，建立起一种自上而下的压力机制，由上级政府给下级政府下达经济社会发展硬性任务，并根据指标任务的完成情况给予不同奖励待遇。[1] 在本文中，压力型体制可

---

[1] 荣敬本等：《从压力型体制向民主合作体制的转变》，中央编译出版社 1998 年版，第 7 页。

以从两方面去理解：一方面，自上而下的行政命令式任务分解机制。如《环境保护法》（2014年）第四十四条规定："……重点污染物排放总量控制指标由国务院下达，省、自治区、直辖市人民政府分解落实。"并且，为治理好京津冀区域大气污染，北京市、天津市和河北省分别向中央签订了《大气污染防治目标责任书》，承诺对本行政区空气质量负总责，确保到2017年，空气质量明显好转，细颗粒物浓度比2012年下降25%左右。另一方面，多层次的奖惩体系。根据2014年印发的《大气污染防治行动计划实施情况考核办法（试行)》，可知对京津冀地区的相关考核包括PM2.5年均浓度下降比例情况和包括大气环境管理等10项指标的大气污染防治重点任务完成情况两个方面。最终，考核结果将作为对京津冀地区领导班子和领导干部综合考核评价的重要依据，同时财政等有关政策也会根据考核结果进行相应倾斜。

2. 行政区行政的刚性切割。行政区行政是指，"基于单位行政区域界限的刚性约束，民族国家或国家内部的地方政府对社会公共事务的管理，在一种切割、闭合和有界的状态下形成的政府治理形态"。① 在京津冀区域政府间大气污染治理政策失调中，体现了"封闭性"和"机械性"的行政区行政扮演着重要角色，京津冀三地政府基于自身及地方利益，对协调区域大气污染治理政策的动力不强，协调效率低下，封闭、分割、有界的行政区行政治理模式根深蒂固，三地政府对共同的大气污染问题的治理缺乏有效合理的合作机制。空气污染问题往往是区域内的事，但事实上却成为行政区划内部的事，内向型的行政决策成为污染问题解决的主要方略。这些问题的存在对固有的政府治理模式提出了挑战。

---

① 杨爱平、陈瑞莲：《从"行政区行政"到"区域公共管理"——政府治理形态嬗变的一种比较分析》，《江西社会科学》2004年第11期。

（三）区域大气污染联防联控机制不完善

北京奥运会、上海世博会、广州亚运会空气质量保障工作以及国际上区域空气质量管理的成功经验证明，实施"统一规划、统一监测、统一监管、统一评估、统一协调"的区域大气污染联防联控工作机制，是改善区域空气质量的有效途径。[①] 并且，京津冀地区也进行了诸多的探索和尝试（具体见表4）。

表4　京津冀区域政府间大气污染治理协调机制探索历程

阶段	时间	政策或事件	主题
经验积累阶段	2008年	北京奥运会	成立由环保部和北京市政府牵头的跨行政区领导小组，签订协议，制定政策、统一执行。
	2010年	《关于推进大气污染联防联控工作改善区域空气质量的指导意见》	借鉴北京奥运会经验的基础上，建立区域大气污染联防联控的协调机制，以确保上海世博会和广州亚运会的空气质量良好。
深化研究阶段	2012年	《重点区域大气污染防治"十二五"规划》	建立统一协调的区域联防联控工作机制：在全国环境保护部联席会议制度下，定期召开区域大气污染联防联控联席会议。
	2013年	《大气污染防治行动计划》及《京津冀及周边地区落实大气污染防治行动计划实施细则》	成立京津冀及周边地区大气污染防治协作机制，并由区域内各省（区、市）人民政府和国务院有关部门参加。
具体落实阶段	2013年至今	京津冀及周边地区大气污染防治协作机制会议	京津冀及周边地区大气污染防治协作机制正式启动。

然而，京津冀现在的区域大气污染联防联控机制毕竟处于探索和尝试阶段，存在诸多不完善之处。具体表现在：其一，我国现行大气治理模式滞后。长期以来对大气污染的治理以行政区划为主，尽管这种属

[①] 重点区域大气污染防治"十二五"规划 [EB/OL]，http://www.zhb.gov.cn/gkml/hbb/gwy/201212/t20121205_243271.htm。

地模式有助于地方有针对性的防控区划内大气污染，但在处理区域性、复合型大气污染时缺乏整体性规划。其二，政策信息共享机制不完善。一方面，缺乏相应法律法规的支撑；另一方面，在整个区域，缺乏更加全面的一网监测系统。监测点位仍显不足，区域环境空气质量监测指标仍然不健全，横向上京津冀三地之间的数据实时共享系统仍处于探索阶段。其三，损益补偿机制的缺乏。利益在区域政府间大气治理政策协调机制逻辑构造中处于核心地位，利益既是地方政府进行政策协调的驱动力，也是地方政府进行政策协调的目的。然而，现实中京津冀三地政府并没有建立起相应的大气治理损益补偿机制，因而，各地治理大气污染的积极性较低，尤其是经济发展相对落后的河北省。总之，京津冀区域联防联控机制根基尚浅，无法近期内实现协同治理的美好愿望。

五、京津冀区域政府间大气治理
政策协调的路径选择

对于区域大气污染的治理，可以称得上是一种急需的"公共物品"。所以，地方政府在进行区域大气治理政策的协调时，必然会产生大量的事前和事后的"交易费用"。地方政府一旦考虑到这些交易费用之后，便会出现"理性无知"的情况。为了促进地方政府间的协调，必须降低高额的"交易费用"。而制度设计十分关键，须知"制度的本质就是协调"①，其作用在于规制区域地方政府组织的相互关系，减少信息成本和不确定性。由此可见，对于京津冀区域政府间大气治理政策的不协调现象，可以通过制度设计，构建京津冀区域政府间大气治理政策协

---

① ［美］阿兰·斯密德：《制度与行为经济学》，刘璨、吴水荣译，中国人民大学出版社2004年版，第79页。

调机制予以解决，从而便于京津冀区域政府组织间的政策协调。

基于既定的框架和路线图，对于京津冀区域政府间大气治理政策协调机制，从操作层面进行以下的完善和架构：

（一）在价值层面上以善治理念为先导。这种理念是对碎片化的一种战略回应。基于合作治理的指导思想，京津冀三地政府应确立共生共荣的价值导向，秉承协同发展的善治理念，以制度创新的勇气去突破行政区划的刚性约束，排除相互排斥的思维观念，主动克服单个政府的"搭便车"现象和非合作行为，致力于形成区域内多元主体治理的格局，编织互动合作的治理网络，强化在政策协调上的主动性和内驱力，以合作的态度、协调的意识、共赢的精神确立起良好的伙伴关系，树立集体行动的目标，形成共同的愿景规划与发展战略，进而达成对京津冀区域内联合治理的共识。这种善治方略强调的是社会合意性，推崇民主价值，致力于政府之间、政府与企业和社会之间合作关系的调适。这些新的价值诉求在京津冀协同治理大气污染的行动中起着先导作用，这一共同治理的执政理念同时也引领着制度的创新，政府治理结构的变革。

（二）在组织架构上以多元化网络区域合作机构为载体。制度变迁、职能转变的关键在于组织的有效性和执行力，多层次、网络制则是京津冀协同治理大气污染的未来方向。多元化网络区域合作组织之间合作的前提是统筹协调发展，摒弃局部或个体发展，更不能以牺牲他人利益换取自身利益的实现。这一组织机构也是化解政府间利益冲突的利器，通过把利益相关者聚合在一起，在求同存异、互利共赢的基础上催生出协同效应，使利益主体具有更高的全局化站位。这一组织机构的建立，一是要具有权威性、全局性，具有相应的政治地位，能有效行使统筹协调的权力；二是由临时性的组织机构向制度性的组织机构转变，尽快建立起重大事项商制度，经常性的沟通制度，治理项目合作制度以及区域公约制度等；三是把多元主体纳入到决策体系中来，除考虑中央和地方政府之间关系、地方政府之间关系以外，更要协同企业和市场中介组织、行业协会、社会组织、公民等治理主体，让治理主体不仅仅是政府之间的合作，更是多元主体之间的协调互动。在大气污染治理方面，中央政府应该推动尽快建立起专门的京津冀区域合作机构，为地方政府间的合作搭建平台，让京津冀各地方政府有动力和积极性参与合作，并且成为制度变迁的重要推动者，良好制度环境的营造者；要重视企业、公民和社会组织在区域合作治理方面的重要作用，拓宽协调组织的发展空间，使多元主体成为政策协调的主体，成为区域合作治理的主力军。

（三）在实现机制上以协调整合、信息沟通、法律法规体系为保障。京津冀区域政府间大气治理政策协调机制的实现：一是需要通过有效的协调机制化解区域内的矛盾冲突，协调利益关系，提升彼此之间的信任度，在达成共识的基础上拟定目标规划，采取共同行动，通过整合机制实现多元治理层次的整合，不同功能和资源的整合。二是健全法律法规体系。首先是合作规则的建立。在大气污染防治方面形成反地方保护主义规则、地方政府一致行动规则、社会治理整体推进规则等。其次，要加强顶层设计，及时制定和修订相关的法律法规，严格标准，尤其是保障和规范政策协调机制运行的程序性法律，编制一体化的区域空气质量达标规划。三是进一步完善信息沟通机制。京津冀三地政府政策协调的前提和关键在于信息的完全和对称，除定期的沟通协调、对话谈判之外，可以考虑依托技术力量，建立整体性的区域空气质量信息监测系统，定期公开发布监测数据，并且与地方政府考核绩效挂钩。同时形成强有力的监督体系，通过主管部门监督、协调机构监督、彼此监督、公众监督、网络监督等手段实现真正意义上的合作治理。

（四）在利益平衡上，以生态补偿机制的建立健全为切入点。顶层设计上，在研究制定京津冀"十三五"合作发展规划时，以解决日趋严重的大气污染以及生态问题为着力点，整合京津冀三方建立起跨越行政区划的区域生态环境补偿机制，明确生态补偿的法律地位。以生态问题为抓手，有效推动京津冀区域间全方位的协同治理；制定有利于京津冀生态环境和社会统筹发展的公共财政体系，完善跨越行政区划的财政转移支付政策，出台一体化的财政补助办法重点扶植生态项目、大气污染治理项目，构建生态补偿的产业扶持政策，提高区域内贫困地区的治理能力；要通过政策的协调进一步明确生态赔偿和补偿的主客体，认定大气污染赔偿者为责任方即赔偿主体，生态环境的保护者和恢复者为受益方即生态补偿对象。建构起对京津冀大气污染赔偿、生态补偿方面评估的指标体系：补偿依据、补偿标准、补偿要素、补偿范围、补偿模式等具体内容，使得区域内不同主体的决策充分考虑其所产生的社会效益或成本，进而实现外部效应的内在化。

（原文载于《中国行政管理》2014 年第 11 期）

基于整体性治理的蓝色经济区域
政府合作机制研究 *

区域的合作最重要的是区域政府间的合作。随着海洋开发在国家战略中日益变得重要，"蓝色经济"与"蓝色经济区"受到普遍重视，发展蓝色经济成为一个国家经济发展水平的一个重要标志。我国对蓝色经济的研究较晚，2009 年 4 月，胡锦涛考察山东时提出"要大力发展海洋经济，科学开发海洋资源，培育海洋优势产业，打造山东半岛蓝色经济区"① 之后，"蓝色经济"与"蓝色经济区"概念开始成为国内学界及地方政府关注的焦点。而伴随着新一轮沿海区域经济发展浪潮的掀起，区域政府间的合作必须成为蓝色经济区的一个紧迫性课题。

一、蓝色经济区的概念及其对区域
政府带来的机遇与挑战

1. 蓝色经济及蓝色经济区的概念

蓝色经济（blue economy）是最近十余年发展起来的概念，最早

---

* 本文作者赵新峰、李水金。

① 崔丽、郑燕峰、许革：《向海！向海！向大海》，《中国青年报》2009 年 11 月 27 日。

表述见于 1999 年加拿大的一个名为"蓝色经济与圣劳伦斯发展"的论坛，目前学者对其称呼五花八门，有"海洋经济""临海经济""涉海经济""海岛经济""蓝色产业""蓝—绿经济""蓝色 GDP"等。所谓蓝色经济，是指以海洋为依托的经济形态，包括直接开发利用海洋资料以及开发与海洋具有高度关联性的产业的经济活动。蓝色经济既是一种经济形态，又是一种新的经济发展模式，是坚持科学发展观和保护生态环境核心理念的新的发展模式与发展理念。总体看来，蓝色经济至少具有如下基本特征：一是强调对海洋资源的保护性开发，资源保护是第一位的；二是强调发展海洋高新技术产业，高新技术的应用和海洋产业的高附加值，是今后发展蓝色经济的主要产业方向；三是强调陆海经济联动，蓝色经济不仅是对海洋资源的开发利用，而且更加强调沿海经济对陆地经济发展的带动作用和陆地经济对海洋资源的支撑作用；四是强调区域统筹发展，形成区域联合经济发展模式；五是强调外向型经济发展，形成较强的国际经济竞争力，积极参与国际竞争。①

蓝色经济区的概念也未形成统一认识，国外蓝色经济区的概念渗透于海岸带、湾区、海洋开发区、沿海自由经济区、海洋保护区等多种形式的海洋经济区中，这些涉海经济区虽然并无明确统一的"蓝色经济"名称，但多数已蕴含有蓝色经济区划的思想。由于我国"蓝色经济"和"蓝色经济区"首先是针对山东半岛区域海洋经济发展提出来的，现阶段我国有关蓝色经济区的理论研究多集中于对山东半岛蓝色经济区规划发展若干问题的探讨上。通常说来，蓝色经济区是一个依托海洋发展起来的一个经济带，这个经济带既包括沿海经济区、海洋经济区、海岸带、区域空间等于一体的区域。蓝色经济区有其明确的经济地理边界，也有经济管理边界，还有时间及空间上的边界，使得蓝色经济

---

① 刘永胜、路正南：《基于 ECIRM 模型的我国蓝色经济区建设战略研究》，《统计与决策》2010 年第 8 期。

区成为一个立体式的区域。

蓝色经济虽是从山东半岛提出的，但是其范围不限于山东半岛，中国沿海地区的经济发展均可包含于蓝色经济区的范畴中。

2. 蓝色经济区建设对区域政府带来的机遇与挑战

第一，蓝色经济区政府面临着共同的发展主题：以海洋为依托发展蓝色经济。我国海洋范围广阔，海洋资料丰富，大陆海岸线长达18000多公里，为蓝色经济区的建设提供了广阔的平台和巨大的潜力。据《2010年中国海洋经济统计公报》显示，2010年全国海洋生产总值38439亿元，比上年增长12.8%，海洋生产总值占国内生产总值达到9.7%。其中，海洋第一产业增加值2067亿元，第二产业增加值18114亿元，第三产业增加值18258亿元，三次产业结构为5：47：48（见下图）：

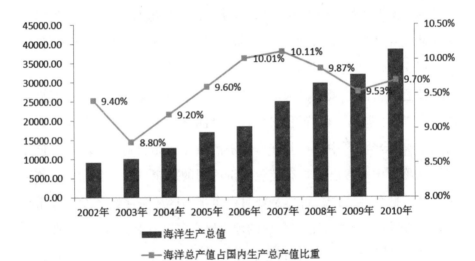

图1 2001—2010年全国海洋生产总值情况

资料来源：国家海洋局《2010年中国海洋经济统计公报》。

第二，蓝色经济区政府面临着共同的目标：如何利用区域公共管理实现区域资源的优化配置。蓝色经济区政府合作说到底是一个区域公共管理的问题，区域公共管理起源于20世纪30年代的区域主义（Regionalism），它是指地理上彼此相连的国家或地区之间，通过政府间的合作和组织机制，加强区域内社会和经济发展的互动意识；20 世纪 90 年代以来，为了应对市场经济发展下大量公共问题的凸显，区域公共问题随之兴趣，主张通过"多方面""开放性""合作性"来治理跨区域公共问题，以克服单一治理模式的不足。区域公共管理主要"通过合作、协调、谈判、伙伴关系、确立集体行动的目标等方式实施对区域公共事务的联合治理"①。区域公共管理呈现出如下特征：一是强调区域治理的跨界性，即有两个或两个以上的政府间的合作，是跨行政区域的治理；二是强调参与主体的多样性，认为政府、非营利组织、企业部门等都是区域治理的主体；三是强调参与范围的网络性，从整体性的视角来解决区域公共问题；四是强调区域治理的协调性，即强调区域政府的合作，主张用协调方式来解决公共问题；五是强调区域治理的共享性，即通过发现共性问题，实现区域内资源的共享与优化配置。蓝色经济区的区域公共管理，将有助于实现区域内资源的优势配置，实现区域公共利益的最大化。

第三，蓝色经济区政府面临着共同的挑战：如何实现区域内共同公共问题的整体性合作治理。区域治理得好的地区，例如"长三角""珠三角"等都市圈，都是将区域当成一个整体来治理。蓝色经济区政府在整体性治理中面临着共同的公共问题，这些公共问题是政府间具有共性的问题，这些问题需要政府通过合作形式来解决。例如，"如果 A 行政区和 B 行政区存在共同的公共问题 P，如流域治理问题、环境污染问题、公共秩序整顿问题以及共同经济发展问题等等，如果由 A 行政区或者 B 行政区单独进行管理，则并不能解决所在地区的跨公共管理问题，这时则需要 A、B 行政区的合作治理。"② 事实上，蓝色经济区政

---

① 彭正波：《区域公共管理视角下"泛珠三角"政府合作探析》，《特区经济》2008 年第 2 期。
② 高建华：《区域公共管理视域下的整体性治理：跨界治理的一个分析框架》，《中国行政管理》2010 年第 11 期。

府间的事务远比上述两个政府间的事务复杂，如下图：政府间的共同区域为多边利益，这是公共问题交集部分，需要政府 A、政府 B、政府 C 进行合作治理，即整体性治理；政府 A、政府 B、政府 C 之间又存在三对双边利益，又可进行双边合作治理。

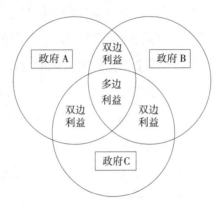

图 2　区域公共问题的合作治理模型

第四，蓝色经济区政府面临着共同的责任：如何建立区域合作的长效机制，实现区际互动和优势互补。蓝色经济区政府作为一个整体，面临着共同的责任，这种责任主要是如何建立一个区域合作治理的长效机制，这种长效合作机制的实现有利于实现区际互动和优势互补。这种责任的实现将大大提高蓝色经济区的发展水平，降低区域成本，提高区域公共管理的效率。

二、蓝色经济区建设中区域政府合作整体性治理的优势及障碍

蓝色经济区建设中的区域政府合作至少可以带来以下优势：一是有助于实现区域内资源的有效配置。由于政府间的合作，使得资源能够在政府间进行流动，从而有效盘活现在资源，实现资源共享，达到资源配

置的优化。二是有助于深入解决蓝色经济区的共同公共问题。蓝色经济区面临海洋开发的巨大优势，海洋开发过程中涉及共同利益的问题将可以通过政府间的合作机制得到协调解决，从而有效调动区域内的资源来实现良好治理。三是有助于提高蓝色经济区的整体发展水平。由于区域资源有限，蓝色经济区的发展要面面俱到不可能，区域政府的合作，将在统一布局下制定阶段性目标，并在资源整合的基础上实现本区域的发展重点与发展特色，从而实现整体与局部的整体、区域内与区域外的整体、区域内各经济实体的整合，减少不必要的重复决策、简单决策等弊端，降低成本，打造出区域品牌与区域特色，提高整体发展水平。四是有助于实现区际互动、优势互补。从整体性的视野下来治理蓝色经济区的共同问题，可以有效地构建起区域合作的长效机制，从而互通有无、取长补短、分享资源与经验，有效实现区际互动和优势互补。

但是蓝色经济区建设中区域政府在进行整体性治理中也会遇到各种困难和障碍，这些困难和障碍表现如下：

1. 蓝色经济区的发展差异将阻碍区域政府间的合作。蓝色经济区区域政府间的合作具有巨大的潜力，但是由于区域政府间差异较大、合作的法律基础薄弱、民间力量参与的不足使得合作阻力增大。特别是地区间经济发展水平不平衡，人口、资源、地理、产业、收入的差异都将成为合作的障碍。

2. 蓝色经济区的利益重组将阻碍区域政府间的合作。合作将是一个资源与利益重新整合的过程，会影响到既有的利益群体。除非有诱制性的制度安排或利益调整的好处，现有既得利益状况的打破将是一个较难的过程。地区为了自身的利益，可能会存在地区封锁、重复建设、恶性竞争、争夺有利资源等行为，这将阻碍蓝色经济区政府之间的进一步合作。

3. 蓝色经济区共识制度的缺乏将阻碍合作。合作需要共识，而共识的达成是一个较长时期的过程。蓝色经济区的研究还处于起步阶段，区域合作的意识还未有效确实，这些都会影响合作的进行。

4. 观念的落后也会阻碍区域政府间的合作。由于合作后利益受到重新分配，人们通常会阻碍新的制度安排，因此，除非看到眼前的利益，否则传统观念的力量将促使人们保持现状。蓝色经济区地处沿海一带，观念相对较开放一些，但是要使合作进一步发展，则还需实现观念的转变。

三、蓝色经济区建设中区域政府合作整体性治理的有效途径

1. 在理念观念上，蓝色经济区区域政府应树立整体性治理观念，建立统一的发展战略

蓝色经济区的发展，首先要实现理念、观念的变革，树立起"整体性治理"的理念。整体性治理是为了克服管理过程中的部门主义、本位主义、各自为政等"碎片化"模式而提出来的治理方式。整体性治理的目标主要表现为：排除相互拆台与腐蚀的政策环境；更好地使用稀缺资源；通过对某一特定政策领域的利益相关者聚合在一起合作产生协同效应；向公众提供无缝隙的而不是碎片化的公共服务。[①]

整体性治理理念一方面可以区域政府形成一个"整体政府"，动员整个区域资源以提高对涉及不同公共部门、不同行政层级和政策范围的复杂问题的应对能力；另一方面又可以有效克服单个政府"搭便车"及不合作行为，提高区域的整体管理水平和服务能力。

在整体性治理理念的指导下，蓝色经济区还应建立统一的发展战略，这种战略就整个区域的发展战略、产业规划、经济布局、资源配置

---

① Christophe Pollit. "Joined-up Government Past, Present and Future." Political Studies Review, 2003 (1).

等重要事项进行协调讨论，并商讨和解决区域一体化过程中的制度壁垒，取消地方歧视性政策，破除阻碍区域合作的体制性障碍，建立共同市场和共享平台，保证区域内资源与要素的跨区域流动和有效配置，提高区域的整体水平。

2. 在组织机制上，蓝色经济区要尽快建立起跨区域的组织与协调机制

蓝色经济区域要实现统筹发展、协调发展，减少政府之间的利益冲突与矛盾，建立行之有效的跨区域协调机制和组织机制变得非常重要。从其他地区发展经验来看，发展得好的区域如"长三角""珠三角"均建立了多样化的组织机制与协调机制。从蓝色经济区的实际情况来看，建立以下协调机制尤为重要：一是要建立蓝色经济区域内重大事项协商制度，区域内的重大事项事关区域发展的全局，需要区域政府间的全力合作，重大事项协商制度就区域内的重大共同问题进行对话与磋商，维护共同的利益，可以从整体上有效维护区域内的共同发展，避免因小失大、顾此失彼。二是要建立经常性的沟通制度，例如可以利用公共论坛、项目洽谈、对口支持、学习参观、部门联动等方式进行经常性的沟通与交流，使区域间的资源能够真正得到优势互补。三是要建立区域项目合作机制，蓝色经济区的发展在很大程度上会以项目制的形式发展，因此，建立区域内项目协调机制日益变得重要，通过项目合作的形式也有利于实现区域内资源的共享和优势互补，提高区域产业的联动水平。

3. 在制度设计上，要尽快建立区域一体化的法规体系与合作框架

蓝色经济区的区域一体化，首先要实现法规体系的一体化，只有法规体系的一体化，才能使整个区域内的事务管理有统一的法规架构，以对区域内的公共事务进行共同治理，打破地区封锁与各自为政。因此，要加强对蓝色经济区域内的法律、法规的清理、规范和增加法规政策的统一性和透明性，从整体上规范蓝色经济区内的市场秩序与公共事

务，为区域合作创造条件。其次，还要从制度上设计蓝色经济区域内经常性的合作平台与共享框架，主要有以下几方面的工作要做：一是建立区域公约制度，对区域内的共性问题进行协商和规范，打破条块分割与地方封锁，就共同关心的问题采取统一行动，避免不必要的浪费和协调成本；二是要建立统一的信息化互动平台，能够为区域内各成员、各部门提供准确、高效的共享信息，避免因信息封闭而导致的重复建设和决策失误；三是建立起统一高效的服务支持体系，为区域内的生产、消费提供高效的服务支持，例如提供跨区域的金融支持、科技支持、交通运输支持、人力资本支持等，提高蓝色经济区的整体服务水平。

4. 在合作方式上，要尽快从各自为政过渡到区域公共管理的整体性治理

在信息化社会，网络化的发展使得复杂事务不断出现，单一的管理主体难以适应这种复杂形势的需要，因此，传统上那种部门主义、各自为政、闭关自守的合作模式已不适应时代的需要，区域公共管理下的整体性治理范式得到社会的认可。区域公共管理的整体性治理打破了传统的地区之间、政府之间以及部门之间的藩篱，依据政府组织、私域组织和第三部门对特定区域的公共问题进行协作式管理，既可有效动员整个社会资源进行合作式治理，又可提高区域公共管理的效率，从而有效促进经济社会的发展。蓝色经济区以海洋及海岸线为依托，涉及海洋产业、陆地产业、空间产业，具有合作天然地理优势，因此，蓝色经济区要从部门主义、各自为政过渡到区域公共管理的整体性治理，运用合作、协调、谈判、伙伴关系等方式解决共同利益，从而有效调动整个区域公共的、私人的资源来提供公共服务，促进整个蓝色经济区域的协调、全面、可持续发展。

（原文载于《行政论坛》2013年第1期）

德国低碳发展的"善治"实践及其启示

环境污染严重、气候变化异常、各类灾害频发，已成为全世界各国需要齐心应对的共同任务。许多国家通过加强低碳发展来改良环境，应对气候变化。在低碳发展的过程中，各国采取了不同的策略和方法，取得的效果也有所差异。在"中德气候伙伴关系项目"框架下，我们于2012年12月12日—18日对德国的低碳发展进行了全面考察。德国的低碳发展充分体现了"善治"理念，注重发挥政府、市场、社会等不同主体的合力，取得了良好的效果，值得我国学习。这里，从"善治"理论入手，充分剖析德国低碳发展的"善治"实践，结合我国国情进行学习借鉴。

一、"善治"的内涵及其在低碳发展中的运用

(一)"善治"的内涵

对"善治"的理解，离不开对公共管理理论渊源与演进过程的考察。随着时代的发展变化，尤其是市场化、信息化、民主化和全球化进程的加快，公共管理理论在实践中不断发展和完善。传统的公共行政理论强调政治与行政分开，具有鲜明的理性官僚制特点，强调法制化、权

力的等级制、行政专业化、公私分明。①20 世纪 60 年代产生的新公共行政理论强调公共事务中广泛程度的公民与公务员参与，寻求增加在组织事务和公共政策形成过程中所有公共部门员工的参与，鼓励公民以个体或集体的形式广泛参与公共行政，从而使公共行政更响应公众呼声和以顾客为中心。②80 年代以后，公共行政效率和公共服务质量的下降使得西方国家政府面临危机，全球化、市场化、信息化和企业管理改革的推进，促进了新公共管理理论的产生，在一些西方主要发达国家掀起了新公共管理运动，强调市场化与顾客导向。之后，在对新公共管理理论进行反思和批判的基础上，新公共服务理论基于公共利益、民主治理等理念，认为政府要关注公民，并且在公民之间建立信任和合作关系，公共组织如果能在尊重公民的基础上通过合作和分享过程来运行，就一定能获得成功。③

20 世纪末期以来，随着经济社会发展环境的变化，政府公共管理理念与实践也在不断升华和完善，"善治"理论得以出现。"善治"理论强调政府、民间组织、私人部门和公民之间的平等合作与伙伴关系，促进和实现社会公共利益的最大化。"善治实际上是国家权力向社会的回归，善治的过程就是一个还政于民的过程。善治显示出国家与社会或者说政府与公民之间的良好合作关系，从全社会的范围看，善治离不开政府，更离不开公民，没有公民的积极参与和合作，至多只行善政，而不会有善治。"④ 因为公共事务的良好治理仅仅依赖政府自身是不够的，必须把视野扩宽到公私部门之间的良性合作上。一个好政府的角色更多的

---

① The United Nations. Rio Declaration on Environment and Development [EB /OL] . http：//www. un. org/ cyber school-bus/peace/earth summit. Html.

② [美] 盖伊·彼得斯：《政府未来的治理模式》，吴爱明、夏宏图译，中国人民大学出版社 2001 年版，第 61 页。

③ 文升、赵国杰、黄浩明：《"善治"理念下的低碳生态城市及其过程创新研究》，《中国行政管理》2012 年第 1 期。

④ 李以所：《善治政府基本内涵研究》，《领导科学》2012 年 9 月（中）。

是协调者而非控制者，是掌舵者而非划桨者，是公共品的提供者而非生产者。①"善治"具有合法性、透明性、责任性、法治、回应性、有效性等特点。

（二）"善治"在低碳发展中的运用

加强环境保护与治理、实现低碳发展是政府公共管理与公共服务的重要内容。在环境破坏严重、气候变化异常、各类灾害频发的背景下，诸多国家越来越重视加强生态保护，综合运用各种手段和策略加强环境治理，追求实现低碳发展，实现低能耗、低污染、低排放，实现人与自然和谐共处。

"善治"是针对一切公共事务而言的，是政府、企业、公民社会追求自然——经济——社会复合系统趋向协同至善的公共管理过程，善治的对象不单是社会子系统，还包括自然子系统和经济子系统。②因而，"善治"同样适用于低碳发展领域，"善治"是低碳发展的高级状态，体现出不同主体在低碳发展之中的良性互动与合作。

传统的低碳发展方式往往以政府的行政手段为主，通过命令、强制等手段加以实施，手段比较单一、发展效果欠佳。在市场化不断推进的背景下，政府逐步开始发挥企业的作用，利用市场机制，低碳发展的效率和效果得到改善。

随着公民社会的不断发展，低碳发展中的"善治"色彩越来越明显，越来越注重发挥政府、企业、社会的合力，注重公民的知情权、参与权、获益权。1992 年，联合国环境与发展大会的《里约宣言》第 10 条指出：环境问题的解决需要所有有关公民的参与；在国家层面，每个人应有适当的途径获得有关公共机构掌握的环境信息，而且每个人应有

---

① 柳云飞、周晓丽：《传统公共行政、新公共管理与新公共服务理论之比较研究》，《前沿》2006 年第 4 期。

② ［德］马克斯·韦伯：《经济与社会》（下），王迪译，商务印书馆 1997 年版，第 296 页。

机会参加决策过程；各国应广泛地提供信息，从而促进和鼓励公众了解环境和参与环境事务。①

低碳发展能否顺利进行，能否取得良好的效果，取决于各类因素的共同作用，需要有健全、科学的机制，需要在低碳发展中实现"善治"。综合而言，低碳发展中的"善治"可以理解为政府、企业、社会等部门和利益群体基于公正、透明、法治的原则和权责划分，形成低碳发展的宏观、中观、微观决策机制，力求实现低碳发展过程中环境绩效、经济绩效和社会绩效最大化，推动低碳经济与低碳社会持续健康发展的方式与过程。低碳发展的最终目标是追求人与自然的和谐共处、永续发展，更好地提高国民的福祉水平。

二、德国低碳发展中的"善治"实践

德国的低碳发展取得了良好的效果，得益于其良好的治理方式与发展策略，实现了低碳发展的"善治"。基于前面对"善治"、低碳发展中"善治"的理解，结合我们对德国低碳发展的考察，这里对德国低碳发展中的"善治"实践进行剖析，以期为我国的低碳发展提供借鉴和启示。德国的低碳发展体现了合法性、法治性、责任性、参与性、有效性等"善治"特点，具体体现在以下几个方面：

（一）注重低碳发展的战略规划：合法性

德国政府非常重视低碳发展的战略规划与宏观指导，从战略层面出台了若干文件和措施，将低碳发展纳入整个国家未来可持续发展的战略高度，增强了低碳发展的权威性与合法性，有效推动了德国的低碳

---

① 相震：《德国节能减排低碳经验及启示》，《三峡环境与生态》2011年第2期。

发展。

德国国家可持续战略。德国联邦政府在 2002 年可持续发展世界首脑会议上首次提出了德国国家可持续战略，规划出低碳发展的总体框架，并指明了政策方向，主要关注气候和能源、原材料的可持续管理等方面。设定的气候变化和能源目标与欧盟承诺一致，即到 2012 年，温室气体排放比 1990 年减少 21%，同时还为能源消耗和能源生产制定了两个宏伟的目标：到 2020 年，能源生产翻番，可再生能源发电比例不低于 30%。为向该战略提供支持，德国 2007 年通过了《能源和气候综合计划》，该计划的总体目标是在供应和需求两个方面推动有利于提高能效、扩大可再生能源使用和减少温室气体排放的创新技术。2010 年的《第 6 个能源研究计划》将能源和气候综合计划的战略扩展到 2050 年，确立了德国能源和气候政策的长期战略目标，包括在新基础设施中推广可再生能源，建议将建筑物改造率翻番，以实现 2050 年德国建筑物一次能源消耗减少 80% 的目标。

德国高科技战略。2006 年 8 月启动的德国高科技战略，特别注重提升气候和能源、交通、安全及通讯领域的技术和活动，能源和环境技术在其中发挥重要作用。将在未来 10 年内额外投入 10 亿欧元用于研发气候保护技术，德国工业界也相应投入一倍的资金用于开发气候保护技术。在德国高科技战略框架下，德国联邦政府采取了一系列政策措施，通过了《环境技术总领计划》，加强和扩大德国在环境技术行业已经占有的优势，总领计划在第一阶段将水、原材料和气候保护（包括可再生能源）列为特别有前景的领域。制定《环境创新计划》，大力扶持德国运用尖端技术的试点项目，向旨在避免或降低环境污染的大规模工业项目提供资金，重点关注可再生能源和能效领域的环境保护综合措施和活动。

其他战略框架。2008 年初，德国政府实施了综合性的"国家气候倡议"。其目标是发掘以较低成本降低排放的潜力，并推进气候保护创新示范项目，特别是加强可提高能效和加大使用可再生能源的气候保护措施。德国环境部在 2009 年 6 月公布了发展低碳经济的战略文件，强调低碳经济为经济现代化服务的指导方针。

（二）完善低碳发展的法律法规：法治性

在许多战略规划的指导下，德国制定了许多关于低碳发展的法律法规，体现在煤炭、石油、可再生能源、节约能源、核能、生态税收等方面。

在石油和天然气立法方面，制定了《能源供应安全保障法》，法案授权联邦政府发布法令和规章来保证基本的能源供应，颁布《电力供应保障法令》《燃气供应保障法令》，以应对和管理能源危机。《石油及石油制品储备法》建立了比较完善的石油储备制度。

在可再生能源立法方面，制定了《可再生能源发电向电网供电法》，强制要求公用电力公司购买可再生能源电力，规定了风力发电的销售配额和每度电的补贴价格，该法的实施使德国成为全球最大的风能市场。《可再生能源优先法》建立在《电力输送法》基础之上，提出到 2020 年使可再生能源发电量占总发电量比例的 20%。该法案确立了许多可再生能源电力促进制度，有利促进了德国可再生能源电力的发展。《生物质能条例》对促进生物质能发展进行了规范。《能源保护条例》规定到 2020 年新建筑不再使用煤炭、石油、天然气，强制使用可再生能源。《可再生能源供热促进法》规定到 2020 年可再生能源供热占全部供暖的 14%，新建筑必须采用可再生能源进行暖气和水热供应。

在节约能源立法方面，德国重视能源节约和能源效率的提高，制定《建筑节能法》《建筑物热保护条例》，提出了详细的建筑节能指标；《供暖设备条例》《供暖成本条例》《能源节约条例》，制定了新建建筑能耗标准，规范了锅炉等供暖设备的节能技术指标和建筑材料的保暖性能，该法取代了之前的《建筑物热保护条例》和《供暖设备条例》。

《热电联产法》专门就企业和政府促进热电联产上的责任和规则进行了规定。

在核能立法方面，早于 1958 年就颁布了《原子能法》，与《放射性物质保护条例》《核能许可程序条例》共同构成德国核能安全与核利用法律体系。2002 年制定《有序结束利用核能进行行业性生产的电能法》，规定德国在 20 年后要彻底关闭现有核电站。

在控制温室气体排放立法方面，2004 年通过了国家法律《温室气体排放交易法》。德国联邦环境局下的排放交易部门作为国家机构负责分配和颁布限额、审查排放报告和管理排放交易登记，也负责管理联合履约项目和清洁发展机制项目。

此外，在煤炭领域，德国制定了《煤炭经济法》（1919 年），该法案目标在于确立煤炭产业的国家管制。

（三）充分发挥政府的作用：责任性

德国在低碳发展中非常注重发挥政府的作用，强调政府的责任性。联邦政府相关部门在低碳发展中职责互补、发挥合力，相互配合，从不同层面加强低碳管理和促进低碳发展。经济部、环境部、运输建筑部、教研部、财政部、农业部、航空部门、海外公务机构等部门和机构在低碳发展中分别履行着不同的职责。环境部主要负责环境保护相关政策的制定与执行，具体的职能包括：水与废物管理，土壤保护与受到污染的场地管理，环境与健康，污染控制，工厂安全，环境与交通，化学品安全，自然与生态保护，核设施安全、辐射防护、核材料的供给与处置，国际合作等。除了联邦环境部，联邦其他部门也从不同角度重视低碳发展，比如联邦经济部，主要从工业低碳发展、低碳技术发展和支持企业（尤其是中小企业）低碳发展等方面采取措施促进德国的低碳发展。联邦教育与研究部则从低碳教育、低碳人才培养、低碳研究等方面采取了各项举措。

德国政府在制定和完善低碳发展法律法规的同时，出台了若干低碳发展的具体政策措施，出台了很多新的能源和环境政策，包括税收政策、财政政策、科研政策。

生态税是德国改善生态环境和实施可持续发展计划的重要政策，重视税收手段提高能源价格、促进自然保护，颁布了《引入生态税改革法》，对矿物能源、天然气、电等征收生态税，对使用风能、太阳能、地热、水力、垃圾、生物能源等再生能源发电则免收生态税，鼓励开发和使用清洁能源。颁布《进一步发展生态税改革法案》（2003 年），强调税收从依劳动力因素负担逐渐转换到依环境消费因素而定。生态税自 1999 年 4 月起分阶段实行，主要征税对象为油、气、电等产品。税收收入用于降低社会保险费，从而降低德国工资附加费，既可促进能源节约、优化能源结构，又可全面提高德国企业的国际竞争力。[①]

德国出台了相关的财政补贴政策，对有利于低碳经济发展的生产者或经济行为给予补贴。为鼓励私人投资新能源产业，出台了一系列激励措施，给予可再生能源项目政府资金补贴。政府还向大的可再生能源项目提供优惠贷款，甚至将贷款额的 30% 作为补贴。2012—2014 年间购买电动车的消费者可以获得政府提供的 3000—5000 欧元的补助。2002 年 4 月生效的《热电联产法》规定了以"热电联产"技术生产出来的电能获得的补偿额度，例如 2005 年底前更新的"热电联产"设备生产的电能，每千瓦可获补贴 1.65 欧分。

高度重视低碳技术的研究与开发。德国有一套强有力的研发支持政策，每年总研发预算超过 550 亿欧元，其中三分之二来自工业。大约有 50 万名研发人员，130 多个优秀研究网络。根据欧洲统计局数据，2007 年德国的研发系数（研发经费占国内生产总值的比重）为 2.54，大幅领先于欧盟平均水平（1.85）。大约 70% 的经费用于私营部门研

---

① 徐琪：《德国发展低碳经济的经验及对中国的启示》，《世界农业》2010 年第 11 期。

究，16% 用于公共部门研究，14% 用于高等教育机构研究。公共研究经费中，环境和能源研发分别占 3.2% 和 3.5%。德国政府将拿出大约 34 亿欧元资助 2011 年至 2014 年的能源研究，比 2006—2009 年提高了 75%。

（四）积极发挥市场与社会的作用：参与性

德国的低碳发展不仅注重发挥政府的主导作用，而且非常重视运用市场和社会的力量，通过市场机制的调节作用和社会力量的参与提高能源效率，促进低碳发展。

1. 发挥市场作用

德国积极落实欧盟排放交易体系的相关规定，将温室气体的排放总量限额分配给各个公司，公司可按需相互出售或购买额度。实施市场激励计划，通过提供投资补贴、低息贷款和返还性补贴扶持使用可再生能源的设施。

鼓励企业实行现代化能源管理。计划在 2013 年之前与工业界签订协议，规定企业享受的税收优惠与企业是否实行现代化能源管理挂钩。对于中小企业，德国联邦经济部与德国复兴信贷银行已建立节能专项基金，为企业接受专业节能指导和采取节能措施提供资金支持，用于促进德国中小企业提高能源效率。通过中小企业中央创新计划、中小企业能效专项基金、气候保护能效和创新伙伴关系、市场激励计划等，加大对减排、能效和可再生能源领域的扶持，对中小企业和机构提供投资补贴、低息贷款和返还性补贴扶持，以及提供相关领域的建议和咨询。

德国根据关于制定排放限额交易体系的欧洲法令制定并于 2004 年 7 月 15 日通过了国家法律《温室气体排放交易法》，在联邦环境保护局下设立了德国排放交易处，负责排放权的确定、发放，进行排放交易登记、开户和管理、处罚等。负责执行《欧盟排放交易指令》《温室气体排放交易法》《碳排放分配条例》以及《基于项目机制的德国条例》。

2009 年德国有 1656 家企业参与排放交易，欧盟有 11600 家企业参与，参与最多的是能源企业。2009 年欧盟的交易量为 20.83 亿吨，而德国的交易量为 4.52 亿吨，占 21.7%。[①]

在发挥市场作用方面，德国复兴信贷银行计划是一个非常典型而且有意义的项目，这也是此次考察重点关注点之一。复兴信贷银行能效改造计划和可再生能源投资扶持计划配合其他实施中的德国联邦计划和政策提供长期的低息贷款和返还奖励。2009 年复兴信贷银行与德国环境部合作，为减少碳资源使用项目成立了一个新的全球碳基金，以较低价格提供发展中国家的新型碳信用，并向本地中小企业和机构提供帮助以满足环境要求。

2. 倡导公众参与

德国政府将强化公众的参与意识和环境责任作为促进德国低碳发展的重要举措，也是德国低碳发展取得良好成效的重要原因。德国政府非常重视培养国民的能源节约意识和生态环境保护意识，努力形成资源节约、可持续发展的社会公共道德标准，培养德国国民追求人与自然和谐相处的价值观。

德国通过各种宣传、教育手段提高国民的能源节约意识。德国的环境保护教育从幼儿园开始，延伸到各个层次的教育中，形成了较为完整的节能环保教育体系。德国通过向社会各界提供有关环保节能的资料，举办各种讲座，设立大量咨询点提供各类咨询服务，仅节能知识的咨询点在德国就超过 300 个，并设有专门的节能知识网站等进行环保节能的知宣传。在政府的推动和公众主动的环保行为支持下，德国绿色生产和绿色消费模式深入人心，公众的节能减排参与意识和参与能力不断提高，低碳节能产品热销、设备和建筑节能改造、清洁能源、可再生能

---

① 俞可平：《中国公民社会的兴起与治理的变迁》，社会科学文献出版社 2002 年版，第 195 页。

源使用与开发越来越得到民众的认可和应用。[①]

（五）低碳发展取得良好效果：有效性

德国低碳经济的发展积累了有益的经验，取得较好的效果。能源和高排放的产业部门从 2005 年 1 月开始承诺参与排放交易，参与交易企业的排放额接近总排放的一半，带动了国内非交易企业的技术进步和节能降耗，提高了企业参与减排的积极性。

能源消耗总量逐步下降。1990—2009 年间，德国年能源消耗总量总体趋于下降，其中 1990—1994 年持续下降，1995—2005 年在波动中保持相对稳定，而后再继续下降。总体上，1990—2009 年，年国内能源消耗总量从 3.57 亿吨降为 3.27 亿吨，最终能源消耗总量从 2.3 亿吨降为 2.13 亿吨，人均能源消耗量从 4.49 吨降为 3.99 吨。

温室气体排放总量持续下降。1990 年以来，德国二氧化碳排放总量和人均二氧化碳排放量基本呈连续下降态势。1990、1995、2000 年德国二氧化碳排放总量分别为 10.6、9.5、9.2 亿吨，2005 年下降为 9 亿吨，2008、2009 年再分别下降至 8.8、8.2 亿吨。1990 年人均二氧化碳排放量为 13.4 吨，1995、2000、2005 年分别为 11.7、11.2、10.9 吨，2008、2009 年再分别降至 10.81 吨。

GDP 能源密度和排放密度持续显著下降。在实现能耗和排放减少的同时，德 GDP 保持增长态势，1990 年来德国单位 GDP 对应能源消耗量和碳排放量持续显著下降。

主要生产和消费部类都实现碳排放减少。1990—2009 年德国全部碳排放总量下降 22.4%。2009 年，位居碳排放量最高的部门仍是能源生产业，1990—2009 年该行业碳排放降幅达 19.9%。制造业建筑业也

---

① 中国驻德国使馆经商参赞处：《德国经济低碳转型的政策环境和主要成就》，http://de.mofcom.gov.cn/article/ztdy/201207/20120708208500.shtml。

是重要排放部门，1990—2009 年排放降幅高达 42%。住宅则是碳排放量相对较高的消费部门，1990—2009 年排放减少 20.9%。以运输部门排放降幅最低，为 6.2%，该部门只是在 2000 年后才表现出碳排放持续减少。[①]

三、德国低碳发展的"善治"实践对我国的启示

我国正在积极推进经济发展方式的转型和应对气候变化的挑战。党的十八大提出了要建设"美丽中国"、加强生态文明建设的战略目标。低碳发展是未来我国经济社会发展的重要任务。德国的低碳发展"善治"为我国提供了有益的借鉴和启示。未来我国的低碳发展需要充分发挥政府作用的基础上，积极运用市场和社会的力量，形成科学的决策机制，采取有效的发展举措，推动我国低碳经济与低碳社会的不断发展，提升国民的福祉水平。

一是要进一步加强低碳发展的战略规划与顶层设计。如前所述，德国在低碳发展方面拟定了若干战略目标和政策方案，有效推动了德国的低碳发展。我国在低碳发展方面的总体目标已经逐步清晰，但是在长远的行动规划和方案方面还比较欠缺，未来需要加强我国低碳发展的战略规划。不仅要加强低碳发展的总体战略规划，而且还要从各个层面、各个领域拟定专项的战略目标、行动纲要和政策方案。

二是要进一步理顺我国低碳发展的管理体制。低碳发展不是某一个部门的事情，涉及多个部门，事关全社会，因此，必须要有一个科学有效的管理体制，强化低碳发展法制与政策的执行力，提高我国低碳发展的效率。尽管我国已于 2008 年成立了国家能源局，2010 年成立了国

---

① 周鹏、袁虎：《国际经验助推我国低碳发展》，《中国社会科学报》2011 年 4 月 2 日。

家能源委员会，但具体管理职能的履行仍要依靠近20个部级单位的合作支持，容易因行政程序过多、相互配合不力而影响整体工作效率。管理体制的合理集中有利于强化低碳发展政策的执行效力，需要构建科学合理、硬件齐全、反应迅速的低碳政策落实机制，包括对低碳政策执行情况的审查审计、对高效节能设备方案的推广及对先进低碳生活消费方式的表彰宣传等。未来可以考虑成立由国务院相关领导负责，由发展改革委、财政部、工业和信息化部、农业部等部门负责人参加的低碳发展战略委员会，办公室可设在国家发改委，具体负责低碳发展方面的管理与决策，加强低碳发展的协调、管理、决策与规划。同时，要明确各部门在低碳发展方面的具体职责，避免重复与推诿。

三是要完善我国低碳发展的法律法规体系。建立和完善相关的法律法规是实现低碳发展的重要保障，也是实现低碳发展"善治"目标的必然要求。目前我国在低碳发展和应对气候变化方面的法律法规还比较欠缺，主要是一些政府文件，缺乏严肃性和权威性。虽然制定了一些相关的法律法规，但还不完善、不具体。未来要促进我国低碳事业的健康发展，必须加强立法。应该对我国近些年来低碳发展的经验进行总结，针对低碳发展的需要，借鉴国际低碳发展立法经验，开展立法工作。未来需要制定低碳发展的法律体系，而不是用某一部单一的法律来规范低碳发展中的所有事项。在修改、完善现有的法律法规的基础上对一些空白领域加强立法，尤其是在如何发挥市场和社会作用方面，需要有一系列的法制规范，明确国家的政策、措施和规范。

四是要加强低碳发展的资金投入。低碳发展不能只有目标，还需要有较好的经济基础和资金投入。从我国近些年来的经济发展和财政状况来看，我国低碳发展的经济基础较好。为配合我国的低碳发展战略，国家应该加强低碳发展的财政预算，增加财政对低碳发展的资金投入，至于具体的资金数量，应该根据实际需要，通过测算研究确定。在加强财政投入总量的同时，还应该明确投入的结构和方向，提高资金投入的效率，重点要加强低碳产品和技术研发的投入。同时，在注重政府资金投入的同时，还应该引导民间资金的投入，设立若干低碳发展基金，加强银行与企业的低碳发展合作。

五是要大力加强低碳发展的技术研发。低碳技术的研究与开发为德国低碳发展提供了强大动力。我国目前在科技创新和低碳技术的研究、开发方面还比较落后，未来需要花大力气加强。应该加强低碳技术研究的资金投入，可以考虑设立国家低碳发展研究基金。要成立若干低碳发展的研究机构，由国家发展和改革委员会的职能部门对这些研究机构进行统筹管理和监督。也可以考虑在现有的高校和科研机构中加强低碳方面的研究投入；还需要建立低碳研究的激励机制，调动企业和有关单位的研究积极性。

六是充分发挥市场机制在低碳发展中的作用。市场机制在德国低碳发展中发挥了重要作用，我国正在逐步完善社会主义市场经济体制，在发挥政府作用的同时，需要充分利用市场机制，运用市场资源，降低对行政手段的依赖。可以认真研究和借鉴德国碳排放交易体系的运行机制和低碳税、低碳补贴等方面的实施经验，建立和完善全国性温室气体排放交易市场，考虑引入低碳税等政策工具，建立健全促进低碳发展的金融制度。应该通过财政、税收以及其他相关政策鼓励各类企业开展节能减排，在企业和各类机构中推广节能管理系统，培养低碳发展的各类人才。

七是加强低碳发展的宣传教育与公众参与（参与性）。低碳事业的发展关系到全体国民的利益，需要全体国民的共同参与。各级政府应该通过各种方式加强低碳发展的宣传教育，将宣传教育作为促进低碳发展的重要基础工作。重点应该加强低碳发展的重要性、低碳理念、低碳技术、低碳产品、低碳生活等方面的宣传教育，形成低碳发展宣教的长效机制；加强低碳宣传教育的投入和制度建设，定期不定期地开展各类宣传教育活动，在各级各类教育和日常生活中对国民开展宣传教育，形成全体国民共同参与低碳发展的良好局面。企业和公民不能一味从企业效益和个人利益的角度行事，应该从国家经济社会持续发展和个人福祉的角度意识到低碳发展的重要性。企业应该增强促进低碳发展的社会责任感，增强企业的社会责任感，实现企业利益与低碳发展的有机统一。社会公众应该关注低碳发展，自觉行动，养成积极的低碳生活方式。此外，各类非政府组织应该积极关注低碳发展，开展低碳宣传教育，加强低碳发展研究。

（原文载于《中国行政管理》2013 年第 12 期）

基于保障性住房政策成效的实证研究

——以青岛市黄岛区为例*

一、问题的提出

古往今来，"住有所居"是每一个国人的殷切希望与基本需求，安居方能乐业，实现人人有其居是一个事关民生福祉的重大命题。然而，近些年来，"买不起房"逐渐成为困扰民众，尤其是中低收入群体的一个突出问题，这一社会公共问题的解决，关系着民众的切身利益以及社会的长治久安。

面对着房价的持续攀升上涨，政府从基本国情出发，不断深入推进住房制度改革，尝试逐步建成"低端有保障、中端有支持、高端有市场"的多层次住房供应体系①。这一政策体系要求政府调控和市场机制运转的"两手抓，两手都要硬"。从目前的住房市场来看，中低收入群体对于住房的需求是最大的，这一供求关系也是影响社会和谐稳定，提升公民生活"幸福指数"的关键因素。因此在保障中低收入群体的住房

<hr>

* 本文作者者赵新峰、刘耀泽。

① 王之、张庆华、张博通：《如何保障"保障房"——搜索匹配模型框架下的住房市场分类均衡和政策分析》，《经济学报》2014 年第 1 期。

问题上，应该强化政府的公共服务职能，完善配套政策措施，创新住房保障方式，满足中低收入群体的住房需求。为此，近年来中国政府大力推进城镇保障性住房建设，并初步形成了覆盖中低收入家庭住房保障的政策体系。这一住房保障体系主要包括四个部分——经济适用房、廉租房、公租房和限价商品房。在此背景下，对这一政策实施成效的考察与分析成为一个研究热点。本文就这一热点，尝试对青岛市黄岛区的保障性住房政策实施成效进行分析，以期达到"窥一斑而知全豹"的目的。

二、相关研究综述

（一）对保障性住房政策成效的分析研究

保障性住房政策是当前一个重大的经济和社会公共政策，为了更好地认识这一宏观政策所产生的实际政策效果，许多学者对此进行了研究。现存的文献研究成果主要分为两大类：一类是从宏观的视角，通过对国家宏观数据的搜集和科学统计分析，对于住房保障政策的实施效果进行评估，此类研究结论多为宏观的质的研究；一类是微观聚焦，针对城市住房保障的政策效果进行分析，此类研究多借助于经济数学模型，研究结论多为从定量分析所得出的量的研究。

众多宏观研究所得结论，可以归纳为：长期的住房保障政策从总体上增进了国民福利。罗雅、胡宏伟和刘宇基于 1997 年到 2010 年国家宏观数据，得出了长期住房保障政策虽然显著平抑了房价，但并没有抑制住房购买量，这增强了民众购买价廉物美住房的可能，总体上增进了国民福利的一个宏观的结论。[①] 漆玲玲对江苏省按省辖市区分，采用了保

---

① 罗雅、胡宏伟、刘宇：《中国住房保障政策实施效果评估——基于 1997—2010 年的数据》，《学术研究》2012 年第 6 期。

障覆盖面大小分析和居住需求满足程度分析进行了区域性保障效果的指标分析。① 顾维萌从绩效审计评价的研究角度，从宏观上分析了我国保障性住房政策的政策绩效。②

在诸多从微观聚焦城市住房保障效用分析的研究文献中，学者们大多采用经济数学模型方法，对政策效用的不同侧面进行评价分析。例如，程瑶依据不同的政策选择和模式构建了经济学模型，得出了城市住房保障政策效果的有效与否的关键在于准入机制的合理性以及与住宅关联要素的服务水平。③ 赖华东、蔡靖方采用住宅过滤模型（描述不同住宅子市场之间的相互作用，以及住宅从一种用途转移到另一种用途的过程）分析了住房保障政策下需求方和供给方对于整个政策效果的影响。④ 陈立中结合北京市廉租房和经适房的实际数据，分别运用 Probit 模型和 Logit 模型，得出了目标家庭所在规模越大，越容易出现应保未保情况的结论。⑤

（二）对保障性住房建设存在的问题及对策研究

在公共政策体系中，政策执行过程与政策效果之间有着密切的联系。在评估政策效果的同时要对可能导致政策执行过程中出现的偏差或问题的影响因素进行分析。对取得的成功经验进行总结，为以后的政策制定和执行提供依据，这也正是政策分析的意义所在。当前的文献研究

---

① 漆玲玲、黄安永：《我国保障性住房区域性保障效果的分析与评价》，《建设科技》2013年第 23 期。

② 顾维萌：《我国保障性住房政策绩效审计评价研究》，硕士学位论文，浙江工商大学，2013 年。

③ 程遥：《大城市住房保障政策的效用分析》，《现代城市研究》2008 年第 1 期。

④ 赖华东、蔡靖方：《城市住房保障政策效果及其选择——基于住宅过滤模型的思考》，《经济评论》2007 年第 3 期。

⑤ 陈立中：《住房保障政策瞄准效率及其影响因素——来自北京市廉租房和经济适用房政策的实证》，《财经科学》2010 年第 5 期。

成果，主要从三个视角对保障性住房建设存在的问题及对策进行了研究分析，分别是从政府执行力研究的视角、从制度设计研究的视角以及从政策系统研究的视角。

综上所述，可将诸多问题归纳如下：一是资金来源渠道有限，供应不足；二是房源供需失衡，保障比例较低；三是监管机制不完善，政策外溢现象明显；四是地方政府职责弱化，执行动力不足。①

在对地方政府的执行问题研究中，学者大多结合省市的实际，对推进保障性住房建设中的政府职能、政府责任，以及影响政府执行能力的因素进行了研究分析。如，刘雪明、李春荣结合广州市实例，指出增加投入、完善制度、加强监管、合理规划、拓展保障范围、扩大保障供给，是地方政府在执行国家保障性住房政策过程中更有效承担责任的重要路径。② 杨宇通过对吉林省 G 市的实证研究，指出影响政策执行力的主要因素包括政策本身、执行主体、执行模式和执行环境。③

其中，诸多学者认为中央和地方政府之间的关系是影响政府执行能力的重要因素。李允认为，由于现实条件和制度的制约，当中央政策由上而下实施的时候，不可避免地在地方承接与具体制定和执行符合本地的政策过程中遇到诸多阻碍和矛盾。④ 对此，谭羚雁、娄成武认为，中央与地方政府间的非合作博弈是影响保障性住房政策过程以及政策结果的重要因素。⑤

在制度设计层面上，学者大多通过发现存在于现有保障房制度中

---

① 许青学：《我国保障性住房政策执行问题研究》，硕士学位论文，南京大学 2013 年。
② 刘雪明、李春蓉：《保障性住房政策执行中的地方政府责任分析——以广州市为例》，《中国房地产》2012 年第 14 期。
③ 杨宇：《吉林省 G 市保障性住房政策执行力研究》，硕士学位论文，吉林大学 2013 年。
④ 李允：《中国大都市保障性住房政策实施的困境与出路分析》，硕士学位论文，吉林大学 2012 年。
⑤ 谭羚雁、娄成武：《保障性住房政策过程的中央与地方政府关系——政策网络理论的分析与应用》，《公共管理学报》2012 年第 1 期。

的缺陷和漏洞,指出进一步健全和完善保障房制度的路径。如,张占录阐述了在行政管理制度、供应制度、资金投入制度、准入审查制度、轮候制度、退出制度、信息公开制度、惩罚制度等方面应当予以完善的具体制度。[①] 曹飞指出完善保障房制度,应当坚持以政府投入、市场化运作方式为基本方向,构建城乡统一的住房保障制度。[②]

除了制度层面的影响,从政策系统的角度出发,政策环境对于政策系统有着重要影响,反过来,政策系统通过产出一系列政策效果,也会对政策环境产生影响,这就存在着一个双向的过程。最为突出的便是对于中国房地产市场的影响。贾珩认为,保障性住房在资金投入、土地供应、平抑房价、引导房企等方面对房地产业都有显著影响。[③] 同时,尹梦霞指出,在保障房建设过程中,一方面应实现保障房建设自身的有序发展,另一方面亦应关注商品房建设的健康发展,最终使房地产资源的配置得到优化和国家整体经济的健康平稳发展。[④]

（三）国外保障房政策发展经验

西方发达国家在保障性住房政策发展及制度完善等方面,有很多经验教训值得我们吸取借鉴。总的来说经验有以下几点:1. 不能将居民住房完全定位为商品,不能完全通过市场来解决,住房保障是政府的责任和义务。2. 政府在保障性住房建设、管理和调控的作用主要体现在加大对保障性住房建设的资金投入,以及通过财政和税收政策解决中低收入阶层的住房问题。3. 注重发挥金融体系的作用,满足保障房建设的巨额资金需求。4. 确立专门的法律保障公民的住房权利,运用法律手段为

---

① 张占录:《我国保障性住房建设存在问题、发展障碍与制度建设》,《理论与改革》2011年第3期。

② 曹飞:《我国保障房制度存在的问题及完善》,《郑州大学学报》(哲学社会科学版) 2013年第1期。

③ 贾珩:《保障性住房对房地产业发展的影响研究》,硕士学位论文,重庆大学2010年。

④ 尹梦霞:《保障房建设在房地产及经济发展中的作用》,《城市问题》2012年第2期。

保障性住房提供支持。5.要依据国情，因地制宜、形式多样地满足居民对于保障性住房的需求，扩大住房保障的覆盖面。6.解决居民住房问题，离不开健康的房地产市场。

（四）与本文相关的研究成果

复旦大学王静在《社会保障性住房公共政策评估研究》中针对上海市宝山区的保障房政策进行了评估并优化了评估体系。南京航空航天大学的吴娴在《我国社会保障性住房政策的评估要素及体系探析》一文中，对上海市浦东新区康桥镇南华新建立了评估体系并予以评估分析。江西财经大学的宛珺在《公共政策评估视角下我国社会保障性住房政策研究》中，结合江西省吉安市中心城区的案例进行了研究探讨。中国人民大学的孙志波、吕萍在《保障性住房政策评估标准与体系研究》一文中，以保障性住房政策作为评估对象，通过对政策评估进行规范的理论研究，以经济学、公共政策学等作为理论支撑，对政策评估的价值基础、标准选取等进行系统分析，从而形成保障性住房政策评估的综合体系，为其他学者进行相关理论和实践研究提供了借鉴和依据。

本文研究与上述研究的相同点是，都是着眼于运用公共政策分析的理论，结合地方城市的实际案例，对保障性住房政策进行分析。不同点在于，上述研究的核心为公共政策评估体系的构建，旨在通过形成综合体系来指导政策评估分析，理论性较高；而本文所做研究，核心为多种研究方法的综合运用，即旨在将定量研究与定性研究相结合，对保障性住房政策产生的成效进行实证分析，落脚于分析当前的保障性政策是否真正满足了居民的住房需求，并分析原因，具有一定现实意义。

三、理论基础及技术路线和公共政策分析范式

（一）技术路线

本文技术路线以民众满意度作为评价政策成效的核心价值标准，以政府的政策实施和管理作为影响因素，同时将保障性住房体系置于政策环境之中进行分析，最终得出保障性住房政策实施的成效分析结论，并提出相关政策建议。

威廉·邓恩认为一个政策系统应该包括相互关联的三个因素（见图 1）：

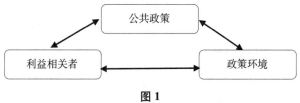

图1

依据上述观点，本研究在进行成效分析的过程中，形成了以下研究思路（见图 2）：

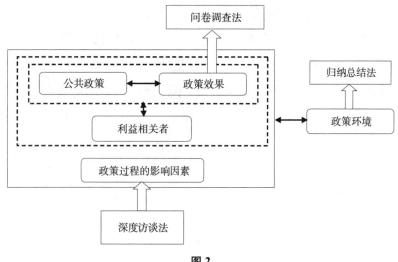

图2

（二）公共政策分析范式

本研究建立在以"问题"为核心的公共政策分析范式之上，旨在发现问题并探索解决问题的对策。根据威廉·N.邓恩教授的观点，政策分析涉及 5 类信息的收集、处理、分析和传递。这五类信息分别是政策问题、政策执行、政策预期、政策偏好、政策绩效方面的信息。对于这些信息的分析是公共政策分析的关键所在。一般来说，政策分析的基础性方法包括经验的方法、实证的方法以及规范的方法。具体而言，对这五类信息的处理分别运用了监测（description）、预测（prediction）、评估（appraisal）、建议（prescription）、问题构建（definition）五种方法。

一个完整的政策分析过程如下图所示（见图 3)[①]：

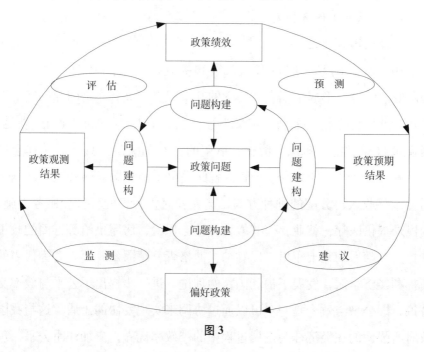

图 3

[①] [美] 威廉·N.邓恩：《公共政策分析导论》，谢明、伏燕、朱雪宁译，中国人民大学出版社 2011 年版，第 3 页。

本文所要研究分析的青岛市黄岛区保障性住房政策成效，属于公共行政领域的研究，是以发现问题和解决问题为导向的。图中，上半部分表明了用以发现问题的方法，而下半部分表明了解决问题的办法。具体来说，就是要通过一定的方法对黄岛区保障性住房政策当前成效进行评估分析，通过评估结论来预测未来政策的走向并提出优先偏好政策来解决问题，最后通过对建议政策效果的再监测完成一个完整的政策分析周期。图中，每一个阶段都指向了政策问题的构建，即每一个阶段都存在着一个问题构建的过程，这是公共政策分析的关键所在。本研究所关注的核心问题便是，黄岛区保障性住房政策是否能够保障中低收入家庭住房需求。

（三）保障性住房相关理论

1. 福利国家理论

1920 年，阿瑟·庇古在《财富和福利》一书的基础上，出版了《福利经济学》，形成了福利经济学的基本观点。该著作是旧福利经济学的代表作，庇古将"福利"定义为社会上的个人获得某种效用或满足，他们来自对财物、知识、情感、欲望的占有和满足，具体有"社会福利"和"经济福利"之分。[①] 庇古就此提出了福利国家的理论，即国家通过调整收入再分配的种种方式，建立和完善各种配套社会服务设施，为民众提供医疗、就业、公共教育、社会保险、房屋供给等方面的政策支持。在随后的几十年里，以勒纳、博格森、萨缪尔森等学者为代表的新福利经济学派，发展了福利国家的理论，进一步提出了公平与效率交替论，即公平与效率是一对可以通过协调来实现妥协的矛盾。这与我国政府所强调的在经济社会发展过程中的"效率优先，更加注重公平"理念所契合。

---

① 宋博通：《20 世纪美国低收入阶层住房政策研究》，《深圳大学学报》2002 年第 3 期。

在对于保障性住房政策的分析过程中，福利经济学的相关理论奠定了评判政策效果的价值依据。在我国，发展好、维护好、实现好最广大人民的根本利益，是一切工作的出发点和落脚点，强调"以人为本"。"以人为本"的基本内涵，胡象明在《论以人为本的政策价值理念》一文中，从公共政策理论的视角对这一价值理念进行了解读。他指出"以人为本"作为一种公共政策的价值理念主要有三个方面的内涵，分别是："公共政策的最终目标是为了实现人的全面发展；公共政策的利益导向必须惠及全体人民；公共政策的各项措施必须满足人民群众的全面需求。"① 从这三方面内涵出发，为具体开展对黄岛区保障性住房政策的成效分析提供了一个价值导向，具体包括公平性、回应性和适用性三个价值标准。本文对于保障性住房政策的分析，既包括政策产生的效果的分析，又包含民众对政策的认知和满意程度。那么确定评价标准的落脚点就应该是民众对政策效果的反馈与评价。

2. 社会保障理论

保障性住房属于社会保障体系的范畴，对于保障性住房政策的分析，应在这一范畴体系内进行。社会保障理论的起源，可以追溯到凯恩斯主义经济理论。这一理论将社会保障作为国家干预经济社会的重要手段，并在有效需求管理的基础上，提出一个国家的经济社会生活状况主要取决于有效需求，而完全依靠市场机制并不能实现有效的自我调节功能，政府应该采取积极有效的手段来解决市场失灵所产生的一系列问题。

在中国的住房保障政策体系中，政府通过向社会中低收入人群提供包括限价房、经济适用房、廉租住房以及公共租赁住房在内的保障性住房，来调节民众对于住房的需求，缓解由于住房市场化之后房价过高所带来的住房供需矛盾。因此，本文在进行政策分析之前，首先要对现

---

① 胡象明：《论以人为本的政策价值理念》，《国家行政学院学报》2007 年第 2 期。

行的保障性住房政策体系进行阐述和分析。

3. 多中心治理理论

多中心治理理论的创立者是以奥斯特罗姆为代表的一批研究者。该理论的核心是，在私有化和国有化这两个极端之间，存在着其他多种可能的治理方式，由于各类主体在结构、功能、外部运行环境等方面的互补性，可以有效解决采用某种单一的供给方式而无法解决的问题，从而实现公共产品供给的优化配置。① 奥斯特罗姆认为，"除了扩大和完善官僚制结构之外，还可以有其他提供公共物品和服务的组织形式，特定的公益物品和服务可以超越特定政府管辖的限制，通过多个企业的协作行为来共同提供"②。

在这种多中心治理模式下，政府、市场和社会之间相互依赖、相互竞争、相互合作及制衡，可以有效解决某种单一的供给模式无法解决的供给低效率问题。③ 在住房保障领域，目前的保障性住房政策在实施的过程中遇到了资金瓶颈、制度瓶颈、管理瓶颈等一系列制约政策实施收效的问题。一些城市和地区也在逐步尝试探索适合本地区的保障性住房多元提供机制，例如提高企业自主性、吸引社会资金以及引入第三方组织协同监管等。这些探索，为今后的保障性住房政策调整进行了有益的尝试，本文也在多中心治理理论的基础上，基于黄岛区保障性住房政策现状的分析，尝试提出进一步完善和发展保障性住房政策的建议以及路径模式。

---

① 尚海涛、任宗哲：《公共性和效率性观点下公共产品供给模式多元化及其潜在问题》，《青海社会科学》2010 年第 5 期。

② ［美］文森特·奥斯特罗姆：《美国公共行政的思想危机》，毛寿龙译，三联书店 1999 年版，第 26 页。

③ 谭禹：《多中心治理理论与保障性住房的多元供给》，《城市问题》2012 年第 12 期。

四、青岛市黄岛区保障性住房政策成效的实证分析

本次调查以对保障性住房居住者群体的满意度调查作为评价黄岛区保障性住房政策成效的主要依据，通过对相关政府部门管理人员进行访谈，将政府的政策执行和管理作为影响政策成效的影响因素加以分析，并结合本地实际，分析政策成效对于政策环境的影响，尤其是保障性住房建设对本地区房地产发展的影响。选择青岛市黄岛区作为研究对象的原因在于：

其一，青岛市已有相对完善的保障性住房政策体系。在住房保障政策方面，青岛市已有《青岛市廉租房保障办法》《关于加快发展公共租赁住房的实施意见》《青岛市经济适用住房管理办法》以及《青岛市限价商品住房管理办法》等政策文件，初步形成了较完整的住房保障政策体系，各项政策也在逐步实施。同时，2013年出台的《青岛市人才公寓建设和使用管理规定（试行）》，作为进一步结合地方实际，完善住房保障政策体系，创新住房保障形式的重要举措，有利于进一步扩大住房保障的覆盖面。这些为本文进行相关研究提供了研究对象，成为实施研究计划的重要前提条件。

其二，黄岛新区是青岛市新兴的经济新区。随着近年青岛城市化水平的加速发展，老城区地价越来越高，人口越来越拥挤，新城区的发展成为必然。与此同时，海域的屏蔽和过滤作用，又使西海岸吸引了大量人流，除海内外高素质的人才和富有活力的劳动力外，知识和资本能量相对雄厚、活动半径更大的老城区市民也纷至沓来。这种人口的大量流动，给住房保障政策的制定实施提出了严峻挑战。同时，在当下东部沿海城市普遍大力推进经济新区建设的背景下，使得此项研究更加具有推广价值和现实意义。

（一）定量研究——问卷调查

1. 调查范围

青岛市黄岛区近年来形成了较为成熟的经济适用房、廉租房、公租房和限价商品房构成的住房保障体系。政策实施和实践探索均走在全国前列，其经验具有一定的代表性，推进方略对其他地区也具有一定的推广价值和借鉴意义。本研究调查范围通过对相关部门负责人以及部分专家的走访，听取多方面意见，最终确定为山水新城二期项目、大卢家疃经济适用房项目和辛安公共租赁住房项目。保障房小区居民为保障性住房政策的目标群体和直接利益相关者，本着"以人为本"的理念，通过对于保障房居民的问卷问题的设计，来对保障性住房政策实施成效进行评价。

2. 受访对象

问卷调查的受访对象为保障性住房小区已入住的普通居民，通过居委会的协助，以户为单位发放和回收问卷。样本选取时充分考虑了居民的基本情况和代表性，如性别、年龄、职业、家庭收入、小区分布、受教育程度等因素。

3. 样本选取

共计发放问卷 240 份，样本具体发布情况如下表所示。

受访小区	对象类型	样本发放量	抽样方式
山水新城二期	经济适用住房	60	等距抽样
	廉租住房	60	等距抽样
大卢家疃经济房	经济适用住房	60	等距抽样
辛安公共租赁住房	公共租赁住房	60	等距抽样

4. 量表编制

问卷主要分为三部分，一是对住户基本信息调查，二是由住户填写对保障性住房政策成效的评价量表，三是有针对性地收集不同类型保障性住房住户的意见建议。

其中，评价量表是问卷的主要部分，主要针对政策执行情况、住房质量及环境评价以及社区配套设施评价三部分。采用李克特式五点量表，计分为非常不满意 1 分、不满意 2 分、说不清 3 分、满意 4 分、非常满意 5 分。评价方式通过计算每一小项的平均值和标准差，计算每一部分的整体平均得分，得出住户对保障性住房政策实施建设成效的满意度。具体量表如下。

政策执行情况量表

序号	评价内容	分数				
		非常不满意	不满意	说不清	满意	非常满意
B1	准入条件的合理性					
B2	审核程序的公正性					
B3	房源信息的公开性					
B4	保障分配的公平性					
B5	政策优惠的实效性 *					

* 注：政策优惠实效性包括价格优惠、税收优惠、实物和租金配租优惠给住户带来的实际效果。

住房及环境评价量表

序号	评价内容	分数				
		非常不满意	不满意	说不清	满意	非常满意
C1	房屋的建筑质量					
C2	房屋的居住面积					
C3	房屋的户型结构					
C4	房屋的通风情况					
C5	房屋的采光情况					
C6	水电燃气的使用情况					
C7	出行交通的便捷程度					
C8	社区整体的绿化设计					
C9	社区整体的和谐氛围					
C10	社区整体的管理情况					

现有配套设施评价

序号	评价内容	分数				
		非常不满意	不满意	说不清	满意	非常满意
D1	社区道路设计安排					
D2	社区广场和活动场所					
D3	社区绿化景观					
D4	社区医疗卫生设施					
D5	社区安全保障设施					
D6	社区所属幼儿园质量					
D7	社区所属小学质量					
D8	社区所属中学质量					

（二）定性研究——深度访谈

本文还对与政策利益相关的政府管理部门是否是影响政策实施成效的因素进行了调查。对政府部门管理人员，通过典型个案抽样的方法，分别抽取了房产管理中心、城市建设管理局、黄岛发展集团的人员进行了深度访谈。

深度访谈之前，笔者制订了详细的访谈提纲，访谈地点征求受访对象意见分别安排在受访人员的办公室或单位附近茶社进行。为了达到与受访人员共情互动的效果，访者采取了阶梯前进、隐蔽问题寻探以及象征性分析等策略，进而准确把握了被访者等思想脉络。

影响因素	受访人员单位	抽样策略
政府管理部门	房产管理中心	典型个案抽样
	城市建设管理局	典型个案抽样
	黄岛发展集团（原国资公司）	典型个案抽样

访谈的目的是了解政府对于保障性住房政策的执行和管理情况，

访谈时长约 30 分钟，采访问题主要集中于整体评价、管理执行和政策环境三部分。

(三) 实证分析结果统计分析

1. 经济适用住房居民评价调查结果分析

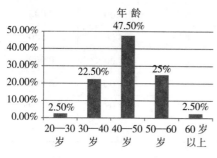
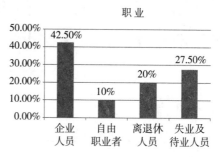

图 4

(1) 基本信息

从上表反映的基本信息看，经济适用住房住户（户主）年龄分布呈集中趋势，主要集中在 30—60 岁之间，占 95%，原因是经济适用住房政策实施多年，且近年保障房建设重点向政策租赁转移，经济适用房发展放缓，因此购房人群结构相对稳定。其中，30—40 岁住户为 22.5%，40—50 岁住户为 47.5%，50—60 岁的住户为 25%。职业分布以企业从业人员最多，占 42.5%，自由职业者占 10%，离退休人员占 20%，失业及待业人员占 27.5%。将年龄信息和职业信息合并来看，40—50 岁的住户职业多为企业从业人员，50—60 岁的多为离退休人员，这说明黄岛区经济适用住房保障对象主要是 40—60 岁企业职工及离退休人员。

从对家庭收入和人口、户口的调查结果显示，经济适用住房住户人均月收入情况，1000 元以下的占 27.5%，2000 元以下、1000 元以上的占 72.5%。其中，家庭人口为两人的占 15%，三人的占 67.5%，四人的占 17.5%。由于经济适用住房政策规定购房者需为本市城镇户口，所以受访住户的户口均为本市城镇户口。

（2）量化分析

一是政策执行评价方面：

政策执行评价（经济适用住房）					
	N	最小值	最大值	平均数	标准偏差
B1	120	4	4	4.00	0.000
B2	120	4	4	4.00	0.000
B3	120	4	4	4.00	0.000
B4	120	4	4	4.00	0.000
B5	120	3	4	3.95	0.219
有效的 N	120				

对于经济适用住房政策执行情况的评价相对非常集中，满意度平均数在 4 分左右，说明在黄岛区推行经济适用住房保障政策多年来，各项政策执行已成熟稳定、公正透明，能够为广大住户所认可。

二是住房及环境评价方面：

住房及环境评价（经济适用住房）					
	N	最小值	最大值	平均数	标准偏差
C1	120	4	4	4.00	0.000
C2	120	2	4	3.90	0.438
C3	120	2	4	3.80	0.603
C4	120	2	4	3.90	0.438
C5	120	2	4	3.95	0.314
C6	120	4	4	4.00	0.000
C7	120	2	4	3.85	0.529
C8	120	4	4	4.00	0.000
C9	120	4	4	4.00	0.000
C10	120	4	4	4.00	0.000
有效的 N	120				

对经济适用住房的住房和环境评价中，有以下几项出现了 2 分的"不满意"状况，分别是房屋的居住面积、户型结构、通风情况和采光情况，以及出行交通的便捷情况。通过对居委会工作人员以及个别住户的进一步了解，这一评价反映了当前经济适用住房政策存在的问题，即当前的经济适用住房不能满足住户日趋提高的住房需求。也可以说，购买经济适用住房陷入了困境，由于政策规定，购买经济适用住房后五年内不得买卖，五年后若要买卖需缴纳土地出让金，使得购买经济适用住房的居民虽拥有一定的购买能力，但出售经济适用房后所得并不足以支持对普通商品房的购买。这使得这部分住户难以实现提高住房质量的需求，同时，住户所居住的经济适用住房普遍存在着户型结构老旧、面积较小以及其他设计上的问题，这些问题困扰着经济适用住房的住户，经济适用房何去何从，也成为政府亟待考虑和解决的重点问题。

三是社区配套设施评价方面：

① 现有配套设施评价

现有配套设施评价（经济适用住房）					
	N	最小值	最大值	平均数	标准偏差
D1	120	2	4	3.95	0.314
D2	120	2	4	3.90	0.438
D3	120	2	4	3.95	0.314
D4	120	4	4	4.00	0.000
D5	120	4	4	4.00	0.000
D6	120	4	4	4.00	0.000
D7	120	4	4	4.00	0.000
D8	120	4	4	4.00	0.000

在对现有配套设施的评价中出现了 2 分不满意的小项，分别是社区道路设计安排、社区广场和活动场所以及社区绿化景观。这与以上大项的调查结果基本吻合，表现了当前经济适用住房住户对居住条件改善的意愿。

② 配套设施改进和建设意见

在对社区配套设施改建和建设意见的征集中，70%的居民认为应当改善社区活动广场。研究者通过走访发现，社区配套的健身活动广场非常有限，加之当下生活节奏快，居民往往选择就近在小区内进行适当的锻炼休闲，而当前的社区建设活动设施不能满足居民的迫切需求。另外，由于小区内有很多老年离退休住户，对于老年活动中心的需求也比较迫切，需求比重为22.5%。

（3）意见建议调查

此项调查结果显示：80%的受访居民认为经济适用住房极大减轻了购房负担和压力；所有的受访居民都表示经济适用房从申请到入住的周期是可以接受的。但值得注意的是，对于"三房并轨"等类似提法，85%的受访居民表示赞成，15%的居民表示并不了解，这与在量表中反映的问题是一致的，即经济适用房住户对于自身的居住条件改善是有意愿的。

对于今后政府在调整经济适用住房政策中应当优先考虑的问题，受访居民55%的人认为应当降低购房首付款比例，32.5%的人认为应该进一步降低经济适用房价格。这反映出经济适用住房存在的门槛仍然阻碍部分住房困难人群的住房诉求，另一方面户型结构老旧、面积较小、入住成本相对政策租赁住房较高也导致经济适用住房在民众当中的认可程度降低。

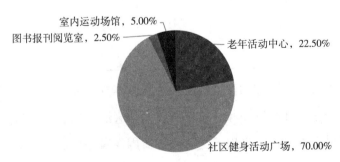

图5　配套设施建设及改建意见

（4）小结

从整体上来看，经济适用住房通过多年的发展完善，在程序设计及管理等政策执行方面已经基本成熟，受到了民众的认可。但问卷调查反映出当前经济适用住房的现状依旧不温不火，发展面临着一定的困境。这一困境主要表现在住户对于住房条件更新的需求与经济适用住房的政策限制之间的矛盾。在政策租赁住房为当前保障性住房发展重点的情况下，经济适用住房何去何从成为下一步进行政策调整所必须考虑的问题。当然，这也从一个现实的角度，佐证了中国政府提出的保障性住房并轨的政策调整预期。

2. 廉租住房居民评价调查结果分析

（1）基本信息

从基本信息来看，廉租住房的住户（户主）年龄分布在 30—50 岁之间，其中 30—40 岁的占 36.67%，40—50 岁的占 63.37%。职业信息分布中，失业人员所占比重高达 55%，企业职工占 25%，自由职业者占 10%，其他占 10%。结合年龄信息和职业信息综合来看，这些住户的生活相对困难，收入普遍偏低，属于住房困难群体。

从家庭情况来看，家庭人均月收入均为 1000 元以下，这也是由黄岛区廉租住房政策的保障范围规定的。其中，家庭人口数两人的占 25%，三人的占 60%，四人的占 10%，五人的占 5%。受访住户的户口均为本市城镇户口。

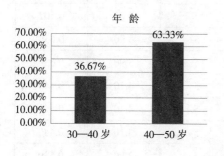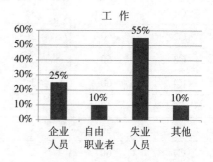

图 6

（2）量表分析

一是政策执行情况：

政策执行评价（廉租住房）					
	N	最小值	最大值	平均数	标准偏差
B1	60	3	5	4.10	0.440
B2	60	3	5	4.10	0.440
B3	60	3	5	4.10	0.440
B4	60	3	5	4.10	0.440
B5	60	3	5	4.10	0.440
有效的 N	60				

从回收的问卷来看，没有出现不满意的选项，但是频繁出现了说不清的选择。原因归结为以下三点：其一，廉租住房建设一直是黄岛区近几年来保障性住房建设的重点，政府管理部门给予了足够的重视，各项工作开展也比较顺利，得到了居民的认可。其二，政府对于国家以及黄岛区的廉租住房政策的宣传不够，没有让应保群众充分了解各项政策规定。其三，亦有可能部分住户对于相关具体政策规定并不是十分关注。

二是住房及环境评价：

住房及环境评价（廉租住房）					
	N	最小值	最大值	平均数	标准偏差
C1	60	3	5	4.05	0.502
C2	60	2	5	3.90	0.630
C3	60	2	5	3.90	0.630
C4	60	3	5	4.10	0.440
C5	60	3	5	4.10	0.440
C6	60	3	5	4.10	0.440
C7	60	2	5	3.90	0.630

续表

住房及环境评价（廉租住房）					
	N	最小值	最大值	平均数	标准偏差
C8	60	3	5	4.00	0.451
C9	60	3	5	4.00	0.451
C10	60	2	5	3.85	0.659
有效的 N	60				

在对住房和环境的评价中，出现了不满意的选项，分别是对房屋的住房结构、居住面积，出行交通的便捷程度，以及社区整体管理情况的不满意。原因有以下几点：其一，由于廉租住房的特殊性，在住房结构和居住面积上都有明确的限制规定，其面积一般都限制在 50 平方米以内，加之部分住户的家庭人口较多，所以居住面积难以满足需求；其二，由于黄岛区廉租住房的位置相对偏僻，出行交通自然成为困扰居民日常生活的问题；其三，由于相关机构疏于对社区的管理，加之廉租房小区住户的自治组织能力相对较低，导致居住区内的整体情况趋于放任无序。

三是社区配套设施评价：

① 现有配套设施评价

现有配套设施评价（廉租住房）					
	N	最小值	最大值	平均数	标准偏差
D1	60	3	5	4.00	0.451
D2	60	3	5	4.00	0.451
D3	60	3	5	4.05	0.387
D4	60	2	4	3.90	0.630
D5	60	3	5	4.00	0.451
D6	60	3	5	4.00	0.451
D7	60	3	5	4.00	0.451

续表

现有配套设施评价（廉租住房）				
	N	最小值	最大值	平均数	标准偏差
D8	60	1	5	3.65	0.971
有效的 N	60				

对于配套设施的评价，出现了部分不满意、非常不满意的情况。其中，廉租住房的部分居民对社区的医疗卫生设施不满意，部分居民对于社区所属中学的教学质量非常不满意。由于廉租住房居民住户的经济条件限制，加之缺乏相关的社会保障项目，居民非常看重社区医疗卫生设施的质量。

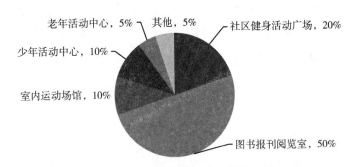

图7　配套设施及改建意见

此外，住户中多有适龄上学的孩子，所以对于社区所属的小学、中学的教学质量也十分看重，有些家长对于社区所属中学的教学质量有非常不满意的评价。政府为此也曾作出了相应调整，自2013—2014年度新学期开始，社区所属小学由袁家村小学改为珠海路小学，使社区住户的孩子能够上更好的小学。但是中学未做调整，这也是部分居民在问卷中对中学质量不满意的主要原因。

② 配套设施及改建意见

对于社区最需首先建设完善的选择中，50%的居民认为应当首先建设社区图书馆、报刊阅览室，这和住户的年龄、职业和家庭状况等基本信息所反映的需求基本吻合。各项的支持比例如图 8 所示。

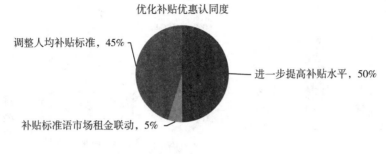

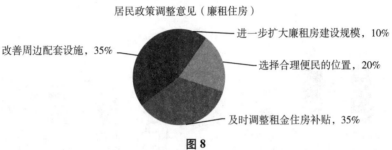

图 8

③ 意见建议调查

受访居民中，20% 的居民将发放到手的廉租房补贴进一步扩大自己的居住面积，有 75% 的居民将补贴用于支付原先过渡性租住房屋的租金。对于发放的廉租住房补贴，35% 的居民认为获得补贴后，自己生活有了很大改善，40% 的居民认为有较大改善，25% 的居民认为有一定帮助。在受访居民中，80% 的居民认为当前的补贴标准是合理的，而有 20% 的居民认为当前的补贴标准不够合理。对此，受访居民对于进一步优化补贴优惠合理性的选项中，最为认同的结果如图 8 所示。

对于今后政府在廉租住房保障工作中，应当优先改进的内容，调查结果如图 9 所示。对于廉租房所采取的实物配租和货币配租方式，35% 的居民认为应当依据市场租金价格及时调整租金住房补贴。20%

的居民认为应当进一步扩大廉租房建设规模，这说明廉租房的存在还是得到了一部分民众的认可。

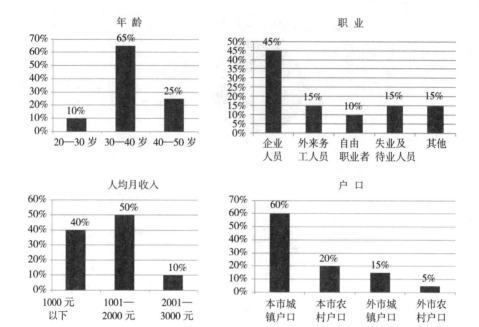

图 9

④ 小结

近年来，黄岛区大力推进廉租住房建设，改善了城市低收入者的生活水平，一定程度上解决了这部分群众的住房困难问题，取得了一定成效，得到了多数居民的认可。但是，也存在着一系列问题，其中最受关注的便是廉租住房补贴的发放及完善问题。政府在今后的廉租住房建设工作中，应当积极回应居民对于廉租住房补贴调整的意见建议，尽快完善廉租住房社区周边的配套设施，加强社区管理，营造更好的社区生活氛围。

3. 公共租赁住房居民评价调查

（1）基本信息

从基本信息来看，公共租赁住房的居民整体上呈现多元化的分布。

从年龄分布来看，20—40 岁的住户占据了 75% 的比例。从职业分布来看，企业人员占 45%，外来务工人员占 15%，自由职业者占 10%，失业及待业人员占 15%，其他 15%。

结合家庭情况来看，家庭人均月收入 1000 元以下的占 40%，1000—2000 元的占 50%，2000—3000 元的占 10%。家庭户口也呈现多元化的分布，以本市城镇户口为主，本市农村户口，外市城镇、农村户口兼有。

这些信息反映出了公共租赁住房最主要的特点，能够满足不同层次居民住房需求的包容性特点。

（2）量化分析

一是政策执行评价：

政策执行评价（公共租赁住房）					
	N	最小值	最大值	平均数	标准偏差
B1	60	2	5	3.75	0.895
B2	60	2	5	3.75	0.704
B3	60	2	5	3.80	0.755
B4	60	2	5	3.80	0.684
B5	60	3	5	3.90	0.543
有效的 N	60				

就统计数据来看，对于各项政策执行情况的评价，满意和不满意兼有，这是由于多层次住户产生的多层次价值偏好所致；另一方面也说明黄岛区在公共租赁住房保障工作上还存在着不成熟、不完善的情况，如在准入条件的合理性、审核程序的公正性、房源信息公平性以及保障分配的公平性上还应进一步加强管理。

二是住房及环境评价：

住房及环境评价（公共租赁住房）					
	N	最小值	最大值	平均数	标准偏差
C1	60	2	5	3.90	0.706
C2	60	2	5	3.95	0.811
C3	60	2	5	4.05	0.746
C4	60	2	5	4.05	0.675
C5	60	2	5	3.95	0.675
C6	60	3	5	4.05	0.594
C7	60	2	5	3.95	0.675
C8	60	3	5	3.95	0.594
C9	60	2	5	3.55	0.811
C10	60	1	5	3.45	0.928
有效的 N	60				

从各项数据的标准差来看，波动较大，不满意与满意兼有。这一差距说明了公共租赁住房的居民对于住房及生活环境要求的不同。通过进一步的了解，发现原因有二：一是公租房租赁住户来源多样化。职业阶层、收入水平、家庭情况以及文化水平程度的多样性，必然影响其价值选择判断，所以产生了满意与不满意兼有的结果。二是公共租赁住房居民的居住目的不同。有的居民是作为临时过渡住所，而有的居民是作为长期的稳定居所以及其他居住目的，所以必然对于住房条件有着不同层次的需求。因此，在调查选项中，对于房屋的建筑质量、居住面积、户型结构、生活环境以及出行交通的评价有着不同的价值选择。其中，值得注意的是对于社区整体管理的评价相对较低，应该引起相关政府管理部门的重视。

三是社区配套设施评价：

① 现有配套设施评价

现有配套设施评价（公共租赁住房）					
	N	最小值	最大值	平均数	标准偏差
D1	60	2	5	4.05	0.594
D2	60	2	5	3.80	0.819
D3	60	3	5	4.00	0.552
D4	60	2	5	3.50	1.081
D5	60	2	5	3.65	0.799
D6	60	2	5	3.30	0.908
D7	60	2	5	3.45	0.811
D8	60	2	5	3.35	0.917
有效的 N	60				

现有配套设施的评价结果，不满意的情况频繁出现，满意与不满意之间的波动较大，和住房及环境评价的分析结果相一致，佐证了住户多元化带来的价值偏好与价值选择的多元化。这一现象普遍存在于公共租赁住房配套设施的建设之中。

② 配套设施建设和改进意见

对于社区亟待建设与完善的配套设施，征集意见分布如图 10 所示。在受访居民中，10% 的居民认为应当完善老年活动中心，15% 的居民

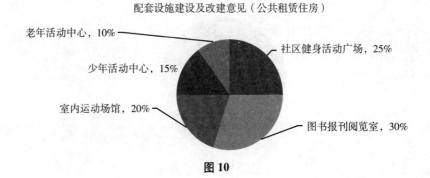

配套设施建设及改建意见（公共租赁住房）

图 10

认为应当完善少年活动中心，20% 的居民认为应当修建室内运动场馆，30% 的居民认为应当完善社区图书报刊阅览室，25% 的居民认为应当对社区健身活动广场进一步完善。从收集到的关于配套设施和改建的意见建议来看，同样是呈现出多元化的偏好趋向，这说明公共租赁住房要真正实现让不同层次的住户都满意的效果，任重而道远。

（3）意见建议调查

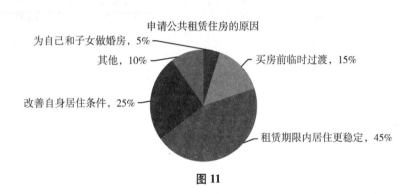

图 11

在对受访居民关于房租负担问题的调查中，有 20% 的居民认为当前的公租房房租高于之前的房租负担，45% 的居民认为差不多，25% 的居民认为低于之前的房租负担，还有 10% 的居民是首次租房。对于受访居民的租房原因，调查结果如图 12 所示，揭示了受访住户对于公租房满意程度的大不相同的原因，是由于租房初衷不同所导致。

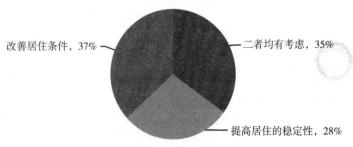

图 12

就改善自身居住条件和提高居住稳定性而言，居民更看重的是应该延长公共租赁住房的租赁期限。85%的受访居民认为有必要延长，15%的居民认为无所谓。从这一点来看，公共租赁住房获得了居民较高的认可度，大部分居民想要继续获得租住公共租赁住房的机会。

最后，受访居民对于政府在今后的公共租赁住房保障工作中应当优先改善的调查结果如图13所示。其中合理调整租金价格的意见达到40%，25%的人分别要求选择合适地理位置、完善交通出行便利。

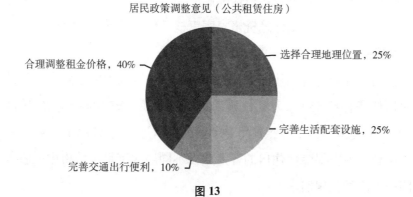

居民政策调整意见（公共租赁住房）

合理调整租金价格，40%

选择合理地理位置，25%

完善生活配套设施，25%

完善交通出行便利，10%

图13

（4）小结

公共租赁住房能够满足不同层次的住户居住，是预期发展最有前景的保障性住房形式。随着中低收入群体的不断扩大，单一的住房保障形式难以满足人们日趋多元的住房需求。大力发展公共租赁住房是我国保障性住房政策的发展趋势，但是就当下来看，公共租赁住房还存在着诸多建设、管理上的问题，需要进一步的完善提升。

4.政策成效的影响因素分析

本研究认为，在保障性住房政策的实施过程中，政策的执行情况是影响政策实施与成效的关键因素。而对于政策执行情况的分析，实际上就是对政策相关政府管理部门的职能与责任的分析。在这里，政府部门既是利益相关者，又扮演着管理者的角色。本研究访谈对象分别是住房保障办公室、城市建设局的相关工作人员以及黄岛发展集团有限公司的管理人员。

访谈就保障性住房政策工作的整体评价、政府部门对保障性住房的管理以及保障性住房政策环境三个部分展开。

(1) 黄岛区保障性住房政策工作的整体评价

黄岛区住房保障工作主要内容包括：一是负责廉租住房享受保障资格家庭的审核；对享受家庭的人口、收入、住房等基本情况进行年度复核；指导、监督全区廉租住房保障制度的实施。二是负责全区经济适用住房和限价商品房享受保障资格家庭审核工作；指导和监督全区经济适用房和限价商品房保障制度的实施。

在当前开展的各项住房保障工作中，黄岛区取得的成效有：累计发放廉租住房补贴 550 余万元；累计建设保障性住房 2045 套，建筑面积约 16 万平方米，其中廉租住房 369 套、经济适用房 1172 套、限价商品房 504 套。各类保障性住房的开发建设不同层次满足了城市中低收入住房困难家庭的住房需求。

当问及推进政策执行过程中面临的困难时，受访人员分别结合本部门工作谈了一些工作中遇到的问题，总结起来有以下四点：一是群众要求迫切与房屋建设周期长的矛盾；二是群众需求多样性和保障对象局限的矛盾；三是财力紧张与社会需求大的矛盾；四是政策变化快与政策实施周期长的矛盾。

(2) 黄岛区保障性住房政策的执行与管理

对于保障性住房政策的具体实施运行及管理，住房保障办公室和黄岛发展集团有着不同的职能和责任。住房保障办公室重在"管理"，而发展集团重在"建设"，两个部门共同组成了保障性住房政策执行的运行机构。

就住房保障办公室而言，其"管理"的责任体现在：一是制定本区域内的管理办法，并严格执行；二是要求各乡镇办事处成立专门部门并安排负责人办理；三是通过新闻媒体、网络等多种途径对申请审核进行全程公示和接受监督；四是积极联系民政、车管、税务等部门，加强信息共享，完善审核机制，是一个管理者和协调者的角色。

其中，做好对公众的保障性住房政策宣传解读，也是住房保障办公室的一项重要工作内容。因为，保障性住房政策指向的目标群体，是一个重要的利益相关群体，他们对于政策执行与实施成效的评价与反应，关系政策的评估和调整的环节，是保障性住房政策不断完善的重要依据。住房保障办公室积极通过黄岛区政务网、电视台、报纸、办事处驻地公示栏和居委会、人员密集区等地，采取多种方式宣传政策信息和房源信息；同时，居民通过住房保障窗口询问、住房保障公开电话、居委会办事处窗口询问、公告公示栏等渠道也可以自发进行了解。这一系列的沟通渠道保证了政策的回应性。

黄岛发展集团坚持国有资产运营主体、投融资主体、市场竞争主体的战略目标定位，是一个承担社会责任的城市运营商，其下属的城市建设分公司是承担保障性住房建设的主要负责者。访谈中，重点对企业参与保障房建设对保障房政策实施和管理带来的影响进行了交流。受访的管理人员表示，房地产企业参与保障房建设对保障房政策实施和管理的影响利大于弊。首先，市场机制的引入有利于解决社会需求的多样性，满足了不同层次收入群体的需求；其次，有利于解决财力紧张的矛盾；第三，有利于解决社会房屋空置与保障房源紧缺的矛盾。

同时，也存在一些不利影响，主要表现为政府部门对保障性住房的控制减弱。这一影响对于政府部门的管理工作，尤其是监管工作提出了一定的要求。管理人员介绍，在现阶段，除了有原《胶南市城市经济适用住房管理办法》、原《胶南市限价商品住房管理办法》、原《胶南市城镇最低收入家庭廉租住房管理办法》等相关管理办法法规进行监管之外，还积极引导第三方监管机构进行协助。工作人员表示，随着市场机制的引入，保障房政策实施监管的主体也在趋向于多样化，在保障房政策实施过程中，政府部门也通过新闻媒体、公开电话、公证处等多种途径接受社会的公开监督。

（3）政策实施和资金问题对黄岛区保障性住房的影响

这方面重点采访了发展集团工作人员，主要存在两个问题：一是保障房政策实施对于本区房地产市场格局影响；二是资金问题是否成为保障房政策进一步实施的瓶颈。

对于第一个问题，受访工作人员表示，保障性住房政策的实施对于本区的房地产市场有一定影响，但影响不大。具体表现在：一是保障房对象为中低收入群体，在现有的商品房市场中不具购买力；二是保障性住房的供给量占房地产市场的比例太小，不足以影响其供求关系；三是受全国房地产市场形势影响，保障性住房价格优势变小。因此，黄岛区房地产市场的发展并未受到保障性住房政策开展实施的冲击。

对于第二个问题，受访人员表示，资金问题并不是限制保障房政策实施的瓶颈。黄岛区现已开工建设的保障性住房项目已经可以满足今后几年的需求，其中廉租住房项目已经连续两年供大于求，所以不存在资金限制保障房建设的问题。但是，当下青岛市政府正在对人才公寓建设和公共租赁住房建设进行调度，以满足多层次人员对住房的需求，所以届时资金的大量投入将很大程度决定保障房政策的顺利实施，从这一点来看，资金问题仍是影响保障房建设发展的因素之一。

（4）其他影响因素

访谈的最后，受访工作人员还谈到了一些自己对保障性住房建设的看法：

一是保障性住房政策的实施还需要学习借鉴先进地区的经验，提高工作人员的业务素质，增加网上作业流程，减少主观性工作的流程比例。

二是在政策实施过程中减少村（居委会）、镇（办事处）开具的证明材料，增加劳动保障、税务、工商、国土房管等区市级窗口证明材料，完善机制，简化流程，实现便民、利民、惠民的要求。

5.政策环境分析

分析黄岛区保障性住房的政策环境,有必要对黄岛区房地产市场进行考察分析。因黄岛区保障性住房建设主要集中在西区,因此把黄岛西区的房地产市场作为分析对象。

(1)整体形势

2014年1—7月份,受宏观调控影响,房地产销售市场整体呈下滑趋势。

一是商品房可售房源同比增长:截至2014年7月31日,西区可售商品房面积214.36万平方米,同比增长16%;可售套数19784套,同比增长15%。可售房源中住宅面积147.95平方米,同比增长18%;住宅套数14384套,同比增长16%。可售住宅中,90平方米以下占33%,90—144平方米占55%,144平方米以上占12%。

二是商品房销售面积同比持平金额:1—7月份累计商品房销售面积46.8万平方米,同比下降4%;套数5210套,同比增长9%;金额32.56亿元,同比下降13%。其中1月份商品房销售792套、6.9万平方米,2月份商品房销售590套、5.4万平方米,3月份商品房销售716套、6.5万平方米,4月份商品房销售840套、8.3万平方米,5月份商品房销售591套、5.3万平方米,6月份商品房销售832套、7万平方米,7月份商品房销售849套、7.4万平方米。

单位:万平方米

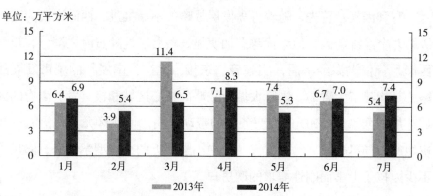

图14 2013、2014年1—7月份商品房每月销售面积对比示意图

从住宅销售结构来看，90平方米以下的占59%，90—144平方米的占36%，144平方米以上的占5%，结构比例比较合理。

三是商品房成交均价同比下降：2014年1至7月份，商品房均价6953元/平方米，同比下降9%。其中住宅均价6537元/平方米，同比下降13%。1—7月份住宅均价分别为6576元/平方米、6955元/平方米、7074元/平方米、6725元/平方米、6509元/平方米、6250元/平方米、5820元/平方米，同比均有所降低，从月度住宅销售均价来看，环比整体呈下降趋势。

单位：元/平方米

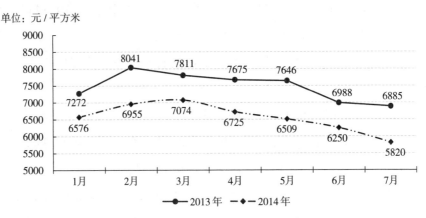

图15　商品住宅每月销售均价对比示意图

（2）原因分析

有利因素：首先，随着青岛发展战略的不断推进，西海岸成为国家级第九个经济新区，地缘优势愈加明显。黄岛区地处黄海之滨，胶州湾西岸，背依渤海经济圈，实施着"东接、北扩、南展"的城市发展战略，是构建"大青岛"国际大城市战略的核心区域和极具发展潜力的区域；加之西海岸CBD中央商务区的带动作用，使西区尤其是沿海一线房地产市场迅猛发展。其次，一些中小学附近的小户型学区房，满足了不少因孩子上学而刚性需求的购房户。

不利因素：首先，银行执行"差别化房贷政策"，继续收紧信贷政策，并且银行对于开发贷和按揭贷款的谨慎态度，在未来较长一段时间内较难改变，使房地产市场资金流动受限，给开发商的资金流动带来较大压力；其次，商品房销售均价虽然下降，但总价较中低收入家庭来说还是较高，这部分家庭的购房愿望在一段时期内还是被抑制，短期内难以筹集资金购房；再次，黄岛区政府向东城区搬迁，可能会对西区的部分楼盘销售市场带来一些负面影响；此外，一些刚性需求的人群可能会从补偿安置房中买到价廉的住房，而取消购买商品房的计划。

五、研究结论：需要解决的主要问题 和未来路径选择

本研究通过问卷调查、深度访谈以及数据分析的方法，对黄岛区保障性住房政策的实施现状进行了阐述和分析，发现了黄岛区保障性住房发展中存在的一些问题。具体问题可以归纳为三点：一是黄岛区保障性住房的发展方向与政策调整问题；二是政府在保障性住房管理工作中存在的问题；三是保障性住房政策实施的市场机制运用和社会参与问题。

（一）黄岛区保障性住房的发展方向与政策调整问题

大力发展公共租赁住房是黄岛区今后保障性住房的发展方向。从问卷所收集到的民意调查信息以及对政府部门管理人员的访谈，都证明了公共租赁住房最能适应当下保障性住房发展要求，是最能满足中低收入者多元自主住房需求的保障形式。同时，这一发展需求也顺应了国家提出的保障性住房并轨的政策意见。

这一发展趋势需要对现有保障性住房政策加以调整。"三房并轨"政策提出要逐步取消经济适用房，将廉租住房和公共租赁住房合并为公

共租赁住房的形式。如何统筹保障性住房建设，加快推进保障性住房政策并轨成为今后黄岛区保障性住房发展所必须解决的问题。

（二）政府在保障性住房管理工作中存在的问题

政府在保障性住房管理工作中既是政策的执行者，也是政策的管理者。执行者的角色体现在，要保证中央以及上级政府所制定的保障性住房政策的各项要求能够得到严格落实执行。管理者的角色体现在要做好保障性住房的运营及监管工作。从调查分析得到的结论来看，当前政府管理者的角色作用要显著大于执行者的作用。

这是由于政府保障性住房建设推行多年，各项政策规定及程序要求已趋于完善，政府在执行过程中只需要严格按照规章和程序办事，便可以保证政策的正常实施。但与此同时，政府在保障性住房运营监管方面的问题便突显出来。例如，保障性住房社区管理水平；社区周边学校、医疗、商业及交通等配套设施的完善，对招标运营单位的后期检查和考核，保障性住房退出机制的完善等一系列涉及保障性住房后期管理的问题，应当成为政府着力解决的重点所在。

（三）保障性住房政策实施的市场机制运用和公民参与问题

在保障性住房增长实施过程中，市场机制的运用，体现了黄岛区"政府主导，市场运作"的保障性住房建设基本原则；社会公民的参与，体现了"以人为本"的政策理念，"住有宜居"的政策目标，以及多中心治理的思想。这一问题具体表现为两方面。

一是如何在政府主导下，大力扶持鼓励企业参与到保障性住房建设中来，实现政府投资和社会投资相结合、配套建设和集中建设相结合的保障房建设模式，更好地满足保障性住房的供求。

二是如何对社会舆论加以正确引导，营造良好社会氛围，引导居民进一步转变住房观念，争取社会各界对住房保障工作支持，为保障性住房建设打好舆论和社会基础。

结合国家的政策走向，基于黄岛区住房保障建设发展的实际情况，本研究认为解决以上问题的最终途径是进一步完善黄岛区保障性住房政策体系。从调查结果来看，大力发展公共租赁住房是完善保障性住房政策体系的关键所在，具体应着力从政府主导、企业参与、公民监督三个方面入手，大力发展公共租赁住房。如图 16 所示：

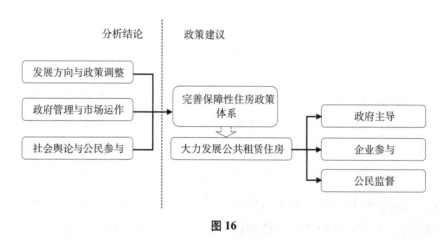

图 16

（四）保障性住房发展的路径模式选择

根据研究结论，研究者认为黄岛区进一步发展保障性住房应该遵循以下发展路径，这一路径模式具有一定的推广价值，这也是本文研究的重要贡献之所在。

如图 17 所示，保障性住房建设的进一步发展依赖于保障性住房政策体系的完善。这一统筹发展指的是对现有的各类保障性住房进行相应的调整与完善。其中，经济适用住房的发展瓶颈亟须打破；廉租住房由于其政策目标对象的特殊性，使得其必须存在且发挥着不可替代的作用；而公共租赁住房的大力发展，则是黄岛区今后保障性住房建设发展完善的关键所在。

在这一过程中，由于保障性住房以及住房保障问题的公共性，政府势必起到主导的作用，这一主导作用主要体现在政府从政策执行者转

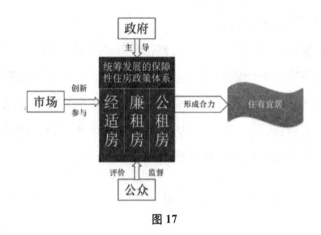

图 17

变为管理者和服务者的过程中。市场机制的引入是住房保障模式方面的创新，是对企业参与保障性住房建设的鼓励和肯定。当然，市场机制的引入必然对政府的管理服务能力和绩效提出挑战，因此，第三方组织和社会公众在这一发展路径模式中的作用便凸显出来，其作用主要在于对保障性住房政策实施成效的评价与监督。基于"善治"的发展理念，通过政府、市场和社会三方形成的合力，致力于实现"住有宜居"的政策目标，保障和发展好中低收入群体的根本利益，才是保障性住房政策正确的路径选择，也是决策者明智的治理之道。

（原文载于台湾《公共事务评论》2016 年第 16 卷第 1 期）

地方政府公共文化服务现状探析——
基于 A 市的实证研究

公共文化服务事业单位，指在文化领域从事研究创作、精神产品生产和文化公共服务的组织机构。主要为社会提供精神产品，满足人民对文化生活的多种需求，一般由政府主管部门审定资格，管理形式多样化，涵盖门类多，单位分布广。文化事业单位主要分以下几类：演出事业单位，艺术创作事业单位，图书文献事业单位，文物事业单位，群众文化事业单位，广播电视事业单位，报纸杂志事业单位，编辑事业单位，新闻出版事业单位等。

公共文化服务致力于实现人作为社会之人的基本文化权利，让公民的文化权利与政治权利以及经济权利一道受到应有的关注；同时，它强调社会公民享有公正、平等的文化权利，让各地人民在文化发展方面获得机会的均等、获得文化公共物品以及服务的均等以及社会文化权利保障等其他方面的均等，让文化公平与经济公平以及政治公平一样实现协调与包容共进。①

公共文化服务均等化即在公平原则和社会文化平均水平的前提下，

---

① 唐亚林、朱春：《文有所惠：公共文化服务均等化与包容性发展》，《中国城市管理高峰论坛论文集》2011 年 12 月，第 226 页。

在尊重文化自由选择权的基础上，对所有公民的文化需求提供均等的产品与服务。①

公共文化服务均等化内涵包括两方面：第一，均等化不是指绝对的平均主义和单纯的等额分配，而是在强调城乡、区域、居民之间对公共文化产品具有均等的享有机会的前提下，通过有效的制度安排，实现各地人民享有公共文化的基本权利和公共文化服务的帕累托改善。第二，均等化并不是抹杀人们的需求偏好，强制性地让人民接受等样等量的公共文化产品，而是在尊重人们自由选择权和需求差异的基础上，满足人们的多种文化需求。②

着力推进公共文化服务均等化，是保障公民基本文化权利、回应公民文化需求的基本要求；是坚持文化发展的正确方向、弘扬社会主义先进文化的本质要求；是实现文化资源平等共享、促进社会和谐发展的必然要求。③

本研究基于公共财政视角，对某县级市文化公共服务机构进行了全景化的实证研究。

一、某市公共文化服务机构收支情况分析

某市文化体育局隶属的有图书馆、博物馆、文化馆、梆子剧团、电影公司等事业单位，区分为公益性文化事业单位和经营性文化事业单位。

---

① 边继云：《河北城乡公共文化均等化存在问题及产生原因》，《河北科技师范学院学报》2009 年第 12 期。

② 唐亚林、朱春：《文有所惠：公共文化服务均等化与包容性发展》，《中国城市管理高峰论坛论文集》2011 年 12 月，第 226 页。

③ 曹爱军、杨平：《公共文化服务的理论与实践》，科学出版社 2011 年版，第 3—4 页。

表1　全市文化公共服务机构清单（总体布局）

单位：元

编号	单位名称	级别	单位性质	财政管理方式	财政支出总量	事业收入总量
1	市文体局	科局级	行政机关	全额财政拨款	249020	508000
2	市文化馆	股级	公益性事业单位	全额财政拨款	426456	185000
3	市图书馆	股级	公益性事业单位	全额财政拨款	338199	38000
4	市博物馆	股级	公益性事业单位	全额财政拨款	550000	1122000
5	市电影公司	股级	经营性事业单位	自收自支		553149
6	梆子剧团	股级	经营性事业单位	差额	80000	260000
合计					1643675	2666149

从表1可以看出，该市文化服务机构可用财力水平一直较低，财政部门为了平衡预算，只能在压减公用经费的同时，降低个人部分开支标准；在项目资金安排上，每年都面临着钱少事多的窘境，多数情况下只能撒"胡椒面"。文化公共服务陷入极其困难的被动局面。

表2　文化体育公共服务经费总额收支情况表

单位：万元

		A 年	B 年	C 年
总收入（万元）		288.7	341.5	407.5
类别明细	一、财政预算内拨款	175	226	239
	1. 正常经费			
	2. 专项拨款			
	二、实际缴纳财政专户收入总额	113.7	115.5	168.5
	1. 行政事业性收费	1.7	1.5	1.5
	2. 政府性基金附加	2.3		
	3. 经营性收入	10	11	12
	5. 其他收入	79	103	155
	三、社会资金投入			

续表

		A 年	B 年	C 年
总支出（万元）		274	331.5	455
类别明细	一、人员支出	148.3	167	213
	1. 人员工资	130.3	147	181
	（1）财政供养人员工资	104.3	121	155
	（2）非财政供养人员工资	26	26	26
	2. 社会保险缴费	14	17	18
	3. 奖金福利补贴	0.5	0.6	0.8
	4. 其他人员支出	3.5	2.4	13.2
	二、公用支出	98.7	135.7	211
	1. 正常办公经费	24.7	38.9	44.5
	2. 交通费	5.3	10.8	15.8
	3. 固定资产购置和大修理支出	32.7	33.4	58.6
	4. 基础设施建设支出			
	5. 其他公用支出	36	52.6	92.1
	三、对个人及家庭补助支出	27	28.8	31
	其中：住房公积金			
	四、各类专项支出			

	序号	服务名称	管理人员数	受众人口数	2005 年投入
服务项目	1	图书借阅	11	5 万	2
	2	全市重大节日演出	14	40 万	
	3	送戏、科技下乡、消夏电影	20	20 万	10
	4	文物展览收藏	11	10 万	
	5	开展各类体育活动	14	3 万	8

根据表 2 数据，对 A、B、C 三年文化公共服务经费总额收支情况加以分析，A 年财政预算内拨款 239 万元，比 B 年的 226 万元增加了 13 万元，增长 5.75%；比 C 年的 175 万元增加了 64 万元，增长 36.57%。尽管逐年增长，但总体数额相当于旺盛的公共文化需求而言只是杯水车薪。近三年来，全市社会资金没有在文化公共服务部门投入一分钱，基础设施建设支出为零，办公经费少得可怜或者没有，公共文化服务活动的开展受到资金投入的限制与制约，服务项目单一。由于投入不足导致数量少，规模小，覆盖面窄，质量得不到保障，公共文化服务部门仅靠财政补贴和少量的经营收入勉强维持运转。

二、某市基层文化部门服务现状分析

文化是社会和谐的思想根基和源泉，构建和谐社会，必须着力构建覆盖全社会的公共文化服务体系，实现和保障公民基本文化权益。公民文化的建构必须依托相应的物质基础，依靠充足的文化基础设施建设。

该市区人口在 12 万左右，文化设施有文化馆、博物馆、图书馆、影剧院、梆子剧团等。博物馆、图书馆、文化馆均为财政开支，属公益性事业单位，财政全额拨款；影剧院为经营性事业单位，产品属性为准公共产品，财政保障范围属于自收自支的事业单位；梆子剧团为准公益性事业单位，产品属性为准公共产品，由财政进行差额补助。本研究对农村的基础文化设施也进行了调查摸底。

（一）全市文化服务单位具体情况分析

1.博物馆

市博物馆建于 1989 年，是一座综合性博物馆，占地面积 2000 多平方米，建筑面积 1200 平方米，设有历史文物厅、革命人物厅、工农业特色展厅、海洋生物厅等。年接待观众 6 万人次，举办展览 10 余次。

研究结论：市博物馆服务公众，具有公益性、非营利性及公众的参与性特征，产品属性属于公共产品，财政保障范围应该是全额财政拨款，性质属于公益类公共服务事业单位，因而应该由政府应承担相应的责任，提供充足的公共服务。拟定经费形式应该是财政基本保证经费——定项补助。

2. 文化馆

现有美术、音乐、舞蹈等专业技术人员 20 余人，年组织举办各种文艺活动 20 多次，辅导青少年 400 余人。

研究结论：文化既是一项事业，也是一类产业，具有满足人们精神文化公共需要与市场需求的双重属性、双重职能，其目的都是为了增加社会精神文化产品，更好地满足社会日益增长的文化生活需求。由于文化具有经济价值的基本属性，决定了一切文化资源、资产都可以进行不同程度的经营开发，经营性开发与公益性服务都是为了充分利用文化资源，提高文化生产与服务效力。公益性文化事业应该以公益性职能为主，满足公共需求，提供公共服务。因此，在运作方式和资金来源上与经营性文化产业有一定的区别。但公益性与经营性不是截然分开和根本对立的，在一定社会经济条件下是可以转换和统一的。从发展趋势看，随着社会的发展和市场经济在经济发展中比例和调节作用的增大，纯公益性职能在不断调整，市场对文化资源的配置和调节范围与力度会不断加大。

3. 市图书馆

职工总数为 14 人，在编人员 14 人，其中具有中级职称的 3 人，副研究员 1 人，高级会计师 1 人，大专以上学历占职工总数的 38%，另有退休人员 5 人。目前图书馆读者存量为 500 人左右，每年新增的读者数不足 100 人，并且有递减的趋势。

表 3　市博物馆调查统计表

收支情况

总收入	合计	财政性资金 a	其中：预算内拨款 b	事业收入 c	经营收入 d	其他收入 e	上年结余
	1672000	550000	550000	1102000		20000	
		a/总收入 %	b/a%	(c+d+e)/总收入 %			
		33%	100%	67%			

总支出	合计	人员支出	对个人和家庭补助支出	日常公用支出	固定资产购建大修理支出 f	f/总支出 %
	1641900	361637		1280332	182900	11%

财政人数

年末人数	在职职工	离休人员
	11	

财政供养人员	在职职工	离休人员
	11	

年末结余	年末学生人数

基本情况

成立时间	批准机关	经费形式	人员编制	实有人数
	人事局编办	全额财政拨款	14	16

人员结构	行政管理	专业技术	后勤人员	生产工人	其他人员
	2	5			9

薪酬制度　按事业单位工资标准执行职务等级标准

宗旨和业务范围　服务公众、具有公益性、非营利性及公众的参与性

技术标准　1. 性质：公益性；2. 产品属性：公共产品；3. 财政保障范围：全额财政拨款
公益类公共事业单位，由政府提供公共服务

结论

单位性质	公益类公共事业服务单位
拟定经费形式	财政基本保证经费——定项补助

表 4　市文化馆调查统计表

收支情况

总收入	合计	财政性资金 a	其中:预算内拨款 b	事业收入 c	经营收入 d	其他收入 e	上年结余
	611456	426456	426456	175000		10000	
		a/总收入%　70%	b/a%　100%	(c+d+e)/总收入%　30%			

总支出	合计	人员支出	对个人和家庭补助支出	日常公用支出	固定资产购建支出 f　大修理支出 f	f/总支出%
	638201	287968	119992	230241	76000	12%

财政人数

年末人数	在职职工	离休人员
	13	8

财政供养人员	在职职工	离休人员	年末学生人数
年末结余	13	8	

基本情况

批准机关	成立时间	经费形式	人员编制	实有人数
人事局编办	1950	全额财政拨款	16	13

人员结构	行政管理	专业技术	后勤人员　生产工人　其他人员
	2	8	3

薪酬制度：按事业单位工资标准执行职务工资等级标准

宗旨和业务范围：服务于党和政府的中心工作，组织群众文化活动，开展各项宣传和艺术创作活动，对民间艺术加以挖掘和保护

技术标准：1.性质：公益类事业单位；2.产品属性：公共产品；3.财政保障范围：全额财政拨款

单位性质：公益类公共服务事业单位；由政府提供公共服务

界定结论：拟定财政经费形式　财政基本保证经费——定项补助

表5 市图书馆现状与参考标准平均水平比较表

基本情况	市图书馆	文化部县级图书馆参考标准	全国县级图书馆平均水平	该省县级图书馆平均水平
馆舍建筑面积（平方米）	700	一级馆：2500 二级馆：1500	1327	1176
阅览室面积（平方米）	150平方米		293	257
总藏量（册、件）	6 万	4 万册以上	7.25 万	4.52 万
人均藏书量（册、件）	0.05 册	国际图联标准：人均 2 册	0.12 册（县级）	0.19 册（全省）
计算机			10	4
流通人次	3 万人次		4.76 万人次	2.41 万人次
高级职称职工占比	14、3%		2.4%	3.2%
中级职称职工占比	21.4%		24.3%	25.8%
为读者举办活动次数	10 次		60 次	30 次
年书刊购置款	2 万元	不小于 2 万元	3.85 万元	0.98 万元

注：数据来自中国文化文物统计年鉴。

研究结论：某市在该省属于沿海富裕县，但从该表对比数据可以看出，图书馆馆舍建筑面积、阅览室面积均大大低于文化部评价标准、全国评价标准和全省评价标准；藏书量尽管达到了文化部标准，但远远低于全国和全省标准，人均藏书量较三个标准更是少得可怜；信息技术飞速发展，该市图书馆计算机还是空白；为读者举办活动次数、年书刊购置款均大大低于全国、全省评价标准。

市图书馆服务公众，具有公益性、非营利性及公众的参与性，产品属性属于公共产品，财政保障范围应该是全额财政拨款，性质属于公益类公共服务事业单位，因而应该由政府提供公共服务。但总体而言，政府在该领域的投入少得可怜，每年仅人员支出就占据了投入的绝大部分，用于购书、固定资产投资、环境改善、活动组织等方面的经费捉襟

表6 市图书馆调查统计表

收支情况

总收入	合计	财政性资金 a	其中：预算内拨款 b	事业收入 c	经营收入 d	其他收入 e
	376199	338199	338199	35000		3000
	a/总收入%	b/a%			(c+d+e)/总收入%	
	89.90%	100%			10.10%	

总支出	合计	人员支出	对个人和家庭补助支出	日常公用支出	固定资产购建大修理支出 f	f/总支出%
	370533	216080	73055	81398	20077	5.42

薪酬制度	按事业单位工资标准执行职务等级标准
宗旨和业务范围	保存借阅图书资料，促进社会经济文化发展。图书、文献、报刊、音像资料采编制与储藏，图书资料网络系统，文献数字化处理
技术标准	1.性质：公益类事业单位；2.产品属性：公共产品；3.财政保障范围：全额财政拨款
单位性质	公益类公共服务事业单位，由政府提供公共服务
界定结论	拟定财政经费形式：财政定项补助：采用按定额+流通量拨款模式，定额：藏书维护、新书采购和阅览室，其余按流通量计算

财政人数

年末人数	上年结余	在职职工	离休人员
		14	5

财政供养人员	在职职工	离休人员
	14	5
年末结余	年末学生人数	

基本情况

批准机关	成立时间	经费形式	人员编制	实有人数
人事局编办	1998.12	全额财政拨款	14	14

人员结构	行政管理	专业技术	后勤人员	生产工人	其他人员
	2	5			7

见肘，政府财政支出责任不到位。

公共服务是公共图书馆服务的基本属性。作为公共服务重要组成部分的图书馆服务应体现以下基本原则：公平原则、公益性原则、无差别原则、适度原则、资源与服务共享原则、不断发展原则。由于投入不足，认识不到位，该市图书馆公共服务职能受到制约，以上原则的体现也成为空谈或形式。

4. 市电影公司

市电影公司建于 1952 年，下设影剧院和影视城，建筑面积 4000 平方米，年放映电影 1000 场次，曾获全国农村电影工作先进集体、全省农村电影放映双十佳单位。

研究结论：在农村电影放映工作中，电影文化需求依然存在，电影放映场所的存在，不仅为村民提供了文化娱乐休闲的机会，也为百姓搭建了沟通交流、进行经济文化活动的平台。为了解决贫困农村和边远地区"看电影难"的状况，丰富群众业余文化生活，政府应该为农民提供电影文化服务，即政府"花钱买服务"，经过认真调研核算，确定对贫困农村、边远地区放映场次，核定绩效预算。除此之外，全部推向市场。

5. 市梆子剧团

研究结论：对市梆子剧团来说，可以采取两种财政补助形式，一是基于对传统文化继承发扬和保护，应把人才的培养视为公共产品，按后备人才培养数量核拨定额培养费用，其余的经营性演出，按市场化方式运作，财政付费主要定位在人才培养和艺术传承；二是采取按绩效补贴的方式：由以往剧团按照"人头拨款"的方式改为按大、中、小场次加以补助，将工资等所有支出（服装道具、差旅费）计入场次中，以绩效管理为中心。

6. 农村文化基础设施

通过对全市乡镇文化站、乡镇书店，乡村文化室、乡村图书室、

表 7　市电影公司调查统计表

收支情况

总收入	合计	财政性资金 a	其中：预算内拨款 b	事业收入 c	经营收入 d	其他收入 e		
	553149	553149		553149				上年结余
	a/总收入 %	b/a%		(c+d+e)/总收入 %				年末结余
				100.00%				

总支出	合计	人员支出	对个人和家庭补助支出	日常公用支出	经营收入	固定资产购建大修理支出 f	f/总支出 %
	1030184	476697	553487	137495			13

薪酬制度	按事业单位工资标准执行职务等级标准
宗旨和业务范围	组织群众文化活动，为文艺演出提供场所与相关服务。影片与幻灯放映、影视录像放映，演出场所提供与管理、演出票务服务、电影发行
技术标准	1. 性质：公益类事业单位，2. 产品属性：公共产品；3. 财政保障范围：全额财政拨款
单位性质	经营性事业单位
拟定财政经费形式	经营性事业单位
界定结论	除为解决贫困农村"看电影难"的问题，需要"政府花钱买服务"外，自收自支

财政人数

年末人数	在职职工	离休人员
财政供养人员	在职职工	离休人员
年末学生人数		

基本情况

成立时间	批准机关	经费形式	实有人数	
			编制	其他人员
1950	人事局编办	自收自支	42	58

人员结构	专业技术	行政管理	生产工人	后勤人员	其他人员
	4	3			51

表 8 市梆子剧团调查统计表

收支情况

总收入

合计	财政性资金 a	其中：预算内拨款 b	事业收入 c	经营收入 d	其他收入 e	上年结余
340000	80000	80000	260000			
a/总收入 %	b/a %	(c＋d＋e)/总收入 %				
100.00%						

总支出

合计	人员支出	对个人和家庭补助支出	日常公用支出	固定资产购建大修理支出 f	f/总支出 %	年末结余
340000	180000		160000	60000	17.6	

薪酬制度：按事业单位工资标准执行职务等级标准

宗旨和业务范围：创作演出优秀剧目为观众服务。舞台艺术作品创作；传统艺术整理加工与保护；国内艺术作品演出；艺术普及推广；艺术创作表演人才培养

技术标准：1. 性质：公益类事业单位，2. 产品属性：公共产品，3. 财政保障范围：全额财政拨款

单位性质：准公益类事业单位

界定结论：对传统文化继承和培养人才，是公共产品。应按培养人数核拨定额培养费，财政给予定额补助。其余经营性演出，按市场化方式运作

拟定财政经费形式：全额财政拨款

财政人数

年末人数

在职职工	离休人员
14	5

年末学生人数

人员结构

行政管理	专业技术	生产工人	后勤人员	其他人员
1	14	4	5	34

基本情况

成立时间	经费形式	人员编制	实有人数
1951	全额财政拨款	28	39

批准机关：人事局编办

乡村体育场所以及有线电视安装、全国文化信息资源共享工程的调查，把全市农村文化基础设施概括为下表：

表9　全市农村文化基础设施情况

项目	基本情况概述
乡镇文化站	活动室较为简陋，有的与别的单位合用或兼有其他功能；有的年久失修，墙皮脱落，图书少而单一、设施简单，设备缺失，载体功能严重弱化。
乡镇书店	乡镇书店共有13家，数量呈下降趋势，虽品种面向农村需求，但由于价格高，品种单一，购书者很少，经营惨淡，一些不健康的盗版书籍充斥农村市场。
村文化室	272个村无文化室，覆盖率仅16.7%，面积小，设备设施老化，陈旧单一，多数"只见招牌、不见内容"，或关门停止服务，或转为他用。
村图书室	252个村无文化室，覆盖面27.6%，只有25—30个村能正常开放，但存书偏少偏旧，人均图书只有1.2册。
有线电视安装	群众反映有线电视安装费、收视费定价偏高，有22%的村是空白村，2个乡镇安装超过80%，其他都在40%以下，D镇不足8%，有30%的群众不能完整收看中央一套电视节目。
村体育场所	共有175个，其中超500平方米、固定的场所仅65处（与学校合用），健身场所和器材十分短缺，多数用打麦场代替，有些学校把打麦场当作操场来用。
全国文化信息资源共享工程	全市只有两个，普及面较窄，推广度较小，效果还不明显。

三、某市文化公共服务方面存在问题剖析

该县级市历史悠久，秦汉时期已有行政设置，文化遗存较为丰富，具有厚重的文化积淀和底蕴。独特的自然环境和人文历史造就了文化的丰富性、开放性和包容性，基础民众对公共文化活动的参与度较高，认同性较强，表现出一定的创造精神和创新意识。但是研究表明，该市提

供给公民的文化产品和文化服务，不论从数量还是质量，都远远不能满足城乡居民的实际需求。

（一）公共文化产品的供给服务缺乏公民参与，偏离民主意愿

"强大的民主是共享参与式民主模式。确切地说，参与式民主模式致力于公民自治而不是以公民的名义为代表的治理模式。并不要求公民在每个环节每个项目中都直接参与治理，而是有经常性的政策制定的权利，尤其是涉及关乎民生及重大利益的政策制定中需要公民的深度参与，以确保重要权力资源配置公平合理。"① 在公共文化产品的供给上，各级政府的意志、长官意志长期占据主导地位，政府意志偏离民主意愿，公共政策的制定、公共财政的投入领域和投入数量、公共服务项目的执行监督，均缺乏公众广泛有效的参与，公民和政府之间因参与沟通渠道的不畅，民众意志和愿望难以在政府政策中得到体现，政策资源配置的公平性受到质疑。公共文化方面的需求尤其受到忽视，真实文化诉求无法得到表达，文化的需求者、享有者在公共文化服务中只能扮演被动的接受者。公共文化产品不是基于公民需求来供给，被忽视的民众要么对偏离其意愿的决策持淡漠态度，要么持反对态度，甚至有过激的言论与行动。症结在于公民文化权利中自主性参与的缺失。因而，在包容性社会发展环境下，畅通公民参与的渠道、促成民主意愿的达成成为当务之急。

（二）文化事业财政经费投入严重不足，资金筹措渠道单一，重文化产业投入而非文化服务事业投入

财政投入是公共文化服务发展的重要保障，公共文化发展水平很

---

① Barber，B.R, Strong Democracy: Participation Politics for a New Age，Berkeley and Los Angles: University of California Press，1984，p.151.

大程度上取决于公共财政的投入力度。根据《2010 年中国文化文物统计年鉴》的数据：2009 年，上海市人均文化事业费最高，达到了 93.51 元，河北省人均最低，仅为 9.60 元，两地相差接近 10 倍。近年来，该市用于文化事业发展的经费更是捉襟见肘，按照人均文化事业经费计算仅 4.6 元。乡镇财政每年文化建设投入大多徘徊在 5000 元左右，最多的仅有 1 万元，乡镇新建文化场所和设施大多处于停滞状态。

表 10　全市近 6 年文化事业投入情况统计表

单位：万元

项目	第一年	第二年	第三年	第四年	第五年	第六年
全部财政收入	17716	19116	28033	23735	36844	51288
全市文化事业支出	78	96	150	160	193	191
乡镇文化事业支出	11	14	13	17	21	25
乡镇文化活动经费	3	4	4	7	9	12

全市文化事业支出、乡镇文化事业支出、乡镇文化活动经费在全部财政收入中占极小的比例，每年增长的比例也不大。乡镇文化站经费大多用于人头费，办公活动经费极少，村级文化室基本上没有经费来源，实际上处于自生自灭的状态。农村税费改革后，文化事业费主要依靠上级转移支付，而且主要投入县级以上文化事业，用于乡村的比例很低，村级文化事业建设存在较大的资金缺口。

基于各级政府财政支出结构的视角，公共文化服务属于中央和地方的共同责任，中央和省级政府尽管集中了主要的财力，但事权却大多落在财力较弱的县乡（镇）政府肩头上。由于公共文化产品和服务具有准公共属性，造成财政资金在不同类型的公共服务之间投入的失衡，文化事业费的支出明显偏少偏低，只是在节假日或领导视察时，组织些送节目、送图书、送设备下乡的临时活动，缺乏对农民精神文化层面持久的配置。政府在经济增长的驱动下，在文化发展与繁荣的形势下，把文化服务、文化建设的资金堂而皇之地安排到文化产业中去，公益性文化服务事业因受到忽视而发展缓慢。

（三）文化基础设施建设滞后，文化供给水平低下

文化服务基础设施匮乏，建设经费和维修经费及其短缺。目前，全市现有文化公共服务基础设施两处，一是市图书馆，二是市电影公司和剧团。市文化馆 1994 年拆除后其收入用于图书馆大楼建设，现有 2100 平方米的图书馆大楼，市文化局机关使用 700 平方米，市文化馆使用 700 平方米，图书馆使用 700 平方米，导致文化馆、图书馆均达不到三级馆的条件要求。梆子剧团无办公场地，现在占着电影公司办公用房。现有的市电影公司建于 1992 年，由于缺少维修经费，主要设施长年失修，已不能正常使用，导致全市一些正常的文化服务活动无法开展。此外，乡镇和农村文化设施更少，只有 5% 的乡镇、农村有图书室、文化活动室，远不能满足群众文化生活需要。

基层群众对于文化服务的诉求，不是单纯的文体娱乐活动，而是整体和广义的文化需求，因而需要个性化和多元化的文化服务供给。现今，农民期盼公共文化设施建设和完善的呼声很高，文化权利意识开始觉醒，但由于资金缺位，财力紧张等主要原因，自 2000 年以来，全市农村公共文化设施建设投入很少，很多基础设施因年久失修，连维修资金都难以到位。公共文化基础设施的短缺和功能弱化，使乡镇、农村失去了开展文化活动的载体与阵地，乡镇基层文化站的功能也逐渐呈现出弱化的趋势。

（四）文化机构功能逐级弱化，文化市场监管不力，文化公共服务呈边缘化趋势

由于文化体制障碍，经费和基础设施方面的限制，全市乡镇文化专职干部身份地位尴尬，文化服务工作专职人员"外行""老化""兼职"

现象十分普遍。例如乡镇文化站站长同时兼任计划生育、卫生、民政等多项工作，难以履行职责，甚至出现以文化工作为"副业"的"倒挂"现象。文化领域的专职工作人员在群众文化活动开展、组织文艺创作、举办展览、开办培训班等方面的工作动力不足，工作积极性不足，许多骨干人员待遇落实困难，收入得不到保障，人员流失现象严重，在岗人员业务素质相对较低，文化活动内容形式单一，缺乏创新。

此外，部分基层领导认识存在偏差，把农村文化工作放在从属和次要的位置，认为农村文化工作可有可无，只做表面文章，文化公共服务提不上议事日程。由此，造成县、乡镇、农村三级网络纵向、横向联系脱节，基层文化工作与其他工作相比，没有什么硬性指标，基本上处于无量化考核状态。

在一些农村，公益性文化设施被挤占、挪用，甚至拍卖用作商业性活动。据统计，全国城市平均每万人有文化市场管理人员 15 名，农村 3 名。该市农村没有专门文化市场监管机构，文化主管部门人员配备更少。一些偏远村庄由于管理跟不上，非法出版物、封建迷信活动还有一定市场，文化主渠道作用难以发挥。个别富裕村的图书资料室、放映室、文化活动室少有对村民开放，应付上级检查时才找些提前安排好的人表演给检查组看，公共文化的服务功能偏离了预定的轨道。

（五）农民收入偏低制约了文化消费支出

近年来，全市通过实施"富民工程"，农民收入有了一定程度的增长，但是，与其他沿海地区相比，收入仍然偏低。温饱后的农民，除保障日常生活、扩大再生产、改善住房和子女就学外，没有更多的余钱投向文化消费，实际消费偏向与文化渴求形成鲜明反差。同时，群众思想观念与市场经济还不能完全适应，旧思想、旧观念根深蒂固，对新文化、新知识学习不够或知之甚少，看电视、搓麻将往往成为文化消遣的第一选择。此外，农村愚昧消费、比阔气现象还比较严重，赌博、封建迷信等畸形文化有恶性膨胀之势，严重危害群众身心健康。

近 5 年，农民收入逐年增长，但增长幅度不大。从人均订阅书报支出、人均广播电视支出、人均体育器材支出、户均技术培训支出几个指标看，消费支出增长幅度较小，有些指标还出现负增长，户均技术培训支出从第一年的人均支出 32.8 元下降到第五年的 17.4 元，最低的年份仅有 10.2 元。

表 11　全市农民收入与文化消费支出情况统计表

单位：元

项目	第一年	第二年	第三年	第四年	第五年
农民纯收入	2926	2751	2908	3288	3616
人均订阅书报支出	3	7.3	8.9	6.4	4.5
人均广播电视支出	0.6	2.1	2.3	3.8	5.1
人均体育器材支出	1.1	2.4	3.7	4.1	4.4
户均技术培训支出	32.8	18.8	10.2	13.9	17.4

说明：1. 广播电视支出不包括购置电视机、收音机等硬件设施。
　　　2. 技术培训支出包含中小学文化程度人员的劳动技能、职业教育培训。

四、公共文化服务体系的构建之道

真正意义上公共文化服务体系的建构，需要以包容性、开放性为价值导向，在尊重公民文化选择、地域文化传统的基础上，关注民生民意，调动社会力量，向公民提供符合其偏好和意愿的均等化的公共服务。

（一）要进一步理顺政府与文化事业单位的关系，实现公私合作治理

转变政府职能，要真正做到政事分开，依法管理，把文化事业单位尽快从行政机关剥离出来，改革和完善财政支出方式，深化文化事业

单位内部人事、收入分配和社会保障制度改革，这是深化文化体制改革的一项重要内容。转变政府职能，就是要从经办文化事业的具体事务中解脱出来，把主要精力放到定政策、做规划、抓监管上来，转到依法行政、社会管理和公共事务上来。在财力有限的情况下，引入非政府的服务主体，借助市场力量，形成公私合作治理的"善治"之举。

文化体制改革的前提是把公益性文化事业单位和经营性文化事业区分开来。这是由公共文化事业服务部门的性质和功能决定的。要对区分开的"公益性文化事业"和"经营性文化产业"实行分类指导，引入市场机制，对经营性文化领域大胆实行企业化经营模式，着力发展文化产业。随着文化体制改革的深入推进，国家对文艺演出、图书音像出版发行、电影电视等行业实行了经营性业务分离、投资准入门槛降低，社会资本开始进入，文化产业的潜能被释放激发出来。政府在发展先进文化、满足公民文化需求的指导思想下，遵循市场规律去引领文化事业的发展。如鼓励部分文化单位以资本为纽带，进行联合重组，开拓文化产品市场，开发具有自主知识产权和市场竞争力的原创产品，使市场主体成为真正的文化产业战略投资者，在市场竞争中发展壮大。

就某县级市而言，应该考虑推动经营性文化事业尽快实现向文化产业的转变，引入现代企业制度发展模式，重塑文化市场主体，为文化产业发展创造条件。如该市梆子剧团、影剧院属于经营性文化产业，要实行企业化管理、产业化经营，允许社会资本进入，提高市场运作能力，通过扩大产能增加收入，激发出这些文化产业的活力；如该市博物馆可以推出一系列文博鉴赏项目：一是定期举办文博鉴赏讲座和知识普及，请专家结合实物讲解某一主题，适当收取费用，还可以由浅入深、办成系列讲座或培训班；二是精选一些馆藏文物包装成复制品，配上鉴赏文字说明，作为礼品或旅游产品出售；三是与该市学校、社区取得联系，在政府宣传部门、文化主管部门支持下，组织大中小学生、社区居民进博物馆参观，定期推出不同内容的展览，如远离毒品、艾滋病防治、青少年保护法、青年生理与性卫生展览等，形成固定的参观群体；市图书馆可以开展录像放映、书画展销、图书销售、乐器维修、服装租赁、艺术摄影、文物修补、工艺美术、广告装潢、灯光照明、教具维修等业务，也可举办各种文化知识补习班、兴趣特长班，举办读书讲座、开展科普教育、科技咨询、文献信息查询等业务；该市应重视本土文化的挖掘，对于有形和无形的文化资产加以策划包装。如对渔鼓、麒麟舞、木鼓书等民间民俗绝技，组织人员进行抢救，对古贝壳堤、郢堤城、原始枣林、"万亩冬枣园"等自然人文景观，进行资源调查注册整理，对富有特色的文化项目申请文化专属权，对文化遗址等进行保护性修复开发建设，通过古文化旅游和物产文化旅游的开展推动该市文化的发展和繁荣。

在推动文化产业发展过程中，要注重民间创意，组织动员社区广泛参与，强化民间力量的集聚，开发具有活力的地方性文化资源，使之在文化发展中释放出能量。要植根本土化的文化生态，整合盘活地方文化产业资源，发挥文化产业发展的辐射功能。

政府加大财政投入力度的同时，要通过科学规划和良好的制度设计，优化文化发展的结构，改进运作模式，革除体制障碍，促成艺术表演团体从恶性竞争走向协作联合，重组改造，生产出更多的社会效益、经济效益俱佳的艺术作品。

（二）致力于多元化公共文化服务提供机制的建立和多元化文化建设投资模式的构建

1. 多元化公共文化服务提供机制的建立

"没有任何逻辑理由证明公共服务必须由政府官僚机构来提供。"①

---

① ［美］E.S. 萨瓦斯：《民营化与公司部门的伙伴关系》，周志忍译，中国人民大学出版社 2001 年版，第 298 页。

政府作为单一的公共产品供给主体难以满足公民多元化、个性化的需求偏好，难以实现文化服务的帕累托最优。在公共财政有限性的约束之下，政府不可能单打独斗，而是要凝聚社会力量，动员社会组织，形成多元化的服务格局，建立健全提供机制，形成新的公共文化服务体系。

2. 多元化文化建设投资模式的构建

文化建设包括公共文化服务和文化市场：公共文化服务更多体现文化的政治属性和社会属性，关乎民众的基本文化权利；文化市场更多体现文化的市场属性和经济属性，关乎文化的生机与活力、发展与繁荣。

一是要优化财政投入支出结构，加大对公益性文化事业的投入力度。以民生导向为出发点，探索公共财政支持公共文化服务事业发展的新型投资机制，把公共财政资金更多地投入到民生领域、公共服务领域。发挥公共财政投资主渠道功能，完善公共文化服务的相关政策，综合运用多种投融资工具和多种形式的财税优惠政策，促成社会资本和生产要素向公益性文化事业领域合理流动，改善农村公共文化基础设施，优化文化生态软环境，集中财力办大事。就该县级市而言，要畅通资金筹措渠道，使之与公益性文化事业的投入相得益彰，把有限的经费投入到经济基础薄弱、文化生活相对落后的乡镇和村庄。建立农村公共文化服务专项建设基金，保障文化建设和文化发展。

二是要整合资源、凝聚力量，利用多种途径推进农村文化事业发展。组织发动和引导本地成功人士、知名企业、社会团体、中介组织和该市籍贯的海内外知名人士，通过冠名、入股、设立基金等多种形式，推动农村公益性文化事业的建设发展。

（三）要强化公民参与，强化基础文化机构职能，让城乡共享优质文化资源，实现包容性增长

政府公共政策制定、执行的全过程，都应该广泛引入公民的参与，让公民在资源配置过程中有话语权和决策权。这样，一方面可以畅通政

府和公民的沟通渠道，为公民达成公共诉求搭建起平台；另一方面可以缓解政府推进政策执行过程中的压力，增加公民对公共服务项目的认同度，使政府在政策执行过程中得到公民的支持和理解。

公民的文化权利体现在对公共文化事务的参与程度之中。包容性语境下的公共文化服务致力于弱势群体、老少边穷地区境遇的改善增进，以公民的文化需求为导向，把公民的广泛参与作为价值引领，公共文化权利体现在公民的参与权、选择权和决策权上。文化主管部门和文化事业单位要紧密结合实际，秉承公平正义的服务提供理念，探索扩大和改善公共文化服务的新途径，盘活文化资源，缓解人民群众文化生活匮乏的问题，提高公共文化资源的利用效率，为公民基本文化权利的实现创造均衡的环境，奠定均等的基础。

要加大对基层公共文化服务部门人力、物力、财力方面的投入，努力拓展乡镇公共文化服务机构职能，改变文化站、农技站、广播站、劳务站等部门各自为政、单打独斗的局面，对这些部门进行整体化的职能重组，整合成融宣传引导、科技教育、文化艺术、广播电视、咨询服务、技术培训、职业介绍等一体化的综合性农村文化活动中心，作为公共文化服务提供的载体和链接点。提供公共文化服务的过程中，融知识性、教育性和趣味性于文化活动之中，与农民关注的养殖业、种植业技术传播相结合，在发挥娱乐功能的同时，举办科技讲座、科普展览、技术培训、文艺下乡、爱心帮扶、法律援助等多种喜闻乐见的形式，实现农民的良性互动与积极参与，通过资源整合，协同治理，提高农村公共文化资源的利用效率，为公民提供愿参与、易获取、能享用的高效便捷的公共文化服务。

同时，要深化用人制度、工资分配制度改革，健全人员考核制度、奖惩制度，形成灵活的政府和市场混合提供公共文化服务的运行机制，不断增强自我造血和自我发展的能力，把文化事业单位的改革推向深入。

（四）要推进公共文化服务部门绩效管理

公共服务部门推进绩效管理不仅要"花钱买服务"，更要实现"花钱买效果"。绩效是指"从过程、产品和服务中得到的输出结果，并能用来进行评估和与目标、标准、过去结果以及其他组织的情况进行比较"。① 绩效也是指可量化或者已经实现的事业目标或事业效果。政府绩效是指政府在社会经济管理活动中的结果、效益、效能，是政府在行使其职能、实现其意志过程中体现出的管理能力。② 绩效管理是文化公共服务部门改革的重要策略，是指以目标——效果为导向的财政管理模式。美国国家绩效评估委员会对公共部门绩效管理的定义是：利用绩效信息设定同意的绩效目标，进行资源配置与优先顺序的安排，以告知管理者维持或者改变既定目标计划，并且报告成功符合目标的管理过程。③ 政府拨款的目的不是"养机构、养人"，而是为了获得各项满意的公共服务。

实践经验表明，文化公共服务部门绩效管理要把握好以下几点：一是把更为客观的外部评估主体如非营利性的研究机构、专业性的咨询公司、高等学校的专家学者等纳入到评估体系中来；二是要关注目标和使命以及组织愿景的实现，将财政管理方式由过程管理转向结果管理。如将演出场次与财政效率、公民收益与满意度联系起来，以若干可量化的特征值指标来描述的事业目标或效果；三是基于公共责任，厉行节约、杜绝浪费的前提下，把评估与改进结合起来，激励促进公共部门在总结经验、修正偏差的基础上进行调整完善，实现增进提高；四是绩效评估要以公共利益、公民福利、公众文化诉求的达成为目标，致力于政府、社会、公民为主体的整体性治理方略的实现，建构起公民对公共部门的信任。

（原文载于《中国行政管理》2013 年第 5 期）

---

① 龙晓云：《绩效优异评估标准》，中国标准出版社 2002 年版，第 31 页。
② 陈振明：《公共管理学》，中国人民大学出版社 2005 年版，第 283 页。
③ 陈振明：《公共管理学》，中国人民大学出版社 2005 年版，第 28 页。